Johann Jacob Moser

Erläutertes Würtemberg,

oder Sammlung allerhand alt und neuer Schriften, Observationen und Urkunden,

wodurch die Civil Kirchen gelehrte und natürliche Historie, auch das Staats und

Land-Recht des Hertzogthums Würtemberg einiges Licht erhält

Johann Jacob Moser

Erläutertes Würtemberg,
oder Sammlung allerhand alt und neuer Schriften, Observationen und Urkunden, wodurch die Civil Kirchen gelehrte und natürliche Historie, auch das Staats und Land-Recht des Hertzogthums Würtemberg einiges Licht erhält

ISBN/EAN: 9783743624443

Hergestellt in Europa, USA, Kanada, Australien, Japan

Cover: Foto ©ninafisch / pixelio.de

Weitere Bücher finden Sie auf **www.hansebooks.com**

Johann Jacob Mosers

erläutertes

Würtemberg,

Dritter Theil.

oder

Sammlung

einiger besondern

Urkunden,

das Hochfürstliche Haus und
Herzogthum Würtemberg
betreffend.

Frankfurt und Leipzig 1765.

Num. I.

Königs Conradi zu Jerusalem ꝛc. alß Herzogens zu Schwaben, Lehen-Brieff für Graf Ulrichen zu Würtemberg über das Marschall-Amt im Herzogthum Schwaben/ die Advocatie zu Ulm und das Gericht in Pyerße. d. d.

1259. prid. Nonas Januarii. (a)

CHunradus secundus Dei gratia Jerusalem & Syciliæ Rex, Dux Sueviæ. Omnibus ad quos præsens pagina pervenit, gratiam suam & bonam voluntatem. Præsentibus profitemur, quod nos ex innata nobis clementia dilecto Fideli nostro inclyto Comiti Ulrico de Wirremberg officium & omne Jus Marefchalci, quod ad nostrum Ducatum per totam Sueviam dinoscitur pertinere, Advocatiam in Ulma, & Judicium in Pyerße, quæ nobis à Comite Harthmanno de Dilingen, qui viam adiit carnis universæ, vacare ceperunt, contulimus liberaliter & benigne.

A

(a) Auß der Würtemb. Deduct. vom Reichs-Panner-rer-Amt de An. 1693. Beyl. B. item Künigs Reichs-Archiv Part. Special. Contin. II. unter Würtemberg pag. 677.

gne. Ut autem noſtra Collatio robur obtineat Firmitatis, præſentem Litteram Sigilli noſtri munimine roboratam dicto Comiti Ulrico porreximus in teſtimonium & cautelam. Datum in caſtro Wazzerburck Anno Domini MCCLVIIII. Pridie Non. Januarii Secundæ Indictionis.

(L. S.)

Num. 2.

Kaysers Ludovici IV. Lehen-Brieff für Graf Ulrichen zu Würtemberg über Burg und Statt Grüningen/ auch des Reichs Sturm-Fahnen. d. d.

1336. Sonntags vor Mitter-Faſten. (a)

WIr Ludowig von Gottes Genaden, Römiſcher Kayſer, ze allen Zeiten Mehrer des Riches verjehen und thun chundt offentlich an dieſem Brieff, daz wir unſern und des Riches Sturm-Vanen empfholen haben, dem Edlen Mann Ulrichen, Grafen zu Wirtemberg, Unſerm lieben Oheim, und Lanvogt, und darzue haben wir Im und allen ſeinen Erben die Sün ſinnt ze rechtem Lehen verlihen und verleihen im och, mit dieſem Unſerm Brieff, Grüningen Statt und Burch, mit Lüten, mit guten, und mit alle die daz darzu gehört, Beſuchts oder Ohnbeſuchts, es ſin Aigen oder Lehen, und daz ſi dch

die-

(a) Vid. Würtemb. Deduct. wegen des Reichs-Pannerer-Amts. Stuttgardt 1693. fol. Beyl. O. Lünigs Reichs-Archiv Part. Spec. Contin. II. unter Würtemberg. pag. 677.

dieſelben Lehen wie die genant ſin, fürbaz leihen
ſullen und mügen, wan daz zu Unſerm und des
Richs Sturm-Vanen Lehen iſt und ćdh darzu
gehört, mit der Beſcheidenheit, daß der vorge-
nant Graf Ulrich von Wirtemberg und ſin Er-
ben die Sün ſint, Uns und Unſern Nachkom-
men, an dem Riche , Künigen und Keiſern
ȧwickhlichen die Dienſt tun ſullen getriwlichen,
die mann do von ze recht und billich tun ſoll, Si
ſullent ȧch und habent geheizzen , daz ſie den
Sturm-Vanen beſorgen und bewarnen , alz
man den ze recht und billich beſorgen und be-
warnen ſoll. Und darüber ze einem Urchundt,
geben wir diſen Brieff verſigelten mit Unſerm
Kayſerlichen Inſiegel, der geben iſt ze Ulme an
dem Suntage vor Mitter Vaſten, ſo man zahlt
von Chriſtus Gebuhrt Driezehehundert Jar,
darnach in dem Sechſten und Dreizzigſten Jar;
In dem Zwei und Zweinzigſten Jar , Unſers
Richs, und in dem Niunden dez Kayſerthumb.
             (L. S.)

Num. 3.
Conrads von Schlüſſelberg verkauff-
Brieff der Burg und Statt Grüningen, auch
des Kirchenſazes allda ꝛc. an Graf Ulrichen zu
Würtemberg. d. d.
1336. Sonntags vor Michaëlis. (a)

A 2   Ich

(a) Vid. Würtemb. Deduct. wegen des Reichs-Pan-
ner-Amts. Stuttgart. 1693. fol. Beyl. L. Lünigs
Reichs-Archiv Part. Spec. Contin. II. unter Wür-
temberg. p. 678.

Ich Cunrad von Schlüſſelberg vergihe für mich und min Erben, und thue kunt allenn den, die dieſen Brief anſehent, oder hörennt leſen, daß ich mit geſundem Libe, mit guter Betrachtunge, und mit Gunſt und Willen des Durchluchtigenn, mines Gnedigen Herrn Kaiſers Ludwigs von Rome und mit miner gemeinen Friunde Rath, Recht und redlich verkauffet han und ze kauffen han geben, alß ein Kauffe billich Krafft und Macht hat und haben ſoll, für mich und min Erben dem Edlen Herrn minen lieben Oheime, Grafe Ulrich von Würtemberg und allen ſinen Erben und Nachkommen, Gruningen Burg und Stadt, den Kirchenſaze in derſelben Stadt ze Gruningen und allen anderen Lehen, wie die genannt ſinnt Leut und Gut, an Holze, an Felde, an Eckern, an Wiſen, an Waſſern, an Waide bi Wege bi Stege, bi Waſen und bi Zwie, geſucht und ungeſucht mit allen rechten, Nuzen und Gewohnheiten ſo darzu gehört, und auch allin min Recht ſo ich darzu het, von wem, oder wannen mir die kommen weren, umb Sechs Tuſent Phunt guter und geber Heller, der ich von In gar und genzlich gewert bin und in minen Nuze komen ſint und han den vorgeſcriben Grave Ulrichen von Wirtemberg, und ſin Erben geſezt, in nuzlich und liplich gewere und ſeze ſie auch in nuzlich und liplich gewere an dieſem Brief, der vorgeſcriben Burg und Statt, Leutt, und Gut ewiclich ze han und ze

nie-

niezzen, zebesezen und ze entsezen nach irem Wil-
len, one alle min und miner Erben Ansprache,
Geistliches oder Weltliches Gerichts. Ich han
auch gelobet, für mich und min Erben, daß Wir
den vorgenannten Grave Ulrichen, von Wür-
temberg, noch sin Erben umbe die vorgescriben
Burg und Stadt, Leut und Gut nimer nicht an-
gereien noch angesprechen sullen, an Geistlichem
noch an Weltlichem Gerichte in kainem Wege,
one alle Geverde. Ich han mich auch verzigen,
und verziehe mich auch an diesem Brieff gen dem
egenannten Grave Ulrich von Würtemberg und
sinen Erben, aller der Recht, Vorderungen und
Ansprache, so ich oder min Erben, zu der vor-
geschrieben Burg und Stadt ze Gruningen, Leu-
ten und Guten, so darzu gehört hätten, gethan
und gewinnen mechten, an Geistlichem oder an
Weltlichem Gerichte, nu, und hernach und ze al-
len künftigen Ziten, alles das hievor geschrieben
stat, han ich geschworn zu dem Häyligen, für
mich und Min Erben, stet zelan, und zehalten
und darwider nicht thun, noch schaffen gethane
in keinen Weege, ohne alle Geverde, des zu Ur-
kunden und zu ainer ewigen Gezeugnüse gibe ich
für mich und mine Erben dem vorgenannten Gra-
ve Ulrichen von Würtemberg und sinen Erben,
diesen Brief versiegelt mit minem Insigel, das
daran hanget, der geben ist an dem nächsten Sun-
nen Tag vor Sanct Michels Tage. Do man
zalt von Cristes Geburt Driuzehen hundert Jare,
und in dem Sechs und Drizzigsten Jare. ꝛc.

(L. S.)   A 3   Num.

Num. 4.

Kaysers Ludovici IV. Consens-**Brief**
über den wegen Grüningen ꝛc. getroffenen
Kauff. d. d.

1336. Sonntags vor Michaëlis. (a)

Wir Ludowig von Gottes Genaden, Römi-
scher Keiser, ze allen Zeiten Merer des
Reiches, verjehen und bechennen offentlich mit
diesem Brief, wann der Edel Mann Graff Ul-
rich von Wirtemberg Unser Lieber Oheim und
Landt-Vogt, Grüningen, Burg und Stadt,
und was darzu gehöret, von dem Edlen Mann
Chunrad von Sluzzelberg gechauffet hat, so ha-
ben wir statt denselben Chauff und bestätigen in
auch von Unserm Kayserlichen Gewalt, mit die-
sem Brief in aller der Wert (1) alß der Chauf
zwischen in geschehen ist, und alß die Brief sa-
gent, di si baiderseitt darüber geben habent, wann
derselb Chauff mit unserm Willen und Wort, und
auch mit Unser Hant geschehen ist, darüber ze ur-
chundt geben Wir diesen Brief versiegelten mit
unserm Kaiserlichen Insiegel, Der geben ist bey
Freysing auf dem Feld am Suntag vor Michae-
lis, nach Kristus Geburt Driuzehenhundert Jar,
Dar-

(a) Vid Würtemb. Deduct. wegen des Reichs-Pan-
ner-Amts. Stuttgart. 1693. fol. Beyl. Lit. M.
Lünigs Reichs-Archiv. Part. Spec. Contin. II. un-
ter Würtemberg. p. 67.
(1) alii: male Wort.

darnach in dem Sechſten und Dreiſzigiſten Jar,
in dem zwey und zwanzigſten Jar Unſers Reichs,
und in dem Neundten des Kaiſerthums.

(L. S.)

Num. 5.

Diploma, wodurch Conrad von Schlüſ-
ſelberg die von Gröningen von ſich ab-und
an Graf Ulrichen zu Würtemberg
weiſet. d. d.

1336. Dienſtags nach Michaëlis.   (a)

Wir Connrat von Schluſſelberg, entbieten
den Erbern wiſen Lutten, Unſern lieben
Getrewen, Conrat dem Schulthaiſen, den Rich-
tern und der Gemeinde ze Gruningen, Unſer Hul-
de und allez Gut. Wißennt daz Wir haben ge-
ben ze koffen und verkoffet, recht und redlich, Un-
ſerm lieben Oheime, dem Edlen, Grave Ulri-
chen von Würtemperg, und allen ſinen Erben,
Gröningen Burg und Stadt, Leut und Gut,
aigen und Lehen, was darzu gehöret, geſucht und
ungeſucht, mit dem Kirchſazze daſelben zu Grö-
ningen. Darum bitten Wir euch und haiſen
und gebietten euch, das Jr huldent und gehorſam
ſient, und ſwerent, ewiglichen, dem vorgenann-
ten Unſerm lieben Ohaime dem Edlen Grave Ul-

A 4   rich

(a) Würtemb. Deduct. vom Reichs-Panner-Amt de
An. 1693. Beyl. Lit. N. Lünigs Reichs-Archiv Part.
Spec. Contin. II. unter Würtemberg. p. 679.

rich von Würtemperg, und sinen Erben, unnd lazzen euch ledig ewer Aide und ewerer Gelupte, unnd der Bindnüße, die ir uns, unnd unsern Erben hant getan, und dez zu Urkunde, senden wir euch diesen unsern offen Brieff mit Unserm Innsigell besigelt, daz daran hanget, der geben ist, do man zalt von Christes Geburt Dreizehenhundert Jare und in dem Sechs und Dreißigisten Jare, an dem nächsten Dinstag nach Sannt Michels Tag.

(L. S.)

Num. 6.

Kaysers Caroli IV. Privilegium de non evocando für die Grafen zu Würtemberg.

d. d. 1361. Dienstags nach Michaëlis. (1)

Wir Karl von Gottes Gnaden Römischer Kayser zu allen Zeiten merer des Reichs und König zu Böheim, bekennen und thun kundt offenlichen, mit disem Brieue, allen den die in sehent, oder hörent lesen, das wir haben angesehen, die getreuen steten Dienste, und grozzen fleiz, und Liebe, die der Edel Eberhart Graf zu Wirtemberg, unser lieber getreuer, uns unnd dem heiligen Reiche, nuzlichen und mit fleizzigen, steten, treuen gethon hat, und noch fürbaß thun will und mag, unverdrozzenlichen, und auch nuzlichen in künfftigen Zeiten. Darumbe haben wir dem egenannten Grauen Eberharten allen seinen erben und

(1) Aus einer in fol. einzeln gedruckten Copie.

und nachkommen, mit rechter wizzent und mit
vollkommenheit Kayserlicher mächte die besondere
nach Genade gethan, und thun auch die an diesem
Briefe, Und wöllen auch, das er, sein erben und
Nachkommen, Grafen zu Wirtemberg, für de-
hein gericht, oder Landgericht nicht geladen oder
fürgetrieben werden, oder antwürten sullen, oder
deheinerla Gerichte, oder urtheil leiden, noch nie-
mandt ze recht steen, denn allein vor uns, alß ei-
nem Römischen Keiser, oder anderen Römi-
schen Künigen und Keisern, unsern Nachkommen,
oder wem wir das in unserem Hofe sunderlichen
empfehlen, geschehe aber das, das Grafe Eber-
hart, sein Erben, und Nachkommen, für dehein
Gerichte oder Landgerichte, fürgetrieben oder ge-
laden würdet wider dise unser Genade, so mai-
nen und wöllen wir, das den allen Sachen, die
da wider, oder darnach fürbas me geschehendt,
mit Gerichte, Ladunge, urtheiln, oder sunst in
ander weise, dawider geschehe, untugenlichen
untrefftig und gerzlichen ab sein sollen, und dem-
selben Grafe Eberhardt, seinen erben und Nach-
kommen keinen Schaden bringen, sonder das di-
se vorgenannten unser Gnade, darnach, alß offte
das geschehe, in aller der mazze, alß sie dauor be-
grieffen ist, in ihren Krefften stet und unverrucket,
an allen stetten gänzlichen bleiben sulle, davon ge-
bieten wir, allen unsern Landvögten, Richtern,
Land - Richtern, Schutthaizzen, Amptleuten
und allen anderen Richtern, wie man die ge-
nennen müge, die unsern und des heiligen

A 5   Reichs

Reichs Gerichte vor feind, die nun feind, oder
in künfftigen Zeiten werdent, das fie wider dife,
unfer Keiferliche Genade, nicht tun fullen bei der
peen taufent Marck Goldes, der ein jegklicher,
der dawider thut, oder thete, es fei Cläger oder
Richter, alß offt verfallen fein foll, alß darwi-
der gefchicht in folcher Befchaidenhait, das die-
felbe peen, halb uns, und dem hailigen Reiche,
und das andere halb thail, dem egenannten Gra-
ve Eberharten, oder feinen Erben gefallen foll on
allez hindernuzze mit Urkund diß Briefes verfigelt
mit unfer Keiferlichen Majeftet infigel, der geben
ift zu Nürnberg an dem Nächften Dinftag nach
Sant Michels Tag, da man zalt, von Chriftus
geburt, dreyzehenhundert Jahr, und darnach in
dem einem und fechzigiften Jare, Unferer Reiche,
in dem fechzehenden und des Kaiferthumbs in dem
fiebenden jare.

Num. 7.

Kaysers Caroli IV. Privilegium de non
evocando für die Grafen zu Würtemberg
in Anfehung ihrer Unterthanen.

d. d. 1361. an Barbará Tag. (1)

Wir Karl von GOttes Gnaden Römifcher
Keifer, zu allen Zeiten Merer des Reichs
und König ze Böheim 2c. bekennen und thun kund
offentlichen mit diefem Brieue, allen den die in fe-
hent

_____

(1) Aus einer in fol. einzeln gedruckten Copie.

knt oder hörendt lesen, das wir angesehen haben,
die getrewen steten Dienste und grozzen Fleizze und
Liebe, die die Edelen Eberhart und Ulrich grauen
von Wirtemberg unser lieben getreuen, Uns und
dem heiligen Reiche nutzlich und mit steten Treuen
getanhaben, und noch fürbas thun wollen und mö-
gen, unverdrozzenlich in künftigen Zeiten, darum
haben wir in und iren Erben und Nachkommen,
Grauen zu Wirtemberg die genad gethan, und
thun auch mit diesem Brieue mit rechter Wizze
und mit Vollkommenheit Keiserlicher Mechte, das
man ir Diener und ander ir Mann und Lüte, und
auch der Diener und Manne armleut, gemeinlich
und besonder für kein gerichte oder Landgerichte
nicht laden solle, wer aber das ir Diener Mann
oder arm Leut einer oder ir mer, für ein Gerichte
oder ein Landgerichte, oder für ir mer geladen
würden, so soll derselb Richter, oder Landrichter
wann und als offte ihm die vorgenannt Eberhart
und Ulrich, oder ir Erben mit einander oder beson-
der darum schriben oder schreiben würden, den o-
der die, ir seit einer oder mer, die also fürgeladen
werden, und alß offt, alß das nott geschicht, vor
Grauen Eberhart und Grauen Ulrichs und iren
Erben, von dem oder denselben, dem Kläger, alß
offt es not geschiehet, unverzogenlich vor in oder
iten Richtern rechtes gestatten und helffen sollen in
den nechsten vier Wochen, von dem Tage ze zeln,
alß sie für sie geweiset werden, on alles geuerd, und
darzu soll uns und des Reichs Richter oder Land-
Richter zween erber wohlgehalten Mann senden,
　　　　　　　　　　　　　　　　　　die

die darüber ſchweren ſollen, der Wahrheit zu be-
kennen ob ſolchen Clägern in der egenannten Gra-
fen Gerichte recht widerfarn ſin, geſchehe aber daz
nicht, alſo das Graf Eberhart und Graf Ulrich
oder ir Erben den Clegern inwendig den vier Wo-
chen, Rechtes nicht hülffen, nach geſtatten, alß
vorgeſchrieben ſtect, So ſoll und mag Unſer und
des Reichs Richter oder Landrichter nach den ege-
nannten vier Wochen dem Cleger Rechtes geſtat-
ten und helffen in denſelben Sachen die den zu Ge-
richte lauffen, nach Gerichtes recht und Ordenung
ungeuarlich, wer auch das der Richter oder Land-
Richter des Reichs, wer der wer, wieder dieſe
Gnad des egenannten Graff Eberharts und Gra-
fen Ulrichs, oder ir Erben, mann, Diener oder
ander ihrer Leut, oder der Diener armleut den o-
der die, die alſo fürgeladen wurden, nicht wollte
vor dieſelben egenannten Grauen von Wirtem-
berg, ir Herrn und ihre Gerichte wider weiſen als
davor begrieffen iſt, ſo meynen und wöllen wir,
das den alle Sachen, die fürbaz mehr darwider ge-
ſchehen, mit Gerichte, Ladungen, Urteilen oder
ſonſt in ander weiſe untauglich, unkrefftig und
genzlich abe ſein ſullen, und denſelben, die alſo für-
geladen, und fürgetrieben werden keinen Scha-
den bringen, und dieſe unſer gegewertig Gnade,
ſoll weren zu unſern Lebtagen, und allzeit dieweil
in allen ihren Krefften genzlich beleiben, davon ge-
bieten wir allen unſern Landvögten, Richtern,
Landrichtern, Schultheizzen und allen den, die un-
ſern und des heiligen Reichs Gerichten bevorſein

die

die nun feind oder bey unfern Lebtagen werden, das
fie wider diefe unzer Keiferliche Gnad nicht thun
follen, in Dheine Weiß bei einer Peenen hundert
Marck Goldes die ein jeglicher der darwider thut
oder thäte es fei Clager oder Richter alß offt ver-
uallen fein foll, alß darwider gefchicht in fulcher Be-
fcheidenheit, das diefelben Peene, halb uns und
dem heiligen Reiche, und das ander halbe Theil
den egenanten Graff Eberharten und Graff Ul-
richen oder iren Erben geuallen foll, ohn alles Hin-
dernuzze, Mit Urkundt diß Brieus verfigelt mit
unfer Keiferlichen Majeftät Innfigel, der geben ift
ze Nüremberg, nach Chriftus Geburt dreyzehen-
hundert Jahr, Darnach in dem einen und Sech-
zigiften Jahr, an Sant Barbaren Tag der hei-
ligen Jungkfrauen Unferer Reiche in dem Sech-
zehenden und des Kayferthums, in dem Siben-
den Jahre.

Cor. per Johannem
    Decanum Glog.

    Per Dominum Imperatorem
        Johannes Eyfteten.

Num. 8.

Kayfers Caroli IV. Diploma für Eber-
hard und Ulrichen, Grafen zu Würtemberg 1.
auß dem Dorff Laichingen eine gemäuerte Statt machen
zu dörffen/ 2. wegen des Blutbanns und 3. eines Wo-
chenmarckts allda/ auch 4. daß die Burger difes Orts
die Privilegia der Burger zu Stuttgart ge-
nieffen follen. d. d.

1364

1364. an Auguſtini Tag. (1)

Wir Carl von GOttes Gnaden Römiſcher
Kayſer zu allen Zeiten Mehrer des Reichs,
und König zu Böheimb Bekennen und thun kund
offentlich mit dieſem Brieff, allen den die ihn ſe-
hen oder hören leſen, daß fur unſer Kayſerlich
Würdigkeit kommen ſind, der Edlen Eberhardt
und Ulrich Gebrüder, Graffen zu Würtemberg,
unſer und des Reichs liebe Getreuen, und haben
Uns fleißiglich gebetten, daß wir Ihn und Ihren
Erben von Vollkommenheit Kayſerlicher Macht
erlauben und gönnen wollen, daß Sie auß dem
Dorff zu Laichingen ein gemaurte Stadt machen,
und das ſie Galgen und Stocke auch alles Hoch-
gericht, auch daß das Blut und Leib und Guth an-
trifft, und einen Wochen-Marckt da haben mö-
gen, das haben Wir angeſehen ganze ſtäte treu der
ehegenannten Brüder, daß ſie allezeit uns und dem
Heiligen Reich beweiſet haben und auch ſolche nuz-
liche Dienſte, alß ſie Uns und demſelben Reich
mercklich gedienet haben ſtätiglichen und nuzlichen
dienen ſollen und mögen, in künfftigen Zeiten, und
haben darum mit wohlbedachtem Muth, mit rech-
ter Wiſſen, und von Kayſerlicher Macht den ehe-
genannten Brüdern, Ihren Erben und Nachkom-
men, Grafen zu Würtemberg, gnädiglichen er-
laubet, und erlauben Ihn mit Krafft dies Briefs,
daß

daß sie das vorgenannte Dorff zu Laichingen, mit
Mauren, Thürnen, Porten, Erckern, Graben
und anders, wie sie wollen, vesten und bewahren,
und zu einer Stadt machen mögen.   Und wol-
len daß sie daselbst ewiglichen, Stock und Galgen,
und alle Hochgerichte, und mit namen über das
Blut und das Leib und Guth antrifft, und auch
einen wöchentlichen Marckt, den sie sezen werden,
dahaben sollen und mögen, zu ihrem Willen. Auch
wollen wir das die ehegenannte Statt zu Laichin-
gen und die Bürger, die darinnen wohnen oder
wohnen werden, haben sollen alle die Freyheit,
Recht und Gnade, und auch Gebrauchunge aller
guter Gewohnheit, die da hat die Statt zu Stutt-
gardten, mit behaltnus aller Recht, unser und
des Reichs Stätte, und jedermanns in allen den
ehegenannten Sachen, mit Urkund dis Briefs
versiegelt, mit Unser Kayserlichen Majestät In-
siegel der geben ist zu Prag nach Christus Ge-
burth Dreyzehenhundert jahr darnach in dem vier
und Sechzigsten Jahr, an S. Augustinus-Tag
Unser Reich in dem Neunzehenden, und des Kay-
serthumbs, in dem zehenden Jahr.

Num. 9.

Kayser Sigmunds Declaratio des Würtembergischen Privilegii de non evocando und Confirmation der Grafen zu Würtemberg Freyheiten ꝛc.
d. d. 1417. an St. Nicolai. (1)

Wir

---

(1) Aus einer einzeln in fol. gedruckten Copie.

Wir Sigmund von GOttes Gnaden Römi-
ſcher König zu allen Zeiten Merer des
Reichs und zu Vngern, Dalmatien Croatien, ꝛc.
König. Bekennen und thun kund offenbar mit di-
ſem Brieff, allen den die jn ſehen oder hören leſen.
Das für uns kommen iſt, der wohlgeborn, Eber-
hart, Graue zu Wirtemberg, unſer und deß
Reichs Lieber getreuer, und hat uns fürbracht die-
ſen nachgeſchrieben Unſer Königlicher Majeſtät
brieue, lautend alſo:

    Hier iſt das Diploma d. d. Coſtenz 1415.
    deß nechſten Mittwochens vor Sant Viti
    tag inſcrirt.

Wann uns nun der ob genannt Eberhart für-
gelegt hat, mit Klag, daß die ſeinen in dem vor-
geſchrieben Brieue genennet, über ſollich vorge-
ſchrieben Gnade und Freyheit in demſelben Brie-
fe begrieffen an unſerm und des Reichs Hoffge-
richt, dem Hofgericht zu Rothweil und anderen
Landgerichten, beſchwehrt, bekümmert, und um-
getrieben werden, und das unſer und des Reichs
Hoff Richter, der Hof Richter zu Rotweil, und
etlich Landtrichter und Vrtheil ſprecher meynen,
Seidten mahl, das des vorgenannten Eberharts
der ſeinen und der ſo jm zu verſprechen ſtehen, alß
ſie dann davor genempt ſind, leute, gütere und
haabe, in dem vorgeſchrieben Brief nemlich mit
gemeldet ſein, darumb mög ein jegklicher kläger
oder Klägerinne, auf ſolliche Leute, Güter und
Haabe wohl klagen, ſo möge man auch darzu wohl
                       rich-

richten und vrtheil über sie sprechen und wann in
dem vorgeschrieben Brieue klarlich außerscheiden
und geordnet ist, wie und wa ein jegklicher Klä-
ger oder Klägerinne recht suchen, vorderen und
nemen soll, und ob ihm das nicht wiederfahren
möcht, wie Er dann fürbaß thun soll und mag,
und wann auch unser Wille und Meinung auf die
Zeit, da wir den vorgeschrieben Brieue gaben, nit
anders geweßt und noch ist, dann das vorgenannt
Eberhart und sein Erben, und auch die obgenann-
ten jr Dienere, Manne, Leute, Underseßen und
die in zuuersprechen stehen mit samt jren und jr
jegklichs gütern und Haabe solliche freiheit haben,
und der auch an allen enden geniessen sollen und
mögen, von allermänniglich ohngehindert, und
was uns der obgenannt Eberhart demüthiglich
und ernstlich angeruffen hat, das wir jn und sein
Erben Grauen zu Würtemberg, bei den vorge-
schrieben Brieue Gnaden und Freiheiten darin-
nen begrieffen zu behalten, und von der vorgenann-
ten Leute gütere und Haab wegen einleuterung ze-
thund sein Gnade, freihette, Brieue, Priuilegia
und Handuesten, seinen vordern und jm von Rö-
mischen Kaysern und Königen geben, und darzu
sin Herkommen und Gut genädiglich gerüchten:
deßhalben wir angesehen, sollich sein redlich bette
und auch sein willige und getreue Dienste, die er
Uns und dem Reiche zethund allezeit bereit ist. Und
haben darum mit wohlbedachtem muthe, gutem
rathe, unser und des Reichs Fürsten, Grauen,
Edler und getreuen, gesprochen, gesetzt und geleü-

B   tert

tert, sprechen, sezen und leutern, mit rechter wiſ-
ſen in Krafft diß Briefs, und Römiſcher König-
klicher Macht, Vollkommenheit was in dem ob-
geſchrieben unſerer Majeſtät Brief, von dem ob-
genannten Eberharten und ſeinen Erben und jren
Dienern, mannen Leuten und Underſeßen und die
jnen zu verſprechen ſtehen, begrieffen iſt, das man
das auch von derſelben Eberhardts und ſeiner Er-
ben, und auch ir Dienere, Manne, Leuten, Un-
derſeſſen und die in zu verſprechen ſtehen, gütere
und haabe gemeinlich und ſonderlich verſtehen ſolle
und das auch ſolliche Gütere und Haabe, die ob-
geſchrieben unſer gnade und freiheiten alß wohl,
alß die vorgenannten, Eberhardts ſein erben, Die-
nere, Manne, Leute, unterſeßen, und die jn zu
verſprechen ſtehen haben, und der an unſerm und
des Reichs Hoffgerichte, dem Hofgerichte zu Rot-
weil, und allen und jegklichen Landgerichten und
Gerichten gebrauchen und genießen ſollen und mö-
gen ungehindert und ungeirret von aller menig-
klich. Darzu haben wir auch dem obgenannten
Eberharten alle und jegkliche ſeine vorgenannten
gnaden, Freiheiten, Brieue, Privilegia und han-
deueſte ſeinen Vordern und im von Römiſchen
Kayſern und Königen gegeben, und darzu ſein
gut gewohnheit und herkommen, die er redlich her-
gebracht hat, gnediglich beſtetigt, und beſtettigen
ihm die von Römiſcher Königlicher Macht mit die-
ſem Brief. Und wir gebieten auch darum von
derſelben unſer macht, unſerm und des Reichs
Hofrichter, dem Hofrichter zu Rotweil und allen

und jeglichen andern Landrichtern, Richtern und
Urtheil sprecheren, die jezund sind, und hernach
werden sein, und allen anderen unseren und des
Reichs Unterthanen und getreuwen ernstlich und
vestigklich mit diesem Brief, daß Sie die vorge-
namtem Eberharten, seine Erben Dienere, Man-
ne, Leute, Unterseßen und die jn zu versprechen ste-
hen, und auch an den jezgenannten Gnaden, frei-
heiten, Brieuen, Priullegien, Handtvesten gu-
ten gewohnheiten und herkommen fürbas mehr
nicht hindern, nicht irren, oder dawider über sie
richten oder urthel sprechen, in kein Weise, son-
dern sie dabey getrüwlich handthaben, schirmen
und geruwigklichen bleiben lassen, bei vnsern und
des Reichs hulden und bey Verließung der Pee-
ne, in dem vorgeschrieben vnserer Majestät Brie-
ue begrieffen, mit Urkund diß Brieues versigelt
mit unser Königlichen Majestät Insigel geben zu
Costenz, nach Christi Geburth, vierzehenhun-
dert jare, und darnach in dem siebenzehenden ja-
re, an Sant Niclaus Tag, unser Reiche, des
Ungerischen 2c. in dem ein und dreißigisten und
des Römischen in dem achten jaren.

Num. 10.

Kayser Sigmunds fernere Declaratio des Würtembergischen Privilegii de non evocando.

d. d. 1427. Dienstags nach Michaëlis. (1)

Wir Sigmund von GOttes Gnaden, Röml-
scher König, zu allen Zeiten Merer des
B 2 Reichs,

(1) Aus einer einzeln in fol. gedruckten Copie.

Reichs, und zu Hungern, zu Böheim, Dalma-
tien, Croatien, 2c. König Bekennen und thun kund
offenbar mit disem Brieue, allen den, die in sehen
oder hören lesen, Alß wir die Herrschafft von
Wirtemberg, und jre Graffschafft, Herren, Rit-
ter, Knechte, alle jre Lande, und Leute, und die
jn zu versprechen steen, durch sollicher Liebe und
freuntschafft willen, die wir zu derselben Herr-
schafft gehabt, und noch haben, für unser und des
Reichs Hofgericht für unser Hofgericht zu Rot-
weil, und für alle andere fremde Hofgericht und
Landgerichte gefreiet haben, alß die Brieue die
wir in darüber gegeben haben, klärlichen inne hat-
ten, Also hat uns der Wohlgeborn Ludwig Gra-
ue zu Wirtemberg von sin, und Graf Ulrichs si-
nes Bruders wegen fürlassen bringen, wie jm et-
liche die Hoffgericht und Landgericht haben, in jre
vorgenannten Freiheit reden und intragen machen,
darum das ire Hofgerichte und Landgericht, in un-
serm Brieue nämlich nicht sind begrieffen, und die
vorgenannten Graf Ludwig und Graf Ulrich, ha-
ben uns demütigklich lassen pitten, jn die vorge-
nannten Unser Gnade zu leutern, daß sie solcher
eintrage fürbaß von allermänigklich möchten ent-
laden werden. Darumb mit wohl bedachtem
Mute, gutem Rathe, und rechter Wissen, leutern
Wir mit diesem Brieff, das die vorgenannten von
Wirtemberg, ihre Grauen, Herren, Ritter, Knech-
te, jr Mann, Land und Leute, und die in zu verspre-
chen sind, frey sin sollen vor unserem Hofgericht vor
unserem anderen Hoff Gericht zu Rotweil, und
vor

vor allen anderen Hoffgerichten, Landgerichten,
und frembden Gerichten, weß die sind, oder mit
was nahmen man die genennen mag, keines auß-
genommen, mit sollicher Underscheid in ihren an-
deren Brieuen begrieffen, und wer sie dawider
heischen, oder laden, oder sunst umtreiben wurde,
das soll ganz ab und krafftloß und machtloß sin und
der oder dieselben sollen verfallen alle peene in jren
vordern freiheit brieuen begrieffen. Mit Urkund
diß Briefs versigelt mit unserer Künigklichen Ma-
jestät Insigel. Geben im Feld bey Griechisch Weis-
senburg in der Syrffen, nach Christi Geburt,
vierzehenhundert, und darnach im siben und zwein-
tigisten jaren, am nechsten Dienstag nach Sant
Michels Tag unserer Reiche deß Ungerischen, rc.
in dem ein und vierzigisten des Römischen im acht-
zehenden und des Behelmischen im achten jaren.

Ad mandatum Domini Regis
Michael pprs Boles.

Num. 11.

Kayser Friderichs III. Bestättigung der Freyheiten Grafen Ludwigs und Eberhards zu Würtemberg.

d. d. 1454. Freytags nach St. Erhards Tag. (1)

Wir Friederich von Gottes Gnaden Römi-
scher Kaiser zu allen Zeiten merer des Reichs,
Herzog zu Osterreich, zu Steir, zu Kärndten
und zu Crain, Herr auf der Windischen Marck,

B 3   und

(1) Aus einer einzelen in fol. gedruckten Copie.

und zu Portenau, Graue zu Hapspurg zu Tyrol,
zu Pfirt, und zu Kyburg, Marggrave zu Pur-
gaw und Land-Graue im Elsäß. Bekennen und
thun kund offentlich mit diesem Brieff allen den
die jn sehen oder hören lesen, daß vns der Wol-
geborn Ludwig Graue zu Wirtemberg und zu
Mümppelgart, vnser und des Reichs Lieber ge-
treuer durch sein Erbar treffentlich Pottschafft de-
müthiglich gebetten hat, daß wir alß Römischer
Kayser jm und Eberharten, auch Grauen zu Wir-
temberg und zu Mümppelgart seinem Bruder, der
noch zu seinen Tagen nicht kommen noch mann-
bar sei alle und jegkliche jr Gnade, Freiheit,
Recht, handtvesten, Brieue, Privilegia und
Pfandschäffte, die jren vordern und jnen von Rö-
mischen Kaysern und Königen vnsern Vorfarn
am Reich, und von vns gegeben sind, zu verneu-
en, zu confirmiren und zu bestetigen gnedigklich
geruchten, deß haben wir angesehen, sollich sein
demütig und redlich bette, und auch getreu und
annem Dienste, die weilendt Graff Ludwig jr
Vatter, vnsern Vorfarn am Reiche auch vns und
dem selben Reiche, offt und dick, willigklich und
nuzlich gethan hat, und die vorgenannten Ludwig
und Eberhart Gebrüdere, unß und dem Reich
für baß auch thun sollen und mögen inkünfftigen
Zeiten, vnd haben darum mit wohlbedachtem mu-
te gutem Rathe, unser Fürsten, Grauen, Edeln
und Getrewen, denselben Ludwigen und Eber-
hardten gebrüdern, Grauen zu Würtemberg und
zu Mümppelgart jren erben und Nachkommen,

alle

alle und jegkliche jere Genade, Freiheit, Recht,
brieue, Priuilegia, Handuesten, und Pfand-
schefften, die jn und jren vordern, von den obge-
nannten vnsern Vorfarn, Römischen Kaysern
und Königen und von vns gegeben sind, in allen
jren Stucken, Puncten, Articuln und Begreif-
fungen, wie die lauten und begrieffen sind, gna-
digklich vernůwet, confirmiert vnd bestetiget, was
wir je dann daran von rechts wegen billichen, ver-
nůwen, confirmiren und bestetigen sollen und mö-
gen, vernůen, confirmiren und bestetigen jn jren
Erben und Nachkommen, auch die von Römischer
Kayserlicher Macht Vollkommenheit in Krafft
dieß Briefs und meinen, sezen und wöllen, daß
sie fürbaß mehr alle krefftig und mächtig sein, und
das sie auch dabey bleiben, und der an allen en-
den gebrauchen und genießen sollen nnd mögen
zugleicher weise alß ob sie all und jegklich von
wort zu wort, in diesem Brieff begriefen und ge-
schrieben weren von allermennigklich ohngehin-
dert und wir gebieten darum allen und jegklichen
Fürsten, Herren, Rittern, Knechten, Landvög-
ten, Hoffrichtern, Landrichtern, Richtern, Vög-
ten, Amptleuten, Burgermeistern, Räthen und
Gemeinden, aller und jegklicher Stett Märckt
und Dörffere, und sunst allen andern unseren und
deß heilgen Reichs Unterthanen und getrůwen
ernstlich und vestigklich mit diesem Brieue daß sie
die vorgenannten Ludwigen und Eberharten, jrer
Erben und Nachkommen Grauen zu Wirtem-
berg an solichen jrn Gnaden Freiheiten, rechten,

B 4

Briven,

Brieuen, Priuilegien Handtuesten, Pfandschäfften, fürbaß mehr nicht hindern oder irren sollen, sondern sie dabei bleiben, und der getruwlich gebrauchen und geniessen lassen, alß lieb jn sei, unser hulde zu behalten, vnd alß sie vnser und deß Reichs schwere Ungnad vermeiden wöllen, mit Urkund diß Briefs versiegelt, mit unserm Kaiserlichen Majestät Jnsigel. Geben zu der Neuenstatt am Freitag nach Sant Erharts Tag nach Christgeburt vierzehenhundert und im vier und funfzigisten; vnsers Reichs im vierzehenden, und des Keiserthumbs im anderen jaren.

Num. 12.

Des Hof-Gerichts zu Rothweil Vidimus über der Grafen zu Würtemberg Pivilegia de non evocando.

d. d. 1454. Donnerstags vor Martini.

WIr Graff Johannes von Sulzs Hoffrichter, von des Allerdurchleuchtigsten Fürsten und Herrn, Herrn Friedrichs, Römischen Keisers, zu allen Zeiten Mehrers des Reichs, Herzogen zu Osterreich, zu Steir, zu Kerndten und zu Crain, Grauen zu Tyrol, ꝛc. Unsers allergnedigisten Herren gewalte, an seiner statt auf seinem Hofe zu Rothweil. Bekennen offentlich und thun kund allermenigkllichem, daß wir zu Gericht gesessen sind auf dem Hofe zu Rothweil, auf der offen freien Kaiserlichen Straß auf diesen Tag, alß der Brie-

ue

---

(1) Aus einer einzelen in fol. gedruckten Copie.

ꝛgeben iſt, und ſtund vor uns auf demſelben Hof-
ſe der hochgebornen Herren, Herrn Ludwigs und
Herrn Eberhardts gebrúdere, Grauen zu Wir-
temberg und zu Múmppelgart, ꝛc. Amptmann
Hannß Manz Schultheiß zu Roſenfeld, und zeigt
und ließ vor uns, im Gericht offentlich leſen und
verhóren, ein Vidimus unter des Hofgerichts zu
Rothweil anhangenden jnſigel beſigelt eines gan-
zen redlichen unverſerten, und ungepreſthafften,
Permenten Freiheit und Begleitung Briefs, mit
des allerdurchleuchtigiſten Fürſten und Herrn,
Herrn Sigmunds ſeeliger Gedechtnúß, bei den
Zeiten Rómiſchen Kónigs, Kóniglichen Majeſtát
anhangendem Inſigel beſigelt, und zeigt damit ei-
nen ganzen redlichen unverſerten und ungebreſt-
hafften Permentin Confirmation, und Beſteti-
gung Brieue mit des obgenannten unſers aller-
gnádigſten Herrn des Rómiſchen Keiſers Keiſer-
lichen Majeſtát anhangenden Inſigel beſigelt, und
ſtund und lautet der Freiheit und Begleitung Brie-
ue von wort zu wort alſo.

Hier iſt das Privilegium Sigismundi d. d.
Coſtenz. An. 1417. an Sant Niclaus Tag
inſerirt.

Da ſtund und lautet der Confirmation und Be-
ſtetigung Brieue, von wort zu wort alſo:

Darauff folget die Confirmation Friderici
III. d. d. Neuenſtatt am Freytag nach Sant
Erhards Tag Anno 1454.

Vnd da die vorgeſchrieben Brieff, vor uns in Ge-
B 5 richt

richt gelesen, und verhöret wurden, vordert der
eegenannt Amtmann, von beider vorbenempter
Herrn von Wirtemberg wegen, jnen glaublich
Vidimus zugeben, mit des Hoffgerichts zu Roth-
weil Jnsigel besigelt und bat das zum Rechten ze-
sezen, darum fragten wir der Urtel, und ist noch
unser frage, mit gemeiner gesammter Vrtel, alß
recht ist ertheilt, das man den obgenannten Herrn
Ludwigen und Herrn Eberharten, gebrüdern
Grauen zu Wirtemberg und zu Mümppelgart,
der vorgeschrieben Freyheit, Begleitung, Confir-
mation und Bestettigung Brieue, beider billich
glaublich Vidimus geben solle, mit des Hofge-
richts zu Rothweil Jnsigel besigelt, an Dornstag
nechst vor Sant Martins Tag, nach Christi Ge-
burt, vierzehenhundert und vier und fünffzig
Jare.

Num. 13.

Kaysers Friderici III. Privilegium fori für die Grafen zu Würtemberg.

d. d. 1463. Freytags vor Georgi. (1)

Wir Friederich von Gottes Gnaden Römischer
Keiser, zu allen Zeiten, merer des Reichs,
zu Hungarn, Dalmatien, Creatien ꝛc. König,
Herzog zu Oesterreich, zu Steir, zu Kerndten,
und zu Crain, Herr auf der Windischen Marck,
nnd zu Portenau, Graue zu Habspurg zu Tirol,
zu Pfyrt, und zu Kuburg, Marggraue zu Bur-
gau,

(1) Aus einer einzeln in fol. gedruckten Copie.

gu, und Land Graue in Elſaſß. Bekennen und
thun kund allermänniglich mit dieſem Briefe, al-
len denen die jn ſehen oder hören leſen. Das wir
gütlich angeſehen und betrachtet haben, ſollich red-
lich, nuzlich und getruw dienſte die uns und dem
Heiligen Reiche, der Wohlgeborne unſer und
des Reichs lieber getreuer Eberhart der Elter,
Graue zu Wirtemberg, und zu Mümppelgart,
offt und dick, williglich und unverdroſſentlich ge-
than hat, täglich thut und furbaſſer in künfftigen
Zeiten, wohl thun mag und ſoll. Vnd haben dar-
um mit wohlbedachtem mutte, gutem Rathe, und
rechter wiſſen, jm und ſeinen Eelichen Leibs Er-
ben, Mannes Namen, Grauen zu Wirtenberg
und zu Mümppelgart diſe beſonder Gnade, gethan
und freiheit gegeben, Geben jn auch die alſo von
Keiſerlicher Macht und Gewalte in Krafft dieß
Briefs, alſo daß ſie um alle und jegliche Sachen,
die ſie, jr Leibe, oder güter antreffend, hinfür für
kein Landgericht, Hoffgericht, Stettgericht, noch
für einich ander Gerichte ſollen gezogen, noch da-
ſelbs berechtiget werden, noch auch ſchuldig ſein
ſollen ſich daſelbs zuuerantwurten, Sondern wer
alſo zu jr einem oder mehr, hinfür zu ſprechen hat,
oder gewinnet, der oder die ſollen ſie darum für-
nemen mit Recht vor derſelben Grauen von Wir-
temberg, erbern Räthen, und ſonſt niendert an-
derß wa, were auch ſach, das einicherley clag,
vrtel oder Achte darüber wider ſie, und diß unſer
Gnad und Freiheit ertheilt oder außgeſprochen
wurden, wie ſich das fügte, die vernichten wir
gänz-

gånzlich und gar, jezo alßdann, und dann alß
zo., ſetzen nnd wóllen das die alle und jeglich t
tauglich und unkråfftig ſein, und dem vorgenai
ten Graue Eberhardten und ſeinen Erben, at
rem Leibe und Gutte, keinen ſchaden bringen, at
genommen was Lehen antreffe, die ſollen úbei
verrechtet werden, nach Lehens rechte, und t
das von alter herkommen iſt, doch vns und d
heiligen Reiche, an vnſer Oberkeit, gewaltſa
und Gerechtigkeit, in allwege unvergreiffenl
und unſchådlich. Vnd wir gebieten darum al
und jeglichen Fúrſten, (Geiſtlichen und Weli
chen, Grauen, Freien, Herren, Ritternjkne
ten, Landrichtern, Hofrichtern, Richteren, Vi
ten, Amptleuten, Burgermeiſtern, Råthen, Vi
gern und Gemeinden, aller und jeglicher Schl
ſer, Stette, Herrſchafften, Marckte, Dórffe
und Gebiete, und ſonſt allen anderen Unſeren, u
des Reichs Unterthanen und getrůwen ernſtl
und veſtiglich mit dieſem Briefe, daß ſie den vc
genannten Graue Eberharten und ſeine Erben t
ſolchen vorgemelten, unſern Gnaden und Fr
heiten, nicht hindern oder irren in kein weiſe, So
dern ſie der alſo, in vorgeſchriebener maſſe getr
lich gebrauchen, genieſſen, und gånzlich dal
bleiben laſſen, und nach jrem beſten vermóg
zubeleiben verhelffen, ungeuerlich, alß lieb eine
jeglichen ſei, unſer und des Reichs ſchwere Ui
gnad, und darzu ein Peene nemlich, fúnffzig Mai
lótigs Goldes, die ein jeglicher alß offt, er da
wider thete, verfallen ſein ſoll, halb in unſer ui

d

des Reichs Cammer, und den andern halben tei-
l, den gerurten von Wirtenberg unableßlich zu
wohlen, zuuermelden, Mit urkund diß Briefs
versigelt mit unser Keiserlichen Majestät anhan-
genden Insiegel. Geben zu der Neuenstatt, am
Freitag vor Sant Jörgen Tag des Heiligen Rit-
ters nach Christi Geburt, vierzehenhundert, und
in drey und sechzigisten unser Reiche des Römi-
schen im vier und zweinzigisten, deß Keiserthums
im zwölfften und des Hungarischen im fünfften
Jaren.

Ad mandatum Domini Imperatoris
in Consilio.

Num. 14.

Kaysers Friderici III. Mandat an das
Hof-Gericht zu Rothweil, die Würtembergi-
sche Privilegia de non evocando & non appel-
lando betr.

d. d. 1467. Montags nach Creutz-Erfindung. (1)

Wir Friderich, von Gottes Gnaden Römi-
scher Keiser zu allen Zeiten merer des Reichs,
zu Hungern Dalmatien, Croatien, rc. König,
Herzog zu Osterreich, und zu Steier, rc. Ent-
bieten dem Edlen Johannsen Grauen zu Sulz,
Unserm und des Reichs Hoffrichter zu Rotweil
und den Urtellsprechern daselbs, so iezt seyn und
kunfftiglich gesezt werden möchten, unsern und
des

---

(1) Aus einer einzelen in fol. gedruckten Copie.

des Reichs lieben getreuen, uns hat der Wohl-
geborn Ulrich Graue zu Wirtemberg, unser
Schwager und des Reichs lieber getreuer, für-
bringen laſſen. Wie wohl Er und ſein Vordern,
von uns und unſern Vorfahrn am Reiche Römi-
ſchen Kapſern und Königen, löblich begnadet und
gefreit ſein/ Wer zu ihren Räthen, Dienern,
Mannen, Leuten, Hinderſeßen, und die in zu ver-
ſprechen ſtehen, klag, ſpruch und Vorderung het-
te, oder zuhaben vermeinte, daß dann dieſelben
kläger, darum Recht vor im, ſeinen Räthen, und
in den Gerichten, darinn die eegemelten angeſpro-
chen geſeßen ſein, und niendert anderswa, ſuchen
eruordern, und nemen, und ſich daſelbs, von inen
laſſen benügen und für einich ander gerichte, ferrer
nicht gezogen angelangt noch bekümmert werden,
Ob aber darüber wider die obgenannten die irn,
an einichem Hofes oder Landgerichten icht, ge-
richt, geurteilt oder fürgenommen wurde das ſol-
liches alles, ganz krafftloß, vernicht und untaug-
lich und denſelben jren Räthen, Dienern, Man-
nen, Leuten, Underſeßen, und die im zuverſprechen
ſtehen, ganz unſchädlich ſeyn ſoll, ꝛc. Alß dann
die gemelten Freyheiten, ſolliches mit mehr Wor-
ten, und eigentlicher innhalten und außweiſen.
Wann aber die ſeinen darüber nicht deſto minder
vor euch mit dem iezt gemeltem unſerm und des
Reichs Hoffgericht zu Rotweil zu mannigemmal
mit Ladung oder Verkündung daſelbs im Rech-
ten zu antworten fürgenommen, und weiler ſollich
fürladung und Verkündung die vermelten ſein

. Frei-

Freiheiten vor Euch und dem iezgemelten Hoff-
gericht fürgebracht, und darauf begehrt werde
wider die seinen nicht zurichten sonder die Kläger
gegen denselben fürgeladen zu Recht zu weisen,
alß ir des nach gemeinen Rechten, und innhalt
der vorberürten freiheiten zu thun schuldig sein, so
werd doch solliches zu dicker mahlen versagt, sein
Freyheiten veracht, die seinen zu recht nit gewei-
set, sondern wieder sie, darüber geurteilet und
procediret, und darinn zu Zeiten Ursach, das
sollich die seinen mit Verkündigung geladt seyn
sollen, fürgenommen, über das doch dieselben da-
vor zu recht, vor im und seinen Gerichten, zu recht
nicht erfordert, noch den Klägern recht versagt
sey, daß er vermeint wider sein vorgeschrieben
Freiheiten, auch gemein Recht, beschwehrt sein,
und dardurch Er und die sein mercklich beschedigt
werden, und hat uns demüthiglich anruffen und
bitten lassen in hierinnen zufürsehen, und bey sei-
nen vorberürten Gnaden, und freiheiten gnädig-
lichen zu handhaben und zu beschirmen, wann
nun gemein Recht zugeben daß ein jeder bey seinem
ordentlichē Richter beleib und vor demselben Rich-
ter, ob jemanndt spruch zu im hätt, sondern so
dem Kläger recht nicht versagt worden ist, von
erst beklagt, und gerechtuertiget werden soll. Da-
rumb so empfehlen wir euch von Römischer Kei-
serlichen Macht ernstlich und vestiglich, mit die-
sem brief gebietend, daß ir den obgenannten von
Wirtenberg, bei den vorberürten seinen Freihei-
ten, geruwlich und unverhindert bleiben lassen,

und

und die jezt genannten die feinen, ob und wann
die für das benannt Hofgericht mit Ladungen oder
Verkündungen zu Recht eruordert werden, und
den Klägern gegen denfelben recht ergehen zu laffen,
nit verfagt, fonder deß ftatt zu thun und ergehen
zu laffen, erbotten würdet für den obgenannten
von Wirtemberg, und feine Gericht, darunder
die fürgeladen gefeffen fein, und alß fich nach ge-
meinen Rechten und inhalt feiner Freiheit gebü-
ret zu Recht weifet, und darüber ferner nicht rich-
ten, noch prociren, noch einich ander außzug
oder verhinderung darein thut dann wo das alfo
nit befcheh und der obgenannt von Wirtemberg
an den jezgemelten feinen Freiheiten ferner verlezt
und befchwehrt und darüber wider die feinen ge-
urtteilt, gericht und procedirt wurde, So wollten
wir iez alßdann, und dann alß iez, von obgemel-
ter unfer Keiferlichen Macht das alle und jegliche
follche vorgemelt urteilen und proceß, und was
darwider ergehen wurd krafftloß, vernicht und
untauglich fein und dem obgenannten von Wir-
temberg und den feinen ganz unfchädlich fein folle,
darnach wiffet euch zu richten. Geben zu der Neu-
enftatt mit unferm Keiferlichen anhangenden In-
fiegel befiegelt, am Montag nach deß Heiligen
Creuz Tag inuentionis, nach ChriftiGeburt Vier-
zehenhundert, und im fiben und Sechzigiften, un-
fer Reiche des Römifchen im acht und zweinzigi-
ften deß Keiferthumbs im fechzehenden, und deß
Hungerifchen im neunten jaren.

Ad mandatum Domini Imperatoris Vdalricus
Epf. Pat. Cancellarius.   Num.

Num. 15.

Kaysers Friderici III. **ferneres** Mandat an das Hof-Gericht zu Rothweil, die Würtembergische Privilegia de non evocando betreffend.

d. d. 1467. Montags vor Mariæ Magdalenæ (1)

Wir Friederich von Gottes Gnaden Römischer Keiser zu allen Zeiten Merer deß Reichs, zu Hungern, Dalmatien, Croatien, ꝛc. König, Herzog zu Oesterreich und zu Steir, ꝛc. Entbieten dem Edlen Johannsen Grauen zu Sulz, unserm und des Reichs Hoffrichter zu Rothweil und den Urtheilsprechern daselbst, unsern und des Reichs lieben getreuen unser Gnad und alles gut, Edler und lieben getrewen, uns hat der wohlgeborn Ulrich Grave zu Wirtenberg unser Schwager und des Reid s lieber getreuer, durch sein Erbar Bottschaft fürbringen lassen mit klagen. Wiewohl Er und die sein von unsern Vorfarn am Reich, Römischen Kaisern und Königen, auch uns für das gemelt unser Hofegericht löblich gefreiet sein, und also ob sie an demselben unserm Hofgericht fürgeheischen erfordert und geladen wurden, das dann ir benannten Hoferichter und Urtheilsprecher oder die dann zumahl unser Hofgericht besizen, verwesen oder dem vorsein, so auf ir gewohnlich abforderung nach laut und innhalt der bedachten ir Freiheit von in schieben und weisen

C

<hr>

(1) Aus einer einzelen in fol. gedruckten Copie.

sen sollen, ꝛc. innhalt der briefe darüber begrief-
fen und außgegangen, nicht deßminder werde
dem bedachten unserm Schwager, und den sei-
nen offt nach gebürlicher Abuorderung, so sie in
gemein oder sonderheit durch euch, fürgeheischen
und geladen werden schuldig weisung nach laut der
offtgemelten ir freiheit versagt, und abgeschlagen
alß er vermeint unbillich zu nicht kleiner Verachtung
Keiserlicher Oberkeit von dann die freiheit iren Ur-
sprung haben, und Vernichtigung derselben Frei-
heit und uns demütigklich betten, im und den sei-
nen hierinnen gnädigklich zuversehen, wann wir
Unwahrheit obgemelts fürbringens, so viel und
nu zumal nottürfftig ist, genugsam unterrichtet
und dann einen jegklichen bei seinen Gnaden, und
freiheiten rechten und gerechtigkeiten zu handtha-
ben schuldig, und dem gemelten unserm Schwa-
ger um seiner willigen gehorsam und Dienste
willen, so er uns und dem heiligen Reich bißher
unverdrossenlich beweiset hat, und nun hinfür
wohl thun solle und mag, zu gnädiger Fürderung
insonderheit geneigt sein. Begehren wir an Euch,
samentlich und ieden besonder ernstlich und vestig-
klich mit rechtem Wissen gebietende, wann ir oder
die zu zeiten das bedacht Hofgericht besizen, nun
hinfür wegen des benannten Graue Ulrichs von
Wirtemberg unsers Schwagers oder der seinen,
darum angelangt werden, das ir dann wider Sie
auf einich euer fürheischen, Ladung oder Ver-
kündigung nach billicher abuorderung nicht vol-
faret richtet oder procediret auch einich Ladung
oder

oder Verkündigung wider sie nicht außgehen lasset
oder erkennet, sondern ob iemands, wer der were,
zu dem benannten, von Wirtemberg oder sein,
flag, spruch oder Vorderung zu haben vermeine,
es sei Leibe, ehre, gut, die gulden Bulle unsers
Vorfaren Kaiser Karls des Vierten, oder un-
ser gemeinen Reformation zu Franckfurt beschlos-
sen, antreffende oder sonst einich ander Ursach be-
türende, nichts außgenommen dieselben kläger
und sachen, so verr sie wider den vorgenannten
von Wirtenberg fürgenommen werden, für uns
alß Römischen Keiser, so verr sie aber die sein und
die im zuversprechen steen, berüren, für in als i-
ren obern geordneten Richter weisen, und euch
sollicher sachen eussern, müßigen, und entschla-
hen, darinne nicht richtet, handlet, vollfaret und
procediret, alß lieb euch und euer iedem sei unser
und des heiligen Reichs schwehre Ungnade und
die Peen in der gemelten seiner Freyheit begrief-
fen, und darzu ein Peen, namlich zehen Marck
lotiges Goldes, vns den halben theil in unser
Keiserlich Cammer und den anderen halbteile,
dem bedachten von Wirtemberge, durch die so
hierwider thun wurden, unablößlich zu bezahlen
vermelden. Ob auch durch euch einen oder mehr
icht hierwider fürgenommen gehandelt, gericht,
fürgeheischen, vollfarn oder procedirt wurde, er-
kennen und wöllen Wir von Römischer Kayser-
licher Macht und obberürtem Wissen, iezt alß
dann, und dann alß iezo, das sollichs alles ver-
nicht, tod und absein, und dem obgenannten

von

von Wirtemberg und den seinen; auch so im zu ver-
sprechen steen, unschedlich sein solle; vernichten,
tödten, und thun das also ab von eegemelter Kei-
serlicher Macht und Wissen in krafft dis Briefs,
der zu Urkunden mit unserm Keiserlichen anhan-
genden Innsiegel besiegelt, und geben ist zu der
Neuenstatt am montag vor Sant Maria Mag-
dalena Tag, nach Christi Geburte vierzehenhun-
dert und im siben und Sechzigisten unser Reiche
des Römischen im acht und zweinzigsten, des Kei-
erthums im sechzehenden, und des Hungerischen
m neunten Jaren.

Ad mandatum Domini Imperatoris
in consilio.

Johannes Rot. Pat. & Urat. De-
canus.

Num. 16.

Kayser Friderichs III. ferneres Mandat
an das Hof-Gericht zu Rothweil, Graf Ulri-
chen zu Würtemberg an seinen Privilegiis keinen
Eintrag zu thun.

d. d. 1468. 10. Jul. (1)

Wir Friederich von Gottes Gnaden Römi-
scher Kaiser zu allen zeiten Mehrer des
Reichs, zu Hungern, Dalmatien, Croatien ꝛc.
König, Herzog zu Oesterreich und zu Steir ꝛc.
Entbieten dem Edlen Johannsen Grauen zu
Sulz, unserm und des Reichs Hof-Richter zu
Rot-

_____

(1) Aus einer einzelen in fol. gedruckten Copie.

Rotweil, und den Urthelſprechern daſelbs, unſern,
und des Reichs lieben getreuen, unſer Gnad und
alles gut, Edler, und lieben getrewen, Vns hat
der Wolgeborn, Ulrich Graue zu Wirtemberg,
unſer Schwager, und des Reichs lieber getreuer
mit klag fürbringen laſſen; Wie wohl Er und die
ſeinen von Unſern Vorfahren am Reich, Römi-
ſchen Kaiſern und Königen, auch uns vor das
gemelt unſer Hoffgericht, alſo daß ſie daſelbs auff
einich ewer Ladung zu erſcheinen, oder fürzukom-
men, nicht pflichtig, hochgefreiet, euch auch dar-
auf ſie an ſollichen irn freiheiten nicht ze irren, In-
trag zu thun, oder einich Ladung oder Verkün-
dung wider ſie außgeen zu laſſen, ſonder ſie bei Inn-
haltung der gemelten irer Freyheit zehandthaben,
ſtrencklich, auch bei hohen peenen empfolgen, und
gebotten ſei, innhalt derſelben gebott-briefe, dar-
um an euch außgegangen, nicht deſtminder un-
derſteen ir euch wider jne, und die ſeinen wieder
dieſelben ſein freiheit, auch den gemelten unſern
Kaiſerlichen gebott-briefen an euch darumb auß-
gegangen, auff etlicher anruffen, und Begehren,
zu procediren und ze uolfaren, und in dardurch,
von ſollicher ſeiner freyheit dringen, und dar-
durch größlich beſchedigen und beſchwehren zu
nicht kleiner ſchmach und Verachtung, unſer Kei-
ſerlichen Oberkeit, das Uns alſo nicht zu gedul-
den, ſonder dem bemelten unſerm Schwager,
bei ſollichen Freiheiten zu handhaben wohl gebührt.
Darum ſo empfelhen wir euch von Römiſcher
Keiſerlicher Macht, auch bei einer Peene nämlich

C 3

vier-

vierzig Marck löttigs Goldes, und die in unser
Kaiferlich Chammer, unablößlich zu bezahlen,
das ir dem eegenannten unferm Schwager, und
die feinen bey den gemelten freiheiten handthaben,
jne auch dabei gerublich und ohne Eintrag, nach
innhalt der Gebott-brieff, vor deßhalb an Euch
außgangen, bleiben laffend, dann wo ihr das al-
fo nicht thätent, fonder wider den gemelten von
Wirtemberg oder die feinen gehandelt, volfarn,
gericht, oder procediret hetten, oder hinfür wur-
den, das alles wir von Römifcher Keiferlichen
Macht vernichten, und thun es gänzlich ab, auch
ernftlich gebietende, das ir follichs auch vernich-
tent und abftellend, foll auch ganz krafftloß, und
untauglich, und dem bemelten unferm Schwa-
ger, und den feinen, vnfchedlich fein, das wir
auch jezt als dann, und dann alß iezt krafftloß und
untauglich fprechen, machen, und erkennen, von
Römifcher Kaiferlichen macht, in krafft dis
Briefs, und thun hierinne nicht anders alß lieb
euch fei, unfer fchwere Ungnad, und die vorge-
melten peen zu vermeiden. Geben zu Grez, am
zehenden Tag des Monats Julii, nach Chrifti
Geburte, Vierzehenhundert, und im acht und
Sechzigiften, Unferer Reiche deß Römifchen im
Neun und zweinzigften des Keiferthums, im
fiebenzehenden, und Hungarifchen im zehenden
Jaren.

Num. 17.

Num. 17.

Des Hof-Gerichts zu Rothweil Ur-
theil-Brieff puncto der Würtembergischen
Privilegien de non evocando.

d. d. 1468. Zinstags nach Jacobi. (1)

Wir Graff Johannes von Sulz Hoffrichter
von des Allerdurchleuchtigsten Fürsten und
Herrn Herrn Friedrichs Römischen Keisers zu
allen zeiten Merers des Reichs zu Hungarn, Dal-
matien, Croatien rc. König, Herzogen zu Oster-
reich und zu Steir rc. Unsers allergnädigisten
Herrn gewalte, an seiner statt auf seinem Hove
zu Rotweil. Bekennen offentlich und thuen kund
allermeniglichem mit diesem Brieue, das wir zu
verschinen Hove-Gerichten auf dem Hove zu Rot-
weil an der offen freien Keiserlichen straß, zu Ge-
richt geseßen sind, und stund vor uns auff dem-
selben Hove, des Hochgebornen Herrn, Herrn
Ulrichs Grauen zu Wirtemberg Ersam Bott-
schafft, mit namen Herr Hanns Plaicher Prie-
ster, zöigt und antwurt uns einen des obgenann-
ten unsers Allergnädigisten Herrn, des Römischen
Keisers besigelten Brieue, den Wir dann mit sol-
cher Würdigkeit und Ehren empfangen, alß sich
das gezimpt und gebüret und lautet von wort zu
wort also:

    Sequitur Diploma Imp. Friderici d. d. Neu-
    enstatt am Montag vor Sant Maria Mag-
    dalena Tag, Anno 1467.

       C 4   Und

---

(1) Aus einer einzelen in fol. gedruckten Copie.

Vnd do der vorgeschrieben Keiserlich Brieue, ge-
höret und verlesen ward, redt und batt der eege-
nannt Herr Hanns Plaicher im an einer Urteil zu
fragen, ob ich sollichen Kaiserlichen Gebott-ge-
lebt und nachkommen wurdt, und ob wir dem
nachkommen und leben wöllten oder nicht, im
das antwurt zugeben. Darum fragten wir die
Richter und Urteilsprecher des Hoffgerichts der
Urteil und des Rechten, die haben in Bedencken
genommen, biß auf dis heuttig Hofgericht, wern
wir nun in sollichem Bedencken, deß obgemelten
Gebott-Brieff innhalt und Meinung, dem obge-
nannten unserm allergnedigsten Herrn dem Rö-
mischen Keyser fürbringen, und darzu sein Kei-
serlich Majestät, sein und des heiligen Reichs
Hoffgericht zu Rotweil Gnade Freiheit, recht und
Herkommen, erinnern und berichten lassen ha-
ben, was Abbruch, Verhinderung, Beschwerd
und schadens seiner Großmechtigkeit und seinem
Hofgericht zu Rothweil, beschehe, und enstünd
wa sollich verbott seinen fürgang haben solt, dar-
auff sein Keiserlich Großmächtigkeit vns auch den
Urteilsprechern des gemelten Hofgerichts, hat thun
gebietendas dickgemelt Hofgericht in seinem her-
kommen Gerichts übungen und seiner Ordnung
zu halten, üben und gebrauchen wie das bißher
Löblich gehalten sei ohne irrung des obgenannten
gebott-Brieffs. Und alß wir auff heut darum
diß Briefs, aber auf dem Houe zu Rotweil, an
der offen freien Kaiserlichen straß, zu Gericht ge-
seßen und die Urteil zuoffen eruordert sind, frag-
ten

ten wir aber die Urtheilsprecher des Hoffgerichts
der Urteil und des Rechten, die haben mit ge-
meiner gesammter Vrteil alß Recht ist, erteilt,
daß das Hoffgericht zu Rothweil bei seinem Her-
kommen und Gerichts Ordnung bleibe und gehal-
ten werde, und ward der Urteil brieue erteilt zu
geben. Hierumb zu offem Vrkund ist des Hoff-
gerichts zu Rothweil Innsigel mit Urteil offenlich
gehenckt an diesen Brief. Geben am Zinstag
nach Sant Jacobs Tag, Apostoli, nach Chri-
sti Geburt vierzehenhundert sechzig und acht
jare.

Num. 18.

Der Reichs-Statt Eßlingen Vidimus
über ein von Kayser Friderich III. wegen der
Würtembergischen Privilegiorum de non evocando
an das Hof-Gericht zu Rothweil er-
lassenes Mandat.

d. d. 1468. Freytags nach aller Heiligen. (1)

Wir Burgermeister und Rathe des Heiligen
Reichs Statt Eßlingen, thun kund of-
fentlich mit disem Brieff, daß uns von des Hoch-
gebornen Herrn, Herrn Ulrichs Grauen zu Wir-
temberg, Unsers gnädigen Herrn, Bottschafft,
ein Keiserlicher Brieue, mit einem Keiserlichen zu
rugke aufgedruckten insigel versigelt, und an des
Reichs Hofrichter zu Rotweil und die Urtheilspre-
cher daselbs lautend erzöigt und fürgehalten wor-

C 5 den

(1) Aus einer einzelen in fol. gedruckten Copie.

den ist, mit Bitte, und Begerung, des ein glaub
wirdig Abschriffte, sollichem Brieue gleichlautend
seinen Gnaden zugeben, und steet derselb Brief
von Wort zu Wort also:

Hier ist das Diploma Friderici III. d. d. 1468
den 10. Julii. zu Grätz.

Und weilen Wir nun an disem obgemelten Kei-
serlichen Briefe, weder an Papyre, geschrifft,
noch am Siegel, nach fleißiger Beschauung, deß-
halb gethan mit einichen Argkwohne sehen möch-
ten, sondern den gerecht/ und diese Abschriffte,
gegen im eigentlich verlesen, und collationirt,
demselben haupt-Briefe gleichlautend funden
handt, So haben wir derselben, unsers gnedigen
Herrn Bottschafft obgemelt, dis Vidimus unter
unser Statt grossem anhangendem Insiegel, doch
uns, unser Statt, und unsern Nachkommen,
ohne schaden, versigelt, geben auf freitag, nechst
nach aller heiligen Tage, des jars da man zalt
nach Christi geburt, tausent vierhundert, und im
acht und sechzigisten jaren.

Num. 19.

Vergleich zwischen Graf Ulrichen zu Würtemberg und des Heil. Römischen Reichs Statt Eßlingen/ einiger Irrungen hal-ber. d. d.

1472. Neu-Jahrs-Abend. (1)

Wir Johann von Gottes Gnaden, Ertz Bi-schoff

---

(1) Aus Lünigs Reichs-Archiv Part. Spec. Contin. II.
unter Würtemberg. p. 696.

Hoff zu Trier, des Heil. Römischen Reichs in Gallien, und durch das Reich Arelat Erz Canzler und Chur-Fürst, tun kund und bekennen offentlich an diesem Brieffe allen denen, die ihn sehen, oder hören lesen, so alß Mißfälle, Irrung und Zwitracht entstanden waren und geweßt sind, zwischen dem Hochgebohrnen Herrn Ulrichen, Grafen zu Würtemberg Unserm lieben Schwager an einem und dem Ersamen Weisen, unsern lieben besondern Burgermeister und Rath der Statt Eßlingen dem andern theile,. welche Mißhelle Irrung und Zwytracht sie zu beyden Thailen, an unß gestalt han in der Mase, wie wir sie drum sezen und entscheiden würden, daß sie das also halten, und deme ohne alle Einrede nachkommen und wollen, ohne alle Gefehrde: Alß han Wir beeder Partheyen Fürnehmen und Gebrechen nach Notturfft verhört, und Sie mit ihr beeder Wissen und Willen gütlich entschieden und vereiniget, immasen hernach geschrieben folget :

Zum Ersten, alß die von Eßlingen auch Ihre Burger und Innwohner, geistlich und weltlich, es sind Clöster, Kirchen, weltlich Priesterschafft oder Spitahl, niemand außgenommen, in Unsers Schwagers von Würtemberg Herrlichkeit und Gebiete, Güthern auch Zinnse und Gülte, liegend und fallend, darvon derselbe unser Schwager, Steuren, Beten, Betwein, Dienste und Schatzung ꝛc. um solchen Spann sezen und entscheiden, wir die Parthyen in nachgeschriebener masse, daß die Klöster, Kirchen, weltliche Prie-
ster-

sterschafft oder Spital zu Eßlingen auch Bürge
und Innwohner daselbst zu Eßlingen, Geistlich
und Weltlich, sollen alle Dörffer, Höffe, Häu
ser, Wein-Gärten, Baum-Gärten, zehen
den, Ackere, Wiesen, Wälder, Felder, Müh-
len und andere Güter, wie man die mit sonder-
lichen Worten genennen mag, auch alle Zinß
und Gülte die sie heut dato dis Briefes in Unsers
Schwagers von Würtemberg Landen Herrlich-
keit und gebieten, innhaben und besizen hinfür zu
ewigen Tagen so lange die in der von Eßlingen
und der ihren Hand wären oder seyn würden, ganz
frey und ledig innhaben von allen Steuern Dien-
sten, Schazungen, Land-Steuern, Beten, Bet-
wein und andern Beschwernüssen, wie man die
genennen möchte, und der geniessen und gebrau-
chen, sondern unsers Schwagers von Würtem-
berg seiner Erben und Ambt-Leuten und aller-
männiglichs von ihrtwegen Irrung oder Inntrā-
ge in einiger Hande Weise, und wären einige
Brieffe, Sprüche oder Register, die da besagten,
daß unserm Schwager von Würtemberg einige
Steuren, Bet, Bettwein, Schäzung, Dienste,
oder andere Gefälle, von den Gütern, auch Zin-
sen und Gülten, so die von Eßlingen in unsers
Schwagers von Würtemberg Land und Gebie-
ten hand, fallen und werden sollte, sulliche Brief-
fe, Sprüche und Register sollen in solchen Arti-
culn die davon den gemelten Steuren, Bet, Bet-
wein, Schazungen, Dienste, oder andern ge-
fällen sagend, ganz krafftloß, tod, und ohnmäch-
tig

ly ſein, die doch in andern ihren Clauſulen, Mel-
nungen und Articuln kräfftig und mächtig blei-
ben, und wann nun der benannte unſer Schwa-
ger von Würtemberg alle Güter Zinnß und Gül-
ten, ſo die von Eßlingen ihre Bürger und Inn-
wohner, geiſtlich oder weltlich in ſeinen Landen,
Herrlichkeiten und Gebieten iezund hand und beſi-
zend, der ihme dann eines Theils, alß er meint,
billig Steure oder Schazung gegeben han ſolten,
und auch bißher gegeben han, alle Steure, Scha-
zung, Bet, Betweine, Dienſte und ander Be-
ſchwernüß wie obgemeldet, ſtet frey und ledig ge-
geben und auch dabey außgeſagt hat, dieſelben
von Eßlingen, bey ſolchen Gütern, Zinnſen und
Gülten alß die von Stück zu Stück in zwey Re-
giſter auf Pergament geſchrieben, und mit unſern
Inſiegel verſigelt ſind, der auch iedem Theil zu
künfftiger Unterrichtung eines übergeben iſt hin-
für gnädiglich ungehindert und unbeſchweret zu
laſſen, doch unſerm Schwager zu Würtenberg
und ſeinen Erben an Gerechtigkeit ſeiner Wild-
bahn und Gerichts gefällen, wie er die auf dieſen
Tag inne hat, unſchädlich. So ſollen die von
Eßlingen den benannten unſern Schwager von
Würtemberg dagegen geben und außrichten, Tau-
ſend Rheiniſche Gülden und ihme oder ſeinen Rä-
then, die Er darnach ſchicken wird, auf ſein ge-
bürliche Quittanz die überantworteten zu Eßlin-
gen auf den Tag, ſo ihne dieſer Entſcheid überge-
ben würdet. Fürbaß von der Frauen wegen, ge-
nannt die Viſchlerin von Vayhingen, darum
die

die Partheyen ſpennig geweſen ſind, entſcheiden
wir die ehegenannte Partheyen, daß dieſelbe Frau
die weil die lange Zeit und viel Jahr bey dem Spi⸗
tal zu Eßlingen geweſen iſt, bey dem Spital blei⸗
ben und deſſelben Spitals aigen ſeyn ſollt; Und
ob unſer Schwager von Würtemberg aigene Ge⸗
rechtigkeit daran hätte oder haben ſollte, darauf
ſoll Er GOtt zu Lobe, und ſeiner Seelen zu Troſt
verzeihen, Argeliſt und Gefährde, in allen von
beſcheidenen Sachen gänzlich außgeſchieden, und
dieß unſers gütlichen Entſcheides zu Urkundt, ha⸗
ben Wir Johann Erz⸗Biſchoff zu Trier ꝛc. ob⸗
genannt unſer Innſiegel an dieſen Brieff tun hen⸗
cken und wann dieſer gütlicher Entſcheid mit Un⸗
ſer Ulrichs, Graffen zu Würtemberg ꝛc. auch un⸗
ſer Burgermeiſter und Rath der Statt Eßlingen,
Wiſſen und Willen zu gangen und geſchehen iſt;
So haben Wir den vffgenommen, beliebet und
bewilliget; aufnehmen, belieben und bewilligen
ihn auch für Uns, Unſere Erben und Nachkom⸗
men, in krafft dieſes Briefes, dieſen Entſcheid
und alle Stück, Clauſuln und Articuln darinn
begrieffen, ſtet, feſt, und unverbrüchlich zu hal⸗
ten und Deme wie ferne unſer ieglicher Parthey das
gebühren würde, nachzukommen und zu willen
thun und darwider nicht zu ſuchen oder fürzuwen⸗
den, einige Liſt oder Behendigkeit, die Menſchen
Herz erdencken kan, noch einige Auszüge oder be⸗
helffe, Geiſtlichen oder Weltlichen Rechtens,
Gnade, Freyheit, Privilegien, Land⸗Recht oder
Gewohnheit den wir verzeihen zu beiden Tailen

auf

auf alle Außzüg und Behelffe, geiftlich Rechts
Gnade, Freyheit, Privilegien Land = Recht und
Gewohnheiten, die unfer einigen Stetten und dem
andern Unftätten hierinn bringen möchten und
fonderlich auf das Recht, das da fpricht, gemein
verzügnüß fey nicht tüglich, es fey denn dem fon-
derlichen Verzugnüs vorgangen, fonder Arglift.
Und dis zu Urkund haben wir Ulrich, Graff zu
Würtembergk auch wir Burgermeifter und Rath
der Statt Eßlingen Unfere Infiegel auch an die-
fen Brief thun hencken und gehenckt und Wir E-
berhard Graf zu Würtemberg, deß lezt genann-
ten Graf Ulrichs Sohn, bekennen, daß diefer ob-
gemelte Entfcheid, auch mit unferm Wiffen und
gutem Willen gefchehen und zugangen ift, und
wir gereden und verfprechen auch für Uns und Un-
fere Erben und Nachkommen in Krafft diß Brief-
fes, den ftet, veft, und unverbrechlich zu halten
und darwider nicht zukommen oder zu tun in ei-
nigerley weife. Und des zu Urkhundt haben Wir
Unfer Infiegel auch angehangen an diefen Brieff,
der zween find, in gleicher Form und iedem Thei-
le einer gegeben ift, auf den heiligen Jahrs
Abend, zu Latein Circumcifio Domini, nach
der Geburt Chrifti unfers lieben Herren 1472.
Jahre.

Num.

Num. 20.

Pabſts Sixti IV. **Beſtättigung der Uni-
verſität zu Tübingen.**

d. d. 1476. Id. Nov. (1)

IN Nomine Domini Amen. Heinricus permiſ-
ſione Divina Abbas Monaſterii in Blaubeü-
ren; ordinis S. Benedicti Conſtantienſis Diocefis,
Executor & Commiſſarius ad infrà ſcripta , à
Sanctâ ſede Apoſtolicâ , unâ cum certis no-
ſtris in hâc parte Collegis: cum Clauſula. Qua-
tenùs vos, vel duo aut unus veſtrum in ſubinſertis
literis Apoſtolicis appoſita ſpecialiter deputatus.
Univerſis & ſingulis has literas viſuris, lecturis
& audituris, præſentibus & poſteris, ac præſertim
illi vel illis , quorum intereſt, intererit, aut in-
tereſſe poterit , & quos noſſe fuerit oportunum:
Subſcriptorum notitiam indubitatam : cum ſalute
in Domino ſempiternâ. Literas Sanctiſſimi in
Chriſto Patris, & Domini noſtri, Domini Sixti,
divinâ providentiâ Papæ quarti: ejus verò Bulla
plumbea in filis canapi, more Romanæ Curiæ,
impendente, bullatas, non abraſas, cancellatas vel
abolitas: nec in aliquâ ſuâ parte ſuſpectas, ſed ſa-
nas, integras, & illæſas, omnique prorſus vitio &
ſuſpicione carentes: Nobis pro parte Illuſtris & Gene-
roſi Domini, Domini Eberhardi: Comitis in Wür-
temberg & in Montepeligardo, Senioris, in ipſis
lite-

---

(1) Aus BESOLDI *Diſſert. de Maieſtat.* p. 186. ſeqq.

literis principaliter nominati als pridem præfenta-
tas: Nos cum eâ quâ decuit reverentiâ accepiffe no-
veritis, hunc qui fequîtur tenorem de verbo in ver-
bum continentes.

SIXTUS Epifcopus fervus fervorum Dei Dile-
ctis Filiis, Abbati in Blaburren & Sancti Martini
in Sindelfingen, per Præpofitum foliti gubernari
Monafteriorum ac Ecclefiæ, in Herremberg, Præ-
pofitis Conftantien. Diocefis. Salutem & Apo-
ftolicam benedictionem. Copiofus in mifericor-
dia Dominus, & in cunctis fuis gloriofus operibus,
à quo omnia dona defluunt ad hoc nobis. Licèt
in fufficientibus meritis fuæ fponfæ univerfalis Ec-
clefiæ regimen committere, & noftræ debilitati ju-
gum Apoftolicæ fervitutis imponere voluit. Ut
tanquam de fummo vertice montis ad infima refle-
ctentes intuitum, quod pro hujusmodi illuftranda
Ecclefia ad fidei propagationem conferat orthodo-
xæ. Quod ftatui quorumlibet fidelium conveniat,
profpiciamus attentius. Et qualiter à fidelibus ip-
fis profugatis ignorantiæ tenebris: illi per donum
fapientiæ in viâ mandatorum, ac domo Domini
converfari debeant, folertius attendamus, eas ad
quærendum literarum ftudia, per quæ militantis
Ecclefiæ Refp. geritur; divini nominis, ac ejusdem
fidei cultus protenditur, omnisque profperitatis
humanæ conditio augetur, noftræ follicitudinis
ope, Apoftolicisque favoribus propenfius excite-
mus. Sanè pro parte Dilecti filii nobilis Viri. Eber-
hardi Comitis in Würtemberg, & Montispeli-
gardi, nobis nuper exhibita petitio continebat.

D   Quod

Quod in Civitatibus, Oppidis, & locis suo, ac di-
lecti Filii nobilis Viri Ulrici etiam Comitis in Würtemberg & Montispeligardi temporali Dominio
subjectis, quorum territoria longè latéque ampla
existunt, & incolarum multitudine ac fructuum
ubertate abundant, non est aliqua universitas studii generalis, ad quam civitatum, terrarum, oppidorum & locorum hujusmodi, & aliorum circumvicinorum locorum incolæ volentes in scientiis proficere ad studendum & ad discendum commodè se transferre valeant. Quòdque si in oppido Tüwingen Constantiensis Diocesis, Provinciæ
Moguntinensis: loco insigni & commodis habitationibus pleno, in quo victualium omnium maxima copia habetur ejus temporali Dominio subjecto.
Propè quod infra duas dietas vulgares, non est aliqua universitas studii generalis, erigetur una Universitas ipsius studii generalis cujuscunque facultatis & scientiæ, eidémque Universitati sic postmodum erectæ pro faciliori supportatione onerum
& expensarum ejusdem, præsertim salariorum illorum, qui Cathedras pro tempore inibi regent:
Sancti Johannis Baptistæ in Braekhenheim, & Sanctorum Philippi & Jacobi in Stetten, ac in Asch,
nec non Ringingen, & Eningen. Wormaciensis
& prædictæ Constantiensis diocesis Parrochiales
Ecclesiæ, quæ de jure Patronatus, Comitis de Werttemberg pro tempore existentis, fore noscuntur,
reservata congrua portione pro perpetuis Vicariis,
ad præsentationem dictæ Universitatis instituendis

perpe-

perpetuò unirentur, annecterentur, & incorporen-
tur, ac in Ecclefia Sancti Martini in Sindelfingen
dictæ Conftantien. diocef. quam nuper in Colle-
giatam ac illius præpofituram dignitatem inibiPrin-
cipalem, & octo Canonicatus, & totidem præ-
bendas ad Parrochialem S. Georgii dicti oppidi Tü-
bingen transferri, & S. Georgii in Collegiatam,
cum dicta præpofitura & octo Canonicatus & toti-
dem præbendis. Sancti Martini verò Ecclefiam
prædictam in Monafterium ordinis S. Auguftini eri-
gi mandavimus, duo Canonicatus & totidem præ-
bendæ, poftquam erecti fuerint, fupprimerentur
& extinguerentur, illarumque fructus, reditus &
proventus pro dote quatuor inibi aliorum Cano-
nicatuum, & totidem præbendarum de novo erigen-
darum æquis portionibus applicarentur, & affigna-
rentur, ac per nos ftatueretur, & erdinaretur, quo
ad hujusmodi decem Canonicatus & totidem præ-
bendas, qui de dicto jure patronatus exiftunt, cum
prima vice eos vacare contigerit, & deinde perpe-
tuis futuris temporibus fucceffivè Viri Ecclefiaftici,
ad regendas decem Cathedras in eadem Vniverfi-
tate ftudii erigendi idonei & docti, videlicet qua-
tuor magiftri in artibus: quibus dictæ quatuor de
novo erigendæ præbendæ affignarentur, & in eis-
dem artibus legerent & regerent, per dictum Co-
mitem feu dilectam in Chrifto filiam Mechtildem,
illius genetricem, ad quam ratione dotis fuæ in
præfentiarum præfentatio perfonarum idonearum,
ad Canonicatus & Præbendas prædictos, cum pro
tempore vacant, ut afferitur pertinet, & eorum

D 2   fuc-

succeffores in jure patronatus prædicto, præfenta-
ri, & ad præfentationem hujusmodi inftitui debe-
rent, exindè prædictis, & aliorum prædictorum
locorum circumvicinorum incolis, & habitatori-
bus volentibus in fcientia proficere, magna com-
moditas ftudendi pararetur, & eorundem ftuden-
tium poftmodum doctrina & fcientia in Civitatum,
terrarum, & locorum prædictorum regimen, fideí-
que Catholicæ propugnationem quàm plurimi fru-
ctus provenirent. Quare pro parte dicti Eberhar-
di Comitis, nobis fuit humiliter fupplicatum, ut
in præfato oppido Tübingen ftudium generale qua-
rumcunque facultatum erigere, ac eidem fic erecto,
Parrochiales Ecclefias præfatas perpetuo unire, an-
nectere & incorporare : nec non duos Canonica-
tus & totidem Præbendas ejusdem Ecclefiæ, fi opus
fuerit, fupprimere, ac quatuor alios Canonicatus, &
totidem præbendas ibidem de novo erigere, illísque
fic erectispro eorum dote fructus, redditus & pro-
ventus, dictorum fupprimendorum Canonicatuum,
& præbendarum æquis portionibus applicare & af-
fignare: & quod ad Canonicatus & præbendas prædi-
ctos, videlicet de novo erigendos, quatuor Ma-
giftri in artibus, ad alios vero alii Viri docti & ido-
nei, qui omnes in prædicta Ecclefia modo infra
fcripto refidentiam facere teneantur, ad regendas
cathedras prædictas, ut præfertur, & non alii præ-
fentari debeant ftatuere & ordinare, ac alias in præ-
miffis oportunè providere, de benignitate Apofto-
lica dignaremur. Nos igitur qui dudum inter alia
voluimus & ordinavimus, Quod petentes benefi-

cia

cia Ecclesiastica, aliis uniri tenerentur, exprime-
re verum valorem tam beneficii uniendi, quàm il-
lius cui uniri peteretur, alioquin unio non valeret.
Attendentes quod ex literarum studio, animarum
saluti consulitur: insurgentes controverfiæ deci-
duntur: Pax & tranquillitas inter mortales procu-
rantur: licitum ab illicito discernitur, bonis præ-
mia, & reprobis supplicia dispensantur, & alia tam
publica quam privata, spiritualia & temporalia
commoda mundo proveniunt. Universitatis præ-
dictæ fructuum, reddituum, & proventuum, ve-
rum valorem annuum præsentibus pro expresso ha-
bentes. Et ejusdem Comitis laudabile propositum
hujusmodi, plurimum in Domino commendantes:
hujusmodi supplicationibus inclinati, discretioni
vestræ per Apostolica scripta mandamus, quate-
nus vos, vel duo aut unus vestrum, si prædicta
vera compereritis in præfato oppido Tüwingen,
perpetuis futuris temporibus generale studium cu-
juscunque facultatis & scientiæ licitæ, authoritate
nostra erigatis, & in illo Cathedras quarumcunque
facultatum, nec non Rectoriæ, & alia pro illius
prospero & felici regimine, necessaria officia dicta
authoritate instituatis, & quæ præterea utilia &
oportuna fore cognoveritis: Constitutiones & sta-
tuta eadem auctoritate ordinetis, nec non dictas
parochiales Ecclesias quarum omnium fructus,
redditus & proventus quinquaginta duarum Mar-
carum Argenti, secundum communem æstimatio-
nem valorem annuum, ut asseritur, non excedunt,
reservata tamen congrua portione pro perpetuis Vi-

cariis, in illis ad præfentationem Vniverfitatis dicti
ftudii inftituendis, de qua fe fuftentare, Epifcopa-
lia jura folvere, & alia eis incumbentia onera per-
ferre commodè poffint, eidem Menfe Vniverfita-
tis prædictæ, Ita quod cedentibus vel decedentibus
ipfarum Parrochialium Ecclefiarum Rectoribus, feu
alias Parrochiales Ecclefias prædictas quomodoli-
bet dimittentibus, liceat ex tunc eidem Vniverfi-
tati per fe vel alium, feu alios corporalem parro-
chialium Ecclefiarum, juriúmque & pertinentia-
rum prædictorum poffeffionem propria authorita-
te liberè apprehendere, & de earundem parrochia-
lium Ecclefiarum fructus, redditus & proventus in
dicti ftudii ufus, & utilitatem, ac inibi legentium
doctorum falaria convertere & perpetuo retinere.
Diocefani loci, & cujusvis alterius licentia fuper
hoc minimè requifita, præfata authoritate uniatis,
incorporetis, & annectatis. Nec non duos Ca-
nonicatus & totidem præbendas in dicta Ecclefia
S. Georgii eadem authoritate fupprimatis & extin-
guatis, ac ibidem quatuor alios Canonicatus &
quatuor præbendas de novo erigatis, & pro illo-
rum fic erigendorum dote fructus, redditus &
proventus dictorum fupprimendo cum Canonica-
tuum & præbendarum æquis portionibus applice-
tis & affignetis. Sic quod ad Canonicatus & præ-
bendas prædictos, quoties illos perpetuis futuris
temporibus vacare contigerit, videlicet ad quatu-
or de novo erigendos, quatuor Magiftri in artibus,
qui in eisdem artibus actu legant & regant, Ad a-
lios verò Canonicatus & præbendas prædictos, alii
viri

viri Ecclefiaſtici docti, & idonei ad regendas de-
cem ex hujusmodi Cathedris in eodem ſtudio per-
petuo per dictum Comitem in Wertemberg, &
ejusdem Comitis ſucceſſores in jure patronatus prae-
dicto praeſentari & ad praeſentationes hujusmodi
in Canonicos dictae Ecclefiae inſtitui, & inſtituti
cathedras ipſas regere teneantur & debeant. Quod-
que ſi ex modernis Canonicis hujusmodi aliqui re-
perirentur ad legendum & regendum ibidem ſuf-
ficientes & idonei, & onus hujusmodi aſſumere vo-
luerint, ad illud deputentur praelibata auctoritate
ſtatuatis & ordinetis. Ac obtinentibus pro tempore
dictos Canonicatus & praebendas, cathedrásque
actu regentibus in Vniuerfitate praedicta, ut quam-
diu cathedras ipſas rexerint, divinis in dicta Ecce-
ſia S. Georgii, in qua ſunt duodecim perpetui Vi-
carii, divina officia ibidem continuè celebrantes;
& illis inſiſtentes ratione Canonicatuum & prae-
bendarum dictorum intereſſe non teneantur, niſi
quatenus intereſſe tenentur divinis in Ecclefia San-
cti Spiritus Heidelbergen. Wormacien. Dioce-
ſis, ipſius Ecclefia Sancti Spiritus Canonici Cathe-
dras regentes in Univerfitate ſtudii Heidelbergen-
ſis, absque eo quod in dicta Ecclefia S. Georgii di-
vinis interſint ſeu inſiſtant eorundem Canonicatu-
um & praebendarum fructus, redditus, & pro-
ventus etiam pro tribus primis annis, pro quibus
novi Canonici juxta ipſius Ecclefiae in Sindelfin-
gen ſtatuta jurata illos non percipiunt, ſed partim
defuncto Canonico, partim fabricae cedunt, cum
ea integritate quotidianis diſtributionibus dunta-

xat exceptis, percipere poffint & debeant, cum
qua illos perciperent fi in ipfa Ecclefia S. Georgii
divinis intereffent, nec ad intereffendum divinis
in dicta Ecclefia S. Georgii alias teneantur, aut ad
id inviti coarctari valeant, nifi quatenus in Eccle-
fia S. S. Heidelbergen. eadem auctoritate conceda-
tis, faciatisque eis hujusmodi eorundem decem Ca-
nonicatuum & præbendarum fructus, redditus,
proventus & emolumenta quæcumque quæ inter-
effe divinis in eadem Ecclefia perciperent integrè
miniftrari. Non permittentes eos per venerabilem
fratrem noftrum Epifcopum Conftantien. & dile-
ctos filios dictæ Ecclefiæ S. Georgii capitulum,
feu quofcunque alios ad intereffendum in ipfa Ec-
clefia, compelli, aut aliâs contra hujusmodi con-
ceffionis, fi illam feceritis tenorem quomodoli-
bet moleftari. Et nihilominùs fi ad effectum præ-
mifforum obtinentes parrochiales Ecclefias prædi-
ctas illas refignare voluerint, refignationes hu-
jusmodi præfata authoritate recipiatis & admitta-
tis, eisque per vos receptis & admiffis eisdem re-
fignantibus, ne ex refignationibus hujusmodi ni-
mium difpendium patiantur, penfiones annuas de
quibus cum eis concordari poterit, fuper fructi-
bus, redditibus & proventibus parrochialium Ec-
clefiarum refignatarum hujusmodi eisdem refi-
gnantibus, quoad vixerint, vel procuratoribus eo-
rum fub pœnis & cenfuris ecclefiafticis, ac in ter-
minis & locis, per nos ftatuendis integrè perfol-
vendas, aut parrochialium Ecclefiarum, quas re-
fignaverint fructus, redditus & proventus, in toto
vel

vel in parte cum libera facultate illos etiam propria
auctoritate percipiendi aut levandi dicta auctoritate
reservetis, constituatis & assignetis facientes pen-
siones hujusmodi, juxta reservationis, constitu-
tionis & assignationis earundem, si eas fieri con-
tigerit, tenorem efficaciter persolvi, & non per-
mittentes eosdem resignantes, quo minùs pensio-
nes seu fructus hujusmodi percipiant per quoscun-
que impediri. Contradictores auctoritate nostra
appellatione postposita compescendo. Non obstan-
tibus priori voluntate nostra prædicta ac felicis re-
cordationis Bonifacii Papæ octavi, prædecessoris
nostri per quem hujusmodi concessiones de fructi-
bus in absentia percipiendis, sine præfinitione tem-
poris fieri prohibentur, & aliis Apostolicis ac in
provincialibus etiam Synodalibus Conciliis editis
generalibus vel specialibus constitutionibus & or-
dinationibus, nec non dictæ Ecclesiæ S. Georgii
juramento confirmatione apostolica, vel quavis a-
lia firmitate roboratis, statutis & consuetudinibus
contrariis quibuscunque. Etiam si per ipsos decem
Canonicatus & præbendas pro tempore obtinentes,
de illis servandis & non impetrandis literis contra
illa, & illis impetratis, seu aliàs quovis modo con-
cessis, non utendo præstare contingeret juramen-
tum. Aut si primam non fecerint in eadem Eccle-
sia. S. Georgii residentiam consuetam, seu si Epi-
scopo præfato à sede Apostolica sit concessum, vel
in posterum concedi contingat, quod Canonicos
Ecclesiarum suarum civitatis & diocef. per subtra-
ctionem proventuum suorum Canonicatuum &

præbendarum compellere valeant ad refidendum
perfonaliter in eisdem. Seu fi Epifcopo & Capi-
tulo præfatis, communiter vel divifim à dicta fit
fede indultum, vel in posterum indulgeri contin-
gat, quod Canonicis & perfonis fuarum Ecclefia-
rum non refidentibus perfonaliter in eisdem fru-
ctus, redditus & proventus fuorum Canonicatuum
& præbendarum miniftrare in abfentia minimé te-
neantur, & ad id compelli, aut quod interdici, fu-
fpendi-vel excommunicari non poffint per Apofto-
licas non facientes plenam & expreffam, ac de ver-
bo ad verbum de indulto hujusmodi mentionem.
Aut fi aliqui fuper provifionibus fibi faciendis de
hujusmodi vel aliis beneficiis Ecclefiafticis in illis
partibus fpeciales vel generales, Apoftolicæ fedis
vel Legatorum ejus literas impetrârint. Etiam fi
per eas ad inhibitionem, refervationem & decre-
tum, vel aliâs quomodolibet fit proceffum. Quas
quidem literas & proceffus habitos per easdem, ac
indè fecuta quæcunque ad parrochiales Ecclefias hu-
jusmodi volumus non extendi, fed nullum per hoc
eis, quoad affecutionem beneficiorum aliorum præ-
judicium generari, Et quibuslibet aliis privilegiis
indulgentiis & literis Apoftolicis generalibus vel
fpecialibus, quorumcunque tenorum exiftant, per-
que præfentibus non expreffa, vel totaliter non in-
ferta effectus eorum impediri valeat, quomodoli-
bet, vel differri, & de quibus quorumque totis te-
noribus habenda fit, in noftris literis mentio fpe-
cialis. Provifo quod propter unionem annexio-
nem & incorporationem hujusmodi fi fiant, & ef-
                                                    fectum

fectum fortiantur parrochiales Ecclefiæ prædictæ
debitis non fraudentur obfequiis, & animarum cu-
ra in eis nullatenus negligatur, fed earum debitè
fupportentur onera confueta. Attentè quoque pro-
videatis, ne in refignationibus hujusmodi fi fiant
ex parte Rectorum dictarum parrochialium Eccle-
fiarum & Univerfitatis¦prædictorum aliqua pravi-
tas interveniat, feu etiam corruptela. Hos etiam
fi erectionem, unionem, annexionem, & incor-
porationem, ac alia præmiffa vigore præfentium
fieri contigerit, ut præfertur, pro tempore exiften-
te præpofitum dictæ Ecclefiæ S. Georgii, ejusdem
ftudii Cancellarium perpetuis futuris temporibus
Apoftolica authoritate facimus, creamus, confti-
tuimus & deputamus, ac illos quos primo dili-
genti examine & fervatis fervandis idonei reperti
fuerint ad Baccalaureatus licentiæ, Magifterii, &
Doctoratus aliosque gradus quofcunque in Theo-
logia, utroque Jure, artibus quoque & Medici-
na, cum folita infigniorum exhibitione, fervata
tamen conftitutione Viennenf. Concilii, fuper hoc
ædita in Univerfitate prædicta duntaxat promo-
vendi, & eis fic promotis, ut cathedras regere,
legere, docere, & alios actus pertinentes ad gra-
dus, ad quos promoti fuerint, facere poffint & va-
leant concedendi, & generaliter omnia alia & fin-
gula, quæ Archidiaconus Ecclefiæ Bononienfis in
Univerfitate ftudii Bononienf. facere & exercere
quomodolibet poteft ex Apoftolica confeffione, fta-
tuto vel confuetudine faciendi, exercendi, præ-
fentium tenore, authoritate Apoftolica concedimus
facul-

facultatem, ac volumus & Univerſitati ejusdem
ſic erigendi ſtudii, nec non illius pro tempore Re-
ctori, ac Doctoribus, Scholaribus & perſonis, qui
pro tempore erunt, ac illis quos ad gradus quos-
cunque inibi promoveri contigerit, ut omnibus &
ſingulis privilegiis, immunitatibus, gratiis, fa-
voribus, exemptionibus, conceſſionibus, & in-
dultis, tàm de jure communi, quàm ex conceſ-
ſionibus Apoſtolicis & Imperialibus, aut alias
quomodolibet in genere vel in ſpecie quibus-
cunque aliorum quorumcunque ſtudiorum genera-
lium, Univerſitatibus & illarum Rectoribus, Do-
ctoribus, Scholaribus, & Perſonis, ac promotis
pro tempore in eisdem conceſſis & concedendis,
& quibus illi potiuntur & gaudent, ac uti & gau-
dere poterunt, quomodolibet in futurum uti po-
tiri & gaudere poſſint & debeant in omnibus &
per omnia, perindè ac ſi illa eisdem Univerſitati
erigendi ſtudii & illius Rectori, Doctoribus, Scho-
laribus & perſonis in illa pro tempore promotis
ſpecialiter & nominatim conceſſa forent, authori-
tate Apoſtolica tenore præſentium indulgemus. Et
inſuper ex nunc irritum decernimus, & inane, ſi
ſecus ſuper his à quoquam quavis authoritate ſci-
enter vel ignoranter contigerit attemptari. Datum
Romæ apud S. Petrum, Anno incarnationis Do-
minicæ Milleſimo Quadringenteſimo Septuageſi-
mo ſexto, Idibus Novembris Pontificatus noſtri
Anno ſexto.

Poſt

Poft quarum quidem literarum Apoftolicarum
præfentationem, acceptionem & diligentem infpe-
ctionem pro parte præfati Domini, Comitis E-
berhardi, ut præfertur principaliter in eisdem no-
minati, quatenus ad earum & in eis contentorum,
nobísque commiſſorum, debitam executionem jux-
ta traditam nobis inibi formam procedere dignare-
mur, debita extitimus precum inſtantia requiſiti.
Nos verò Heinricus Abbas, executor & commiſ-
ſarius prædictus ſuperiorum noſtrorum & potiſſi-
mè Apoſtolicis mandatis reverenter, ſicut tenemur,
obedire, cautéque & rite in commiſſi nobis nego-
tii executione procedere volentes, ut nulli inter-
eſſe habenti vel prætendenti in ſuo videremur jure
præjudicare, omnes & ſingulos cujuscunque dig-
nitatis, gradus, ſtatus vel præeminentiæ fuerint,
ſua communiter vel diviſim hac in parte intereſſe
putantes, in genere vel in ſpecie, ad comparen-
dum coram nobis in loco ad hoc deputato. Et ad
videndum & audiendum nos de expoſitis, narra-
tis, & contentis in dictis literis Apoſtolicis, eó-
rúmque circumſtantiis ſingulis diligenter informa-
ri. Et hujusmodi informatione accepta & habita,
veritatéque narratorum hujusmodi quantum ſuffi-
cere videretur comperta : deindè ad executionem
Apoſtolicæ commiſſionis ſervata forma nobis tra-
dita, ritè per nos procedi, vel ad dicendum & al-
legandum quicquid in contrarium eorum rationa-
biliter dicere, proponere, & allegare vellent ac
valerent, in locis quibus videbatur expedire per
præſentes noſtras literas citati & vocari fecimus,
atque

atque citavimus. In certum terminum competen-
tem peremptorium, cum certificatione, quod eis
vel alio legitimo oppofitore & contradictore non
comparente, aut comparente, nil tamen rationa-
bilis in contrarium præmifforum dicente aut alle-
gante, Nos nihilominus ad debitam executionem
dicti nobis commiffi negotii, fervatis fervandis
procul dubio procedere non obmitteremus. Cita-
torum abfentia feu contumacia in aliquo non ob-
ftante. In quo quidem citationis termino citatió-
ne ipfa ritè & legitimè executa unâ cum executio-
ne debita à tergo feriatim notata, coram nobis pro
parte memorati Domini Comitis Eberhardi reali-
ter producta, atque citatorum non comparentium
contumacia accufata, Nos meritò eosdem prout de-
buimus, reputavimus contumaces, nullo prorfus
aliàs contradictore apparente legitimo vel oppofi-
tore. Cæterum quatenus amplius ad executionem
hujusmodi commiffionis nobis factæ, juxta illius
vim, formam & tenorem ritè procederemus, de-
bita fumus inftantia requifiti. Nos itaque judex &
commiffarius fæpè dictus, vigore claufulæ fupra-
dictæ de veritate narratorum in præinfertis literis
Apoftolicis deductorum, follerti noftra, fuper bis
inquifitione prævia, teftimoniis fide dignis fuffi-
cienter informati atqué edocti: ad hujusmodi no-
bis commifforum executionem & expeditionem
debitas duximus procedendum, & proceffimus,
negotiúmque ipfum noftris pronunciatione, de-
creto & declaratione, de jurisperitorum confilio
& affenfu in fcriptis terminavimus in hunc, qui
fubfcriptus eft, modum.   CHRI-

CHRISTI NOMINE INVOCATO. Quia
vifis, diligentérque perpenfis, coram nobis in præ-
fenti negotio deductis narratorum in fupra inferta
commiffione Apoftolica, veritatem comperimus
indubitatam. Idcircò ad hujusmodi nobis hac in
parte commifforum debitam executionem humili-
ter procedere volentes, ficuti tenemur, de Juris-
peritorum confilio, nobis fuper hoc communica-
to, authoritate Apoftolica decernimus, declara-
mus & in his fcriptis pronunciamus, in oppido Tü-
bingen, in præinfertis literis Apoftolicis nominato,
perpetuis futuris temporibus generale ftudium cu-
juscunque facultatis & fcientiæ licitæ erigi poffe &
debere, atque eadem auctoritate erigimus. Et in
illo cathedras quarumcunque facultatum, nec non
Rectoriæ & alia pro illius profpero & felici regi-
mine neceffaria officia inftituimus, ac conftitutio-
nes & ftatuta melius vifa expedire ædenda effe de-
cernimus. Ecclefias denique patrochiales S. Jo-
hannis Baptiftæ in Brackenheim: Sanctorum Phi-
lippi & Jacobi in Stetten. Wormatien. ac in Afch,
nec non Ringingen, & Eningen Conftantien.
Diocefum cum omnibus fuis juribus & pertinen-
tiis præfatæ fic in Tübingen erectæ Univerfitati pro
faciliori onerum & expenfarum ejusdem, præfer-
tim falariorum illorum, qui cathedras pro tempo-
re inibi regunt, fupportatione, quorum intereft,
accurrente confenfu, ac præfentium tenore in Dei
nomine unimus, annectimus & incorporamus. Ea-
rúmque omnium & fingularum fructus, redditus
& proventus memoratæ Univerfitati, & in illa re-
gen-

gentibus & legentibus perpetuo approbamus, volentes & præfentibus ftatuentes. Quod cedentibus vel decedentibus ipfarum parrochialium Ecclefiarum Rectoribus, feu alias illas Ecclefias quomodolibet dimittentibus, liceat ex tunc eidem Univerfitati per fe, vel alium, feu alios, corporalem parrochialium Ecclefiarum, juriûmque & pertinentiarum earundem poffeffionem propriâ authoritate liberè apprehendere, & ipfarum parrochialium Ecclefiarum fructus, redditus & proventus, in dictæ Univerfitatis ufus & utilitatem convertere, & perpetuo retinere Diocefani loci, & cujusvis alterius licentia fuper hoc minimè requifita. Ut autem prædictæ parrochiales Ecclefiæ debitis non fraudentur obfequiis, & animarum cura in illis non negligatur, refervari & affignari volumus, ac potenter authoritate Apoftolica refignamus & affignamus Vicariis perpetuis, pro tempore dictarum Ecclefiarum juxta cujusvis Ecclefiæ habitudines & circumftantias, portionem congruam, undè fe fuftentare, jura Epifcopalia folvere, & alia fibi ratione illius Ecclefiæ incumbentia onera commodè fupportare queant, & eôrum quilibet queat atque poffit. Quod inter octo Canonicatus & præbendas, quos pridem dicta authoritate de Ecclefia S. Martini in Sindelfingen, in Ecclefiam parrochialem S. Georgi in fupra tactum oppidum Tübingen tranftulimus, duo Canonicatus & totidem præbendæ in eadem Ecclefia parrochiali fupprimendi fint & extinguendi, quos ut fic dum illos vacare quomodo libet contigerit, pro nunc prout ex tunc, & ex tunc prout ex nunc

ex-

extinguimus & fupprimimus, & ex hiis quatuor
alios canonicatus, & quatuor præbendas de novo
erigimus, ac pro illorum, ut fic erigendorum Ca-
nonicatuum & præbendarum, dote, fruCtus, red-
ditus & proventus diCtorum fupprefforum Cano-
nicatuum &' præbendarum æquis portionibus ap-
plicamus & affignamus, fic quod ad Canonicatus
& præbendas prædiCtos quotiens illos perpetuis fu-
turis temporibus vacare contigerit. Videlicet ad
quatuor de novo erigendos, ac quomodolibet ere-
Ctos, quatuor Magiſtri in artibus, qui in eisdem
artibus aCtu legant & regant, Ad alios verò fex Ca-
nonicatus & præbendas prædiCtos alii viri Ecclefia-
ſtici. DoCti & idonei ad regendas decem ex hujus-
modi cathedris in eodem ſtudio per illuſtrem Do-
minam Mechtildem ArchiduciíTam Auſtriæ, &c.
ratione dotis fuæ, quoad vixerit, & deinde per-
petuo, per diCtum Dominum Comitem in Wür-
tembergr, & illius fuccefTores iñ jure patronatus
prædiCto præfentari, & ad præfentationem hujus-
modi in Canonicos diCtæ Ecclefiæ inſtitui, & in-
ituri cathedras ipfas regere teneantur, & debeant,
& obtinentibus pro tempore diCtos Canonicatus &
præbendas, cathedrásque aCtu regentibus in Uni-
verfitate prædiCta, ut quàm diu cathedras ipfas re-
xerint, divinis in diCta Ecclefia S. Georgii in qua
funt duodecim perpetui Vicarii deputati, divina
officia ibidem celebrantes, & illis infiſtentes ra-
tione Canonicatuum & præbendarum prædiCto-
rum interefle non teneantur, nifi quatenus inter-
efle tenentur divinis in Ecclefia S. S. Heidelber-
E genfis,

genſis, Wormatienſ. diocefis, ipſius Eccleſiæ S.
Spiritus Canonici cathedras regentes in Univerſi-
tate ſtudii Heidelbergenſ. absque eo quod in dicta
Eccleſia S. Georgii divinis interſint, ſeu inſiſtant
eorundem Canonicatuum & præbendarum fructus,
redditus & proventus, etiam pro tribus primis An-
nis, pro quibus novi Canonici juxta ipſius Eccle-
ſiæ in Sindelfingen ſtatuta jurata, illos non perci-
piunt, ſed partim defuncto Canonico, partim Fa-
bricæ cedunt, cum ea integritate quotidianis diſtri-
butionibus, duntaxat exceptis, percipere poſſint
& debeant, atque percipiant, cum qua illos per-
ciperent, ſi in ipſa Eccleſia S. Georgi divinis inter-
eſſent, nec ad intereſſendum divinis in dicta Eccle-
ſia S. Georgii aliâs teneantur, aut ad id inviti co-
arctari valeant, niſi quatenus in Eccleſiâ S. Spiritus
Heidelbergenſ. eâdem authoritate concedimus. Vo-
lentes & ſtatuentes eis hujuſmodi ſuorum decem
Canonicatuum & præbendarum fructus, redditus
& proventus, ac emolumenta quæcunque, quæ ſi
intereſſent divinis in eâdem Eccleſiâ perciperent,
integrè miniſtrari debere, ordinaria & cujusvis al-
terius moleſtatione in hiis & cauſa ea ceſſante & ſe-
mota. Et nihilominus ſi ad effectum præmiſſorum
reſignationes patrochialium Eccleſiarum prædicta-
rum in favorem unionis, annexionis & incorpora-
tionis, de quibus in Apoſtolicis literis mentiona-
tur, juxta & ſecundum earundem vim, formam,
& tenorem factæ fuerint, ac per nos acceptæ &
admiſſæ, unionem, annexionem & incorporatio-
nem hujusmodi effectum ſortitas eſſe, in robore de-
bito

bito exiftere fcilicet authoritate Apoftolica nobis
commiffa ex nunc prout ex tunc declaramus. At-
que cuilibet refignantium earundem penfionem an-
nuam, de qua concordatum fuerit fuper fructibus,
redditibus & proventibus parrochialium Ecclefia-
rum refignatarum hujusmodi quoad vixerit, vel il-
lius legitimo procuratori fub poenis & cenfuris Ec-
clefiafticis, ac in terminis & locis ftatuendis inte-
grè perfolvendum pari authoritate refervamus, con-
ftituimus, & affignamus. Volentes penfionem,
& penfiones hujusmodi juxta refervationis & affi-
gnationis earundem fi eas fieri contigerit, tenorem
efficaciter perfolvi. Refervatis defuper mandatis
& proceffibus in contradictores dicta authoritate
Apoftolica fulminandis fuper quibus difponendi,
ordinandi, faciendi & exequendi, fi & prout tem-
poris tractu videbitur oportunum, & expedire no-
bis poteftatem omnimodam, plenámque faculta-
tem ex nunc falvamus & retinemus. Refervantes
etiam nobis & refervata effe volentes omnia & fin-
gula aliàs in præinfertis literis Apoftolicis nobis
quomodolibet conceffa, Et præfertim facultatem
nobis ftatuendi & ftatuta faciendi datam & con-
ceffam, de quibus cum & ubi oportunum vifum
fuerit, præftante Domino fæpè dicta authoritate
executionem debitam faciemus. Non obftante in
præmiffis omnibus & fingulis, quæ fupra dictus
Dominus nofter Papa hac in parte fuis literis vo-
luit non obftare. Adhibitis & fervatis in hiis &
circa ea follennitatibus & cautelis de jure in talibus
obfervari confuetis & adhibendis. Decernentes,

prout

prout dictus Dominus noster Papa decrevit, irri-
tum & inane, sic secus super hiis à quoque quavis
auctoritate scienter vel ignoranter contigerit attem-
ptari. IN QUORUM omnium & singulorum fidem
& testimonium præmissorum præsentes literas, sive
præsens publicum Instrumentum hujusmodi no-
stram sententiam & decretum, aliaque præmissa
in se continens exinde fieri, ut per Notarios pub-
licos, scribasque nostros infra notatos, subscribi
& publicari; ac sigilli nostri Abbatialis jussimus &
fecimus appensione communiri. Lecta, lata &
in scriptis promulgata fuit hæc nostra sententia, si-
ve nostrum decretum, in Oppido Urach, Anno
Domini Millesimo quadringentesimo septuagesi-
mo septimo. Pontificatus sanctissimi in Christo
Patris & Domini nostri, Domini Sixti, divina pro-
videntia Papæ quarti, prædicti, Indictione deci-
ma, die vero Martis Mensis Martii, undecima
hora ferè meridiei. Præsentibus tunc ibidem Ve-
nerabilibus & Religiosis, honorabilibúsque Viris,
ac Patribus, Domino Bernhardo Abbate in Beben-
hausen, Cisterstien. Domino Alberchto, Priore
Domus Bonilapidis Cartusien. ordinum. Nec non
Dominis Johanne Degen, Præposito, M. Conra-
do Menckler de Mönchingen, Sacræ Theologiæ,
M. Johanne Heckbach. in Sindelfingen Canoni-
cis. Johanne & Ludovico Vergenhanfs fratribus,
Ecclesiarum parrochialium in Brackenheim & Kir-
cheim Tegk. Wormacienf. & Constan. diocesis.
Rectoribus, Luca Sperzhard, Artium & Medici-
næ, ac super illustris Principis, & Dominæ, Do-
minæ

minæ Mechtildis, Archiduciflæ Auftriæ &c. Phy-
fico, Doctoribus, M. Johanne Tefener profeffo
Monafterii noftri Blabürren , Sacræ Theologiæ
Baccalario formato, M. Georgio Schriber, Recto-
re Ecclefiæ in Afch, Jodoco Meder, de Wyla
Civitate Imperiali, & Conrado Woldan, de Tef-
fingen. Capellanis in Sindelfingen, nec non ftre-
nuo & valido Domino, Johanne Späth, de Eftet-
ten Milite. Laico. Conftantienf. diocef. prædictæ,
teftibus ad præmiffa, vocatis, rogatis, & debita
precum inftantia requifitis.

Et Ego Matthias Horn de Eltingen Clericus Spirenf.
diocef. facraImperiali authoritate Notarius publicus,
Protonotarius Oppidi Urach , ac Commiffarius Cu-
riæ Conftantienf. caufarum matrimonialium in
& circa oppidum præfatum generalis, juratus. Quia
dictarum literarum Apoftolicarum præfentationi,
acceptioni, citationis emittendæ decreto, & re-
productioni ejusdem, contumaciæ abfentium accu-
fationi, conclufioni, pronunciationi, omnibúsque,
aliis & fingulis, dum ficuti præmittitur, fierent &
agerentur uná cum Domino Notario & Teftibus fub
& præfcriptis præfens fui, illa fic fieri videndo & au-
diendo. Idcircó hoc præfens publicum decreti In-
ftrumentum, ad ipfius executoris, & Domini Com-
miffarii præfcripti mandatum adjutorio Domini,
Gregorii Maji, Notarii fubfcripti, de præmiffis
contextum, & in hanc publicam formam redactum,
manu mea propria exaravi, fignóque & nomine
meis folitis & confuetis fignavi, & roboravi, in

E 3 fidem

fidem & teſtimonium omnium & ſingulorum præ-
miſſorum, ad hoc vocatus, rogatus pariter & re-
quiſitus.

Ego quoque Gregorius Maji de Tuvvingen Cle-
ricus Conſtantienſ. dioceſ. ſacra Imperiali authori-
tate Notarius publicus, & Curiæ Conſtantienſ.
cauſarum matrimonialium Commiſſarius generalis.
Quia ſupra inſertarum literarum Apoſtolicarum,
porrectioni, acceptioni, citationis emittendæ
decreto, ac reproductioni ejusdem, contumaciæ
abſentium accuſationi, concluſioni, pronuncia-
tioni, aliísque omnibus & ſingulis, dum ſicut præ-
ſcriptum eſt fierent, una cum prædictis teſtibus, &
Notario ad hæc correquiſito præſens fui, ea ſic fie-
ri videndo & audiendo. Quamobrem hoc præſens
publicum decreti Inſtrumentum, poſt ipſius Domi-
ni Commiſſarii mandatum coadjuvante Domino
Mathia Horn, Notario memorato, manu ejusdem
ſcriptum exinde confeci, & in hanc formam pu-
blicam redegi. Signòque & nomine meis ſolitis
ſignavi & communivi in robur & fidem omnium
& ſingulorum præmiſſorum rogatus & debidé re-
quiſitus.

Num. 21.

Vergleich zwiſchen Graf Ulrichen zu Würtemberg und der Reichs-Statt Eß-lingen/ wegen des Zolls zu der Mühlen bey Canſtatt. d. d.

1477. Donnerſtag nach Oſtern. (1)

Wir

---

(1) Aus Lünigs Reichs-Archiv Part. Special. Con-
tin. II. unter Würtemberg. p. 698.

Wir Ulrich Grave zu Würtemberg und zu
Mümpelgard, ꝛc. Bekennen und thun
kund männiglichen mit diesem Brieff, für uns
und alle Unsere Erben, alß der Allerdurch-
lauchtigste Fürst und Herr, Herr Friedrich
Römischer Kayser ꝛc. Unser AllerGnädigster
Herr unß und alle unsre Erben, vor Jahren ein
Zoll zu Gretz gegeben hat, zu der Müllin bey
Canstatt, und uns darnach denselben Zoll er-
weitert und gegönnt hat, an andern Orth, in
unserm Lande und Gebiet zu nemmen, alles nach
laut der Kayserlichen Brieffe, darüber sagend,
darob sich die Ersamen Weisen, Unsere Gute
Freunde, Burgermeister und Rath der Statt
Eßlingen, für sich und die ihren vermeinen, größ-
lich beschwert zu seyn, oder werden, und sich deß-
halb durch die Bottschafften vor dem gemelten
unserm Allergnädigsten Herrn, dem Römischen
Kayser erklagt, und etliche Kayserliche Mandat
erlanget hätten, daß wir uns mit Ihnen gütlich
vertragen und überkommen haben für Uns und
Unsere Erben und Nachkommen, in den Puncten
und Articuln, wie nachfolgt, zum Ersten daß von
Most, so zu Herbst-zeit gen Eßlingen geführet
würdet, dieser Zoll an keinem Ort in unsern Lan-
den und gebieten genommen noch gegeben werden
soll; Item von Viehe, das nicht vom Viehtrei-
ben an Hauffen getrieben sondern sonst gen Eßlin-
gen getrieben oder geführet würdet, zu vermezgen,
auch von Fischen, von Fleisch, von Saltz,
Schmaltz, Käß und anderer Speise und Leibs

E 4   Nah-

Nahrung, auch von Holtz Kohlen Heu und
Stroh, wie das gen Eßlingen geführet oder ge-
bracht, daſelbſt verkaufft wird, und von allen
Früchten, Renthen, Nutzen und Gülten, ſo die
von Eßlingen und die Ihren, Geiſtlich und welt-
lich uſſerhalb ihrer Statt wachſen und fallen hand
oder des gleich ihres Spitals, Leuth, und Hin-
derſeßen wann und wenn die gen Eßlingen geführet
werden, von dem allen, ſoll desgemellten zolls
zu der Mühlen, mit ſeiner Erweiterung nichts ge-
nommen, noch gegeben werden, ſondern derſelben zoll
allenthalben gantz unbeſchwert, und ungefordert
bleiben, aber andere Getreid, welcherley das iſt,
das nicht von ihren eigenen Früchten, Rennten,
Nutz und Fällen kommt, ſo ihnen das zugeführ-
ret wird, daß ſoll von der Fuhr verzollet werden,
von einem Pferd drey Pfenning und nicht höher,
doch mit dem Geding, ob ſich in künfftigen Zei-
ten begebe, daß Korn oder ander Getreid,
ſo das in Unſer Stadt zu Marckte geführet, ſolches
zolls noch mehr geleuchtert und gantz erlaſſen würd,
daß es dann gegen den von Eßlingen oder denen,
ſo dahin gen Marckt führen, auch alſo und nicht
höher gehalten werden ſolle, Item alle haab und
Güter, ſo zu oder von den von Eßlingen auff Wo-
chen und Jahrmarckt von Handwercks-Leuten
und andern geführt und gehanthieret wurdet, ſoll
auf keinen Märckten noch zollſtetten dis zolls halb,
weiter noch anders verzollet werden, dann von
der Fuhr nemlich von einem Pferd ein Schilling,
Heller, item das Guth und alle Waare, ſo von

Nider-

berland von Oberland, oder andern Straſ-
, gen Eßlingen geführet, und in unſerm Land
zollet wird, wann das zu Eßlingen abgeſtoſſen,
ſonſt an Stücken oder gantz von Eßlingen
führet würdet, ſoll in unſern Landen und ge-
ten, des zoll halben nicht weiter noch mehr ver-
lt werden, es werde dann auf den Märckten
der Fuhr, nehmlich von einem Pferd 1. Schil-
, Heller, wie vorſtaht, und wir gereden und
rſprechen hierauff, für Uns, all Unſere Erben
ſo Nachkommen, die gemelten Burgermeiſtern
ſo Rath zu Eßlingen, ihr gemein Statt, ihr
lachkommen, und all die Ihren Geiſtlich oder
ettlich, bey dieſen Abredungen, und Uberkom-
en bleiben zu laſſen und darwider noch darvon
tzu treiben, noch das durch iemand verſchaf-
n, oder zu geſchehen verſtatten, und nit deſtmin-
rſollen und wollen wir ſie und die Ihren auch
haab und Guth in unſern Landen und Gebie-
en befrieden und beſchirmen, wie andere, die
n ſolcher oder anderer Haab gantz und voll-
mmen zoll geben; Alles ungevarlich, doch der
ayſerlichen Majeſtät Obrigkeit, in allem vorge-
rieben unvorgreiffen, und des zu offen und
ahren Urkund haben wir unſer eigen Inſiegel
n hencken an dieſen Brieff und wir Burger-
eiſter und Rath zu Eßlingen obgenant, beken-
n inſonder an dem Brieff vor Uns und all unſer
lachkommen, daß wir dem genanten unſern
nädigen Herrn zugeſagt und verſprochen haben,
ſagen und verſprechen hiemit, und in Krafft
E 5   diß

diß Briefs, sein Gnad, noch ihren Erben fú
uns und von der unsern wegen an solchem obbe
rührten Zoll nicht mehr noch ferner zu irren und
zu engen; sondern gütlich dabey bleiben lassen
und darwider nicht zu seyn noch zu geschehen
schaffen, in keinen weeg, getreulich und unge
fährlich und doch der Kayserlichen Majestät O
brigkeit, in allen vorgeschrieben, unvergreifflich
deß zu Urkund haben wir unser Statt mehre
Insiegel auch offentlich hier angehenckt; Gesche
hen zu Stuttgart uff Donnerstag nach dem hai
ligen Ostertag, nach Christi Geburt, als man
zált vierzehenhundert, Siebenzig und Sieben
Jahr.

Num. 22.

**Verglich zwischen Graf Eberhard dem
Aelteren zu Würtemberg und Gangolfen, Frey-
herrn von Gerolzegg / einiger Spänn und Irrun-
gen wegen.**

d. d. 1477. Montag nach Jacobi. (1)

Wir diß nachgeschrieben mit Nahmen Gang-
golff Freyherr zu hohen Gerolz-Eck, alß
von myn selbs wegen und Hannß von Nun-Eck
Ritter, Vogt zu Rosenfeld, an statt und im Nah-
men deß Hochgebohrnen Herrn Herrn Eberhards,
Grave zu Würtemberg und zu Mömpelgart rc.
des ältern, unsers Gnädigen Herrn. Beken-
nen und thun kund allermänniglich, alß etliche

Jr-

Jrrung und Spän geweſen ſind, zwiſchen des
obgenanten unſers Gnädigen Herrn; und myn
Ganggolffs, alß von meiner Herrſchafft Ge-
rolzEck wegen, gen Schenckenzell gehörig, Ei-
genthumb und Förſten, von der Schnee-Schleipf-
ſen bey der Glaßhütten uff dem Scheelkopff, gegen
dem vordern Hettenhar zu, biß auf das Hüt-
tenhard, und von dem Hüttenhard, biß uff den
Schurberg zu den Buechin Louchbohm, den man
bißher für einen Louchbohm gehabt, und noch hant,
zwiſchen den Herrſchafften Würtemberg, Fürſten-
berg, und Gerolzecke aigenthum und Förſten,
Seyen wir uff hüt Dato dieß Briefs, mit ſamt
Hannſen von Rekenbach, Vogt zu Schenken-
zell, Ulrich Tüfel, Forſtmeiſter zu Nagolt, Mat-
theis Wyß, Schultheiß, und Marquart Bau-
er, Stattſchreiber zu Dornſtetten, Luxen Blu-
men, Forſtmeiſter zu Schenckenzell, Hannß
löchlin von Schenckenzell, Hannß Troſt von
Richartsau, Hanß Stoll von Grünthal, Hein-
rich Melbern von Dancksweiler, und anderen
Erbaren Lüten, von Uns baiden tailen darzu ge-
betten und beſchaiden, uff ſolchen Spann kom-
men, haben den beſehen, beritten und begangen,
auch darum Kundſchafft vorgenommen und gehört
und demnach über ſolchen Span zu Untergän-
geren beſchaiden und darzu geordnet ſieben erbar
Mann, zwiſchen den Eigenthumen und Förſten,
der Herrſchaften Würtemberg und Gerolzeck,
an und zwiſchen den obbeſtimpten Enden, nach-
dem ſie das geſehen, auch Kundſchafften und An-
zügung

zügung vermerckt hetten zu untergehend, Louche
zu schlahend und Marck - Stein zusezend wo
noth, und wie sie billich bedunckt, nach ihr beste
Vernunfft und Verständnus, einer Herrscha
als glich als der andern ungefährlich, mit na
nien Wernherwiser, alten Schultheißen zu Dor
stetten, alß dann Hermann Gnosen von Dieteric
weiler, Hainz Vogeln von Hallwann, Henns
vß dem Reichenbach, Heinrich Brummer Schu
haiß zu Loßburg, Martin Guetgsell von Dietrich
weyler und Steffan Ströff von Buecheberg, di
hand darauff untergangen, und angefangen, v
der vorgemelten Schneeschleipfin gegen dem Hü
tenhardt bey der Glaßhütten am Schemberg
Weeg, hand sie einen Stein gesetzt, mit baide
Herrschafften Schülten bezaichnet, und für v
vf ebni durch den Wald gangen, biß zu der Mü
sin und allda aber einen solchen Stein gesetzt
und von demselben Stein biß an den Stig, de
von der Glaßhütten gen Rippelzow gaht im Wald
aber ein Marckstein gesetzt, von demselben Stein
dem Stig nach, biß vff das vor der Hüttenhard
an dem gemelten Stig, staht aber ein Stein
und da dannen über das Hüttenhard zu der Sa
telege biß vff den mittel tail des Hüttenhards
staht aber ein Stein und dann hinab in das Kinz
ling zu dem Bronnen, da der Pfad hinüber gaht
hand sie wie vor staht, aber einen Marck Stain
gesetzt, und da dannen fürauf dem Stig nach ne-
ben dem Kinzling, biß auf das Mittel, ehe man
kommt an den Stig gen Rippelzow, hand sie
aber

...r ein Stein gesetzt, und dann heruff an den
...eeg der von langen wald ynher gaht gen Rip-
...elsow, hant sie aber in obgemelter Wise ein
...tain gesetzt und von demselben Marck Stein
hinauf biß nahe zu dem obgemelten Buech in Louch-
bohm ist aber ein Stein gesetzt und dann für uff
biß in die gemelte Louch-Buechen, und hand auch
darzwischen Louch geschlagen, wa sie noth und Gut
bedunckt hat. Und was ab den Louchen und Stei-
nen dem Vorbach zuliget, soll der Herrschafft
Würtemberg, und was jenend den Louchen und
Stainen und den Zwiselberg der Bernegk
zu liget, soll der Herrschafft Würtemberg
und Gerolzeck Aigenthum und Forst in an-
deren Orten zusammen stossend, soll dieser Un-
tergang ieden Tail an denselben Enden auch
unschädlich seyn. Desgleichen ist dieser Un-
tergang die Herrschafft Fürstenberg auch mit be-
rüeren, alles ungefährlich. Dis zu Urkund
sind dieser Brieff zween gleichluttende, ieder thail
einer gemacht mit myn Gangolff, alß von myn
selbs und der Herrschafft Gerolzecke, und myn
Hannsen von Müneck, alß des gemelten mynes
Gnädigen Herrn und Amts wegen anhangenden
Insiglen besiglet. Und geben auf Montag nach
Jacobi Apostoli, als man zalt nach Christi unsers
lieben Herrn Geburt, Vierzehen Hundert, und
darnach im Siben und Sibenzigsten Jahre.

Num.

Num. 23.

Brüderlicher Vergleich zwischen beeden Grafen, Eberhard dem Jüngern und Heinrichen zu Würtemberg.

d. d. **1482.** Freytag nach St. Marx Tag. (1)

Wir Eberhard der Jünger und Wir Heinrich, beede Grafen zu Würtenberg und zu Mümppelgard ꝛc Gebrüdere, Bekennen, und thun offenbahr aller männiglichen, die diesen Brieff ansehen, lesen oder hören lesen, nachdem und bißhero etlich Irrung und zwytrachten, zwischen Uns geschwebet und sich gehalten haben, alß von des Hochgebohrnen Herrn Ulrichs Grafen zu Würtenberg und Mömppelgard ꝛc. Unsers lieben Herrn und Vatters Löblicher und seeliger Gedächtnus verlassener Erbs und Guts halben deß wir doch vormahls bey Zeiten und im Leben deßelben unsers lieben Herrn und Vatters seeligen, nach Laut und Innhalt etlicher Verschreibung, Beträg und Verennigungs-Briefen darumb uffgericht, und durch S. L. augenscheinlich mit unser beeder und auch Unsers lieben Vettern Graff Eberhards des Eltern Wyßen und Willen, der darin nit minder dan Wir, vergriffen ist, betragent seint, alßdann dieselben Verträg, Ainung-Briefe besagen und außweisen, daß da Wir obgenante Brüder aber, mit

Unser

---

(1) Aus Lünigs Reichs-Archiv Part. Special, Contin. II. unter Würtemberg. p. 7●●.

Unfer beeder Gunſt, Wißen und Willen auch
uter zimmlicher Vorbetrachtung und gehabten
Rathe unfer Räthe/ durch die Edlen Hochge-
ährten Unfer Lieb getreuen und befondern, Al-
brecht von Rechberg von hohen Rechberg, Dcctor
Balthes Meßnang und Hannfen von Nieneck
der Zeit Vogt zu Balingen alß Liebhaber des Frie-
dens und diejenen den folch unfer angeregt Ir-
ung, Spruch und Spän in trewen Laidt feint,
die gar viel lieber hingelegt, und Brüderliche
Treu, Liebe und Freundſchafft zwiſchen Uns
ſehen wollten uff Mainung als hernach folget,
verricht, und geainiget feint.

Item zum erſten, daß aller Unwillen, Irrung,
Speen, Forderung und eheberührte Anſprach un-
ſers Vätterlichen Erbs halben, und was ſich
zwiſchen uns biß uff Datum dieß Briefs erhebt,
verloffen, und begeben hat, und des wir vorge-
nannter Graff Heinrich, gegen Graff Erberhar-
ten unferm lieben Bruder in Vorderung geſtan-
den ſeynt, gantz und gar todt und ab heiſſen und
ſein und bey dem Vertrag und Ainungs Brieffen,
vormals zwiſchen uns allen von Würtemberg ge-
macht, pleiben foll, und darzu wir baid auch die,
ſo iedem theil verwannt feint, um alle Schrifften,
Unwillen oder anders, ſo ſich zwiſchen uns ver-
loffen hat, mit einander gericht und geſöhnt
beffen und fein und dieſelben Schrifften all zwi-
ſchen uns alſo darunder usgangen von uns baiden
Thailen unferm obgemelten lieben Vettern in
Ein oder Zweyer Monaths-Friſten ohngefehrlich
                                    über-

überantwort werden die zu vernichten und ohn
kräfftig zu machen.

Item zum andern, dieweil wir Graff Hein
rich, Mömpelgard, Blamont, Granß, Cler
val und Peßnannt, mit allen ihren Zugehöru
gen, Leuthen und Gütern nichts außgenomme
nit in Willen gewesen, und noch seint, aus merc
lichen unsern anligenden Sachen, unser Gemüt
das nit unbillig beweget zu behalten, daß au
also unsern obgenannten Bruder und den ang
zeigten Thedings Leuthen, zu erkennen geben un
uns dapffer in anderweege zu verweisen anzune
men begierig gewesen, darinn auch dieselbe Th
dings-Leut ihren Fleiß zum höchsten anköhrt, un
von unserm dickbemelten Bruder erlangt, un
zwischen uns baiden Willigung funden haben, b
die Wise als auch hernach folgt.

Des Ersten, daß Wir Graf Heinrich sold
Graffschafft Momppelgard Schloß und Sta
Blamont, auch Grans, Clereval und Paßeva
mit allen und jeglichen ihren Zugehörung, Leu
then und Güethern, liegenden und fahrenden
Lehen und Aignen nichts außgenommen noch hin
angesindert, der ehegenandem Unserm liebe
Brudern Eberhardten und seinen Erben überge
ben, und zu ihren Handen stellen und antwor
ten, auch die darzu gehörig, aller ihrer Gelibte
Aiden, Pflichten so sie uns gethan haben, ledi
lassen und zehlen, und dem jetztgenannten un
serm Bruder, seinen Erben und Nachkomme
mit Geliebten, Aiden und Pflichten wie sie un
                                                    un

nd Unſern Vordern die vormahls gethan haben,
thun vermögen ſollen und wollen wie Graff
erhard zu Widerlegung unſern lieben Bruder
raff Heinrichen und ſeinen Erben nach aller
otturfft verſichern und verweiſen nach ſeinem
nügen um fünff Tauſend Gulden Rheiniſch,
zuſammt der Statt Reichen Weiler Billſtein,
d der Herrſchafft Horburg mit ihr aller zuge-
ten, Zinnſen, Gültten, Renthen, Nuzun-
, Leuthen und Gütern nichts ausgenommen
h hindangeſezt, zu haben, zu nuzen, und zu
ſſen und nemlich ſollch 5000. fl. Ihme und ſei-
m Erben, ob Er nit entwere, alle Jahr und
lichs Jahrs beſonders zu geben, zu bezahlen,
d zu ihren ſichern Handen und Gewa't zu ant-
worten, gen Nidern Baden, Tübingen oder
Schlettſtatt, an welches Ende ſie wollen, und
ns beſtimmen, nemlich das halb Theil auf S.
artins des Heiligen Biſchoffs und das ander
lb Theil auf S. Jeorgen Tage des heiligen Rit-
rs in acht oder vierzehen Tagen ungefehrlich, vor
der nach, ohn alles länger verziehen und nemli-
en anzufahen auf S. Martins-Tag ſchirſt künf-
zum erſten ziehle, wie dann das der Schuld-
rieff demſelben Unſerm lieben Bruder darüber
geben mit mehr Worten erklehren und beſagen
, und ſoll auch ſollch übergeben der Graffſchafft
Mümppelgard, Grans, Clereval Paſſenant und
lamont dem vorgemelten Vertrag, auch der
Vereinigung mit Hülff, Oeffnung und auch ver-
nderung der Schloß und anderen vormalen zwi-

F
ſchen

ſchen Uns allen von Würtemberg gemacht, in
len und jeden andern Puncten und Articuln, k
Abbruch noch Schaden bringen, beſonder
dieſer Theding und Richtung gefeſtet und geh
ten werden, nit minder, dann ob wir die zu b
den Seyten von neuem abermahls mit Glip
und Pflichten erneuert hätten, ohne Argeliſt.

Item es ſollen auch Wir obgenannter Gr
Heinrich, dem gemelten Unſerm lieben Bru
und ſeinen Erben Mümppelgard mit dem Sch
und Stätten Blamont, Granß, Clereval u
Paſſenant mit Ihr aller und Ihr jegliches He
lichkeit, Obrigkeit, Nuzung und zugehörten
ſchuldig ſeyn, anderſt einzugeben dann mit
Beſchwerungen, wie uns das eingeben wort
iſt, und Wir das iezo innhaben, nichts usgeno
men, Wir hätten dann ſeither ſelbſt Schult
drauff gemacht, dieſelben ſollen Wir oder Un
Erben, ſelbs außrichten und bezahlen, ohn U
ſers vielgemelten Bruders, ſeiner Erben u
Nachkommen, Koſten und Schaden; deßg
chen ſollen wir Graf Heinrich und Unſer Erb
Reichen-Weiler behalten, mit den Beſchw
rungen wie Uns des eingeben iſt, und wir das
zo innhaben, und ſoll darauff der genannt Un
Bruder, Graf Eberhardt, in den vorgenann
Herrſchafften, Schloſſen und Stätten uff Sa
Georgen Tag, negſt verſchienen Oſtern, a
was fürhin darin gefehlt das zu haben und ein
nehmen, ohn Unſer und Unſer Erben Irrung u
verhinderung.

W

Was dann in denselben unsern Herrschafften,
Stätten und Schlossen allen, von Nuzung, Zinn-
sen, Gültten und allen Dingen biß auf denselben
Sanct Georgen-Tag verfallen ist, soll uns Graf
Heinrich zugehörig sein und werden, desgleichen
sonst auch alle Schulden, so man uns Graff
Heinrichen daselbst zu thun schuldig ist.

Item wir ehegenannter Graff Heinrich sollen
auch dem ehegedachten unserm Bruder, zusambt
der Graffschafft Mümppelgart und den Stätten
und Schlossen mit ihren Zugehörungen obge-
stimbt, was von Gezeug, Büchsen, Pulver oder
andern, auch von Haußrath, Wahren, oder
wie der genannt, so zu Mümppelgart, und
in den andern Schlossen und Stätten ist, dar-
inn funden, oder wir seithero gemacht, erkaufft
und überkommen haben, darinn bleiben und fol-
gen lassen, allein ist vßgenommen ein Mittel- und
ein kleine Schlangen-Büchsen, sechs Hacken-
Büchsen, zwo Tonnen Pulvers, und was zu
Unserm Bett und Tisch gehört, und darzu die
reinen und saubern Leinwandt, geschnitten und
ungeschnitten, ohngefehrde; das alles sollen und
mögen Wir Graff Heinrich nehmen und behal-
ten, und für das übrige und andern Haußrath
allen, wollen wir Graff Eberhart Unserm ehge-
nannten Bruder, Graff Heinrichen, zu zweyen
Monathen, den nechsten ohn alles länger verzie-
hen auch vor alles verhefften, verbinden, und
niederlegen, und für alle Krieg, acht und Bänne,
so zu Verhinderung daran dienen möcht, auch

F 2   für

für all Ußzüge und Widerredt und ganz und ga[r]
ohn allen sein Kosten und Schaden, tausend Gul[=]
den Rheinisch, guet an Gold und Geprág, ge[=]
nehmer Landtswehrung und in der vorgemelt[en]
Stätt eine, Tübingen, Bahden oder Schlett[=]
statt an welches Ende derselb unser Bruder Graf[f]
Heinrich das beschaiden würdet zu seinen hande[n]
antwurtten wehren und bezahlen, daran Er be[=]
nügig ist, doch uff zimlich und gnugsamb Quit[t]i[=]
rung ohngefehrde.

Item würden dann wir Graff Heinrich i[m]
Rath finden, Unsers lieben Vetters Graff Eber[=]
harts und Unsers lieben Bruders Graff Eber[=]
harts, oder Ihr eins oder andern unsern guten
Freunden Uns zu verheurathen, und Uns ei[n]
Heurath entgegen gienge, uns seelig, Löblich und
ehrlich und möchten aber unser Gemahl auf Rei[=]
chenweiler mit seiner zugehörte, und die fünff
tausend Gulden von Unserm lieben Brudern jähr[=]
lich fallendt möcht gnugsamb verweisen; So sol[l]
der ehegenannt unser Bruder dieselb unser Ge[=]
mahl uf ander seine Güeter, Stätt und Schloß
wie dann in dem Heurath weiter davon gered[t]
würd, und in Raht funden, Sie zu dem unsern
schuldig seyn zu verweisen, also daß Sie daran
hebig und benieg[i]g seye; das wir derselb Graf[f]
Eberhardt auch also thun sollen und wollen ohn[=]
gefehrde.

Und wir Graf Eberhardt und Graf Heinrich
Gebrüdere vorgenannt, gereden und versprechen[,]
auch bey Unsern Würden, Glauben und guten
Treu[e]

Treuen, samenthafft, und Unser ie einer dem an-
dern, insonderheit für Uns , unser Erben und
Nachkommen, diesen Vertrag und Richtung mit
allen und jeglichen vorgeschrieben Puncten und
Articuln, wahr, fest, steht und unverbrechlichen,
darwider nicht zu seyn, noch zu thun, noch das
schaffen noch gestatten getan werden, durch Uns
selbs noch jemand andern von Unsert wegen, we-
der mit Gericht oder ohne Gericht, Geistlich oder
weltlichen, noch sonst gantz in kein Weege, wie
das gesein oder geschehen könnte, und solchem Ver-
trag und Einung ein oder mehr Articuln oder Pun-
cten, Minderung, Abbruch oder Verletzung brin-
gen möchte alles ohngefehrlich.

Wir beyde verzeihen uns auch hiemit, aller
Freyheiten, Päpstlicher und Kayserlicher, des
gleichen Sazungen, Vereinigung, Gewohnhei-
ten, Landts-Burg-und Statt-Recht, und gantz
und gar alles und jedes, so iemand hierwider er-
dencken kan oder mag, gleicher weiß, alß ob das
von Wort zu Wort hierinnen aigentlich vergrif-
fen stünde, und besonder der Kayserlichen Frey-
heit, die da spricht, eine gemeine Verzeyhung
verfahe nicht, die Sonderung gange dann vor,
und sonst auch all Argelist und böß Gefehrde, in
allen und jeden Puncten und Articuln hierinnen
abgeschlossen und hindangesezt.

Und des zu offenbahrem und wahrem Urkhun-
de so haben Wir beed obgenannt Brüder, Eber-
hardt der junger und Heinrich, Grafen zu Wür-
temberg und Mömppelgart 2c. Unser jeder infon-
der-

F 3

derheit sein aigen Insiegel an diesen Brieff ge
henckt, und zu noch mehrer Sicherheit Uns zi
besagent, die vorgenannten Thedings-Leut gebet
ten und erbetten, daß Sie ihre aigene Insiege
zu den Unsern, doch Ihnen und ihren Erben oh
ne Schaden, auch an diesen Thaidung-uni
Richtungs-Brieffe haben gehenckt; daß wir ob
genannten Thaldungs-Leuth uns auch bekenner
und gethan haben, und nemlich Wir Albrech
von Rechberg, von hohen Rechberg, Ritter
und Doctor Balthasar Meßnang, für uns selbs
und auch für Hannß von Nuneck, durch seine
Bitt willen, gebrechen halb, daß Seinen zu die
sem mahl bey Ihm, daß auch Ich Hannß von
Nuneck bekandlich bin, und dis Thedungs-und
Richtungs-Brieffen zween in gleicher Form ha-
ben machen lassen, und unser jeden einer von Ih-
nen worden und gegeben, zu Reichen Weiler am
Freytag nach des lieben heiligen S. Marx-Tag in
dem Jahr alß man zahlt nach Christi Geburt,
Vierzehenhundert, achzig und zwey Jahr.

Num. 24.

Vertrag und Einung/ wie Graf Eber-
hard der ältere und Graf Eberhard der Jüngere
zu Würtemberg/ Gevettere/ ihre Lande
zusammengeworffen.

d. d. 1483. die Petri ad Cathedram. (1)

Wir Eberhard der Elter und Wir Eberhart
der

(1) Aus Lünigs Reichs-Archiv Part. Spec. Contin. II.
P. 702.

der Jünger Gevetter, Grafen zu Würtemberg
und Mümppelgart ꝛc. Thun kund allermäniglich
die diesen Brief sehen und hören lesen, Nachdem
Wir usser sonder Lieb und Freundschafft, damit
Wir einander von Gebuhrt, Stammen und
Nahmen gewannt seyn: auch darum, daß Un-
ser beeder Lande hinführo zue ewigen Zeiten bey
einander ungethailt in löblichen Weesen bleibe,
unser Land und Leuthe zuesammen geworffen und
gethan haben, nach Laut der Brieffen darüber
gemacht, und die von Worth zue Worth also lau-
ten:

Wir Eberhard der Elter, und wür Eberhard
der Jünger, Gevetter, Grafen zu Würtemberg
und Mümppelgard, thun kund allen denen, die
diesen brieff sehen oder hören lesen, wie wohl vor-
mahls die Hochgebohrnen Herrn Ulrich Graf zue
Würtemberg und Mümppelgardt ꝛc. Unser lie-
ber Vetter und Vatter seliger Gedächtnüß, auch
Herr Heinrich Graf zu Würtemberg und Mümp-
pelgardt unser lieber Vetter und Bruder, und
Wür Uns gemeint haben, etlicher Verträg und
Ainung, wie es mit Erbfällen Unser beeder Land
und Leuthe auch mit Hülff und in anderen Din-
gen, zwischen Uns, unser Land und Leuthe beriehr-
te, gehalten werden solle; Nach Lauth derselben
Brieffe darüber begrieffen, da innsonders der ob-
gemelte Vertrag, unser Land und Leuthe antref-
fenden, von unserm allergnädigsten Herrn dem
Römischen Kayser confirmiret und bestettigt, wie
daß alles an ihme selbst ist, daß in Betrachtung,

F 4 und

und auch so uns alles vielfältig und in mancherlei
Weeg begegnende Sachen, die Uns dienen zu
Abbruch unserer forderen und Unsers Herkom-
mens und Weesens, wann wir dem mit Wider-
stand nicht begegneten, so haben wir in Ansehung
desselbigen, und daß wir Uns Unser Land, Leuth
und die unsere Geistliches und weltliches Stan-
des bey Frieden, Gemach und in Einigkeit behal-
ten, auch vor Unrecht und Gewalt desto baß er-
wehren mögen, alß Brüdere, damit wir mit al-
len den Unsern und zugewannten ungetrennt er-
kennet werden, was iezo mit Raht unserer Prä-
laten, Ritterschafft und Landschafft gedinet, der
Hoffnung und Zuversicht Unser und Unserer Er-
be Ehr und Nuzen zufördern, und Schaden zu
verhüten, daß wir aber fruchtbahrer und baß nicht
wissen zu thun, dann daß wir Unser beeder Land
und Leuth zusammen in ein Regiment und Wee-
sen thuen, damit Wir Unser Lebenlang, und nach
Uns Unsere Erben, und die Löbliche Herrschafft
Würtemberg zu ewigen Zeiten ungethailt, alß
ein Wesen ehrlich, Löblich und wehrlich bey ei-
nander bleiben und seyn, und dem hailigen Reich
auch gemeinen Nuzen desto stattlicher erschiessen
und vor seyn mögen alß Unser Vorderen Löblichen
Gedächtnüsse auch gethan haben. Darum und
auß Bewegnüs angebohrne Sipp Lieb und
Freundschafft, so haben Wir freywillig und mit
Rath, wie vorstehet, Unser beeder Land und Leu-
the mit allen unsern Schlössern, Stätten, Dörf-
fern, Gülten, Güetern, Herrlichkeiten, Wilt-
bähnen,

hnen, Gelait - und allen andern Zünfften, Nu-
und Zugehörung, nichts nit außgenommen,
ch Unſer Silber Geſchirr, Haußrath, fahrende
ab, Wein, Früchten, paar Gelt, alle Schul-
n unſerer Landſchreiber, Amts-Leuth und der
ſere, ſo ſie Uns zu thuen ſein, auch die Schul-
n, Zinnſe, Gülten, Leib-Geding und ande-
s, daß Wir beede ſchuldig ſeyn, und daß man
ns ſchuldig iſt, auch was Uns in Erbfällen,
er ſonſt zufallen zuſammen in eine Gemeinſchafft
erworffen und gethan, alſo daß es füro zu ewi-
gen Zeiten ein Weeſen und Lande Unſerer balder
aſſen und ſein ſollen, alß auch alle Burger In-
wohner und Unterthanen Unſer beeder Lande und
in Gemeinſchafft Erb-Huldigung gethan und ge-
ſchworen haben, Uns beeden alß ihren rechten na-
türlichen Herren getreu und hold zu ſeyn, unſern
frommen zuſchaffen und zu fördern, Unſern Scha-
den zu warnen und zu wenden, auch ihr Leib und
Guth, Weib und Kinder nicht zu entfrembden,
Und uns Grafen Eberhardten dem Eltern alß re-
gierenden Herrn, von Unſerer beeder wegen, und
in Unſerer beeder Nahmen, gehorſam und ge-
wertig zu ſeyn, Unſer Lebenlang und nach Unſerm
Tode Uns Graff Eberhardt dem jüngern, ob wir
den erleben, und darnach für Uns dem Eltiſten
Herrn von Würtenberg, von Unſer einem geboh-
ren, und alſo für aus abſteigender Lienie nach und
ob wir beede nicht Kinder Manns-Perſohnen ü-
terkämen und verlieſſen, ſo ſolle darnach der erſt-
gemelte Vertrag uf Unſern lieben Vettern und

F 5   Bru-

Brudern Graff Heinrich weisen in Kräfften se
und bleiben ohngefehrlich. Wir beede sollen w
wollen auch in Unserer beeder Land an einem
quemen Ende, alß wir iezo Stuettgarten act
bequem seyn, mit sammt unserer beeder Gema
lln, bey einander einen Hoffe und ein Frauenzi
mer auch ein Canzeley und einen Land = Hoffm
ster haben und halten, der mit samt etlichen R
then, die ihme von Uns zugeordnet werden, u
und Unsers Landts=Sachen und Geschefften n
Unser Graffen Eberhardts des Eltern, alß des
gierenden Herrn Beschaide, handlen und aufri
ten solle, zum besten dieselben Hoffmaister u
Rähte, Canzler, Schreiber, Ambtleute, D
ner und Knechte sollen schweren uns Beede
treu und hold zu seyn, Unsern Frommen und B
stens zu werben, Unsern Schaden zu warnen u
zu wenden und getreulich zu thuen, und Uns Gu
Eberhardten dem Eltern, alß dem Regierend
Herrn, von Unser beeder wegen, gehorsamb u
gewärtig zu seyn ohngefehrde. Und so dick s
fürther begeben würd, bey Unser beeder Leben, o
der auch darnach, Räthe, Diener Amtleute od
andere zu urlauben, oder andere uffzunehmen, f
solle dem Eltisten der regiert, daß zu thuen, zu
stehen, doch welche also zu Hoffmeistern, Räthe
Diener, Amtleuthen oder sonst ufgenommen wer
den / die sollen uns auch beeden in gemein schwe
ren, wie iezo geschehen ist und vorstehet ohnge
fährlich.

Abe

Aber wir Graff Eberhardt der Elter sollen und
[A]llen der keinen so unser lieber Vetter Graff E-
[b]hardt in seiner Anzahl der acht und vierzig Per-
[so]nen, alß hernach stehet, zu ihme genommen
[,] oder fürnehmen würd, ulauben, ohn sei-
[nes] Lieb wissen und Willen ungefehrlich. Es sol-
[len] auch alle Brieff undt Schrifften unser gemei-
[ne] Herrschafft berührend, von Uns beeden lau-
[ten] und außgehen, aber Wir Graff Eberhardt
[der] Elter sollen und wollen uns alß der Eltiste des
[Reg]iments unserer Land und Leuthe annehmen
[und] damit beladen sein unser Lebenlang daß ußzu-
[rich]ten zum getreulichsten und zum Besten, wie
[es s]ich gebührt, und als hiebevor auch gemelt ist,
[so] sollen und wollen Wir als regierender Herr
[nic]hz nit daran hingeben versezen noch verkauffen,
[dan]n mit Unser Grafe Eberharts des jüngern
[Wi]llen. Ob wir aber in solchem nicht ains
[we]rden möchten, und dann das, daß unser bee-
[de]r Herrschafft nüzlich und gut seyn mag, nit
[u]nter wegen bleibe, so solle solches mit Raht un-
[se]r beeder Prælaten, Räthen und Landschafft ge-
[ha]ndelt und dem, das also an Rath erfunden
[wi]rd, nachkommen werden, und solches solle al-
[s]o für aus von allen regierenden Herren zu Wür-
[te]mberg gehalten werden ungefehrlich.

Und was sich sunst ußerhalb dis iezigenannten
Articuls grosser Handel und Sachen begeben,
unser gemein Land und Leute antreffend, und
daran sonders gelegen wäre, die sollen hinder uns
Graff Eberhardten dem Jüngern nit gehandelt,
                                                    son-

sondern wir sollen darzu erfordert und beruff[en]
werden, und in welchen solchen Händeln und S[a]-
chen wir auch nit eins seyn würden, was da[r]-
an Rath Unserer Rähten erfunden wird guet se[yn]
dem solle Uberfolg geschehen, doch in welchen S[a]-
chen wir Graff Eberhard der Jüngere also beru[f]-
fen werden sollten wir von Stund unsern Vette[r]
Uhrkunden, ob wir darzu kommen wollten od[er]
möchten, sich darnach wissen zurichten, zu we[l]-
cher Sach wir dann nicht wollen kommen da[r]-
bedarff unser nicht erwarttet werden, wann w[ir]
aber zu kommen meinten, und doch so bald ni[cht]
kommen möchten, daß unser lieben Vettern u[nd]
Räthe bedůnckt, daß dieselbe Sach nicht so la[ng]
verzug leiden möchte, so mögen wir Graff Eb[er]-
hardt der Elter in derselben Sach aber fürfah[rn]
alles ohngefehrde. Wir Graff Eberhardt d[er]
Jüngere mögen auch sonst bey anderen gemein[e]
händlen seyn, so uns das gefällig ist, darinn zu[m]
besten helffen zu handlen, ungefehrde. Es so[ll]
auch hinführo zu ewigen Zeiten also gehalten we[r]-
den, daß allweg der Eltist Herr von Würte[m]-
berg in der Weise seiner Brüder oder anderer se[i]-
ner Freunde Herren zu Würtemberg, und o[b]
wir beede oder unser ainer eheliche Söhne über[-]
kommen thät, daß GOtt zum besten fügen sol[l]
so sollten die nach unserm Todte unser Land un[d]
Leut erben, und doch aber der Eltiste unter de[n]
selben regieren, und die andere sonst nach Rat[h]
und Billichkeit versehen, Geistlichs oder welt[-]
lichs Stands oder bey ihme behalten, damit di[e]

Herr[n]

rschafft bey einander ungetheilt bleibe, und sollen also von Erben zu Erben gehalten und mermehr geändert werden. Doch ob wir aff Eberhart der Elter etlich Söhne überkä=m, und vor unserm Lieben Vettern Graff E-hardten dem jüngern todts abgiengen, sollten Graff Eberhardt der jünger dannoch Land Leuthe vor denselben unsers Vetters Kindern haben und regieren unser Lebenlang, in der aß, und mit der Ordnung, wie wir Graff rhard der Elter iezo zu regieren verschrieben n, und nach unser beeder Todt soll es dann an ere Erben fallen und gehalten werden, wie stehet ungefehrlich.

Item wir beede wollen an unserm Hofe haben b halten 150. Pferd ungefehrlich deren unser licher 48. für sein Person haben und die er-hlen, welche Er will uff ihne zu wartten, wie r beschaidet.

Die übrigen sollen sein für unser Hoffmeister, Räthe, Canzler und zu dem gemainen Stande sers Hoffhaltens, doch daß sie alle in gemein hwören sollen wie vorsteth: In solcher Gestalt g auch Unser jeder seiner Gemahlin zu ordnen, Hoffmaister, Hoffmeisterin und Jungkfrauen, nd andere nothdürfftige und taugentliche Per-sonen in gleicher zahl ohngefehrte.

Und wir Graff Eberhardt der Elter behalten uns hierinn vor die Stätt, Schlöß=und Aemter zu Böblingen, Sindelfingen, Wildberg und
Bue-

Buelach, Hirſchau, und Wurmblingen,
ſammt den Dörffern Nuzung und Gilden d
gehörig wie die von unſer lieben Frauen und M
ter ſeelig angefallen ſeind, unſer Teſtament
von zu machen und ſonſt damit zu handlen,
thuen und zu laſſen, nach unſerm Willen i
daß die Einwohner derſelben Stätt und Aem
iezo uns breeden auch Erb = Huldigung ſchw
ſollen, wie andere, und daß Wiltberg und ?
lach Uns Graffen Eberhardten dem jüngern a
offen ſein ſollen, wie andere Unſer Graff El
hardts des Aeltern Statt und Schloß, und n
unſerm Todte ſollen dieſelben Schloß, St
und Aemter zu Böblingen, Sindelfingen, W
berg, Bulach, Hirſau und Wurmblingen,
obſtehet ganz bey der Herrſchafft Würtemb
bleiben, und darvon nicht verändert werden,
genommen daß ſich zu allen zeiten mit Wiltb
Bulach, Hirſchau und Wurmblingen geha
werden ſoll, nach Lauth des Teſtaments der
genannten Unſer Graff Eberhardts des El
Frauen und Mutter löblicher Gedächtnüß h
der Ihr verlaſſen, ohngefehrte.

Darzu und zu dem Opffer = Geld, daß uns
den Prälaten bißhergegeben iſt, und das wir
genommen haben, ſollen uns auſſer der Canz
allerjährlich gegeben werden zwey tauſend G
din für unſer Perſohn, davon wir uns ſelbs
Klaider, Kleinodien, und was in unſer Perſ
gehört, auch mit Hengſten und Pferden für
ſere Settel, Marſtallen und Stallknecht v
seh

en, daß gleich alle Handwercks-Leuth um daß
Sie für uns selbst, und die vorgemelte Hengst
ⁿ Pferde machen ußrichten sollen, so sollen
ⁿs Graff Eberhardt dem jüngern auch alle Jahr
ⁿs der Canzley gegeben werden, 3000. fl. zu
ⁿm Opffer-Geld, das uns von den Prälaten
ⁿher gegeben ist, und daß wir eingenommen
ⁿen davon wir uns selbst mit Klaidern, Klei-
ⁿdien, und was zu unser Persohn gehört, auch
ⁿt Hengsten und Pferden für unsern Sattel,
ⁿarstall und StallKnecht versehen, desgleichen
ⁿe Handwerckhs-Leut um daß sie vor uns selbst
ⁿd die vorgemelte Hengst und Pferde machen
ⁿerden, ußrichten sollen desgleichen solle unser jeg-
ⁿhs Gemahlin jährlichs in ihre Gewalt geben
ⁿerden 1500. fl. zu ihren Lust und Notturfft zu-
gebrauchen, auch sich selbst davon zu bekleiden,
ⁿnd alles das zu versehen, was von ihretwegen
ⁿßzugeben ist, und darzu auch ihre Jungfrauen
und Edel-Knaben zu bekleiden ungefehrlich).

Item unser jeder hat Ihme auch vorbehalten
die Lehen geistlich und Weltlich, die er hievor zu
leihen gehabt hatt, doch daß die Brief darum
uß der Canzeley genommen werden sollen.

Item ob wir Graff Eberhard der jünger zu
Zeiten usserhalb des gewöhnlichen Hoffs in an-
dere unsere beeder Stätten Seiten, und etliche
Personen unsers gemeinen Hoffstadts mit uns
nehmen würden, zu kurzweil oder zu jagen, bür-
sten oder zu bryßen, so sollen wir mit denselben,

die

die wir alſo mit uns nehmen, an denſelben E
den von unſer beeden Amtleuthen mit Koſten g
liefert werden unabgebrochen der 3000. Gu
den, ſo Uns wie vorſtehet in unſer Cammer g
geben werden ſollen ungefehrte, wollten wir ab
ußerhalb unſer beeder Lande zu etlichen unſe
Herrn und Freunden, oder andern Enden rei
umb Kurzweil willen, es wäre zu ſtehen, renn
oder andern Dingen, und nehmen mit uns e
lich vß der Anzahl unſers gemeinen Hoffgeſi
des, diewent dann dieſelben am Hoffe die Z
keinen Koſten theten, und wir an ſolchen End
lieffern und verkoſten müſſen, ſollte Uns zu ſolche
reitten zimblich Zehrung geben werden, nemli
ſo viel, alß ſolch Perſohnen und Pferde, d
wir mit uns nehmen, die zeit am Hoff gebraud
und koſtet haben möchten, ungefährlich.

Und alß wir Graff Eberhardt der alter u
vorbehalten haben die Gülten und Nuzung d
Städt, Schloß und Güter, die uns von unſ
lieben Frauen und Mutter ſeelig angefallen ſen
wie vorſteht, wollen wir Graff Eberhardt d
jünger Uns auch hierinn vorbehalten haben Sec
tauſend Guldin, daß wir die in unſerem Teſt
ment durch GOtt oder Ehre, oder ſonſt nach u
ſern gefallen verſchaffen oder hingeben mögen, u
geweret meniglichs. Und ſo dieſe Ding von u
vorgenommen ſennd, darumb daß die Herrſchaf
Württenberg, in weſentlichem Stande bey e
nander ungetrennt bleibe, ſo ſolle auch abſe
das vorbehalten, daß unſer lieber Vetter u

Va

Vatter Graff Ulrich seelig, und wir Graff Eber-
hard der älter in dem ersigemelten Vertrag gethan
haben mit unsern Land und Leuthen, unser Leben-
lang zuschaffen und zu handlen, nach unserm Wil-
len, also daß wir obgenannten Graff Eberhardt
der Aelter, des hinfüro nit mehr macht, sondern
selb vorbehalten, ganz abseyn solle, alles ob
es vor in dem Vertrag nicht gedacht wäre, al-
les getreulich und ohngefehrlich.

Und was der obgemelte unsers lieben Vetters
Vatters und Bruders und unser verschreibung
mit sondern Wortten nicht begrieffen noch geen-
det ist, dasselb soll hiemit ungelez seyn.

Es sollen auch unser beeder Ehelich Gemahlin
an ihren Wittumben, wie Ihnen die verschrie-
ben seyn von uns und männiglichen von unsert-
wegen ungeirret und ohn Eintrag bleiben, sondern
treulich darbey geschirmet, und gehandhabt
werden, ohngefährlich.

Und ob wir beede Graff Eberhard der Aelter
und der Jünger, uns selbs eines oder mehr Arti-
kuln in dieser Verschreibung begrieffen mit Wil-
len ein ander erlassen, mindern oder mehreren
weden, daß wollen wir Macht haben, und ha-
ben auch das hierinn vorbehalten.

Alles daß hievor geschrieben stehet, gereden, ge-
loben und versprechen wir obgenannt Eberhardt
der Aelter und Eberhardt der Jünger, Gevetter
Graffen zu Württemberg und Mümppelgardt rc.
für uns und unsere Erben bey unsern Ayden, die

G

wir

wir hierum leiblich zu GOtt und den hayligen ge
schworen haben, an allen Stücken, Punctei
und Articuln, getreulich, wahr, steth, fest, un
unverbrechlich zu halten und dawider nicht zu se
noch zu thun, noch zu schaffen gethan werden
durch uns selbs oder iemand von unsertwege
ungefehrlich.

Und des zu wahren Urkund, so hat unser jeg
licher für sich und seine Erben sein aigen Innsie
gel öffentlich gethan hencken an diesem Brieff un
diewey̆l wir Vogt, Schultheißen, Keller, Bu
germaister, Richter und ganze Gemeinden, de
Herrschafft und Aemter zu Stuettgardten, Tü
wingen, Brach, Mümppelgardt, Grans, Clere
val und Pasſevanten, Waiblingen, Cantstatt,
Nürttingen. Naiffen, Grözingen, Kirchhelm
Weilheim, Awen, Schorndorff, Göppingen,
Marppach, Winenden, Lauffen, Beylstein,
Bottwar, Backnang, Badingen, Wolten
burg, Ebingen, Minsingen, Blaubey̆ren, Her
renberg, Nagoldt, Calwe, Wildbadt, Neu
enburg, Zabelstein, Haitterbach, Rosenfeld,
Dornstett, Dornhaim, Sulz, Wiltberg, Buo
lach, Hey̆erloch, Schiltach, Hornberg, Tutt
lingen, Lehenberg, Gröningen, Vay̆hingen,
Brackenheim, Böblingen, Sindelfingen, Güg
lingen, Garttach, Asperg, Riexingen und Bit
tigheim, daß obgemelte zusammen werffen unser
Gn. Herren gerathen haben, so gereden und ver
sprechen wir bey unsern Ay̆den hierum getan, alle
das, so diese Verschreibung uns bindet, es sey̆e

an

einem oder mehr Puncten oder Articuln für
ns und unsere Nachkommen, wahr, steht, vest
nd ohnverbrochenlich zu halten , und dem ge-
trulich nachzukommen ;   und sonder darwider
icht zu seyn, noch zu thun, noch schaffen gethan
erden, in keine weise ohne alle Gefehrte.   Und
als zu wahrem Urkund so haben wir obgenann-
te von Stuettgarten, Tüwingen Urach, Mömp-
elgardt, Nürttingen , Kirchheim, Grönnin-
gen, Schorndorff und Rosenfeld, der iezgemel-
ten Stätte Insiegel, für uns, unsere Nachkom-
men auch offentlich gehenckt an diesen Brieffe, un-
ter der Siegeln , wir andere obgemelte Stätte
alle für uns und unsere Nachkommen bekennen,
verbinden und mit gebrauchen aller vorgeschrie-
bener Dingen.   Geben zu Minsing am Samb-
tag nach Sanct Lucien der heiligen Jungkfrau-
en Tag nach der Geburt Christi alß man zahlt
1482. Jahr.
    Nun umb daß die unsere der Ding warum und
wie das vorgenommen, und von uns und ihnen
zu halten geschworen ist, des weinger in Vergeß
komme, sondern daß in ewig zu halten, und Ir-
rung ob die immer darein fallen wollte : So ha-
ben wir Jhnen solches vorgemelten für meines
und unterschreibens diese glaubliche Abschrifft und
Vidimus geben,   unter unsern anhangenden In-
segeln, zu Stuettgardten an S. Peters Tag ad
Cathedram nach der Geburth Christi als man
zählt 1483. Jahr.

                    G 2   Num.

Num. 25.

Kaysers Friderici III. **Beſtättigung De**
Univerſität Tübingen. (1)

d. d. 1484. 20. Febr.

FRIDERICUS divinâ favente clementiâ, Rc
manor. Imperator ſemper Auguſtus, Hung;
riæ, Dalmatiæ, &c. Rex, ac Auſtriæ, Stiriæ
Karnthiæ & Carniolæ Dux, Dominus Marchiæ
Sclavoniæ ac portus naonis, Comes in Habspur;
Tyrolis, Pherretis & in Kyburg. Marchio Burgc
viæ & Landgravius Alſatiæ ad perpetuam rei mc
moriam: Notum facimus, tenore præſentium u
niverſis, & ſi inter varias Reip. curas, quibus pr
debito Imperialis culminis, ad quod divinâ clc
mentiâ evecti ſumus, diurnâ ſollicitudine, ſalu;
& quieti ſubditorum invigilemus, minùs quoqu
diſtrahamur negotiis, quò eorum, qui Remp. nc
ſtram crebris bellorum impulſibus fatigare non quic
ſcunt, contundamus audaciam, ad ea tamen præ
cipuè mentis noſtræ apicem dirigimus, & ſedu
lum deſtinamus affectum, qualiter præceſſorun
noſtrorum divæ memoriæ Romanorum Imperatc
rum leges & conſtitutiones ſacræ, multis vigilii
& lucubrationibus editæ, ſubditorum noſtrorun
auribus magis ac magis inbibantur, qui ſolo ea
rum uſu remp. noſtram, nedum conſervari, ſc;
& plurimùm augeri videmus. hiis enim imperia
lis Celſitudo fulcita effrænes ſubditorum ſuorun
animos cohærcens, ſolium Imperiale firmare a;

ſiſtc

---

(1) Aus BESOLD *l. c. p. 198. ſeq.*

ſtere poteſt, quò utrumque tempus & pacis &
ælli ſuis finibus ſubnixum aptè gubernet. Hinc
ï, cum Nobilis ac Generoſus Noſter ac ſacri Im-
perii fidelis, dilectus Eberhardus ſenior, Comes
de Würtemberg & Monte Beliardo, affinis noſter,
ſuper in oppido ſuo Tübing nobis ac dicto Impe-
rio ſubjecto pro laude Dei omnipotentis, ac ſuo-
rum ſubditorum incremento ſcolas generales, in
quibus, artium, Medicinæ, Juris Pontificii ac ſa-
crarum literarum publicè traderentur documenta,
& quibusvis in ea palæſtra certantibus Sanctiſſimo
Domino noſtro, Domino Sixto Papa IV. auctoran-
te digna laborum ſuorum præmia tribuerentur, ere-
xiſſet, Nos itaque Præfati Comitis inſtitutionem ne-
dumſuis, ſed&omnibus Imperii ſacri fidelibus utilem
ac fructuoſam, conſiderantes quoque præfatas ſco-
las diverſis literarum documentis illuſtrare cupi-
entes, quo ſcolarium multitudo ſe idem conflu-
ens habundius ſe locupletatam jocundetur: de li-
beralitatis noſtræ munificentia ac Imperialis aucto-
ritatis & poteſtatis plenitudine ex certa ſcientia,
ſano Principum, Baronum, Procerum, Nobili-
um & fidelium noſtrorum accedente conſilio, di-
cto Comiti & ſui; hæredibus & ſucceſſoribus præ-
ſentium tenore gratioſus de novo concedimus, ut
ex nunc & inantea perpetuis futuris temporibus
omnes & ſingulas Imperiales leges, conſtitutio-
nes, & quæcunque alia jura, ubicunque & a qui-
buscunque edicta aut promulgata quibus ſacræ me-
moriæ præceſſores noſtri Romani Imperatores jus
auctoritatemque dederunt, in præfatis eorum Sco-

lis per idoneas perſonas publicè legi ac exerceri &,
ipſarum auditores dignis honoribus & gradibus in
eisdem ſublimari faciant. Decernentes & hoc im-
periali volentes edicto ut quicunque cujuscunque
ſtatus gradus præeminentiæ nationis aut linguæ
fuerint, dummodo . . . . obſtiterit, ad lo-
cum præfatum confluxerint, dictas Imperiales le-
ges docere, audire, in eisdem ad gradus ſolitos
& conſuetos promoveri ac ſublimari, nec non o-
mnibus & ſingulis titulis, dignitatibus, præemi-
nentiis, honoribus, prærogativis, ac aliis Juribus
& immunitatibus quibuscunque uti, frui & gau-
dere valeant, quemadmodum reliqui legum Im-
perialium doctores & ſcolares per alias ſcolas ubi-
vis in ſacro Romano Imperio conſiſtentes de jure
vel conſuetudine utuntur, & gaudent in contrari-
um facientes non obſtantibus quibuscunque, qui-
bus per præſentes expreſsè volumus eſſe deroga-
tum. Nulli ergo omnino homini liceat hanc no-
ſtræ conceſſionis decreti voluntatis & derogationis
paginam infringere, aut ei auſu temerario quoquo
modo contraire. Si quis autem hoc attemptare præ-
ſumpſerit, indignationem noſtram graviſſimam
& pœnam centum librarum auri puri, quarum
unam fiſco noſtro Imperiali, reliquam vero me-
dietatem injuriam paſſorum uſibus applicari volu-
mus, ſe noverit irremiſſibiliter incurſurum . . . .
ſub noſtri Imperialis Majeſtatis Sigilli appenſioni
teſtimonio Literarum. Datum in oppido noſtro
Gretz, 20. die Menſis Febr. Anno 1484. Regno-
rum

rum noftrorum Romani quadragefimo quarto,
Imperii tricefimo fecundo, Hungariæ vicefimo
quinto.

Num. 26. a

Graf Eberhards des ältern zu Wür=
temberg Stifftung des Closters zum Einsidel
im Schönbuch de Anno 1492. (1)

JN dem Namen der allhailigsten und unge=
theilten Dreyfaltigkeit Amen. Allen und
jeglichen die diesen Stifft-Brief lesen oder hören
lesen, Sey kund und offenbahr, daß Wür Eber=
hard Graue zu Württemberg, und zu Mümppel=
gardt &c. der Eltter alß ein recht Christglaubig
Mensch erkennen, daß Wir Unser Seele, Leib,
Ehre, alle Gaistliche und zeitliche Güter und
Herrschafft von GOtt dem Allmächtigen haben,
und besitzendt, wann alle beste Gabenn und voll=
kommenen Gifften, ist von oben herab stigende,
von dem Vatter der Lichter, in dem da ist der
abgründig Bronn, alles guoiten, auch von Jm
erwartten unnöt hoffen, der ewigen Seeligkhait,
die Uns sein eingeborner Sohn Unser HErr Chri=
stus Jesus, durch Vergiessung seines Heiligen
Bluots, erworben und verdient hat, haben Wür
mit langem Bedenckhen jn Unserm Gemüth be=
trachtet, was Wür mit schuldiger und billiger
Danckhbarkhait, möchten aufricht und stifften,
ju seiner ehren Mehrung Gottlichs Dienfts und

G 4   See=

Seeligkhait, unferer Vordern und Nachkhom
men, auch unfern Seelen, undt alß Wir glau
ben, durch jnwendig Erleuchtung des Hailige[n]
Gaifts, jft Uns fürgefallen, nachdem Wir j[u]
unfer Herrfchafft, Schirm und Regierung dre[y]
erley Stendt haben, Gaiftlichen, Adel und Rit[t]
terfchafft, Stett und gemein Volckh, wan[n]
Wür dann mit Erlaubung ufrichten einen Stiff[t]
und Conuent, jn denen von denen drey obgenand[t]
ten Stenden, GOtt dem HErrn getreulich ge[=]
dient würdt, und fein Lob Tag und Nacht mi[t]
dem Gottlichen Ampten, Singen, Lefen, Bette[n]
und bleißiger Halttung der Gebott GOttes und
der hailigen Kirchen, auch erberm chriftenliche[m]
Leben, nach der nachuolgenden ordtnung voll[=]
bracht würden, jn Hoffnung, daß vihl uß den dre[y]
Stenden, die da gern GOtt jnn Ruow undt
Abgefchaidenhait dienen wollten, und doch Ih[=]
nen die Strengkhait ander Geftifften Orden zu[=]
fchwer were, jnn difer hailigen Verfamblung
under dem Sleffen und Senfften Joch der heili[=]
gen Gebott, ohn Wütter befchwerung, fonder[=]
lich der Layen Würden mit Befferung jhres Le[=]
bens GOtt getrewlichen dienen, Und Jhr See[=]
len feeligkhait leichtlich mit groffer Sicherhait er[=]
langen, achten wür daß durch folliche Stifftung
Göttliche Ehre unndt Dienft gemehret, Haile
der Seelen gefürdert würdt, auch wür darmit
Widerlegung thetten, ob Wür jemandts fchul[=]
dig weren, widerkehrung zu thun, da wir nit ai[=]
gentlich wiften den Rechten erben.

Von

Von der Stifftung.

Das Erſt Capitel.

Und demnach mit Verwilligung der Hochge-
ren Fürſtin, unnſer hertzlieben Gemahlin
au Barbara, geborne Marggräuin zu Man-
, Gräuin zu Württemberg und zu Mümppel-
dt mitſtiffterin, jn der Widem, unſer New-
im Schönbuch der Einſider genannt, mit
en Wiſen und dem Gartten, als die am
en geweſen ſeind, gehört haben zu Lob und
der Hailigen Dreyfaltigkhait, auch der
agdt und Muoter unnſers HErrn, und Erle-
Jeſu Chriſti Marien, und des gantzen him-
iſchen Heers, und ſonderlich St. Peters, des
ſten der zwölff Botten, unſers Patrons, zu
lichem Troſt, und nutz unſer beeden, unſer
orfahren, und Nachkhommen, unnſer Herr-
afft von Würtemberg Seelen, auch aller der
dem Wir guotz embfangen haben, oder in
ünfftigen Zeiten empfahen werden, und zuo
uogthůung für unnſer ſünd, unnd Widerkeh-
ung, ob wir etwas ſchuldig weren zu bekehren,
a Wir die rechten Erben nit wißten, in Gegen-
wertigkhait newer glaubwirdigen Notarien und
Gezeugen, die vor datum diß Brieffs gebetten,
und erfordert.

Stifften Wür obgemeltter Eberhard Graue
zu Wirtemberg und zu Mümppelgardt der Eltter
den Stifft St. Peters, des Fürſten der Hailigen
Apoſteln, mit einem Probſt, als einem Haupt,

und zwölff Canonicen, Priester und Clericer
nach der Zahl Christi, unnd seiner zwelff Apo-
steln einen Maister von Adel, und zwelff Edle
oder Rittermäßig, in der Herrschafft Württen-
berg sitzende und wohnende, oder die mit lange
Diensten, oder alten Lehens Pflichten unnser
Herrschafft verwant seind, so ferr man die habe
mag, oder ob man die in der Herrschafft Wir-
temberg nicht finde, sonst die im Land zu Schwa-
ben sitzendt, unnd wohnende, und sonst nit vo-
kheinem andern Landt, auch mit zwölff erbarn
Burgern von unnser Landschafft Laybruederi
und Conversen, die alle in gemein leben, und ein
Capitel machen, unnd underworffen eingeleib
sein sollen, dem gemeinen Capitel Unnser, unnd
anderer Stifft der Priester unnd Clericen in ge-
mein lebend, aber Teutscher Landen, nach Inn-
halt Päbstlicher Bullen darüber erlangt, und der
Statuten und Ordnung des obgemeltten gemeinen
Capitels, gleichförmig unnser Mainung, Wie
hernach in und davon geschriben stehet, unnd
Wür dotieren und begaben den jetztgemeltten
stifft und Hauß, seine Glieder und Persohnen, in
Crafft diß Briefs, wie hernach volgt.

Von Begabung des Stiffts.
Das Ander Capitel.

Erstmals geben Wür ihnen unser Hauß, das
wür inn unnserm Wald dem Schönbuch, von
newem gebawen, und den Einsidel genannt ha-
ben, mit dem Blatz unnd Gezürckh um dasselb
Hauß,

uß, wie der hernach bestimmt würdt unnd
deß mit dem Abbt von Bebenhausen geannt
b, unnd das unnderstaint ist, mit allen
ven, Hausern, Scheuren, Hüttin, Stållen,
ten, Wisen, Aeckhern, Wållden, Holtz,
herrn, Wasser, Weid, und allem anderm,
n solchem Circul leut, woran, oder wie
nannt ist nichts ußgenommen, alles für frey
ledig, also das sie solchen Zirckhel einfaßen
bawen, Weingårtten, Aeckher, Wisen
anders machen, das alles nutzen, unnd
mögen, nach ihrem Willen, unnd Nu-
nbeschwehrt aller Steuer, zinns und Be-
rung, wie die genannt seind, ungeuahr-
und fahet solcher Zirckhel an under dem un-
Weyher, in Schlierbachs graben, den gra-
unnd ab, biß unden an das Hörnlin, unnd
m Hörnlin den Marckstainen nach, biß in
lers Loch, und denselben graben uff unnd
oben in die Mayen dickhin an den Marck-
von demselben stein in den Dachsbühel,
a dannen in den graben ob der hohen strüt,
en graben ab unnd ab, biß in den Marck-
und da dannen über den hambug under
burg hinüber, biß unden in deß Mayers
biß wider an den Schlierbach, würden
r ußerhalb solches Zirckhuls, im Schon-
güeter machen oder überkhommen, mit
ben guettern sollen sie gehaltten werden mit
achen, unnd zinnsen wie ander die jm Schon-
sitzen, ohn geuerde: Wir haben auch dem
vor-

vorgenannten Stifft, unnd seinen glidern dis
vorgeschriben Zirckhul, unnd was darinn geh
gen ist, der hieuor in die Pfarr zu Weylen h
Schonbuoch gehört hat, die dem Gotzhauß B
benhausen incorporirt ist, von Abbt unnd Cot
venten daselbst zu Bebenhausen, unnd auch vo
dem Pfarrer zu Weylen mit zimblicher Wide
legung frey und ledig gemacht aller zehenden unn
ander Pfarrlichen Rechten, daß sie deßhalb va
jhnen unnd ihren Nachkommen frey, unnd ohn
beschwert sein unnd bleiben sollen, wie das di
versigleten brieff darüber gemacht, clärlich inn
halten.

Item Wür geben auch dem ehegenannten Unn
serm Stifft unnd hauß seinen glidern, unnd Per
sohnen macht unnd gewalt, daß sie unnd ihr
Nachkommen, jn Unserm Walld dem Schon
buoch, holtz hauwen unnd hauwen lassen mögen
zu ihren bauwen, unb zu zimmern, zu zaunen
unnd zu brennen, doch sollen sie von solchem holt
nichts verkauffen, sonder des brauchen zu jhre
nothdurfft ohngeuahrlich: Sie sollen zu brenn-
holtz hauwen auff einen Wagen zween Stämm
unnd auff einen Karren ein Stam holltz unnd nic
mehr, unnd von solchem holltz, es sey zu zimmern
zu zaunen oder zu brennen, sollen sie khein muett
geben, noch zu geben schuldig sein, Were auch
das jm Schonbuoch zu nutz dem holltz je zu zeiten
Pöenn fürgenommen würden, in etlichen hauwen,
solch bänn sollen sie mit ihrem vich, unnd holtz
hauwen auch meiden, unnd das hayen, biß das
holtz

holz erwachſet, wie andre Umbſeßen deß Walldts
ungeuahrlich, aber in dem vorgenanten zirckhul,
ken wir ihnen gegeben haben, ſeyen ſie nit ſchuldig
vonn zu halten, oder zu hayenn, ſonder mögen
ſie das haltten unnd brauchen nach ihren nußen
unnd gefallen.

Item wur geben ihnen auch freyheit unnd
Macht, wann im Schonbuoch äckher wachßet,
daß ſie Sechßig Schwein in ſolch äckher treiben
und ſchlahen laßen mögen, oder darunter ſo vihl ſie
wellen, unnd ſollen nit ſchuldig ſein, geltt, ha-
bern, oder jcht anders davon zu geben. Sie unnd
ihre Nachkommen ſollen auch macht unnd gerech-
tigkhait haben ſich zu gebrauchen im Schonbuoch
aller gerechtigkhait, mit hollß, vich, Waid unnd
andern in der gemein, Deß ſich die Leuth, unnd
umbſeßen des Schonbuochs gebrauchen ohne ge-
uerde, doch welche arme leuth unnd ander jm
Schonbuoch, unnd dabey geſeſſen, bißher ge-
rechtigkhait gehabt hand in dem obgenannten
Circul zu hollßen, oder zu treiben, mit ihrem
vich, dem wellen Wür ſolche gerechtigkhait vor-
behalten haben, nach Recht, unnd gewohnheit,
deß Schonbuochs, ohne geuerde.

Item Wür haben auch den vorgenanten Probſt,
Maiſter, unnd Brüdern diſes Unſers Stiffts,
die Freyhait geben, daß die Laybrüeder mit er-
laubung des Maiſters in dem vorgenanten Cir-
cul mögen Schwein, Wölff, Füchß unnd Haſen
ſchieſen oder fahen, Doch ſollen ſie zu ſolchem
Waidwerckh nit über zween hundt halten, aber

zu

zu huot ihres Viehs mögen sie so uiht haben
als noth ist, doch wie manns sonsten mit Vie
hunden hellt mit fuehren oder dremmeln so
sie auch mit den ihren hallten, sonst wie sie wel
und daßhalb zu ihren handen nemmen unnd bra
chen, unnd sollen nit schuldig seyn jemandtz ni
daruon geben, sie mögen auch ander gewiß
ob ihnen das in demselben Circnl schaden th
daraus iaichen, damit sie dauon nit schaden e
pfangen.

Item wir geben auch zuo, daß die Brüed
zwischen dem Kirnbach, der Schaiach, Reiche
bach unnd dem Neckher mögen hüener un
vogel fahen, unnd schießen, so sie das von ihr
Obern Erlaubung haben, was auch in diese
letzt genandten Circul des voglens Wildbret
niderleut, das Unns dauon zugehört hat, ußge
nommen was von Unsern Schützen und Jäger
nidergelegt wird, mögen sie zu ihren handen nem
men, doch sollen sie dem Waldvogt unnd den
Vorstknechten ihre Recht, wie von Alters her
khommen ist, dauon geben, unnd ob solch Wildt
bret niderleg in diesem angezaigten Circul im Ne
ckher, Schaiach, Reichenbach oder Kürmbach,
oder uff dem Eiß deß Wassers, soll es ihnen dan
nocht zugehören, inn der Maß als vorstehet,
doch sollen sie damit khein gefehrd treiben, durch
sich selbs oder ihre Zugewannte, damit das Wildt
brett uff das eyß, oder uff das Wasser gejagt
werde.

Item

Item Wür geben unnd ergeben auch diefem
mannten Stiffthauß unnd Perfohnen, unnd
Nachkommen zu ewigen aigen Unfere zween
an der Schaiach unnd an der Metzinger
mit allen ihren Rechten, nutzen unnd zu-
rden, fich der zugebrauchen und zu nieffen,
wir bißher gethan haben ohne geuerde.

Item Wür geben unnd ergeben ihnen Unfer
uothaus allt unnd Jung unnd ander Unnfer
ich), fo vihl wir deß zu diefer Zeit bey dem vor-
annten Unnferm hauß zum Einfidel gehabt
en, allfo das fie das alles fürohin haben, brau-
nutzen unnd nieffen mögen als ihr aigen guot,
es auch ift, ohngehindert Unfer unnd män-
ichs.

Zuo dem allem geben Wür dem vorgenann-
Stifft, hauß unnd Perfohnen jetzund von
ben unnd unnferm aigen guot Achtzehen Tau-
dt Gülden, darumb fie zu ihrer Nahrung,
nd außkommen güllt-unnd gueter kauffen fol-
n, wie ihnen gelegen, nütz unnd bequemlich fein
ürdt, unnd was güetter fie alfo kauffen werden
oder überkhommen, in welchen Weeg das gefche-
e, die frey weren, die follen Ihnen auch frey
leiben, überkhommen fie aber güeter, die unns
teurbar, zinnßbar oder fchatzbar weren, dauon
ltten fie auch thun, wie herkommen ift, Es
were dann daß fie andere freye güetter, darfür
in folche befchwehrung geben, oder kommen ließen,
damit die unfreyhe güetter vergleicht würden,

Alß

Alßdann solten dieselben güetter an diser ſt
gefreyet ſein unnd pleiben.

So ſollen unnd wellen Wir auch den ang
fangenen bauw, darinn diſe Brüeder ihre Wo
nung unnd Weſen haben werden, mit ſam
der Kirchen, und allen andern gebäuw voll
ſtreckhen unnd außmachen laßen, unnd zugeſch
hen ſchaffen, wie das angeſehen, unnd das ei
Viſirung gemacht iſt, ohne ihren Coſten un
ſchaden ungeuahrlich.

Wür ſetzen ordnen, unnd wellen auch ernſ
lich für uns, unnſere Erben/ unnd Nachkhom
men das der dickhgenannt ſtifft, das hauß, unn
die Perſohnen unnd ihre Nachkhommen, mi
allem dem, das wir ihnen geben unnd incorpori
haben, von aller gaſtung, hundlegin, Jägerey
Schützen, Waldvögten, Vorſtknechten, Wa
gendienſt, unnd namlich aller anderer beſchwerd
werden nichtz ausgenommen, ganz frey unnd un
beſchwert ſein und pleiben ſollen, und wir gered
und verſprechen bey Unnſern guotten trewen für
unns, unſer Erben und nachkhommen ſie dabei
und bei allen obgeſchriebenen begabungen unnd
Freyhaiten zu handthaben, zu ſchützen und zu
ſchirmen, getreulich und ungeuahrlich, unnd be
fehlen auch allen unſern Amptleuthen gegenwertig
unnd khünfftig, ihnen wider diß Unſer begabung
unnd Freyheit khainerley Irrung oder eintrag zu
thun, oder zuthun geſtatten, ſonnder ſie dabey zu
ſchützen und zu ſchirmen, und ihnen in ihren An-
ligen

en uff ihr begehren getrewlich berhaten unnd
holfen zu sein, nach dem besten ohne geuerde.
Und dieweil nun die Persohnen Unnsers dickh
ennten Stiffts St. Peters leben sollen nach
tuten, Gesetzen und Ordnungen des gemai-
 Capituls vorgenannt die gemeß seind Unser
mung Innhallt der Päbstlichen Bullen, hannd
 unnser Mainung zu ewiger gedächtnus hie-
 laffen setzen und schreiben, dem Namblich
so ist.

fangs von der Zahl der Persohnen.
Das Dritt Capitul.

ntlich ist unnser Will, und wellen, das
 , zwelf Canonicen, Maister, und vier und
ig Converfen Laybrüder alle glider unnsers
 unnd Capituls unnd desselben, wie vor-
 alle in einer gemaind, und in einer Kir-
 Behausung, Tisch unnd anderer Verfe-
nach unnderschribener Ordnung unnd brüe-
her Lieb GOtt dienen, und alle genannt
n sollen St. Peters Brüeder, die auch et-
necht sollen haben Inwendig und Anßwen-
es Conuents, als aigentlich hernach geschrie-
ehet.

Von dem Geistlichen Staat der
Priester.
Das Vierte Capitel.

Zuo dem Probst sollen sein zwölff Canonicen,
 der mehrerthail Priester seyen, die sollen in

.H   ge-

alle tag nach der Complet ußwendig der faſten ſo
man ſingen das lob unnſer lieben Frauwen, ſal⸗
Regina mit verſiculn und Collect, aber in der Fa⸗
ſten, ſo man faßtet, ſoll man das ſingen nach d⸗
Sibnen.

Item ein jedtlicher Prieſter ſoll ſchuldig ſein
Jeder Wochen drey Meßen zu thun, er werda
franckh oder hett ſonnſt redliche entſchuldigun

Von Waehlung unnd Ambt deß Probſts.

Das fünfft Capitel.

Weitter, wellen wür, ſo dickh noth würdt
wählen einen Probſt, der ſoll erwehlet werde
nach Ordnung und Statuten der Prieſter, do
ſollen mitwehlen der Maiſter, unnd zween Lay
brüeder, von den Laybrüedern darzue verordnet

Item der Probſt in der Regierung ſeiner Prie
ſter unnd Cleric nach dem Geſetz der Statuten, ſo
nit gehindert werden von Maiſter unnd Laybrü
dern, ſonder Maiſter unnd Laybrüeder ſollen h
Beyſtand thun zu ſtraffen ungehorſamen, ſo ſ
deß vom Probſt erfordert werden, unnd ob d
Probſt weitter greiffen wollt, dann die ordnung
der Statuten innhellt, ſoll der von dem Maiſter
von zwayen Prieſtern zu Rhat erwehlt, ermahnt
unnd ob er der Vermahnung nicht achten wöllt,
geſtrafft werden, nach Ordnung der Statuten.

Item es ſoll auch der Probſt gantz Regierung
haben in der Kirchen unnd in allen Geiſtlichen
Aemptern, unnd ſachen die zu ordnen, wie vor
und

nd nach stehet, unnd wo die nit gehalten wer-
m von den Priestern und Clericen, soll er diesel-
m, straffen nach Innhalt ihr Statuten, würden
e aber übertretten von den Leybrüedern, so soll
r vermahnen denn Meister, das er das straff
nach gebirlichkhait der Ubertrettung: Item es sol-
b auch Propst unnd Meister freindtlichen unnd
einträchtiglichen leben, keiner den andern in sei-
r Regierung hindern oder irren; sonder einan-
der güetlich vermehren unnd hören, unnd je ei-
ner deß anderen hand unnd hilff sein, unnd ob
e uneins würden, sollen die Brüeder die Geist-
then unnd Layen sie güetlich davon weisen, unnd
die Ir Unnderweysung nit uffnemmen, soll das
für die Visitierer gebracht werden, die sollen sie
raten, und ob ir einer, oder sie beede nit volgen
wollen, sie absetzen, unnd straffen, unnd andere
in der abgesetzten statt schaffen gewehlt werden.

Item es sollen die Priester und Cleric ledig ste-
en, unnd kheines außwendigen Werckhs oder
Regierung sich unnderwenden, sonder Inn Ge-
orsam des Probsts GOtt getreuwlichen dienen,
loren, schreiben, unnd gaistlicher Ubung an-
fangen, wie das ihre Statuten ußweisen, es we-
r dann etwas sonders einem von dem Probst uff
begerung des Maisters beuohlen.

Sie sollen auch nit sonderlich unnd haimblich
gesellschafft mit denn laybrüedern haben, noch zu
ihnen in ihre zellen oder gemach gohn, ohne erlau-
bung des Probsts, deßgleichen auch die Laybrüe-

der

der zu den Priestern oder Clericen nit gehen sollen
ohne Erlaubung des Maisters.

Unnd auff daß sie einander nit irren noch hin
dern hand wür jedlichen den Gaistlichen für sich
unnd den Leybbrüedern für sich geordnet sonder
mach unnd heuser, doch alle in einem beschlu
Darinn sie ein jeder von dem andern ohngehinde
ir Wonung unnd uebung haben sollen, doch so
len sie haben ein gemeine Kirch zu dem Göttliche
Dienst, unnd einen gemeinen Refental da sie alle
beyeinander essen sollen, Sommer und Wintter,
Morgenns unnd abendts.

Item, dieweil der Probst, mit seinen Gaist
lichen Brüedern, nit aigens han mögen, so sol
len sie desto fleißiger von dem Maister versehen wer
den, nach aller notthurfft mit Claidung, Bü
cher zu der Kirchen auch zu der Lehr, mit artzen
inn Kranckhaiten, auch so Ihnen gebührt zu
wandlen mit Zehrung, unnd anderen deßgleiche
nichzit ußgeschlossen, unnd ob ihnen etwas von
erbfahl oder gaben zufüehl, oder sonsten etwas
mit ihr arbait verdienten, das soll durch den
Probst, dem Maister getrewlich geantwortet wer
den, der dasselbig fürtter gleich andern güetern
deß Hauses soll brauchen inn den gemeinen Nutz
deß haus, doch mit den erbfällen der Gaistlichen
brüeder soll es gehaltten werden nach Statuten
unnd Ordnung deß gemeinen Capitels.

Item ob Jahrzeiten oder andere præsentz ge
stüfft würden denn Priestern unnd Clericen auch
das täglich opffer was das ist, soll der Probst
ein-

memmen, mit wiſſen des Maiſters, unnd mag
Probſt dauon zierden der Kirchen, bücher o-
nders, zu nutz ſeiner gaiſtlichen brüeder nach
gefallen khauffen unnd beſtellen, unnd dem
er dauon Rechnung thun, doch ſoll ſolches
dem Hauß gebraucht werden.

der Zahl und Geſchicklitgkhait der Laybrüeder.

Das Sechſt Capitul.

Unſer will iſt auch. und ordnen, daß uffgenom-
werden ſollen dreyzehen Laybrüeder alle E-
zum minnſten Rittermeßig in unnſer Herr-
fft Würtemberg ſitzendt oder die Unns oder
er Herrſchafft mit langen Dienſten oder all-
ehenpflichten verwannt unnd bißhero wider
unnd die Herrſchafft Württemberg nit ge-
en ſeyen, unnd wo die Zahl unnder denſelben
erfunden würd, ſollt man die ſonſt von Schwa-
unnd die im Landt zu Schwaben geſeſſen
en, uffnemmen, doch wollen Wür Unns in
m Articul die Zahl von den dreyzehen Edlen
nemen vorbehaltten, dieweil Wir leben, da-
enderung zu thun, oder alſo pleiben zu laſſen,
Unns das zu Jederzeit gefallen würdt, als
nach Unnſerm Todt Probſt unnd Maiſter
dem Capitel thun mögen wie ſich das dazu-
ahl nach den lauffen nothürfftiglich erhaiſcht
nd über die Zahl der dreyzehen Edlen ſollen auch
genommen werden zwölff erbarer Burger uſſer

den Stätten unnser Herrschafft Würtemberg, die
nit allein uß armut, sonder uß Göttlicher Lieb,
auch nit uß kranckheit, derhalb sie der gemeindt
unträglich werendt, in dise brüderschafft bege-
rendt, dann für dieselben armen und franckhen
annder Spithäl von Unns, unnd andern inn unn-
sern Landt gestifft seind.

Item dise fünff unnd zwaintzig Laybrüeder, E-
del unnd Unedel sollen sein frey unnd ledig von al-
len Aemptern, Rechenschafften unnd Verbündt-
nuß, auch kheinem Fürsten, Herrnn, noch Stät-
ten mit Rhat oder Dienstspflichten verwanndt,
noch mit Schulden oder unrechten guot, deß Wi-
derkehrung oder bezahlung uff disen Stifft fallen
möcht, beschwerdt sein, ußgenommen, ob einer
herrn oder Stätten verbunden wer nicht wider zu
thun, das soll hierann nicht irren, unnd welche
also in dise Brüederschafft uffgenommen werden,
es seyen Priester, Cleric, Edel oder Burger, wie
obsteht, sollen die Geistlichen dem Probst und die
Leyen deßgleichen auch das gsündt dem Maister
globen, unsern Schaden wo sie den hören oder
merckhen, zuerwarnen, getrewlich, sich soll auch
kheiner fürohin nündert mehr verpflichten, be-
schwehren, noch verbinnden, weder mit Rhat,
Dienst, Schulden noch in ander Weeg.

Item die obgemeltten Laybrüeder sollen auch
ledig seyn von ehlichen banden, es wer dann das
die Haußfraw in ein Closter gieng, oder in sol-
chem allter unnd gnüeglich versehen wer, daß sie
ohn argwohn und hilff des Manns unnd mit ur-
laub

laub des Bischoffs unnd gelübdenn der Keu-
schait, nach Ordnung des Rechten in der Wellt
pleiben und ohn argwohn leben möchte.

Sie sollen auch eines guoten leimbdens unnd
eines erbarn Wesens sein, das zuouersichtig ist,
das sie fridlich, freindtlich unnd gedulltiglich mit
der gemeindt unnd gehorsamblich nach den Sta-
tuten, Ordnung unnd satzung deß hauses sie an-
treffende leben.

Unnder denn fünff unnd zwaintzig Laybrüeder,
soll kheiner sein unnder vier unnd dreißig Jahren,
Es were dann das Erbarkheit und Zucht seines
Lebens unnd wandlung inn der Wellt gehabt, die
Zeit der Jahr ersetzte, nach erkhantnüß, Probsts,
Maisters unnd Capitel um acht oder zehen Jahr
mit einem solchen dispensieren. Ob aber inn die-
sem anfang oder auch hirnach nit so uihl Edel oder
Rittermeßig uff den vorgemeltten unnd inn sol-
chem altter inn diese Bruoderschafft begeren, also
das die zahl der Edlen unnd Rittermeßigen gebre-
chen hetten, alßdann zu erfüllung solcher zahl mö-
gen Probst, Maister unnd Capitul, Edel Jun-
gen usser unsser Herrschafft Wirtemberg doch nit
unnder fünffzehen Jahren zu versuochen uffnem-
men, unnd ob das geschehe, soll der Maister ih-
nen uß den Laybrüedern einen Zuchtmaister zuge-
ben, der sie zu gehorsam unnd Tugenden ziehe,
unnd wann sie Sibenzehen Jahr alt werden unnd
nit ehe unnd sie geschickht seyen, mag man sie in
nachgeschribner form zu profes uffnemmen unnd
empfahen.

H 5   Item

Item es sollen auch in uffnemmung der drey-
zehen Edlen unnd Rittermeßigen in dise Bruo-
derschafft die nottürfftigen, die ihr leben wohl
unnd erbarlichen herbracht, unnd nit nahrung
haben ihren Stanndt zimblichen zu haltten oder
ihre Kinnder, ob sie die hetten, zu uersehen, unnd
doch wohl geschickht weren, wie vorstehet, den
wohlhabenden fürgewendet werden.

Wie die Laybrüeder uffgenommen unnd
empfangen sollen werden.

Das Sibend Capitel.

Zuo welcher zeit unnd wann ein lay geschickht,
wie obstehet, Edel unnd Unedel inn diß hauß unnd
Bruoderschafft begert uffgenommen zu werden,
So soll er den Probst, unnd den Maister unnd
seine Rhatbrüeder bitten, daß sie ihne umb Got-
tes Willen uffnemmen, zu einem brueder, stat
unnd pfrüend geben, damit er mit ihnen möge
GOtt dienen, sein Seel verwahren, unnd sein
leben besseren, unnd ist er ein geschickhte Persohn,
wie vorstehet, unnd gebricht an der Zahl der brüe-
der, so soll ihm der Maister fürhaltten Stifftung
unnd ordnung deß haußes und wie ein bruoder
darinn leben soll, unnd soll ihne fragen, ob sein
mainung sey nach solcher Ordnung GOtt dem
Herrn zu dienen, die Welt lassen, und Gottes
gefangener sein in Keuscheit unnd gehorsam seine
sünd zu büessen, unnd ist das er antwort, Es sey
sein ganze begierd und mainung, so soll ihm der
Mai-

Maiſter antwortten, auf daß wir erkhennen mö-
gen, ob dein Will unnd fürſatz uß einem guoten
Geiſt gang, unnd beſtendig ſey, So ſetzen Wir
dir ein Zihl einen Monath oder zween, das du
dich wohl durchſuecheſt und bedenckheſt, dann
magſtu widerkhommen, unnd aber als jetzund
bitten, kompt er zu dem geſetzten zihl, unnd bitt
als vor, ſo mag ihm der Maiſter noch ein Zihl ſe-
zen, wie vor, unnd pleibt er beſtendig, unnd pit-
tet zum drittenmahl, iſt er dann dem Maiſter unnd
Capitul gefällig, oder der Mehiſten Münch, ſo
ſagt ihm der Maiſter zu ein Jahr zu uerſuochen,
unnd ſetzt ihm ein Zeit, in der er khomm, unnd
dann ſoll der Maiſter im das blauw Klaid ohne
den Manntel unnd ohne das zeichen St. Peters
geben, unnd wann er alſo uerſuocht iſt, unnd in
ihne Probſt, Maiſter unnd Capitel gehallten, ſoll
ihm der Probſt mit Willen deß Maiſters unnd
Capitels einen Sontag oder hochzeitag beſtim-
men, an dem er gehorſam thue, unnd vor dem-
ſelbigen tag ſoll er eine clare lautere gantze beicht
aller ſeiner ſünd, der er gedenckhen mag, unnd
von den er vor nit gar abſolviert iſt, thun dem
Probſt oder einem ſeiner brüeder, dem er das be-
uilhlet, der ihn auch underweiſen ſoll, wie er ſich
GOtt ſoll auffopffern unnd übergeben, daß er ei-
nen ſeeligen anfang thue, unnd auff dem beſtimb-
ten Tag vor dem Ampt der Frühmeß in der Brüe-
der Chor in gegenwerthigkheit Probſts, Mai-
ſters, oder ihr Statthaltter, Prieſter unnd brüe-
der ſoll denſelb den gehorſam thun; Will bitten
Probſt,

Probſt, Maiſter unnd Conuent umb ihr bruo-
derſchafft, unnd ſoll der Maiſter antwortten. N.
Du haſt geſehen unnd verſuocht unnſer leben, auch
erkhennet geſetz unnd ordnung unnſer bruoder-
ſchafft, des H. St. Peters deß Fürſten der A-
poſteln, beſteetiget von unnſerm hayligſten Vat-
ter dem Pabſt, Iſt nun dein will alſo mit unns
GOtt zu dienen, zu leben unnd zu pleiben, biß
in deinen todt, ſoll der N. antwortten: Ja es
iſt mein gantzer Will unnd bitt umb Gottes Wil-
len, daßich alſo von euch Vatter, und herr Mai-
ſtern und allen brüedern uffgenommen werde:
So antwortet der Maiſter: Du würdeſt GOtt
geloben inn die handt unnſers Vatters unnd ſchwe-
ren wie hernach ſtehet, ſo ſoll der Bruoder für
den Vatter knüehen. unnd ſeine hännd gefallten
legen in die hannd des Vatters unnd geloben unnd
ſprechen: Ich N. Bruoder deß Hauß S. Peters
gelob mit herrlicher gelübt, unnd ſchwere GOtt
dem Almechtigen, der Reinen Muotter GOttes
Marien, St. Petern, allen hayligen unnd dir
Vatter ann GOttes ſtatt beſtendigkhait, Keu-
ſchait unnd gehorſam, unnſerm gemeinen Capi-
tel auch Probſt, Maiſter, die je zu zeiten ſeyen
unnd Capitel diß Stifftz nach Innhallt unnd mai-
nung der Statuten deß gemeinen Capitels, ſo
viehl mich die anrüehrendt, daß ich auch die Ver-
ainigung der Stifft unnd haufer der Weltlichen
Canonicen, Clericen unnd brüedern, in gemein
lebende, inn Ober Teuſchlanden, von Päpſtli-
chem

chem gewallt gesetzt, nach meinem vermögen hand-
haben, behüeten und beschirmen will.

Unnd soll der New Bruoder diser gelübd sein
handtschrifft geben, ob er anderst schreiben kan,
oder khundte er nit schreiben, so soll solche Schrifft
durch einen Notarien, der darzu erfordert würdt,
gegeben werden, unnd dann solch glibdt also ge-
schicht, so soll der Vatter sprechen Unnd ich von
wegen deß Ehrwürdigen Maisters, mein selbs,
unnd aller brüeder diß hauß nim dich N. auff
zu einem ewigen Bruoder unndt glidt diß Stiffts
unnd hauß S. Peters und gemeinen Capitels
unnd gib dir sein zaichen das offentlich zu trage zu
gezeugnuß diser deiner profeß unnd gehorsame,
unnd mach dich thailhafftig alles guoten dises
haus unnd bruoderschafft, zeitlich unnd gaistlich
im Leben unnd im Todt, Inn dem Namen deß
Vatters, deß Sohns unnd deß Heyligen Geists.
Amen.

Und zuo Stund sollen Vatter unnd Maister
unnd alle Brüeder niderknien, die Geistliche den
Antiphon, Veni Sancte Spiritus &c. Pater noster
&c. Versicul unnd Collecten, die darzu gehören,
unnd soll ihn dann der Vatter füehren in den
letsten stuohl der Brüeder seines standz, ist er
ein Graf, nach den Grauen, ein Frey nach denen
Freyen, ein Ritter nach denn Rittern, ein Ed-
ler nach den Edlen, unnd ein Burger, nach den
Burgern, und solche ordnung soll er hallten in
der Kirchen, im Capitul unnd in Refectorio biß
ein

ein anderer seines standtz nach im uffgenommen
wůrdt, unnd so dieses allso geschehen ist, Soll
mann die Fronmeß anheben zu singen, unnd in
derselben Meß soll der Neuw auffgenommen
Bruoder das heylig Sacrament empfahen zu ei-
nem seeligen anfang unnd bestetigung seines guo-
ten hayligen fůrsatz, unnd fůrohin soll er eintret-
ten in die zahl der Brůeder, unnd gleich den ann-
dern seines Standtz gehalten werden.

Item es soll auch fleißiglich verhůet werden im
bitten, zuo sagen unnd uffnemmen, der Brůeder,
das nichzit zeitliches guots von ihnen gefordert o-
der gehaischen werde, Sonder ein jeglicher soll
bitten das er umb GOttes willen werd uffgenom-
men, Er soll auch Lautter umb GOttes willen
von Probst, Maister unnd Conuent ohne alle
fůrwart uffgenommen werden, und gantz frey
pleiben, ob er etwas zeitlichs mit ime bringe oder
nit, uff das khein befleckhung der Simoney in
den knechten GOttes gefunden werde.

Von Wahl des Meisters und seinem Ambt

Das Achte Capitel.

Mann soll auch auß den dreyzehen Edlen oder
Rittermeßigen einen setzen unnd erwehlen, so
dick das noth wůrdt sein, zu einem Maister unnd
Obristen in Welttlichen gescchefften, handtlungen
unnd Regierungen, diß haus, demselben all Lay-
brůeder gehorsam sein sollen in allen dingen als
hienach stehet.

Item

Item der Maiſter ſoll alle Güllten des hauß
einnemmen, daß hauß unnd alle Brüeder,
Gaiſtlich und layen nach notturfft unnd ver-
möglichhait des haus, wie hernach ſtehet ver-
ſehen, auch das geſundt dingen unnd urlauben,
Rechnung von ihnen nemmen, alle Ding ei-
gentlich thun anſchreiben, unnd von dem alle
Jahr dem Capitel Rechnung thun, Er ſoll auch
die Laybrüder, und das geſund regieren und ih-
nen vorgehen, ſie weiſen uff halttung der geſatz
und Ordnung deß hauß, und die freuenliche U-
bertretter und ungehorſame ſtraffen.

Item ſo dickh noth iſt einen Meiſter zuwehlen,
ſo ſoll der Probſt einen beſtimbten tag, mit wil-
len der brüder ſetzen zu der wahl, doch innerhalb
dreyßig tagen nach abſchaiden deß Meiſters von
dem Ampt und darzue berueffen alle Laybrüder
deß hauß, wo die weren in dem Biſtum, auch
zwen von ſeinen Prieſtern die die andern Prie-
ſter darzuo ordnen, unnd zuo ſolchen tag ſollen
auch die Viſitierer beſchrieben werden, unnd uff
den beſtimbten tag ſoll man vor der Wahl ſingen
ein Ambt, von dem hayligen Gaiſt, und in derſel-
bigen Meß alle die da wehlen werden das haylig
Sacrament empfahen, unnd von ſtund nach der
Meß ſoll man gehn zu der Wahl in die Sacriſtey
oder anber gelegen ſtat unnd ein jeblicher uß dem
obgenannten Probſt zwayen Prieſtern deß hauß
unnd denn Laybrüeder ſollen wehlen einen außden
dreyzehen Eblen oder Rittermeßigen der nach ſei-
ner Conſcientz unnd vernunfft ihn bedunkht der
beſſt

beſt unnd der nutziſt ſein zu Regierung deß hauß
in Ußwendigen zeitlichen dingen zu der Ehr GOt-
tes, vorgang der zucht, unnd tugenden, hand-
habung deß hauß inn ſeiner ordnung und mehrung
Gaiſtlichs unnd zeitlichs guots deß hauß, darzue
ſie auch die Viſitierer fleißig mit einer kurtzen ver-
mahnung vor der Wahl bewegen ſollen.

Die Viſitierer ſollen auch die Stimm der Weh-
lenden einnemmen, mit Notarien unnd gezeugen
unnd denn der da gewehlt würdt, der gemaindt
verkhünden unnd ihn führen in die Kirchen für den
Altar unnd im das Ampt beuelhen alſo zu regieren,
als er GOtt darumb rechnung geben will, unnd
über ihne ſprechen das Gebett darzuo dienende
unnd ſoll da der erwehlte ſchweren ſein Ampt ge-
treulich zuo tragen nach ußweyſung der Ordnung
deſſelben Amptz unnd dann ſollen ihne die Viſitierer
füehren in Seinen Stuohl unnd ihme geben die
poſſeſſion. Item zu ſtundt ſoll man Ihm zugeben
den Vatter unnd zween Prieſter, die die Prieſter
darzue erwehlen unnd zween laybrüeder, die die
laybrüeder darzue ordnen, ohne derſelben Rhat
der Maiſter khein treffenlich ſach, die nit hört
für das gemein Capitul, ſoll handlen, die ihn
auch gewertig, unnd ſo dickh er ir bedarff, getreuw-
lich berhaten, unnd beholffen ſein ſollen inn ſeiner
Regierung, Er ſoll ſie auch gedultiglichen hören,
unnd ihnen getreuwlichen folgen, es ſoll auch der
Maiſter, khein ſonder gültt oder Rennt von dem
hauß haben, ſonder vonn denn gemeinen fällen
deß hauß gleich den andern Brüedern inn aller not-

turfft

turfft seiner Persohn unnd Ampts versehen werden/
doch soll dem Maister gehalten werden ein knecht,
der auf ihne warttet, mit ihme reutt, wo er in
geschefften deß hauß zu reutten hat, denn er bestel-
len unnd dingen mag nach seinem gefallen in deß
Gotzhauß Costen unnd Lohn.

Der Maister soll nit herschen unnder den Brüe-
dern noch auch sie beschwehren unnd unndertru-
ckhen, weiter dann sie vor Statuten unnd gesë-
tzen deß hauß verbunden seind, sonder zu halttung
derselben freindtlich, unnd güetlich, auch so es
noth ist, strennglich vermahnen, zwingen unnd
regieren, unnd soll ihnen vorgehen in demüttig-
khait, in Tugendten unnd halttung aller Ordnug
deß haus unnd darumb soll er gleich sein den andern
Brüedern in Claidung, essen, trinckhen, schlaffen,
wachen unnd allen andern zuchten in Kirchen unnd
hauß so ferr ihn sein Ampt daran nit verhindert
oder etwas sonders zuogibt.

Item es soll auch der Maister zu kheinem mahl
über hundert gülden an geltt bey ihme zu seinem
gewalt von dem gemeinen guott deß hauses haben,
sonder was darüber ist, soll er legen in die gemei-
ne Küssten, deßgleichen mit brieffen und anderm,
das in dieselbige Küsst gehört, als hienach stehet.

Von dem Capitul des Stiffts.

Das Neunt Capitel.

Der Probst mit seinen Priestern und der Mai-
ster mit seinen Laybrüedern, Edlen, Rittermeßig
unnd burgern, die gehorsam gethan hand, sollen
machen unnd bedeuten ein gantz Capitul Innhalt

J

der

der Päpſtlichen Bull, uund was darinn von der
maiſt menig beſchloſſen würdt, zu hail unnd für-
gang deß hauß unnd Perſohnen, unnd zue halttung
diſer Bruoderſchafft, in ihren geſatzen unnd Ord-
nung, Soll von Vatter, Maiſter, unnd Brüe-
dern vollnzogen unnd gehalten werden wann zu
gehorſam deß Capituls ſind Vatter, Maiſter
unnd alle brüeder auß ihr gehorſam verbunden.

Item zu dem Capitul ſoll jeder Vatter, Maiſter
unnd Brüeder, Gaiſtlich unnd Weltlich, ſo
er gefragt würdt, in ſeiner Ordnung frey rhaten
unnd ſagen mit demüetiger unnderwerffung ſeiner
meinung das beſſt, daß ihn bedunckht zu der Ehr
GOttes, hail der brüeder unnd nutz deß hauß,
unnd ſo er ſein meinung ußgeſprochen hat, khei-
nen andern in ſeinen Reden hindern, unnd wo
einer unrhüewig were, ſoll ihn der Vatter, iſt
er ein Prieſter, oder Maiſter iſt er ain Laybruoder
gebüeten zu ſchweigen, unnd ob er darüber weitter
die andern wollt irren unnd ihnen ir Red brechen,
Soll er zu dem mahl uß dem Capitel geſchloßen
oder ihme andre ſtraff auffgelegt werden nachdem
ſein ungedullt erfordert.

Unnd ob im Capitel etwas gehandelt würde,
antreffendt ein ſonderliche Perſohn, ſie wer Vat-
ter, Maiſſter oder Capitul bruoder, ſo ſoll die-
ſelbig Perſohn dieweil außtretten, uff daß die an-
dern deſſto freyer ir meynung mögen ſagen.

Item das Capitul ſoll viermahl im Jahr gehal-
ten werden, alle Freytag inn der Frohn-Faſſten,
vor unnd Nachmittag, wie das die Zeit aller be-

quem-

quemlichſt leidt, unnd in denſelben ſoll man reden
von halttung der Gebott GOttes unnd Statuten
unnd Ordnung diſer bruoderſchafft, von fürgang
unnd hindergang Gaiſtlichen unnd zeitlichen deß
hauß unnd der Perſohnen, unnd ein jedlicher
ohn Forcht ſagen in ſeiner ordnung, was er in
den obgeſchribnen dinngen gemerckht hat unnd
ſollen fleißiglich alle erkhanten gebrechen geſtrafft
unnd gebeſſert werden.

Item über die vier Capitel, ſo dickh ein bruo-
der Gaiſtlich oder Weltlich nach ſeinem verſuoch-
jahr ſoll auffgenommen werden, ſo ſoll vorhin das
gantz Capitul der Innheimiſchen Perſonen ver-
ſamblet unnd jedtliches Stimme gehört werden
vom zuzulaßen des verſuchten bruoders unnd nach-
dem der maiſt menig der ſtimmen ſoll er zuogelaſ-
ſen oder im die Stat unnd Pfrüendt abgeſchla-
gen unnd verſagt werden.

Item zu der gemeinen Jahr Rechnung deß
Maiſters ſoll auch das gantz Capitel des hauß ver-
ſamlet werden unnd vor dem die Rechnung ge-
ſchehen, damit man allezeit wiſſen möge wie das
hauß ſtande.

Item zu merckhlichen groſſen ſachen, als groſ-
ſer ewiger Kauff unnd verkauff, ſchweren anlie-
genden ſachen, dem hauß oder Perſohn, die
Vatter, Maiſter unnd Rhatsbrüeder nicht allein
über ſich nemmen wollen, unnd ſo dickh ſie deßen
begehrend, ſoll das gantz Capitel verſammlet wer-
den.

      Item

Item was inn dem Capitel in rhats weis ge=
sagt würdt, das soll verschwigen pleiben vor allen
unnd jedlichen bey der gehorsam unnd gelübden,
die sie GOtt unnd dem hauß gethan haben inn
der profeß biß sollches erlaubt würdt zu offenbah=
ren.

Item inn dem Capitel soll diese Ordnung ge=
halten werden, seind es Geistliche Sachen dar=
umb es gemacht ist, so soll der Vatter die fürle=
gen, oder der Maister, so es Welltliche Sachen
seind, unnd so die fürgelegt werden, soll einer uß
den brüedern darzue geordnet, umbfragen, zum
ersten den Vatter, darnach den Maister, unnd
darnach einen Gaistlichen Bruoder, nach dem=
selben zween Layenbrüeder, einen nach dem an=
dern, nach den zwayen leyenbrüedern aber einen
Gaistlichen bruoder, nach demselben aber zween
Laybrüeder unnd also fürohin biß zuo dem letsten,
nach der Ordnung, die sie haben in der Kirchen
unnd Refenthal.

Inn den vier ordenlichen Capiteln soll der Vat=
ter fürlegen, warumb die gemacht seyen, unnd
inn dem Capitel der Rechnung der Maister, und
in allen Capiteln, so man anhebt, soll der Vat=
ter versprechen disen Versicul: Unser Hilff sey in
dem Namen des Herrn, sollen die andern ant=
wortten: der da gemacht hat Himmel unnd Er=
den, unnd darnach die sachen angehaben werden,
wie vorstehet, unnd was vonn dennselben sachen,
unnd derenthalben von Jedtlichem geredt, soll
uffge=

uffgenommen werden in Rhats weiß unnd haimb-
lich gehaltten werden wie vorstehet.

Von Gehorſam.

Das zehend Capitul.

Es ſollen alle Laybrüeder, Edel unnd Unedel,
Knecht unnd geſündt dem Maiſter berait unnd
willig gehorſam beweiſen in allen dingen, die er
gebieht unnd haiſt nach Ordnung unnd geſatzen
diſer Bruoderſchafft ohn murmelung, unnd wi-
derred, es ſollen auch alle Perſohnen des hauß,
Gaiſtlich unnd Layen in Jhne Ehrwürdigkhait ha-
ben, Jhre Häupter entblößen, ſo ſie mit ihm, oder
er mit ihnen redt, unnd ihn nicht nennen bey ſei-
nem rechten aignen Namen, ſo ſie mit ihm reden,
ſonder ihne nennen Herr Maiſter, unnd betrach-
ten, daß ſie die ehr Got erbieten, an deß Stat
er jnen gegeben iſt ein Regierer, in außwendigen
zeitlichen dingen, deßgleichen auch dem Probſt,
der ihr aller Seelen verſorger iſt unnd Gaiſtlicher
Vatter unnd Oberer.

Item ob den Prieſtern etwas fürbracht würdt
von gebrechen des Maiſters, ſoll der Vatter unnd
zween Edel Laybrüeder dem Maiſter innſonder-
heit ſolchen gebrechen fürlegen, unnd ſein antwort
hören, unnd wer er ſchuldig Jhn bitten, daß er
ſolches abſtell, unnd ſich beſſere, unnd wo er das
nit thete, ſollen die obgenannten das für das Ca-
pitul bringen, unnd ob es noht wäre, darzue die
Viſitirer berueffen, dieſelben macht haben, den

J 3   Mai-

Maiſter zu underweyſen, unnd ob er nit vollgen
wollt, ihne zu ſtraffen unnd zu entſetzen, deß-
gleichen ſoll auch geſchehen mit dem Probſt, wie
das in der Prieſter Statuten geſetzt iſt.

Es ſollen auch die Brüeder einer dem andern
gehorſamm ſein, ſondern die Jüngſten den El-
tern, und ihr brüederliche ſtraff, unnd unnder-
weyſung güetlich uffnemmen, nit widerbellen,
ſondern ihr ſchuld erkhennen unnd ſich erbietten zu
beſſern.

Es ſoll auch ſich keiner unnderwenden, Inn-
wendig oder Außwendig deß Haus auch kheiner
denn andern inn ſeinem Ampt unnd geſchefften
irren oder maiſtern es ſey im dann vonn dem Mai-
ſter ſonnderlich beuohlen.

Es ſoll auch kheiner nichtz haimblichs handlen
in außwendigen dingen, daß er wollt dem Mai-
ſter verbergen.

Es ſoll auch kheiner ſondere Gaiſtliche üebung
haben, ohne Rhat unnd Wiſſen deß Vaters,
unnd ob er die het, ſoll er berait ſein zu ſtund die-
ſelben abzuſtellen nach Rhat des Vatters.

Von Keuſchait.
Das Ailffte Capitel.

Auf das Rainigkhait der hertzen unnd deß Leibs
deſto gentzlicher von allen brüedern Geiſtlichen
unnd Layen, nachdem ſie GOtt gelobet haben,
gehaltten werde, ſo ſoll nimmermehr einich Frau-
wen Perſohn inn denn Beſchluß deß hauß einge-
hen,

hen, oder darein gelaſſen werden, außgenom-
chen die Frauwen deß Lanndß, ob die ainmahl
deß Jahrs, unnd nit mehr darein begert, ſoll
Ir nit verſagt werden, mit ihren Jungfrauwen
unnd Perſohnen, die ſie ohngeuarlich mit ihr brech-
te, doch nit weiter, dann in die gemeinen gemach,
unnd nit in ſonder zellen oder Ställen, auch ſoll
ſie nach veſperzeit nit darinn pleiben.

Es ſollen auch alle brüeder, deßgleichen das
gantze geſünndt einen zichtigen Wandel haben in
Worten, Claydung unnd geberden, auch fliehen
alle Raitzung zu flaiſchlichen liſten, Sie ſollen
auch verhüeten alle haimlichen geſprech, antaſten
unnd Geſellſchafft Weiblicher Perſohnen auß-
wendig deß hauß unnd allen enden.

Es ſoll auch ein Jedlicher Bruoder ſein aigen
Zell unnd Schlaffſtätt haben, darinnen er al-
lain zichtig ligen ſoll unnd kheiner bey dem an-
dern.

Von Gemeinſchafft zeittlicher Guetter.

Das Zwoelfft Capitel.

Alle güllt, Rentten unnd fäll, auch Korn,
Wein, Gellt, unnd all ander nutzung deß hauß
ſollen ſein der gemaind, Probſts, Maiſters unnd
aller uffgenommener Brüeder Gaiſtlichen unnd
Layen, unnd ſoll ihr keiner etwas aigens oder
thail daran haben, ſonder es ſoll alles in gemein
gebraucht, unnd ein Jedtlicher dauon verſehen
werden, nach ſeiner notturfft, durch den Mai-
ſter wie vorſtehet, Es mag aber wohl ein jedli-

J 4   cher

cher Laybruoder hat er etwas von seinem Erb,
barschafft oder Begabung der freundtschafft sol-
ches behaltten, brauchen, unnd nach seinem Wil-
len zimlich damit schaffen zu der ehr GOttes, trost
der Armen, oder zu seiner bequemlichkheit, ob er
etwas begert, über die gemein versehung deß hauß,
Er mag auch damit sein Testament machen, Jahr-
zeit, Gottesdienst, zierd der Kirchen, hie oder anderst-
wo, oder almosen stifften, oder seinen freunden, oder
der gemaindt deß hauses geben, nach seinem Wil-
len, als er dessen Belohnung von GOtt begert,
Doch ob er etwaß mit arbait im haus gewinne,
das soll deß hauß, unnd in gewalt deß Maisters
pleiben, auch wann einer von todtz wegen abgeht,
was dann hinder Ihm in dem hauß funden würdt
an biechern, haußrhat, Kleidung, Cleinot, gellt
oder anders, was das were, über das er verschafft
oder übergeben hat, das soll alles dem hauß blei-
ben.

Es soll auch kheiner essen, trinckhen oder Ur-
ten haben außwendig der rechten Zeit, unnd stat,
ohne erlaub deß Maisters, Er were dann kranckh
oder schwach.

Es soll auch kheiner von dem seinen sonderliche
speiß lassen kochen für sich selbs, unnd daß in dem
Refenthal essen, noch auch sonnder tranckh für
sich allda haben, sonder sich lassen geniegen mit
der gemeinen Speiß unnd tranckh deß Conuents,
wollt er aber ein Ehr unnd pitantz thun dem ge-
meinen Conuent, das mag er thun mit Urlaub
deß Maisters.

Wollt

Wollt auch einer vonn denn Laybrüedern köſt-
licher Claider haben, unnd vonn dem ſeinen be-
ſtellen von überzug unnd geſüll, das mag er thun,
doch das es gleich ſey in geſtaltt unnd farb gemei-
ner Claidungen unndt ſeinem Standt gemeß: es
ſolle auch alle Hoffart, ippigkhait unnd unſweis
vermitten pleiben dann allain ſoll darinn angeſe-
hen werden Gelegenhait unnd notturfft derſelben
Perſohn, unnd ſoll dannocht geſchehen mit wiſ-
ſen deß Maiſters.

Item es ſoll ſein ein gemeine Kiſt wohl ver-
wart an eim ſicheren ort, unnd mit vier Schloſ-
ſen verſchloſſen, darinn ligen ſoll daß gemein Si-
gel deß Stifftzbrief, freyheiten, Geltt unnd Clei-
not, der gemeindt zuegehörig, unnd darzue ſol-
len vier Schliſſel ſein, der kheiner ohn die andern
auffſchlieſſen mög, derſelben Schliſſel einen ſoll
haben der Vatter, den Andern der Maiſter, den
dritten ein Prieſter unnd den viertten ein Laybruo-
der, denen die vonn den Prieſtern unnd Laybrüe-
dern beuohlen werden.

Vom Gebett unnd Kirchgang.

Das 13. Capitel.

Item es ſollen auch alle Laybrüeder alle tag inn
der Kirchen ſein bei der Frohnmeß unnd Veſper,
ſo ferr ſie geſundt ſeindt, unnd nit durch beuelch
deß Maiſters gehinndert werden, ſo das geſche-
he, ſollen ſie doch ſonſt ein Möß hören.

Item an Feyrtägen ſollen ſie bey allen Zeiten
ſein, ohn bei der Mettin unnd Prün, deßglei-

J 5   chen

chen sollen sie sein bey der wochentlichen Vigilien
unnd Seelmeß, die gelesen unnd gesungen wirdt
für Stiffter, Brüeder unnd güeter, ainest in der
Wochen, unnd darinn sprechen, als sich gebührt
für ein Vigili, zu andern Vigilien sollen sie nit ver-
bunnden sein außgenommen die vier Vigilien in
der Frohnfasten, die gewohnlich für alle brüeder
unnd wohlthäter gelesen werden, bey denselben,
unnd auch den nachuolgenden Messen sie auch sein
und sprechen sollen, als bei den wochentlichen Vi-
gilien unnd Messen.

Item es sollen alle Laybrüeder alle Tag die Si-
ben Zeit betten für die Mettin, fünfftzehen Pa-
ter noster und so uil Ave Maria, für die Laudes
fünff Pater noster und so vihl Ave Maria, für die Ve-
sper zehen Pater noster und so vihl Ave Maria, deß-
gleichen zu der Meß zehen Pater noster unnd so viel
Ave Maria: für ein jeglich klein gezitt, nemlich
Prim, Terz, Sext, Non unnd Complet, fünff
Pater noster unnd so vihl Ave Maria unnd darzue
zu der Prim unnd Complet den Glauben.

Item für die Seel Vesper, fünff pater noster
und Ave Maria, für die Vigilien fünfftzehen Pater
noster unnd so vihl Ave Maria, unnd für die Lau-
des fünff Pater noster unnd Ave Maria.

Item es sollen alle Laybrüeder allwegen bey der
Complet unnd dem Salve Regina sein, unnd das
Weyhwasser empfahen, unnd also schweigendt
Jedtlicher in sein Zellan sein rew gohn, ußgenom-
men siechen unnd Kranckhen.

Von

Von Frid und Einträchtigkhait.

Das Vierzehend Capitel.

Item es sollen alle Brüeder, Gaistlich und layen auß Göttlicher unnd Brüederlicher Liebe miteinander freindtlichen unnd fridlich wandlen als warlich brüeder, unnd Kinder eines himmelischen Vatters, kheiner sich über den andern erheben, sonder gedenckhen, das sie alle gleich von einem ersten Vatter Adam khommen unnd ihm gleicher weis geboren werden, zu einem ewigen leben geschaffen sein durch einen Erlöser Christum JEsum unsern Herrn mit seinem hayligen Bluott unnd todt erkhaufft unnd durch ein Port des todts für das gestreng Gericht unnd urthel GOttes gehen müessen, da khein unnderschaid seyn würdt zwischen Edlen unnd Unedlen, zwischen Pfaffen unnd Layen, Reichen unnd Armen, Sonder do ein jeder Belohnung nemmen muoß nach seinen Werckhen, da würdt der arm Lazarus dem reichen nach lust lebenden Mann fürgesetzt, auch sollen sie gedenckhen, daß sie alle Knechte seyen eines herren, der die Demietigen erhöcht, unnd die hoffärtigen nidert.

Item es soll auch ihr kheiner dem andern stolze Wort geben, unnamen, fluochen, oder schelten, sonder Jedtlicher soll den andern in ehren halten unnd was einer vom andern begert, deß soll er ihne freindtlich unnd umb GOttes willen bitten.

Es

Es soll auch kheiner in deß andern Zell gehen,
auch nichts darinn handlen, oder darauß tragen,
dann mit Wissen unnd Willen deß Einwohners
der Zelle.

Es soll auch ein Jedlicher Bruoder verhüeten
nachred, belaimbdung, unnd alle Wort unnd
Werckh, auß dem Uhnwill, Zorn, Neid oder
haß, oder auch ergernuß entspringen möcht, unnd
auß menschlicher Kranckhait zween Brüeder mit-
einander zirnten unnd unains wurden, so sollen
sie nit unuersönt schlaffen gehen, sondern nach der
lehr deß Herrn vor der Sonnen Nidergang einer
von dem andern verzeyhung begeren unnd von
Hertzen verzeyhen.

Von Schweigen unnd Reden.

Das Fünfftzehend Capitel.

Es sollen sich alle Brüeder fleißiglich hietten
vor unnützen Wortten unnd allem schwehren, ir
Reden soll sein schlecht Ja Ja Nein Nein und nit
darzu sprechen Wahrlich, bey GOtt, bey mei-
ner Seel oder deßgleichen, dann alles schwehren
ohnnoth ist sünd, und verbotten, Sie sollen sie
auch verbüeten vor allen nachreden unnd zu ur-
thailen ihren Nechsten, von allen schandtbaren
Worten vor Gotzlesterung, fluochen, schellten,
spotten unnd allen leichtfertigen Wortten unnd
reden, der brüeder Red soll sein von GOtt, sei-
nem halligen leiden, von unser erlösung, von
besserung deß Lebens, von vermeidung der Sün-
den, von uebung eyner tugendt, von dem Todt,
von

von der zukhünfftigen Urthel GOttes, von der
Pein der verdambten unnd vonn seeligkheit der ge-
rechten, von dem Weeg dahin zu khommen von
dem leben unnd lehr der Hailigen, von der Pre-
dig unnd dem lesen zu tisch und dergleichen, Mann
soll auch zu allen Zeiten schweigen in der Kirchen,
es were dann etwas, das nottürfftig were, zu
dem dienst GOttes; Item vonn der Compler
unnd Salve, biß morgens die Früehmeß gesche-
hen ist, auch von dem Zaichen zu Tisch biß das
gratias gelesen würdt; Morgens unnd Abendts
soll niemandts reden, es were dann noth, zu an-
dern Zeiten unnd steten ist erlaubt nutzlich zu re-
den.

Von Eßen und Fasten.
Das Sechzehend Capitel.

Es sollen alle, Probst, Maister, Priester,
Cleric und Leybrüeder in einem Refenthal essen,
in demselben seind drei langer Tisch, einer über
zwerch unnd zween lang dem Refenthal ob der-
selben zwayen Tisch einer vor den Fennstern, der
ander dargegen über, unnd soll an dem zwerch
Tisch nechst am finster sizen der Maister, unnd
nach ihm an demselben Tisch die Edlen, so vihl
sitzen mögen unnd die überigen denselben nach an
dem andern langen tisch, an dem Tisch vor den
finstern soll oben sitzen der Vatter, unnd darnach
die Priester unnd Cleric, unnd ob an einem tisch
jemand überplibe, der schickhe sich an den andern
langen tisch, an dem Tisch vor den finstern, soll
oben

oben sitzen der Vatter unnd darnach die Prie=
unnd Cleric, unnd ob an einem tisch jemand üß
plibe, der schickhe sich an den andern.

Item mann soll jedlichen sein eigen muoß=
Suppen geben, unnd zwayen zusamen flaisch o
Visch, man möcht aber das gebraten an je=
tisch in einer Schißel lassen umbgohn, doch
man Probst und Maister jedlichen sein son=
essen geben.

Item das essen soll auff einem brett in=
Resenthal getragen, oder durch das Küchin=
ster darein geschoben, unnd von dem brett gle=
eim jedlichen tisch fürgesetzt werden, Es soll
auch die Köch gleich eim wie dem anderen ohne
fahrlich anrichten, den Obersten als dem Un=
dersten.

Item so man fleisch isst, soll man morgens=
ben ein gemieß unnd zwayerley gesotten flei=
etwan gesaltzen unnd griens, etwan gewürtzt un=
ungewürtzt, etwan ein voressen, Kalbskop=
Kreeß oder anders unnd ein grüen flaisch, darna
wie man das nach der zeit gehaben mag, auch K=
unnd Frucht nach der Zeit.

Des abendtz ein gemüeß, ein voressen von ka=
ten oder Warmen fleisch, truckhen oder in ei=
brüeh, unnd darnach ein gebratens, Kreeß ob
Frucht nach der zeit.

Item so man nit fasstet, unnd doch nit flai=
isset, Morgens ein Suppen oder gemieß, e=
gericht von Ayern, unnd ein gericht vonn Visch=
grüen oder dürr, unnd so man die nit haben möc=
ein andere Richt von Ayern.   C

So man nit faſtet, unnd doch nit flaiſch ißet,
abend ein Suppen oder gemieß, ein paar
der unnd gebaches, Keeß unnd Frucht nach der
.

tem ſo man faſtet, ſoll man geben zu mittag
gemieß, ein gericht von Ayer oder dirren
hen, herlng, Stockviſch, blateißlin ꝛc. unnd
uo grien Viſch, des Abends zur Collation
kleines ſtückhlin von Leckkhuochen, ein Nuß
gebraden biren oder Aepfer deren eins unnd
mehr, unnd darzue Trenckh, wer aber blöd
kranckh iſt dem ſoll man eſſen geben im Si-
hauß, nach Rhat ſeines beichtvatters, auch
man die obgeſchriben gericht wandlen nach
zeit unnd beſchaidt des Maiſters.

Item alle tag, ſo es zwan nachmittag geſchla-
n, ſoll man das glöckhlin im Reſenthal leuten
nd denn ſoll mann den brüedern, die da bege-
in Reſenthal eines zu trinckhen geben, deß-
lichen auch vor der Complet.

Item es ſollen auch alle Laybrüeder die gebotten
tag der Hayligen Kirchen ſtrenglich faſten,
usgenommen die blöden unnd Kranckhen, unnd
it mehr zu faſten verbunden ſein, doch die Prie-
ter unnd Cleric ſollen haltten ihr ordnung mit
aſten, wie ſie das in ihren Statuten haben.

Item denn Advent ſollen ſie alle kein flaiſch
ſen, unnd allen Mittwoch das gantze Jahr.

Item ſo morgens die Ampt unnd Abends die
Veſper inn der Kirchen vollbracht ſind, ſoll der
ter die Köch fragen, ob ſie mit dem eſſen berait
ſeyen,

ſeyen, unnd dann ſoll Er leutten ein glöcklein
darzue geordnet, darauff ſich dann alle brüeder
inn das Reſenthal ſollen verſamlen, unnd ſo ſie
alſo verſamlet ſein, oder der mehrtheil ſoll der
Vatter, oder der Elltiſt Prieſter, ob der Vatter
nit da were, ein ander glöcklein leutten, unnd
dann ſoll ein jedlicher für den Tiſch an ſein ſtat
ſtehen, unnd der Vatter mit ſeinen Prieſtern
unnd Cleric das benedicite leſen, unnd ſo das
geleſen iſt, ſoll jedlicher bruoder nach ſeiner ord-
nung ſitzen an ſeine ſtat, unnd dann ſoll der leſer
anheben zue leſen, biß zue dem end des eſſens, unnd
ſoll leſen laut unnd verſtendlich teutſche büecher
darzue geordnet auß der Bibul, die hailigen
Evangellien, von dem Leben der Hayligen, das
Alt Vatter buoch unnd andre gute lehre, wie das
der Vatter jederzeit zu nutz der brüeder ordnet,
doch ſoll am Monat eineſt die Statuten zu Tiſch
geleſen werden, Mann ſoll auch mit ſtillhait unnd
danckbarckheit die Speiß nemmen, unnd fleißig-
lich uff die Lection mercken, uff das ſo der leib
geſpeiſet würdt, uff daß die Seel nit lehr und hun-
gerig pleibe unnd ſo es Zeit iſt, Soll der Vatter
oder Maiſter, dem Leſer ein zaichen geben, daß
er ſpreche: Tu autem Domine miſerere nobis,
antworten die Brüeder Domine gratias, unnd
dann ſoll jedlicher auffſtehen ann das end, da er
geſeſſen iſt unnd ſoll einer von den Prieſtern oder
Clericen das gratias leſen, unnd darnach jedtlicher
in ſein gemach oder geſchefft gehen.

Item

Item der Keller soll Wein unnd brott zu unnd von dem Tisch tragen unnd der Beckh im darzue helffen.

Item der Stubenhaitzer soll das brett tragen unnd die andern knecht sollen die speiß vom brett auf den Tisch setzen unnd zugleich Vatter unnd Maister, unnd fürtter zu Tisch dienen, die Tisch deckhen, trinckgeschirr wäschen, jedlich ding darsetzen Wider auffheben unnd jedlicher thun dahin das gehört, nach beuelch deß Maisters unnd nachdem der Conuent geeßen hat, sollen der leser, diener unnd Koch mit einander, im Refenthal essen, unnd niemandts frembden zue ihnen ziehen.

Es soll auch kheiner von den Brüedern außwendig deß Refenthals unnd zwischen den mahlen essen oder trinckhen anderst dann wie vorstehet, ohne sonderliche erlaubung den Gaistlichen vom Vatter unnd den Laybrüedern vom Maister, ußgenommen kranckhen, oder die da wandlen wellen, oder gewandelt haben, die bederffen nit erlaubens.

Item von Ostern biß St. Michelstag soll man essen morgens zue Neunen; von St. Michels tag biß in die Fasten zu zehnen, am Freytag über Jahr zu zehn, unnd so man fastet nach den ailffen, Nachts Winter unnd Sommer zu fünffen.

Es sollen auch Probst unnd Maister ohn mercklich ursach nit uß dem Refenthal essen.

Von Gastungen.
Das Sibenzehend Capitel.

Das Hauß soll nit beschwert werden mit Ga-

K   stun-

stungen, sonder ob ein Gaistlicher geordneter Prie-
ster, Gelehrter, oder ein Graff, Frey, Ritter,
Edler, oder sonst ein erbarer Burger oder bekann-
ter käme, den Stand unnd weesen zu beschauwen
auch eines jedlichen Bruoders Freind im Jahr
einmahl zu besehen die soll der Gastmeister ehrli-
chen empfangen, das dem Maister vergunden,
unnd sie einen tag, unnd nit darüber in des Hauß
Costen, inn dem Gasthaus halten unnd versehen,
Er hette dann deß haus halben etwas da zu schaf-
fen, aber in dem beschluß des Conuents soll khein
Gast über Nacht ligen oder schlaffen, man mag
auch einen solchen einmahl oder zwey im Resenthal,
mit den Brüedern laßen essen, damit er sehen mög
die ordnung der Brüeder.

Item es soll auch kheiner von den Brüedern in
das Gasthauß zu den Gästen gehen, noch mit
ihnen essen oder trincken, dann mit deß Maisters,
oder ob sie Geistlich weren, des Vatters erlau-
ben.

Item ob ein Bruoder sein Muoter, Schwester
oder nahe Baß khäme, die soll in deß hofmanns
hauß sein bey seiner haußfrauwen, die soll ir war-
ten, dahin soll man sie mit speis unnd tranck ver-
sehen, unnd da mag der Bruoder, dem sie zuge-
hördt, mit erlaubung des Maisters, ob er ein
Lay ist, oder ist er Gaistlich, deß Vatters, mit
sampt eim Bruoder, denn ihm Vatter oder Maister
zugeben, mit ihr reden, doch nit mit ihr das mahl
essen.

Item

Item ob einer unnſer Nachkhommen , jedes
Jahrs einmal oder zway in das hauß khomen und
begern würdt ein Nacht allda zu ſein, unnd der
Brüeder Weſen zu ſehen, das ſollt ihm zugelaſſen
werden, Doch das er nit über nacht in dem beſchluß
deß Conuentz pleibe, unnd daß das geſchehe ohne
des Hauß koſten unnd ſchaden, unnd wir behaltten
unns ſelbs vor, unſer lebenlang das hauß, das
wir anfangs gebauwen, unnd zu zeiten darinn
gewohnet haben daß wir darinn ſein mögen wann
Wir wellen , doch ohne deß Stifftz ſchaden , unnd
ſo dickh Wir allda ſeind, unndt mit den Brüedern
im Conuent eſſen werden; das Wir zu Unnſerem
Willen behaltten, ſo wellen Wir das thun, ohne
deß hauß ſchaden, unnd ſo wir nit mehr ſeind,
ſoll es zu dem hauß, für ein Gaſthaus, oder ſonſt
warzue Probſt, Maiſter unnd Conuent das am
beſten bedunckht, gebraucht werden, dann wir
wellen nit, daß nach unſerm todt kheiner Unſer
Erb oder Nachkhommen Wonung oder Gerech-
tigkhait darzu haben ſollen.

Von Allmuſen geben.

Das Achtzehend Capitel.

Mann ſoll getreuwlichen Allmuoſen geben, nach
der Zeit unnd vermöglichkhait deß hauß, unnd
ſoll der Maiſter auß den Laybrüeder einen All-
müeßnern ſetzen, der nach Rhat Vaters unnd
Maiſters darüber ſein ſoll, daß das taglich All-
muoſen ordentlich geben werde, fürderlich hauß-
armen leuthen von den beyliegenden dörffern, der-

selb Allmueßner soll auch bey Koch unnd Keller,
das khein brot oder speiß zu unnutz verderb, son-
der, was überplib, uffgehebt unnd getreuwlich
den armen ußgeben werden.

Von Schlaffen unnd wachen
Das Neunzehend Capitel.

Es sollen alle Brüeder in einem Schlaffhaus
unndt ein jedlicher in seiner zell ligen, unnd khei-
ner bey dem andern, daßelb Schlaffhaus soll
nachts nach dem Salve geschlossen werden, daß
niemandts daraus noch darein mög khommen,
unnd morgens zu der Mettin, soll man das wider
auffschliessen, mann soll auch auff dem Schlaff-
haus still sein, damit kheiner denn andern an seiner
Rhuo hindere.

Auch sollen die Laybrüeder im Sommer nit über
die Fünffte, unnd im Winter nit über die Sech-
ste schlaffen, es wer dann einer zur Mettin gewe-
sen, unnd het sich darnach wider gelegt, der möcht
etwas lenger schlaffen.

Von Claidung.
Das zwaintzigst Capitel.

Item es sollen Vatter unnd Maister unnd all
Brüeder, Priester, Cleric unnd Layen versehen
werden mit Cleidung, die Geistlichen nach ihren
Statuten, die Laybrüeder mit Wammes, hosen
hembder, Schuochen, Unnder-Röckh, Beltz,
unnd allen nottürfftigen dingen, unnd darzue mit
einem blauwen OberRock lang biß uff die Schuoch
oder

oder über halben Waden einen Mantel, Kappen,
unnd hosen alles blauw, unnd soll am Obersten
Mantel uff der Brust an der linckhen Seiten ge-
stickht sein das zeichen St. Peters zween Schlis-
sel übereinander geschwenckht, unnd darauff ein
Päbstliche Crohn.

Item in der Kirchen unnd ußwendig der binen
deß hauß, soll khein Laybrüeder gehen ohn den
blauwen Mantel, sie weren dann in arbeit, daran
sie der Mantel hinderte.

Item es sollen alle Cleider erbarlich gemacht
sein, schlecht, ohnzerhauwen vornemen zu bößhait
bedeckhen, abgestelt alle üppigkhait.

Es soll auch keiner nimmer ufserhalb seiner zellen
bloß im Wammes gehen, sonder in eim langen
erbarn Cleid, unnd ober in eim gartten oder sonst
schaffen wolt daran ihn das lang kleidt hinderte,
soll er ein tuoch um sich gürtten oder einen schürlitz
anthun, damit die Schamhafftigen Stätt gantz
bedeckht seyen, ob aber ein Laybruoder ihm etwas
sonder Cleider von dem seinen bestellen wollt, das
soll geschehen, wie vorstehet, in dem Articul von
Gemeinschafft der zeitlichen gietter.

Zuo Vermeydung müeßig gehens.
Das Ain und zwaintzigst Capitel.

Item dieweil müeßig gehen ain Muotter ist des
Lasters, so soll khein Bruoder müeßig gehen, son-
der, allezeit etwatz guotz schaffen, als betten, lesen,
schreiben, büecher binden, drehen, schnitzlen,
hoblen, strickhen, garn zu bischen, zu voglen oder

hafen, Waſſer brennen, im gartten ſchaffen unnd
dergleichen warzue ein jedlicher geſchickht iſt, doch
alles mit erlaubung deß Maiſters.

Von den Aembtern zuo beſetzen.
Das zwey und zwaintzigſte Capitel.

Es ſoll der Maiſter mit Rhat deß Vatters unnd
Rhat-Brüeder ſetzen, uß denn Laybrüedern einen
Kuchenmaiſter, der vermahn unnd beſchaldt,
was man zu jedtlicher Zeit kochen ſoll, unnd ver-
ſehe, das die Ding der Kuchin zuoſtehendt, ver-
wahrt werden.

Item deßgleichen einen Ober-Keller, einen
Spaichermaiſter, Siechenmaiſter, einen Clai-
dermaiſter, einen Gaſtmaiſter, unnd einen gärt-
ner unnd Obsmaiſter unnd dergleichen, damit
die brüeder auch wiſſen mögen, wie das hauß
guot gehandelt werd, unnd dieſelben ſollen auch
dem Maiſter hilfflich ſein, auff das ihm der Laſt
nit zu ſchwehr werde.

Item es ſoll ein jedtlicher Bruoder, dem ein
Ampt beuolen würdt, daſſelb williglich annem-
men, unnd getrewlich nach heuelch deß Maiſters
verſehen unnd dem Maiſter dauon Rechnung
thun, auch ſo er von dem Maiſter deß Ampts er-
laſſen würdt, ſoll er danckhbar ſein, unnd mit
Willen abtretten.

Von Beſchlieſſung deß Hauß.
Das Drey und Zwaintzigſt Capitel.

Das hauß ſoll allwegen beſchloſſen ſein, unnd
khein

khein Bruoder auß dem Circul des Conuentz ge-
hen, weder tag noch nacht ohne urlaub, die Gaist-
lichen deß Vaters unnd die Laybrüeder deß Mai-
sters.

Item der Vatter soll nit übernacht uß sein ohne
Wissen deß Maisters, unnd seiner zwayer Rhat-
Priester, deßgleichen auch der Maister ohn Wis-
sen deß Vatters unnd der Zwayen seiner Layen
Rhat brüeder, doch so soll weder Vatter noch
Maister über fünff meilen weit von dem Hauß
ziehen ohne Wissen und Willen der vier Rhat-
brüedern, gebürt aber einer über zween Monat
uß zu sein, daß soll geschehen mit verwilligung deß
gantzen Capitels, unnd ob sich ungeuahrlich be-
gebe das Vatter oder Maister außgiengen inn
Mainung vor nacht wieder zuokhommen, unnd
doch gehindert würden, sollen sie so balld sie an-
haimsch khommen, die Ursach entdeckhen, denen
mit der Wissen sie sollten außgangen sein.

Item wer inn denn sachen deß hauß außwan-
dellt, der soll von dem hauß verzehrt werden unnd
so er wider khombt, dem Maister darumb Rech-
nung thun, unnd ihme wider geben, ob ihm et-
was überpliben were.

Item alle die da außwandlen, sollen sich zich-
tiglich unnd erbarlich bey den Leutten gehalten
in Wortten unnd Werckhen, das dauon nie-
mandts billich geergert werd.

K 4   Von

Von Kranckhen / Baden unnd Laſſen.

Das Vier und Zwainzigſt Capitel.

Es ſoll auch ſein ein Siechenhaus, darinn die
Kranckhen, die nit mit ruow der ander bequem-
lich in ihren Zellen mögen bleiben, Ihr wartung
haben, den ſoll auch der Maiſter gnunglich verſehen
unnd Wartung durch die Siechenmaiſter beſtel-
len, auch artzet, unnd artzney nach notturfft, unnd
fürderlich denen die von ihn ſelbs nit haben, und
ſoll khein zeitlich guott der geſundhait der Brüe-
der fürgeſetzt werden, Es ſoll auch niemandts zu
den Kranckhen gehen, dann Siechenmaiſter,
Scherer, unnd wer von dem Vatter oder Mai-
ſter darzue beſchaiden würdt, der deß ſonſt ur-
laub hat.

Es ſoll auch der Vatter groſſen Fleiß haben,
daß die Kranckhen zeitlich bewahrt werden mit
den hayligen Sacramenten, unnd was zu der
Seelen hail dienet, wie das in den Statuten der
Gaiſtlichen eigentlich geſchriben iſt, unnd alſo ſoll
es mit allen Brüedern gehaltten werden in kranck-
hait, ſterben, begengnuß unnd Jahrzeit.

Es ſoll auch zu ander Wartung, wann die
Kranckhait zunimbt, unnd man beſorgt ſterbens,
ein Prieſter geordnet werden, der zu- unnd ab-
gannge, unnd den Siechen-Bruoder ermahne,
der ding zu der Seligkhait dienend, unnd ge-
treuwlich verſehe, das der Kranckh nit verſombt
werde.

Item

Item es sollen auch die Laybrieder, die etwas aigens haben, vermahnt werden, Ihr Testament zu machen, das Zeitlich zu ordnen, damit nach ihrem todt khein Irrung entstande.

Item ob ein Bruoder auß Rhat des Artzts bederfft Badens im Wilbad oder anderstwo, soll man mit ihm schickhen ein fürsichtigen Bruoder, der sein wart, unnd hat der Kranckh Bruoder von dem seinen nit Zehrung, soll ihm der Maister die geben nach seiner notturfft, unnd nit zu überigem lust, dauon soll der zugeben Bruoder dem Maister Rechnung thun, derselb soll auch solche Zehrung von dem Maister empfahen unnd uß geben.

Item es soll auch sein ein Babstub mit ihr beraitschafft, die man für die Laybrüeder alle vierzehen tag, unnd für die Priester unnd Cleric alle vier Wochen einmahl wärmen soll, darinn man schamhafftiglich bedeckht, mit Kosten oder umbgegürten Diechlen baden soll, unnd sollen deß Badts warten scherer, Stubenhaisser unnd wen der Maister darzue ordnet.

Mann soll auch zue viermahlen im Jahr gemein Aderlassen haulten, umb St. Blasius tag, St. Philipp und Jacobi tag, umb St. Bartholomäus tag, unnd umb St. Martins Tag auff einen tag, den Vatter unnd Maister dazu bestimmen, unnd auf denselben tag unnd zween tag darnach, mögen die Brüeder beyeinander gemein erbare ergetzung haben, wie das in den Statuten der Priester geschriben ist, Wer aber Jemandtz

K 5   mandtz

mandts aufferhalb difen beftimbten Zeiten noth zu
laffen, das foll gefchehen mit Urlaub deß Vatters,
eim Gaiftlichen, unnd vom Maifter aim Laybrue-
der, unnd dann werden gehaltten, wie in der
Priefter Statuten gefchriben ftehet.

Von Straffen der Ubertretter.

Das Fünff unnd Zwaintzigft Capitul.

Es foll der Maifter gantz Macht haben zu ftraf-
fen die Laybrieder, unnd auch das gefundt mit
befchaidenhait, nachdem die Ubertrettung erfor-
dert von empfehlnuß unnd mit Rhat deß Probfts,
als mit abbrechen des Weinns oder der Speiß,
mit faften, oder mit ander Vermeidung oder Ke-
ftigung deß Leibs, unnd ob die gröffe der Mißge-
that erfordert mit dem Kerckher, doch mit Rhat
der Rhatgeben, deßgleichen der Vatter thun foll
mit feinen Gaiftlichen brüedern, darzuo ihm der
Maifter, ob deß noth were helffen foll, unnd mö-
gen beede Vatter unnd Maifter anweifung nem-
men auß den Statuten der Priefter in dem Ca-
pitel von underfchied der Ubertrettung.

Vonn Vifitierung.

Das Sechs und Zwaintzigft Capitel

Item es folle alle Jahr das hauß on den Probft,
den Maifter unnd alle glieder, gaiftlich unnd
laybrüeder, zu einer beftimbten gelegnen Zeit vi-
fitieret werden, die Vifitierer follen fein zwen Vät-
ter deß gemeinen Capitels, die daffelb Capitel ge-
ordnet

ordnet hat zuo visitieren, gemeinlich alle Stifft
unnd heuser, Laupriester in gemein habende in Oe
ber Teutschen Landen veraingt, dieselben zwen
sollen insonderhait alle unndt jedtliche brüeder und
glider dises Stiffts unnd hauß verhören unnd er-
khennen den standt, gebrechen unnd fürgang deß
hauß unnd der Persohnen in Gaistlicher Zucht
unnd außwendiger üebung in halttung der obge-
schribnen gesätz, unnd sollen bekantnuß der Per-
sohnen haimlich bei ihnen behallten, nit zu mell-
den, die Persohnen, was ein jedtlicher bekannt
hab, aber die gebrechen sollen sie, so uihl noht
ist, im Capitel öffnen, nach Ordnung unnd auß-
weisung der Statuten der Priester in dem Capi-
tel von der Visitierung.

Item sie sollen hören Rechnung deß Maisters
außgab unnd Einnemmen, damit sie wissen mö-
gen, denn stannd deß hauß unnd was sie erkhen-
nen, sollen sie haimlich bei ihnen behaltten, unnd
kheinen außwendig deß hauß öffnen, es tring dan
noth deß hauß darzue oder gebott deß Rechten.

Item sie sollen alle gebrechen, die sie finden straf-
fen unnd alle Unordnung wider zu rechter Ord-
nung bringen an Vatter, Maister, Amptbrüe-
dern unnd gemeinen Brüedern.

Es soll auch der Vatter im Capitul bitten umb
erlassung deß Ampts, unnd sein schlissel den Vi-
sitierern übergeben.

Deßgleichen auch der Maister thun soll, so das
geschicht, mögen die Visitierer mit Rhat der Ca-
pitel-

pitelßbrüeder, die zu wehlen haben, Vatter unnd
Maiſter erlaſſen ihres Amptz unnd ein tag ſetzen
andere zue wehlen, oder mögen ſie ihren Aemp-
ter lenger laſſen, unnd ihnen die wider beſtehen,
deßgleichen mögen ſie in andern Aemptern mit
Rhat Probſts unnd Maiſters auch thun.

Von dem Geſündt.

Das Siben und Zwaintzigſt Capitel.

Es ſoll auch der Maiſter mit Rhat unnd Wil-
len deß Vatters, Knecht dingen, die dem hauß
gemeinlich dienen, einen Schaffner oder bey-
reutter, der alle güllt an Geltt, Korn, Wein,
unnd anderen, was das hauß fallen hat, ein-
bringen, unnd dem Maiſter in ſeinen Gewallt,
unnd nach ſeinem beſchaid in Caſten unnd Keller
getreuwlich antworten, unnd wo ſie den in unn-
ſer herrſchafft bekhommen mögen, der ſo ihn von
der herrſchafft zugelaſſen, unnd ſeines leibs unnd
anderer Ampter unnd geſchefft halb, ob er die hett,
daran nit verhindert werden, es wer dann ein
unuerrechneter Amptmann, oder ſonnſt unns o-
der andern ſchuldig, dauon ſollt er ſich vor ent-
ledigen.

Item einen Keller, der Brott, Wein, tranckh
unnd obß, unnd was dem Keller zuſtehet, ver-
wahren ſoll.

Item ein Beckhen, der brott bachen, unnd
das dem Keller fürther antworten ſoll.

Item zwen Köch, unnd einenn Kuchlnkna-
ben.

Item

Item einen Schneider, der bettgewandt unndt was zu der Klaidung gehört, bewahren soll.

Item einen Scherer, der den brüedern alle acht tag scher, unnd auch der Krancßhen unnd des badß wahrte.

Item einen Portner, der uff unnd zuschleißt die Port deß Conventz unnd niemandts auß oder einleß, dann nach beschaid deß Vaters oder deß Maisters.

Item einen Stubenhaißer, der auch den Conuent unnd Refenthal theren unnd sauberen solle.

Alle dise Knecht sollen stehen in Gehorsam deß Maisters zu thun unnd zu lassen, was in der Maister beuihlet, getreuwlich, unnd ohn Widerred, doch so mag der Maister mit Rhat unnd Willen Probsts unnd Rhatbrüeder das obgeschriben gesinnd, auch ihr Ampt wandlen, mehren, mindern unnd ordnen, nach der Zeit unnd lauff der zufäll zu nutz unnd fürgang deß hauß.

Item die obgeschribnen Knecht sollen ihr Wohnung unnd zellen haben im Conuent unnd zu rechter zeit auß und eingehen, das man mit ihnen nit darff bei nacht auff unnd zuschliessen.

Item außwendig des Conuents soll der Meister, Knecht unnd gesünd mit Rhat, als vor, wie das notturfft deß bauwes und deß Vichs zu jedtlicher zeit haischen würdt unnd erfordern, bestellen.

Item wollt einer uß den Layenbrüedern einen aignen Knecht für sich selbs haben, der im handt-

rai-

raichung unnd wartung thet, unnd bei im in sei
ner zellen wer, das soll ihm zugelassen werden
doch also das er desselben Knechts Cost bezahlt
also daß das hauß deß kheinen Schaden habe
unnd wer unnder den Edlen ein Graff oder Frey
herr, der zwayer Knecht begert, sollen im auch
zugelassen werden, ohne schaden deß hauß, wie
vorsteht, doch soll derselben knecht kheiner sein
unnder fünff unnd Zwantzig Jahren, unnd so
einer auß selben Knechten eines bösen leimbden
wer, oder ein sonder Kranckhait hett, unnd der
solcher oder ander sachen halb der gemein unträg
lich wer, dem soll sein herr zubegerung deß Mai
sters urlaub geben, unnd mag einen andern uff
nemmen wie vor.

Item alle weltliche Knecht, sie seyen der ge
mein, oder eines Bruoders besonder, sollen ha
ben erbare Claider, die sie vornnen unnd hinden
wohl bedeckhen, unnd nimmer bloß in ihren Wam
messen vor den brüedern gehen, sie weren dann
in etwas arbait, die sie in solchen Claidern nit
volbringen khondten.

Item sie sollen auch alle dem Maister geloben
dem hauß getrew zu sein unnd nichts zu thun da
uon das haus unnd auch die Brüeder möchten
zu sondern schanden, laster oder bösem leimbden
khommen.

Von Statthaltten Vatters unnd Maisters.

Das Acht unnd Zwaintzigst Capitel.

Item dieweil Vatter und Maister nit allweg
inn

nn dem Hauß mögen seyn, soll der Vatter setzen
einen Statthalter, denn man nennt Vice-Re-
ctor, mit Verwillung des Maisters, seiner gaist-
lichen brüeder, unnd der zway Layenbrüedern,
der in gemeinen sachen den Vatter in seinem Ab-
wesen versehe, unnd seinen gewallt habe, deßglei-
chen soll der Maister einen Statthaltter setzen, uß
einen Edlen brüedern mit Verwilligung des
Vatters, unnd der Rhatbrüeder, der in seinem
abwesen ihn in täglichen Sachen verdrette unnd
einen Gewallt hab, damit das hauß nimmer ohn
haupter unnd Regierer sey.

Von Statuten zu corrigiren und we-
senlich Hauptstuckhen nit zu endern.

Das Neun und zwaintzigst Capitel.

Dise hieuor geschribne Articul unnd was in der
Päbstlichen Bullen deshalb erlangt, begriffen,
unnd mit claren Wortten darinn ausgetruckht
ist, ist die mainung diser unnser Stifftung, unnd
wellen das nach der unnser mainung gleichnus
die Statuten des gemeinen Capitels, die gemacht
sind, oder für gemacht gemeß ist und gesetzt wor-
den, doch mit behaltnuß demselben gemein Ca-
pitel, das sie solch Statuten mögen corrigiren,
bessern, mehren und mindern nach Zufall der
sachen, und leuffen der Zeit, doch das die brüe-
der nit weitter beschwert werden, und die Sub-
stanz fürnemmen unnd Hauptstückh dieser Stiff-
tung unnd das end unser mainung, als auch in
dem beschluß der Päbstlichen Bullen vorgenannt,

ge-

gebotten iſt, plib, unnd in kheinen Weeg geen-
dert werd, deßgleichen hat der Probſt, als das
haupt, macht, dieſelben Statuten, die nit an-
treffen die Subſtanz unnd hauptſtuckh diſer bruo-
derſchafft, gegen ſonderlichen brüedern zu mill-
tern, unnd mit ihnen diſpenſieren, wann das je
noth und redlich urſach haiſcht, und erfordert,
und Wir behaltten Unns ſelbſten vor, weil Wir
leben, das Wir diſer Unnſer mainung ſolch vor-
geſchriben enderung thun mögen, doch mit Rhat
unnd Verwilligung Probſts, Maiſters unnd Ca-
pitels diſes Unſers Stiffts.

Von Schirm und Handhabung diſer Stifftung.

Das Dreißigſt Capitel.

Unnd wellen Wür, unnd behalten Unns vor,
daß diſer vorgemeltter ſtifft, mit aller gerechtig-
khait zu ewigen zeiten in Unſern, unnd nach Unns
in der Herrſchafft Würtemberg, welche dann
Tübingen innhaben werden, ſchirm ſein, unnd
khein andern ſchirm haben oder annemmen
ſollen.

Item inſonderhait wellen Wir, das vorgeſchri-
ben articul unnſer mainung, noch auch die Sta-
tuten, die gemacht ſeind oder gemacht werden,
keinen Bruoder zu ſünden verbünden ſollen, ſon-
der zu zeitlicher ſtraff, wie das in denn Statuten
der Prieſter eldrlich begriffen iſt.

Unnd damit diſe Stifftung deſto formlicher und
nach Ordnung der Recht mecht geſchehen, unnd
deſto

desto bestendiger plibe, haben Wir den Ehrwür-
digen in GOtt Vatter, Unnsern lieben Herrn
unndt sondern Freundt, Herrn Thomam, Bi-
schoff zu Costantz & cætera in deß Bistumb das
hauß unnd diser Stifft ist gelegen, fleißiglich er-
betten, auch zue disen Unnserm fürnemen zu khom-
men, diß fürgemellt Päpstlich Bull, auch die
Stifftung, dotierung unnd begabung mit sambt
der Kayserlichen besteetigung zu sehen unnd zu
hören, auch zu erkhennen ob dise Stifftung unnd
dotierung nach laut derselben Bull gnüeglich ge-
schehen, unnd der Bullen damit gelebt sey, auch
ein neuwe Pfarr auffzurichten unnd darin zu thun,
so uil seiner lieb gebührt, als auch sein lieb gethan
hat.

Und dieweil Wir dise Stifftung fürge-
nommen haben GOtt dem Allmächtigen zu Lob,
Unnser, Unser Vordern und Nachkhommen
Seelen zu trost, auch zu uffenthalt nutz unnd
guot dem gemeinen Adel Im Landt zu Schwa-
ben, Unnsern Stätten unnd den Unnsern, so
bitten Wir allermeniglich in dem Circul deß
Landtz zu Schwaben disen Stifft St. Peters
unnd auch Probst, Maister unnd Conuent
diß hauß an ihren gültten, güettern, unnd den
ihren kheinerlay beschwehrung, Irrung oder ein-
trag zu thun, sonder ob in sonst von jemandts,
wer der were, Irrung oder eintrag geschehe,
oder zugefiegt werden wollt, darvor zu sein, unnd
sie mit getreuwer hilff zu schirmen, unnd vor
Schaden zu uerhüetten, nach jedlichs besten ver-
mögen,

mögen, daran würdt dem Allmächtigen GOtt
Ehr bewiesen, dem Adel im Land zu Schwaben,
unnd unnsern Stätten unnd underthanen nutze,
deß sie auch in ewigkhait belohnt werden.

Unnd diser Unnser Stifftung zu beuestigung,
unnd ewiger gedechtnus, haben Wir Unnser Inn-
sigel Wissendtlich für Uns, Unsere Erben unnd
Nachkhommen hieran thuon hencken, unnd Wür
Barbara, geborne Marggrävin von Mantua,
Gräfin zu Württemberg unnd zue Mümppel-
gardt ꝛc. Bekhennen als Mitstiffterin offentlich,
das der vorgenannt unnser hertzlieber herr unnd
gemahl, diß haylig unnd löblich fürnemmen,
unnd stifftung mit unnserm Gunst, Wißen unnd
Willen gethan hat, unnd Wir gereden unnd ver-
sprechen darwider nimmer zuo reden oder zu thun,
deßhalb das in unser Widumb gehört hat,
wie vorstehet, noch sonst, noch deß zuo thun
schaffen in kheinen Weeg, unnd haben deß zu Ur-
khundt Unnser Innsigel zu seiner Lieb Insigel auch
thun henckhen, bey allen disen dingen, unnd hand-
lungen seind gewesen, unnd insonderhait zu gezeu-
gen darzue erfordert unnd gebeten die Ehrwürdi-
gen, Wohlgebornen, Edlen, Ehrsamen, Stren-
gen, unnd Vesten unnser lieb andechtig Oheimen,
getreuwen unnd besondern Nemblich Herr Jerg
Abbt zu Zwifaltten, unndt Herr Bernhardt Abbt
zu Bebenhausen, Bat Graff zu Stolberg unnd
Weringerod, Albrecht Graf zu Hohenloe unnd
zu Zigenheim, Thumbherr zu Straßburg, Sig-
mund Herr zu Falckhenstain. D. Heinrich Nidt-
hard

hard Cuſtor unnd Thumbherr zu Coſtnitz
Pfarrer zu Ulm, M. Reinhardt Simer Licentiat,
unnd Herr Hans Conrad von Bodman Thumb-
herrn zu Coſtantz, D. Johann Vergenhannß
Probſt zu Tübingen, Ludwig von Helmsdorff,
Georg vonn Ehingen unnd Wilhelm von
Wernauw hofmaiſter, alle drey Ritter, Balt-
thaſer von Brandeckh hofmaiſter/ M. Martin
Brenninger beder Rechten Doctor, M. Gregori
Lamparter, Doctor, Caſper von Landenberg,
Burckhard Schenckh von Caſtel, Bero von
Hürnhaim Haußuogt, Conrad Thumb von
Neuwburg, unnd ſonſt vihl anderer erbarer leuth
gnug. Beſchehen unnd geben in dem obgenanten
Unſerm hauß im Schonbuoch der Einſidel genant,
Nach der Geburt Chriſti unnſers herrn, als man
zahlt, Vierzehenhundert Neuntzig unnd zway
Jahr, Kayſerthumbs des allerdurchlauchtigſten
unnd Großmächtigſten Fürſten unnd Herrn,
Herrn Friderichs des dritten Kayſers des Na-
mens, ſeiner Käy: Regierung jm ain unnd vier-
tzigſten Jahr, In der Zehenden Romiſchen zinnß-
zahl, zu latein Indictio genannt.

Num. 26. b

Pabſts Innocentii VIII. Confirmation
der Stifftung des Cloſters zum Einſidel
im Schonbuch
deAn. 1492. (1)

Innocentius Epiſcopus, Servus Servorum Dei ad
        L 2   per-

(1) Aus einem gedruckten Exemplar.

perpetuam rei memoriam. In fupremo Sacri
Apoftolatus culmine, meritis quanquam impatibus,
divina difpofitione conftituti, circa ea noftræ medi-
tationis aciem libenter convertimus, per quæ noftræ
provifionis auxilio Ecclefiarum & aliorum piorum
locorum numerus ubilibet multiplicetur, in qui-
bus Miniftri Ecclefiaftici vitam communem ac Deo
acceptam ducentes, divinas laudes altiffimo con-
tinue devoteque perfolvant, divinisque bene pla-
cidis fincerisque animis fe adoptent, illas fpecia-
libus favoribus & gratiis Apoftolicis profequendo
præcipue dum Catholicorum Principum id expo-
fcit devotio, ac pro divini cultus incremento &
animarum falute confpicimus in Domino falubri-
ter expedire. Sane pro parte dilecti filii Nobilis
viri Eberherdi Senioris Comitis & Dilectæ in Chri-
fto filiæ, Nobilis mulieris Barbaræ de Gonzaga e-
jus Conthoralis, Comitiffæ Wirttembergenfis &
Montispeligardi, nobis nuper exhibita petitio con-
tinebat, quod ipfe Comes, qui alias fervore devo-
tionis accenfus, fuperioribus temporibus Parochia-
lem Ecclefiam Sancti Amandi in Oppido Urach,
Conftantienfis Diocœfis, ac plures alias Eccle-
fias & Capellas in terris ejus temporali Dominio
fubjectis, confiftentes, Apoftolica autoritate, Col-
legiatas Ecclefias cum Domibus Canonicorum &
Clericorum fecularium, in communi viventium
Alemanniæ fuperioris uniri ac generali earum Ca-
pitulo fubjici procuravit, ac dicta Barbara animad-
vertentes Canonicos & Clericos hujusmodi in eo-
rum ftatu, veluti fub facili quodam & fuavi jugo
devote

devote & laudabiliter divina & alia ejus incumben-
tia officia peragere, adeo ut ex eorum honesta &
exemplari vita fidelibus aliis bene & religiose vi-
vendi præbeant incitamenta, quodque, si aliqua
Ecclesia, cum Domibus & habitationibus ac offi-
cinis necessariis in aliquo suorum Dominiorum lo-
co ad hoc apto & congruo fundaretur & erigere-
tur, in qua cum Canonicis & Clericis secularibus
in communi viventibus, etiam Laici, tam nobi-
-les, quam plebeji Virtutum Domino famulari cu-
pientes, rigorem tamen approbatarum religionum
ferre nequeuntes sub suavi divinorum præceptorum
observatione, humanis postpositis vanitatibus,
quiete vivere & divinæ Majestati absque impedi-
-mento servire possent, profecto id ad divini no-
minis laudem & exaltationem ac divini cultus aug-
mentum & animarum salutem non parum cederet,
quapropter Comes & Comitissa præfati summe
opere desiderant, ad laudem & gloriam Omnipo-
tentis Dei ejusque gloriosissimæ Genetricis, Virgi-
nis Mariæ, totiusque cœlestis Curiæ, circa & pro-
pe domum silvestrem ejusdem Comitis apud He-
remitam nuncupatum, sitam infra metas Parochii
Parochialis Ecclesiæ, Villæ, Weil in Schonbuoch,
Constantiensis Diocœsis, Provinciæ Moguntinen-
sis, Monasterio Bebenhausen, Cisterciensis ordinis
ejusdem Diocœsis unite, annexe & incorporate
unam Ecclesiam sub titulo Beati Petri Apostolorum
Principis, quem idem Comes in speciali Veneratio-
ne habet, cum Domibus, habitationibus & of-
ficinis necessariis ex bonis à Domino sibi collatis de

novo fundare, conftruere & dotare, ac in colle-
giatam Ecclefiam, adinftar aliarum Ecclefiarum &
domorum predictarum erigi, in qua fint Præpo-
fitus, ut Caput & duodecim Canonici Secula-
res in unum viventes, tanquam membra fecundum
numerum Chrifti & Apoftolorum ejus, & trede-
cim fratres feu Converfi Laici, de nobili five mi-
litari genere legitime procreati, quorum unus fit
Magifter & Adminiftrator temporalium, & duo-
decim alii fratres, five Converfi, etiam Laici, ple-
bei, qui omnes etiam fint membra Ecclefiæ ac Do-
mus hujus, ac fi cum Præpofito & Canonicis il-
lius Capitulum conftituant & repræfentent. Hos i-
gitur qui dudum id alias voluimus, quod petentes
beneficia Ecclefiaftica aliis uniri tenentur exprime-
re verum annuum valorem fecundum communem
exiftimationem tam beneficii uniendi, quam illius
cui uniri peteretur, alioquin unio non valeret, &
femper in Unionibus fieret commiffio ad partes vo-
catis, quorum intereffet, pium & laudabile pro-
pofitum Comitis & Comitiffæ prædictorum pluri-
mum in Domino comendantes, eosque à qui-
buscunque excommunicationis, fufpenfionis &
interdicti, ac aliis Ecclefiafticis Sentenfils, Cen-
furis & pœnis à Jure vel ab homine quavis occa-
fione vel caufa latis, fi quibus quomodolibet in-
notati exiftunt, ad effectum præfentium duntaxat
confequendum, harum ferie abfolventes & abfo-
lutos fore cenfentes : nec non tam erectarum,
quam erigendæ Collegiatarum hujusmodi fructu-
um, reddituum & proventuum veros annuos va-
lores

Iores præfentibus pro expreffis habentes, ipforum
Comitis & Comitiffæ in hac parte fupplicationi-
bus inclinati in eventum, quo in loco præfata
Structura dictæ Ecclefiæ five domus cæpta & de bo-
nis dicti Comitis fufficienter dotata fuerit, ex nunc
prout ex tunc, & ex tunc prout ex nunc in Colle-
giatam Ecclefiam Canonicorum & Clericorum fe-
cularium in communi viventium fub invocatione
beati Petri Apoftolorum Principis cum Collegia-
libus infigniis ad inftar aliarum Ecclefiarum præ-
dictarum, in qua Præpofitus tanquam Pater & ca-
put & duodecim Canonici in communi viventes,
tanquam membra fecundum numerum Chrifti &
Apoftolorum ejus, ac tredecim fratres feu con-
verfi Laici ex nobili feu militari genere legitime
procreati, quorum unus fit Magifter & adminiftra-
tor Temporalium & alii duodecim fratres five Con-
verfi & laici & plebeji effe debeant, qui omnes &
finguli fint membra ejusdem Ecclefiæ una cum Præ-
pofito & Canonicis prædictis, unum & idem Ca-
pitulum Ecclefiæ ac domus hujusmodi conftituen-
tes & repræfentantes, auctoritate Apoftolica te-
nore præfentium ad laudem & gloriam omnipo-
tentis Dei ejusque gloriofiffimæ Genetricis Virgi-
nis Mariæ totiusque cœleftis Curiæ absque mona-
fterii & Parochialis Ecclefiæ prædictorum & cujus-
cunque alterius præjudicio erigimus & inftituimus
ac Ecclefiam & Domum nec non Præpofitum Ca-
nonicorum & fratres feu Converfos prædictos ac
fingulas perfonas Ecclefiæ five Domus hujusmodi,
qui pro tempore fuerint, fub ejusdem beati Petri
L 4   & no-

& noſtra ac Sedis Apoſtolicæ perpetua protectione
citra tamen exemptionem aliquam ſuſcipimus,& ni-
hilominus Eccleſiam & Domum hujusmodi in e-
ventum præmiſſum ſimiliter ex nunc prout ex tunc
& è converſo aliis Eccleſiis Collegiatis &Domibus
Canonicorum, & Clericorum Secularium in com-
muni viventium Alemanniæ Superioris eadem au-
ctoritate perpetuo unimus, adjungimus & appli-
camus, titulo ipſius permanente, atque illarum ge-
nerali Capitulo ſubjicimus, prout illæ inter ſe uni-
tæ & eidem generali Capitulo ſubjectæ cenſentur.
Nec non omnia & ſingula Privilegia, Conceſſio-
nes, Indulta, Ordinationes atque Statuta, præ-
dictis Eccleſiis Alemanniæ ſuperioris Apoſtolica
vel alia quavis auctoritate conceſſa & facta, ac Ju-
risdictionem, quam quilibet Præpoſitus dictarum
Eccleſiarum auctoritate Apoſtolica prædicta habet,
in Canonicos, Presbyteros & Clericos fugitivos
ab eisdem recedentes eadem auctoritate ad Eccle-
ſiam & Domum hujusmodi extendimus & amplia-
mus, itaque Præpoſitus erigendæ Eccleſiæ Sancti
Petri hujusmodi eandem Jurisdictionem exercere
valeat & in fratres & converſos Laicos prædictos,
ſi eos recedere contingat: & inſuper eadem aucto-
ritate ſtatuimus & ordinamus quod prædicti fratres
ſeu Converſi Laici nominentur fratres Sancti Petri,
& in tales fratres recipiendi ſint qualificati & ſic re-
cepti veſtitu utantur atque ligentur & obligentur
ſecundum diſpoſitionem Statutorum ſeu Ordina-
tionum per generale Capitulum predictum facien-
dorum, à mente tamen dictorum fundamentorum
non

non deviantium, Ita etiam quod tales fratres seu
Conversi Laici in signum devotionis, quam dicti
fundatores ad sacram dicti Sancti Petri sedem Apo-
stolicam gerunt, deferant in sinistro supremi eorum
habitus, seu Vestimenti latere Insignia sanctæ Ro-
manæ Ecclesiæ, videlicet transversales cum Corona
seu infula Papali superposita & post tempus eorum
probationis in manibus Præpositi voto solenni pro-
mittere teneantur, perpetuam stabilitatem, Casti-
tatem & obedientiam, tam generali prædictarum
Ecclesiarum Capitulo, quam Præposito, Magistro
& Capitulo ejusdem Ecclesiæ Sancti Petri secun-
dum tenorem & mentem Statutorum ejusdem Ge-
neralis Capituli eos concernentium, & quod Unio-
nem Collegiatarum Ecclesiarum ac Domorum Ca-
nonicorum & Clericorum Secularium in commu-
ni viventium Superioris Alemanniæ hujusmodi
Apostolica auctoritate factam pro viribus manu
tenebunt, protegent & tuebuntur : & ut Præpo-
situs & Canonici dictæ Ecclesiæ Sancti Petri qui
pro tempore fuerint, divinis obsequiis ac spiritua-
libus exercitiis eo quietius devotiusque insistere
possint, quo exterius & temporalibus negotiis mi-
nus occupati fuerint, quod ex fratribus seu Con-
versis Laicis Nobilibus sive Militaribus prædictis
eligatur unus, qui nominetur Magister, cujus of-
ficium sit, ut cum consilio Præpositi recipiat ac
dispenset omnes & singulos fructus, redditus &
proventus aliaque bona Ecclesiæ ac Domus San-
cti Petri hujusmodi, provideatque ejusdem Eccle-
siæ sive Domui, ac illius Præposito, Canonicis &

Per-

Perſonis ac Servitoribus de Victu, veſtitu & aliis
neceſſariis, nec non corrigat de conſilio & com-
miſſione dicti Praepoſiti, fratres ſive converſos
Laicos, & famulos transgredientes, aliaque faciat
ad exteriorum & temporalium hujusmodi Eccle-
ſiae adminiſtrationem & fratrum ſive Converſorum
Laicorum atque famulorum bonum regimen per-
tinentia, non tamen contra formam Statutorum
& ordinationum per generale Capitulum hujusmo-
di faciendorum. Quoque numerus Canonicorum
& fratrum ſive Laicorum Converſorum hujusmo-
di pro qualitate temporum & reddituum ipſius Ec-
cleſiae ſive Domus augeri, non autem minui poſ-
ſit, niſi ultra tot perſonae quae ſe eidem Eccleſiae
dedicare vellent, non numerarentur, vel, quod
abſit, ſucceſſu temporis ipſa Eccleſia in bonis tem-
poralibus adeo deficeret, quod ex ipſius redditibus
tot perſonae ſuſtentari non poſſent. Hanc vero
fundationem & dotationem eidem Comiti in re-
miſſionem peccatorum ſuorum & ſatisfactionem &
reſtitutionem, ſi ad aliquam teneretur, faciendam,
ubi certus non eſſet de his perſonis quibus talis
ſatisfactio ſeu reſtitutio facienda foret Rurſus Ca-
nonicis ejusdem Eccleſiae ſive Domus Sancti Pe-
tri, qui pro tempore fuerint, in horas Ca-
nonicas & alia divina officia ſecundum ritum &
uſum Eccleſiae Moguntinenſis qui loci Metropolis
edicere & decantare valeant, & ad alium uſum vel
ritum ſuper hoc obſervandum minime teneantur,
nec ad id à quoquam inviti compelli poſſint auctо-
ritate praedicta indulgemus. Statuimus praeterea &
etiam

etiam ordinamus, quod deinceps perpetuis futuris
temporibus Ecclesia S. Petri prædicta teneatur &
inhabiretur ac regatur & gubernetur per Præpositum, Canonicos & fratres, sive Conversos Laicos
secundum institutionem, Statuta & Ordinationes
generalis Capituli, prout unumquemque eorum
concernant, vivant, devoteque Domino serviant.
Nec Ecclesia seu domus hujusmodi quavis auctoritate unquam in alium statum mutetur, districtius
inhibentes sub excommunicationis latæ summa
pœna, ne quisquam publice vel occulte, directe
vel indirecte quovis quæsito colore vel ingenio laboret in destructionem Status Ecclesiæ Domus Sancti Petri hujusmodi aut bonorum ejus, aut in ejus
mutationem in aliquam religionem vel statum
alium, nec id procuranti præbeat auxilium, consilium vel favorem : & si Præpositus, Canonici &
fratres sive Conversi Laici Ecclesiæ ac Domus Sancti Petri hujusmodi ab observantia eorum status &
statutorum caderent aut declinarent, nec admonitionem Visitatorum Generalis Capituli pro tempore se
emendarent & corrigerent, in huiusmodi eventum
Venerabilibus Fratribus nostris Constantiensis &
Augustensis Episcopis ac dilecto Filio Abbati
Monasterii Sancti Jacobi extra Muros Moguntinenses, nec non Præposito Ecclesiæ Sanctorum
Georgii & Martini Oppidi Tubingensis, Constantiensis Diocœsis per Apostolica scripta mandamus,
ut ipsi, vel duo aut unus eorum per se vel alium,
seu alios Ecclesiam Sancti Petri prædicti illius quoad
Præpositum, Magistrum, Canonicos, Clericos
ac

ac Fratres seu Converfos Laicos vifitent, & refor-
ment, ipfosque ad debitam obfervantiam eorum
ftatus & ftatutorum per Cenfuram Ecclefiafticam
& alia juris remedia appellatione poftpofita redu-
cant, Induratos vero, rebelles & incorrigibiles
expellant & alios fecundum ordinationes & Statuta
Generalis Capituli ac intentionem fundatoris vivere
volentes ibidem inducant & inductos defendant,
invocando ad hoc, fi opus fuerit, auxilio brachii
fecularis, volumus præterea atque concedimus,
quod in aliquo aperto & honefto loco illius loci,
ubi Ecclefia & domus præfatæ conftruendæ funt,
poftquam ftructura alicujus eorum cœpta & dotatio
facta fuerit, Miffæ & alia divina officia fuper Altari
portatili celebrari, ac per Præpofitum & Canoni-
cos divina officia perfolvi poffint, donec Ecclefia
fuerit in fuis ftructuris & ædificiis neceffariis per-
fecta, non obftantibus Conftitutionibus & ordina-
tionibus Apoftolicis ac ftatutis & Confuetudinibus
Ecclefiarum & Capituli generalis prædictorum Ju-
ramento confirmatione Apoftolica vel quavis alia
firmitate roboratis contrariis quibuscunque, aut fi
aliquibus communiter vel divifim à fede præfata
indultum exiftat, quod interdici, fufpendi vel ex-
communicari non poffint per literas Apoftolicas
non facientes plenam & expreffam ac de verbo ad
verbum de indulto huiusmodi mentionem. Nul-
li ergo omnino hominum liceat hanc paginam no-
ftræ abfolutionis, Erectionis, Inftructionis, fuf-
ceptionis, unionis, adjunctionis, applicationis,
fubjectionis, intentionis, amplificationis, Statu-
ti,

ti, Ordinationis infringere, vel ei aufu temerario
contraire: fi quis autem hoc attentare præfumpferit,
indignationem Omnipotentis Dei ac Beatorum Pe-
tri & Pauli Apoftolorum ejús fe noverit incurfu-
rum. Datum Romæ apud Sanctum Petrum Anno
Incarnationis Dominicæ Milleſimo quadringente-
fimo nonageſimo ſecundo, Quarto Nonas Junii,
Pontificatus noftri Anno Octavo.

§.
Des Biſchoffs von Coſtantz Vertrag
mit diſem Stifft lautet alſo:

THomas Dei & Apoftolicæ fedis Gratia Epiſco-
pus & Præpoſitus Conftantienſis, univerſis &
ſingulis præfentibus & poſteris has literas lecturis,
ſeu legi audituris, fit manifeftum, quod pro ſalute
populi Chriftiani, cujus nobis, meritis licet inſuf-
ficientibus, ex alto cura commiſſa eſt, noftros,
prout tenemur, diffundentes mentis cogitatus ea
libenter exquirimus, per quæ fidelium mentes per
opera pietatis & miſericordiæ cœleſtis Regni præ-
mia valeant feliciter adipiſci, ac Religio Chriftia-
na ubilibet dilatetur, fidesque Catholica firmiter
ac inconcuſſe à cunctis Chrifti fidelibus devote ob-
ſervetur, ac fortius indies invaleſcat. Sane pro
parte Illuftris ac excelſi Domini Domini Eberhardi
Comitis Wirtembergenſis ac Montispeligardi Se-
nioris, nec non Venerabilis Nobilis ſincere devoti
Magiftri Gabrielis Byel, ſacræ Theologiæ Licenti-
ati, Præpoſiti Eccleſiæ Colligiatæ Sancti Petri in
Schonbuch, Canonicorum & Clericorum ſecula-
rium

rium in communi viventium noſtræ Conſtantien-
ſis diœceſis expoſitum nobis fuit, quod cum alias
recolendæ memoriæ Innocentius Papa Octavus ad
humilem ſupplicationis ejusdem Domini Comitis
inſtantiam prope domum ſilveſtrem præfati Domi-
ni Comitis apud Heremitam nuncupatam, ſitam
in Sylva Schonbuoch noſtræ Conſtantienſis diœce-
ſis ſub titulo Sancti Petri Principis Apoſtolorum,
auctoritate Apoſtolica erexerit ac inſtituerit, præ-
dictam Eccleſiam Collegiatam Canonicorum &
Clericorum Secularium in communi viventium
Alemanniæ ſuperioris per præfatum Dominum Co-
mitem, & de illius bonis fundatam ac ſufficienter
dotatam, quam nos poſtea erexerimus etiam in
Parochialem, ipſius curam Præpoſitoillius pro tem-
pore committentes, prout hæc & alia in literis
Apoſtolicis ac noſtris deſuper confectis latius conti-
nentur, deſiderent idem Dominus Comes, ut &
tanquam Patronus & fundator ac Præpoſitus prædi-
ctus ad conſulendum, quantum fieri poſſit, qui
etiam perſonarum dictæ Eccleſiæ nobiſcum de cer-
ta ſumma ſingulis annis nobis & ſucceſſoribus no-
ſtris loco primorum fructuum ſolvenda aliiſque Ju-
ribus Epiſcopalibus nomine & pro parte dictæ
Collegiatæ Eccleſiæ concordati, componi & com-
portari: Nos itaque, qui Eccleſiaſticarum perſo-
narum, qui ſe divino ſervitio mancipaverint, quieti
libenter conſulimus, deſiderio Comitis & Præpoſiti
prædictorum annuere prompto affectu parati de
conſilio & conſilio & aſſenſu Venerabilium nobis in
Chriſto dilectorum Decani totiusque Capituli Ec-
cleſiæ

clefix noftræ Conftantienfis , quantum ad primos
fruâos & alia Epifcopalia Jura attinet, cum Comi-
te & Præpofito præfatis nomine & pro parte ante-
diâæ Collegiatæ Ecclefiæ Sanâi Petri intervenien-
tibus pro nobis &Succefloribus noftris concordiam
inivimus, acceptavimus & amplexi fumus, fub-
fcriptis Capituliscontentam, primo videlicet, quod
nullo unquam tempore diâa Collegiata Sanâi Pe-
tri Ecclefia aut ipfius Præpofiti pro tempore primos
fruâus nobis aut fuccefforibus noftris folvere tene-
antur, aut compelli poffint, fed loco talium fru-
âuum fingulis annis in futurum circiter feftum
Sanâi Martini nobis & fuccefforibus noftris realiter
& cum effeâu folvere debeant duos Aureos Rhe-
nenfes: Secundo quod eadem Ecclefia & ipforum
Præpofiti pro tempore de Caritativo fubfidio quan-
do id communiter Clero noftro Conftantienfis dio-
cœfis imponitur, ac per eum folvitur, nec non
de confolationibus nobis & fuccefforibus noftris
refpondere teneantur: Tertio, quod cum ex pri-
vilegio Apoftolico Eleâio Præpofiti diâæ Eccle-
fiæ non requirat aliquam Apoftolicæ vel ordinariæ
fedis confirmationem vel inftitutionem, nec nos
neque fuccefores noftri ullum intereffequoad hu-
jusmodi Eleâionem, vel Eleâionis confirmatio-
nem quomodolibet prætendere debeamus, dum-
modo tamen talis rite, Canonice & fecundum fuo-
rum continentiam Privilegiorum faâa fuerit, fal-
vo quod fi eleâus infra tres Menfes poft fui Eleâio-
nem proximos Juramentum per alios Prælatos or-
dinariæ noftræ Jurisdiâioni fubjeâos præftari con-
fue-

fuetum etiam præftare teneantur, fic tamen, quod
litera defuper obtinenda tam in fcriptura quam figil-
lo ultra unum aureum Rhenenfem non exigatur
aut petatur: Quarto quod Canonici & Clerici dictæ
Ecclefiæ ac eorum perpetui familiares, dum ad or-
dines promoveri petantur, tractati ac cenferi de-
beant ficut cœteri Diocefani & Jus commune dif-
ponit, nec plus cœteris fecularibus Clericis noftræ
diocœfis in aliquo. Quinto quod ultra præmiffa
ad alias præftationes vel onera nunc vel in futurum
per nos vel fucceffores noftros impofita vel impo-
nenda prædicta Collegiata Ecclefia & ipfius Præpo-
fiti ac perfonæ compelli non debeant quomodoli-
bet : Salvis tamen in promiffis nobis tanquam or-
dinario Diocefano ac noftris Succefforibus obedi-
entia, correctione, Jurisdictione & aliis Epifco-
palibus fuperioritatibus quoad omnia & fingula in
Apoftolicorum privilegiorum ac Conceffionum li-
teris fpecifice non expreffa, ad hujusmodi itaque
concordiam perpetuis futuris temporibus obfer-
vandam Nos Thomas Epifcopus præfatus de con-
filio & affenfu, quorum fupra, nos ac fucceffores
noftros obligamus ac efficaciter obligatos effe vo-
lumus, omni remota Juris aut facti exceptione,
in quarum teftimonium ac fidem præfentes literas
fieri, & noftri Pontificialis ac Capituli noftri Si-
gillorum appenfione fecimus communiri, absque
tamen Capituli ejusdem bonorum & rerum damno
& detrimento quocunque. Datum in Aula noftra
Conftantienfi, anno quadringentefimo nonagefimo
fecundo, die vicefima nona Menfis Novembris,
Indictione decima. - Num,

Num. 26. c

Kaysers Friderici III. Bestättigung der Stifftung des Closters zum Einsidel im Schönbuch de An. 1492. (1)

Wir Friderich von GOttes Gnaden Römi-
scher Kayser, zuo allen Zeiten mehrer des
Reichs, zue Hungarn, Dalmatien, Croatien rc.
König, Ertz-Hertzog zu Oesterreich, zu Steur,
zu Kärndten unnd zu Crain, Graf zu Tyrol rc.
bekhennen offentlich mit diesem brieff unnd thun
khund allermeniglich, das uns der Wohlgeborn,
Unnser Schwager, Rhat unnd des Reichs Lieber
getreuer Eberhard der Eltter Graff zue Württem-
berg unnd zu Mümppelgardt hat fürbracht, wie
er GOtt dem Allmächtigen, der hochgelobten
lobsamen Jungfrauwen Maria seiner lieben Muo-
ter, unnd allem himmlischen heer zu lob fürge-
nommen hab in sein gejaidthauß in dem Walld
Schainbuoch gelegen, etlich gaistlich Persohnen
zu verordnen, unnd dann unnder anderm ein
anzahl Velder daselbsten umb gelegen zu täglicher
nahrung zu geben unnd darzue zu gonhen/ solchen
Walld, wie annder in der mitte daselbst umbge-
sessen frey, ohn schatzung unnd gellt zu gebrau-
chen unnd zu niessen, unnd unns darauff demie-
tiglichen angeruoffen unnd gebetten, das wir als
Römischer Kayser unnd Lehenherr derselben güet-
ter unnd grunnd solche handtlung unndt gaab zue
verwilligen, confirmieren unnd besteeten, darauff

M   Die-

(1) Aus einem gedruckten Exemplar.

§.

Graf Eberhard der Jüngere declarirte
seinen Consens in diesem Diplomate:

WIr Eberhard Graf zu Würtemberg unnd zue
Mümppelgart, der Jünger, thun khundt allen
unnd jedtlichen die diesen Brieff immer sehen,
lesen oder hören lesen, als der Hochgeborn Herr
Eberhard Graf zu Würtemberg unnd zue Mümp-
pelgart ꝛc. der Eltter, Unnser lieber Vetter Ain
Stifftung des Neuwen Stiffts St. Peters des
Fürsten der Aposteln zum Einsidel im Schon-
buoch, mit einem Probst unnd zwölff Canonicen,
einem Maister unnd zwölff Edlen, auch zwelf
Bürgern, ausser der Herrschafft Würtemberg
Laybrüedern unnd Converſen, alle glider deßelben
Stiffts fürgenommen, gestifft, unnd denselbigen
seinen Persohnen unnd ihr Nachkhommen dotirt
unnd begabt hat, mit Sr. Liebden hauß, daß
sein Lieb darinn gebauwen, unnd etwan bewohnt
hat, auch mit ein Circkhul blatz, darzue zwayen
Söhn, etlichen Frayhaiten unnd gerechtigkhaiten
in dem genannten Schonbuoch, darzue mit ba-
rem gellt uß seiner Lieb hand gegeben, Rennt unnd
güllt, dem genannten Stifft unnd seinen Per-
sohnen zukhauffen, damit Sie unnd Ihre Nach-
khommen leb, zucht, unnd nahrung haben mögen,
auch mit cöstlichen angehaben bauwen, heuser
unnd Kirchen zu dem Gotzdinst unnd wohnung der
obgenanten Persohnen unnd mit etlichen andern
begabung unnd ordnungen, wie dann solches in

Päbst-

Päpstlichen Bullen, Kayserlichen besteetigungs
unnd Sr. Liebden Stiffts briefen, die Wir
gesehen unnd hören lesen haben mit mehr Wort-
ten clärlich begriffen ist, dieweil Wir nun erkhen-
nen, das diese Stifftung von dem gemeltten unn-
serm Vettern zu Ehr GOTT dem Allmächtigen
seiner werten Muetter unnd Jungfrauwen Ma-
rien, deß Hayligen Fürsten der Apostel St. Pe-
ters unnd aller Himmelischen Heer zu mehrung
Göttlichs dinsts auch zu hayl unnd seeligkhait der
gantzen Herrschafft Würtemberg iren zugewanten
unnd allen glaubigen Seelen geschehen ist, So
loben Wir die, unnd geben darzue auch unsern
gunst unnd Willen, gereden, geloben, unnd
versprechen auch, auff das hiemit für uns unnse-
re Erben unnd Nachkhommen, das Wir solch
obgeriert Stifftung Freyhalten unnd begabung
Wie die in den obgemelten Päbstlichen, Kayserliche
und Stifftbrieffen begriffen seind, in all iren puncten
unnd articuln zu ewiger bestendigkhait handt-
haben, schützen unnd schirmen wellen, nach allem
Unsern besten erkhennen, unnd vermögen, ge-
treuwlich unnd ungeuahrlich, unnd des zu Ur-
khundt So haben Wir Unser Innsigel offentlich
thun hencken an disen Brieff, der geben ist zu
Urach auff dinstag nach unnser lieben frauwen
tag Nativitatis Nach Christi Geburt als man
zahlt Tausendt vierhundert Neuntzig unnd zway
Jahr. (*) M 3 Num.

_____

(*) Diese bißher angeführte Diplomata alle seynd
Anno 1493. zusammen gedruckt heraus gekommen:

Der Titul heißt : Ein Büechlein inhalttendt die
Stifftung deß Stiffts St. Peters zum Einsidel im
Schonbuoch für Priester/ Edlen unnd Bürger deß
Landts zu Würtemberg unnd Schwaben/ geschehen
von dem hochgebohrnen Herrn Herrn Eberharden
Grauen zu Württemberg und zu Mümppelgart ꝛc.
dem Elttern in dem Jahr nach der Geburt Christi
unnsers Herrn Tausendt Vierhundert unnd im
Zway unnd Neuntzigsten. Das Ende lautet : Ge-
truckht zu Ulm nach Christi Geburt Tausendt Vier-
hundert und im Drey und Neuntzigsten Jahr Auff
den andern Tag deß Mertzen durch Hannsen Re-
gern/ von Haißung unnd angebung deß Ehrwür-
digen und Anbächtigen Herrn und Vatters Maister
Gabril Byel in der Hayligen Schrifft/ Probsts zum
Einsidel im Schonbuoch.

Num. 27.

Eßlingischer Vertrag zwischen Graf
Eberhard dem Aeltern und Graf Eberhard dem
Jüngeren zu Würtemberg/ die Zusammenwerffung Land
und Leute betreffend/ getroffen durch den Chur-
fürst Berchtholden zu Maintz und Marg-
graf Friderich zu Brandenburg.

d. d. 1492. Sonntags nach Ægidii. (1)

VOn GOttes Gnaden, Wür Berchtolld, deß
Hayligen Stuels zu Maintz Ertz-Bischof-
fe, des heyligen Römischen Reichs durch Germa-
nien Ertz-Cantzler unnd Churfürst, und Wür
Friederich Marggraffe zu Brandenburg, zu Stet-
tin, Pommern, der Cassuben und Wenden Her-
sog,

---

(1) Aus Lünigs Reichs-Archiv Part. Spec. Contin. II.
unter Würtemberg. p. 706.

zog, Burg-graffen zu Nürnberg und Fürst zu
Rüeg ꝛc. Bekennen und thun kundt offenbahr mit
diesem Brief, alß in der Königlichen vertrag, zue
vorgangener Zeit in den Spenen und Jrrungen,
so sich dazumahl zwischen den Hochgebornen Un-
sern lieben Schwägern und Oheim Herrn Eber-
hardten dem Eltern, an einem, und Herrn Eber-
hardten dem Jüngern, Gevettern, Graven zu
Württemberg und zu Mömppelgard, andern
Theils, gehalten, den sie auch beederseits willkühr-
lich angenoͤmen haben, lauth der Brieff darüber
außgangen, dero dato stehende zu Franckfurt an dem
dreissigsten Tag des Monaths Julii nach Christi
Geburth, Vierzehenhundert und im Neun und
achtzigsten Jahr, unter andern mit nehmblichen
außgetruckten Wortten begriffen, und dem vor-
genannten unserm Schwager und Oheim Graff
Eberharten dem Eltern, Sonder Macht und Ge-
walt zu geben ist, seinen Theil Lands mit sampt
Stuettgardten, auch Silber-geschirr, Haußrath
und anderm einem von Würtemberg ehrlich ge-
bohren, seines Gefallens ohnverhindert, des ob-
gemelten unsers Schwagers und Oheimbs,
Graff Eberhardten des Jüngern und menni-
lichs von seinetwegen zu verordnen, zu vermah-
nen und zu verschaffen, wie dann daß alles dersel-
be vertrag mit mehr Innhaltung unterschiedlich
außweist.

Die weil wir nun auß angebohrner Freund-
schafft damit wir zu denn obgemelten Unsern
Schwäger und Oheimen von Würtemberg ver-
mainet

mainet willig und genaigt seynd, Ihr beeder lieb,
und der Löblichen Herrschafft Würtemberg Er
und Nuz zu fürdern, daß wir aber nit baß zu
thuen wissend, dañ daß dieselb Herrschafft Würt-
tenberg, in einem Weesen ungetrennt bey ainan-
der bleiben, so haben wir in ansehüng deß und zu
vermehrung und behaltung freundlichen Willens,
zwischen beeden unsern Schwägern und Oheimen,
Graff Eberhardten dem Eltern und Gaff Eber-
hardten dem jüngern, durch angekherten Fleiß
an demselben Graff Eberhardten dem Eltern, so
viel erlangt, daß Er uns zu sonderlicher Will-
fahrung, und darzu auch zu Nuz und Gueth der
obberührten Herrschafft Würtemberg, damit die
ihren Herkommen nach und besten diglichen We-
sen ungetrennt verbleib, alß wir dann sein Ge-
müth und Willen, des sonder genaigt, mit allen
Treuen mercken und befinden, nachgelassen hatt,
in den angerührten Articuln des vorgemelten Kö-
niglichen vertrags, der ihm Macht zu gibt, sei-
nen Thail Landts mit sampt Stuettgardten und
andern, wie derselb Vertrag solches begrieff und
vorsteth zu vermachen, zu verordnen und zu ver-
schaffen damit sich dann führo künfftiglich Thei-
lung der Herrschafft Würtemberg hetten mögen
begeben, Enderung zu thun, doch mit dem son-
derlichen geding und Fürworth, wie hernach ge-
schrieben steth, naimlich also, daß der vorgenannt
Königlich Vertrag zu Franckforth gemacht, sonst
in allen Stücken, Puncten, Articuln, Innhal-
tungen, Maynungen und begreiffungen, bey sei-
nen

nen Kräfften bleiben, auch steth und fest gehalten
werden soll, und ob sich durch Schickung des
Allmächtigen füegen, daß unser Schwager und
Oheim Graff Eberhardt der Elter ohn ehelich
Mannlich Leibs Erben, vor unserm Oheimen
und Schwager Graff Eberhardten dem jüngern
außer diser Zeit scheiden würde, so soll alß dann
die bemelte Herrschafft Würtemberg ohngeson-
dert, und ohngetrennt bey einander bleiben, und
erblich gefallen und erfolgen, uff unsern Schwa-
ger und Oheim Graff Eberharten, den jüngern
mit disem nehmlichen außgedrückten Unterscheidt,
daß der benannt unser Schwager und Oheim/
Graff Eberhardt der Elter, bey Zeit seines Le-
bens ain Ordnung fürnehmen mag, es seye mit
Handgeschrifft, oder sonst durch glaublichen
Schein, doch daß dieselb ordnung disem unserm
Vertrag in kein Weiß widerwärtig oder abbrü-
chig sey, und wa einer oder mehr Punct oder Arti-
cul darein gesetzt oder erfunden würden, die wider
disen Vertrag würcken, oder seyn möchten,
die sollen lgantz tod und krafftloß seyn, und für
nichts geachtet und gehalten werden, welche ord-
nung innhalten soll, wie unser Schwager und
Oheim Graff Eberhardt der Jünger mit dem
Landt-Hoffmaister, und den zwölff Räthen und
der Landt-Hoffmaister und dieselbe Räthe mit ihm
regieren sollen, und wie nach seinem Abgang solch
Ordnung und auch Landt-Hoffmaister und Räht
deren vier von den Prälaten, vier von der Rit-
terschafft, und vier auß der Landschafft der Herr-

M 5   schafft

schafft von Ihm bestimpt erfunde, also und durch
dieselben soll regieret werden, oder ob dieselben
Landt-Hoffmaister und die Räthe gar, oder eines
Theils durch den benannten unsern Schwagern
und Oheim Graff Eberhardten den Eltern bey
seinem Leben nit alle geordnet, bestimpt oder
fürgenommen würden, weren Ir dann der Halb-
theil oder darüber bestimpt so sollen dieselben
Macht haben, die übrigen zu Ihnen zu erwählen,
wäre aber unter dem Halbtheil erwählt, so sollen
die drey Stendt von Prälaten, Ritterschafft und
Landschafft der Herrschafft Württemberg Macht
und Gewalt haben, dieselben, so viel der Brauch
und Mangel were, jedem je in seiner gestalt zu
solchem Regiment fürzunehmen, zu ordnen und
zu erwehlen, die sich auch alßdann nit widern
sondern zu beladen pflichtig seyn soll, desgleichen
ob unser Schwager und Oheim Graff Eberhardt
dem Eltern bey seinem Leben, die so Er alß ob-
steth, zu solchem Regiment hett verordnet, nit zu
willen sein würden, dabey zu behalten, durch was
Mangel oder Gebrechlichkeit das wäre, so soll Er
allweg bis auf sein Absterben Macht und Gewalt
haben, nach seinem Willen und gefallen ander an
derselben Statt zu erwehlen und für zu nehmen,
nicht weniger soll auch derselb unser Schwager
und Oheim Graff Eberhardt der Elter die Zeit
seines Lebens und nach seinem abgang die obgemel-
ten, so Er als vorsteth hätte erwählt, so offt Er
sich Abgang solcher Erwählten Hoffmaister und
Räth durch Absterben, Alter, Kranckheit, oder
                                 ander

ander Gebrechenlichkait Ihr aller oder zum Theil
würde begeben, andere an des, oder derselben
Statt jedem in seiner Gestalt auch Macht haben
fürzunehmen und zu erwählen, dieselben erwähl-
te und geordnete Landt-Hoffmaister und Räht,
sollen auch nach unsers Schwagers und Oheims
Graff Eberhardts des Eltern Abgang fürhin von
keinem Herrn von Würtemberg anders dann nach
Verscheinung der zweinzig Jahr, ob es wie her-
nach folgend zu fellen uff sich kommen wird an sol-
cher Regierung nit geirrt, gehindert, darvon ge-
urlaubt, oder entsetzt, noch kein Ungnad gegen
Ihme fürgenommen werden, sondern ohnwie-
dersprechlich darbey bleiben, und mit denselben
geordneten Landt-Hofmaister und Rähten, auch
nach und mit ihrem Rath, Wissen und Willen
und sonst nit, soll alßdann der benannt unser
Schwager und Oheim Graff Eberhardt der Jün-
ger, ob sich der Fahl, wie obstehet, vf ihn be-
gebe, beede Land Würtemberg, die Graff E-
berhardt der Elter bey seinem Leben durch sich
selbst, oder die, den Er daß an seiner statt befeh-
len wird, in Regierung hat und haben soll, re-
gieren, außrichten, handlen thuen und lassen,
nichts ausgenommen, doch sollen die ehegeriehr-
ten Land-Hoff-Maister und geordneten Räth,
in trefflichen und mercklichen Ehehafften und Sa-
chen die Herrschafft Würtemberg betreffende ohne
Beysehn, Wissen oder Willen, des gemelten un-
sers Schwagers und Oheims, Graff Eberhardts
desjüngern, nichzit handlen oder fürnehmen, son-
der

der Jhne zuvor darzu beruffen und erfordern, und
so fort er darbey kommen oder sein will, mit sei-
nem Rath darinn handlen, wille Er aber nicht
darbey kommen, oder darinnen rechtig seyn, so
sollen die obbenannten Landt-Hoff-Maister und
Räth nichzit desto minter mit Jhrer Handlung
fortfahren, aber zu täglichen Händlen soll Er un-
gemüth bleiben, und berueffen und erfordert wer-
den, wölte oder würde ihm aber zu ain oder mehr-
mahlen darbey zu seyn gelieben, des soll Er zu ie-
der zeit seines Gefallens Macht haben und zuge-
lassen werden, und sollten auch alßdann, da sich
obgemelter Fall begebe, die Landt-Hoffmaister
und zwölff geordneten Räthe, zu zeiten Graff
Eberhardten dem jüngern, alß regierenden Herrn,
gewohnlich Gelibd und Ayd thun, auch alles daß
dieser Vertrag begreiff, und Innhalt zu vol-
ziehen und zuhalten getreulich und ohngefähr-
lich.

Befuegte sich aber daß unser Schwager und
Oheim, Graff Eberhardt der Elter und Graff
Eberhart der Jünger ohn ehelich manliche Leibes
Erben ausser dieser Zeit abgiengen, vor Jhrem
Vetter und Bruder Graff Heinrichen den Eltern
von Würtemberg des die Macht steth zu Willen
des Allmächtigen, so soll als dann die Herrschafft
Würtemberg ungetrennt fallen, uf denselben
Graf Heinrichen, doch daß derselb Graf Hein-
rich, nach dem aus langgeübten unordentlichen
Tyrannischen Weesen, das er geführt hat, alß
Land kündig und offenbahr am Tag ligt in Hafft-
tung

tung und verwahr genommen ist, also darein
bleiben und darauß nicht mehr gelaffen werden,
sondern an seiner statt die vorberührten verord-
neten Land-Hoffmaister und Räth ohn all Ir-
rung, Intrag und Verhinderung allermeniglichs
regieren, und alles das dem Regiment zugehördt
nichts ausgenommen handlen thun und laffen sol-
len, es wer dann daß dieselb Land-Hoffmeister
und geordnete Räth Sie all oder der mehrertheil
unter Ihnen auß Erfindung, Schicklichkeit und
Befferung Graff Heinrichs oder anderer Not-
turfft gueth bedicht denselben Graf Heinrichen
uffer Hafftung zu laffen, so soll das auch gesche-
hen, doch mit dem newlichen Vorbeding, daß
Er anders nicht regieren soll, dann mit Rath
Wissen und Willen der obgenannten Landt-Hoff-
Meister und geordneten Räthe, alß Er dann das
zu thun und darwider nicht zu seyn, vor Antret-
tung seines Regiments ainen Ayd leiblich zu Gott
und den hailigen schweren, und darzu mit sei-
nem Brief und Siegell nach aller Notturfft ver-
schreiben und versichern soll, ob aber derselb Graf
Heinrich auch abgieng vor Graff Ulrichen dem
jüngeren seinem Sohne, dieweil der, noch nit zu
zweinzig Jahren seines alters kommen wehre,
Ihr alßdann die bemelt Herrschafft Würtemberg
abermahls ungetrennt uff denselben Graff Ulri-
chen den Jüngern fallen, und das Regiment mit
aller Verwaltung, in seinem Nahmen biß zur
Verscheinung der 20. Jahren seines Alters durch
die bestimbten geordneten und erwöhlten Land-
Hoff-

Hoffmaiſter und Räthe nach ihrem beſten Ver-
ſtåndtnůs zum getreulichſten außgericht und ge-
handelt werden, aber nach Verſcheinung der 20.
Jahren ſeines Alters ſoll derſelbe Graff Ulrich
der Jünger alßdann fürhin ſein Lebenlang für
ſich ſelbſt, beede Landt Würtenberg regieren,
und alles das dem Regiment zuſteth, handlen,
thunn und laſſen, alß ein Herr derſelben Land
nichzit außgenommen, alles ohne gefehrte.

Ob aber derſelbe Graff Ulrich der Jünger auch
Todes abgieng, und Graff Heinrich der Elter
mehr ehelich mannlich Leibs-Erben überkåm, ſo
ſoll allwegen die Herrſchafft Württemberg, un-
getrennt, alſo für und für, auf den Eltiſten erb-
lich gefallen und mit dem Regiment, wie vor-
ſteth, gehalten werden, begeb ſich aber, daß un-
ſer Schwager und Oheim, Graff Eberhardt der
Elter, vor Unſerm Schwager und Oheim Graff
Eberhardten dem jüngern mit Todt abgieng und
eheliche mannliche Erben hinder Ihm verließ,
Ihr weren wenig oder viel demſelben ſoll des iezt-
gemelten Unſers Schwagers und Oheims Graff
Eberhardts des Eltern Theil Landts wie Er den
in dem zueſamen werffen in gemeinſchafft einge-
worffen hat, ungehindert dieſes, oder anderer
hievor gemachten Verträg erfolgen und beleiben,
doch ſollen dieſelben von Unſerm Schwagern und
Oheim Graff Eberhardten dem Jüngern mit
ſampt der vorgemelten Landt-Hoffmeiſter undRå-
then in obgemeldten Ordnung des Regiments
auch regieret werden, immaſſen wie vorſteth;
Doſ-

Desgleichen ob unser Schwager und Oheim,
Graff Eberhardt der Jüngere, vor Unserm
Schwagern und Oheim Graff Eberhardten dem
Eltern mit Todt abgieng und ehelich mannlich
Leibs Erben hinder ihm verließ, so soll unser
Schwager und Oheim Graff Eberhardt der El-
ter dieselben sein verlaßen ehelich mannlich Leibs-
Erben bey ihm halten und erziehen nach ihrem
Stand, als Herrn von Würtemberg geziembt,
und wann derselb unser Schwager und Oheim
von Würtemberg auch ist mit Tod abgangen,
so soll alß dann des obgerierten unsers Schwa-
gers und Oheims Graff Eberhardts des jüngern
Thail Landts, wie er des in dem zusammen werf-
fen eingeworffen hat, uff dieselbe sein Ehelich
mannlich Leibs-Erben auch fallen, und ihnen
bleiben, doch sollen die unter den 20. Jahren ih-
res Alters von dem Geordneten Hoffmaister und
Räthen in massen wie vorsteht, auch geregieret
werden.

Item Graf Eberhardt der Elter soll Graff E-
berharden dem jüngern eingeben den Siz in seinem
Hauß zue Neusingen, auch sein Hauß zu Stein-
hülben und darzu an den beeden Enden Behol-
zung schaffen.

Item so soll Graff Eberhardten dem Jüngern
zustehen, das Jagen und alles Waidwerck zu trei-
ben, in dem ganzen Zwenfälter Vorst, darzue
in dem Auricher Vorst in diesem nach bemeltem
Circkel anzufahen. Am Tollstether Reth uf der
Saiten gegen dem Engstiger Veldt hinaus, nam-
lich

lich über den Tollstetter Reith den rechten Weeg
hinein, und immerdar von der Fuhrholz ab, biß
gen Offenhausen in die Lauter, darnach die Lau-
ter hinab biß gen Grafeneckh von Grafeneckh das
Thal hinauff über den Aichreim hinein, da dan-
nen für und für von der Fuhrholz in das Hauch-
thal hinab, biß gen Granau, und von Granau
die rechte Straaß biß gen Munderichingen in die
Thunau.

Item Graff Eberhardt der Elter soll auch Graf
Eberhardt dem Jüngern eingeben den Siz in dem
Schloß zu Göppingen und in dorein Beholz wer-
den verschaffen darzu soll Graf Eberhardten dem
Jüngern zu stehen das Jagen und Waidwerck
in dem Kirchheimer Vorst hinain dishalb des
Neckhers gegen Kirchen und Göppingen zu auß
geschaidten Altorffer Brücken biß hinab an den
Neckher, darinn soll Er nicht jagen, sondern mag
darinn bürsten so Er in aigner Persohn darbey
ist, also daß Er in den obgemelten Vörsten und
Gecürckhen jagen und alles Waidwerck treiben
mag, doch soll Graff Eberhard der Jünger in
iezt bestimbten Vorst und Gecürckht mit dem
Vischraiger nichts zuschaffen, noch auch kein an-
der Obrigkeit, Straaff oder Gerechtigkeit ha-
ben, dann zu jagen und Waidwerck zutreiben,
was aber straffbar Handlung oder Uberfahrung
den Wildfuhr der Ort berührende, sich geben
würden, die sollen durch Graf Eberhardten den
Eltern gestrafft, und Graff Eberhardten dem
Jüngern die Summ solcher Straff zu iederzeit fol-
gen

gen und außgericht werden ohngefehrte, und sol-
len die Vorstmaister und Forst-Knecht der ob-
geschriebenen End, Graff Eberhardten dem Jün-
gern auch globen die Vorst, so vil ihm des inn-
geben ist, getreulich zuversehen, ihm auch zu sei-
nen Jagen seines Gesinnes gewerttig und beholf-
fen seyn zu den zeiten, wann Sie mit andern Ge-
schäften und Händeln Ihrer Amt nicht beladen
seind, ungefährlich. Item Graf Eberhardt der
Elter soll durch sein Vorstmaister bestellen, daß
gewöhnliche Hög obgemelter end es sey zu
Schwein oder Hochgewildt alle Jahr einmahl
gemacht werden, darnach mag Graff Eberhardt
der jünger die lassen bessern. Item für alle Fronn-
Dienst zu dem Jagen, soll Graff Eberhardt der
Elter bey seinen Amt Leuthen verfügen, daß Graf
Eberhardt dem jüngern des Jahrs zu den obge-
melten Vorsten und Gecirckhen Sechzig Tag-
fehrten geschehen, bie mag Er uff der Alb oder
herunden brauchen, zu welcher zeit im Jahr, oder
wozu ihme gefällig ist, doch daß die armen Leut
Ihm deshalb nicht weiters schuldig seyn ohnge-
fehrte. Item Graf Eberhardt der Elter soll Graff
Eberhardten dem Jüngern iezt und zu den zwey-
en Sizen, und zu dem Jach-Hauß Steinhil-
ben geben ein nottürfftigen Haus Rath, auch ie-
zund das erstemahl zu einer Hauß-Steur Wein,
Korn, Dinckel und Habern, und soll Graff E-
berhardt der Jünger, die obgemelten Schloß und
Häuser, so ihm von Graff Eberhardten dem El-
tern in Krafft diß unsers freundlichen Vertrags
N   inge-

ingeben und zugestellt werden, die zeit seines Jnn-
habens mit Einbauen / Dachungen und andern
Notturfften in zimblichen wesentlichem Bau und
Besserung halten und die nit verwiesten verfallen
oder vergenglich werden lassen.

Item alß nach Jnhalt des Königlichen Ver-
trags zu Franckfurth zwischen beeden dick genann-
ten Graf Eberhardten gemacht, Graf Eberhardt
der Elter, Graff Eberhardt dem Jüngern jähr-
lichen zu einer Pension Acht tausend Gülden ge-
ben, und in die halb vf St. Georgen - Tag und
halb uff St. Martins-Tag uff sein Quitanz gen Ulm
antworthen soll, wie dann daß der Articul solches
Stücks halb, im bemeltem Königlichem Ver-
trag begrieffen außweißt, und nun Graff Eberhardt
der Jünger an Graff Eberhardtē den Eltern begehrt
hat ein Addition oder Mehrung solcher Pension, daß
dañ sie beede zu unserm güetlichē Spruch gesezt, daß
wür also gethan haben, daß Graff Eberhardt dem
Jüngern drey die negst künfftigen Jahr und nicht
länger, zu den obgemelten Acht tausendt Güldē Pen-
sion des Jahrs, noch fünff hundert Gulden zu
einer Addition geben und Jhm die gethailt, auch
uff bestimbte zwey Ziehl, wie die Acht tausend
Gulden gen Ulm vf sein zimblich Quitanz über-
antwortten soll, alles ohngefehrte. Item Graff
Eberhardt der Elter soll auch Graff Eberhardt
dem Jüngern so dieser Vertrag ganz geschlossen
und aufgericht wird also bahr geben drey tausend
Gülden. Item es soll auch Graff Eberhardt der
Jünger in andern Graff Eberhardts des Elttern
Schloſ-

Schloſſen und Stätten zu Zeiten, ſo er das Ja-
gen und Waldtwerckh treiben würd, uff ſein Ko-
ſten und Lieferung eingelaſſen werden, doch daß
er bey Tag und einer Zimblichen Anzahl komme,
und mit denen die Herrſchafft Würtenberg nit
wieder ſeind, ungefahrlich, ob auch die gedach-
ten Unſere Schwäger und Oheimb die von Wür-
temberg im obgemelten Puncten und Articuln ei-
nes oder mehr künfftiger Zeit zwiträchtig Spenes
oder Irrung oder dieſen Vertrag ſeines Innhalts
und Begrieffs nicht gleichmeßig verſtand oder uß-
legen wolten oder würden, wie ſich das begeben
oder machen möcht, ſolcher Irrung ſollen ſie beedt
oder Ihr ainer Uns berichten, und Wir, ſo Wir
derohalb von Ihn beeden oder Ihr ainem ange-
ſucht werden, darinnen zum fürterlichſten Ver-
hörung, Erklehrung und gebührliche Entſcheidung
thuen, ſolcher unſer Erklehrung und Entſchieds
Sie ſich auch halten, benüegen laſſen, und der
ungewegert folg thuen ſollen, und alß Graff E-
berhardt der Jünger noch zur zeit in der Herrſchafft
Würtemberg kein Oberkeit hat, ſoll durch Graff
Eberhardten dem Eltern oder die ſeinen an Ihn
oder die Seinen kein Frevel oder Gewalt gelegt,
ſondern ſie geſchützt und gehandhabet werden in
Sachen darinnen man Ihr zu recht mächtig iſt,
wo aber ſein Knecht oder Diener frefentlich hand-
len oder malefiz leben oder brauchen würden, die
ſollen an den Gerichten und Enden der Verhand-
lungen, wie ſich gebührt mit Recht geſtrafft wer-
den, alles ohngefehrte. Und hierauff ſo ſoll al-

ler Unwill auch zwietracht und Irrung, so sich
bißher zwischen den obgemelten beeden unsern O-
heimen und Schwägern von Würtemberg, und
den Ihren, oder die Ihnen zu versprechen stendt,
oder darum verdacht oder verwandt weren, be-
geben und enthalten gehabt haben, genzlich bey
und hingelegt, Sie auch der für sich und ihren
Erben allerdings nichtsußgenommen gründlich
verainot, gericht und vertragen sein und bleiben,
alles sonder gefehrt, und damit diesem allem wie
obsteht, und Wir entschaiden haben, zu Nuz,
Ufgang und Behaltung der Löblichen Herrschafft
Würtemberg in ihrem Wesen und Würde strack
ohne alles Widersprechen gelebt werden, so ha-
ben die obgenannte beede Graf Eberhardten die
gantze Landschafft Würtemberg verwilliget, be-
fohlen und geheissen von neuem zu schwören, diß
alles wie vorsteht, steet und fest zuhalten, und
sich selber uß schuldiger Pflicht zu gemeinen Nuß
der ganzen Herrschafft Würtenberg darbey zu
handthaben, auch nicht zugestatten, daß dem in
ainichem Stück oder Articul, Minderung oder
Abbruch geschehe, alles getreulich und ohngefehr-
lich, und des zu wahrem Urkhunde, so haben
Wir vorgenannten Erz-Bischoff Berchtoldt und
Marggraff Albrecht Friedrich Unser jeder sein In-
siegel offentlich an diesem Brief gehangen und
Wür Eberhardt der Elter, und Wür Eberhardt
der Jünger, Gevettern, Grafen zu Würtem-
berg und Mümppelgardt, bekennen auch an die-
sem Briefe, und gereden geloben und versprechen,
was

was durch die vorgenanndten unſer lieb Herrn
Schwagern und Oheim von Meinz und Bran-
denburg zwiſchen Uns abgered und entſchieden iſt,
alls obſteht, daß wir ſolches alles bey Unſern
Ayden, ſo wir hierum leiblich zu Gott und den Hey-
ligen geſchwohren haben, ſo viel unſer iedem das
berührt, an allen Stücken, Puncten und Arti-
culn getreulich, wahr, ſteeht, veſt und unver-
brechentlich halten und darwider nit ſein, noch
thun ſollen noch wollen, noch ſchaffen gethan wer-
den durch Uns ſelbs oder iemand anders von un-
ſert wegen in kein Weiß noch Weeg.   Dann
wir uns beed hierauf aller Freyheiten geiſtlicher
und Weltlicher Außflucht, der wir uns wieder
iezt ſo fort geſchrieben ſteth behelffen möchten, ver-
zeihen und begeben haben, und des zu wahrem
Urkund hat unſer jeglicher ſein eigen Inſigel
auch offentlich gehangen an dieſem Brieff, der
geben iſt zu Eßlingen Sonntag nach S. Ægidi-
en-Tag nach der Gebuhrt Chriſti Unſers HErrn
1492.

Num. 28.

Kayſers Maximiliani I. Herzogs-Brieff
für Graf Eberhard zu Würtemberg.
d. d. 1495. 21. Jul. (1)

In dem Namen der Heiligen Drey-faltigkeit.

WIr Maximilianus von GOttes Gnaden
Römi-

N 3

(1) Aus Lünigs Reichs-Archiv Part. Special. Contin-
II. unter Würtemberg. p. 710. Horileder von Ur-

Römischer König, zu allen Zeiten Mehrer
deß Reichs, zu Hungarn, Dalmatien, Croati-
en König, Ertz-Hertzog zu Oesterreich, Hertzog
zu Burgund, zu Lothringen, zu Braband, zu
Steur, zu Kerndten, zu Crain, zu Limpurg,
zu Lützelburg, und zu Geldern, Garv zu Flandern,
zu Habspurg, zu Tyrol, zu Phirt, zu Kiburg,
zu Arthois, und zu Burgundien, Pfaltzgraf zu
Hennegau, zu Holland, zu Seeland, zu Na-
mur, und zu Zütphen, Marggrav deß Heiligen
Römischen Reichs, und zu Burgaw, Landgrav
im Elsaß, Herr zu Frießland auff der Wündi-
schen Marck, zu Portenaw, zu Salien und zu
Mecheln ꝛc. Entbieten den Ehrwürdigen, Hoch-
und auch Wolgebohrnen, Edlen, Strengen und
Ersamen, Unsern und deß Reichs Chur-Fürsten,
Gaistlichen und Weltlichen, auch Prälaten, Gra-
ven, Herren, Ritterschafft und Städten, und al-
len andern die jetzo und hinfüro in Ewigkeit seyn
werden, unser Gnad und alles Guts.
  Die Lieb Göttlicher Natur hat Anfangs die
Obersten Creaturen geschöpfft, nach Gnaden und
Verdinst erleuchtet, in Würde und Gewalt ge-
ordnet, dardurch Göttlicher Wille und Gewalt
nach Ansehung von Ewigkeit ordentlich in der Lieb
beschehen, und das Oberst und Himelisch Reich,

mit

---

sachen ꝛc. Teutschen Kriegs Tom. I. Lib. 3. Cap. 1.
p. 6. - - und der Ulmisch. zufäll. Relat. 5ten Saml.
p. 430. an welchem letzteren Ort sie am vollkommen-
sten und nach dem Original copirt anzutreffen ist.

mit Würden und Ständen der Creatur gezieret
würde, von dannen wir in Christlicher Versamm-
lung unser das Heilige Römische Reich bekräff-
tiget, geehret und enthalten, gäntzlich glauben,
und auch geflissen seyn sollen, und wollen, und so
fern wir mögen den Obristen Fußstapffen, zur
Gleichnus unser Vorfahren, am Reich nachzu-
folgen, die nicht allein zu Erleuchtung und Wür-
den, sondern auch zur Nothdurfft der Zierung deß
Reichs Großmächtigkeit, Fürstenthum, und an-
dere Stände, in wesen geordnet und versehen ha-
ben, derselben Fürstenthumb und Stände, nach
den Fählen dieser zeitlichen zergänglichen Welt,
viel abkommen und erloschen seynd, und so solche
Ehr, Würd und Stände nit ersetzt, dem Hei-
ligen Reiche, ein Schein seiner zierung und Groß-
mächtigkeit/ auch Regierung seiner Land-und
Herrschafft Münderung und Mangel gebären
würde, darum us der Gebühr unser Regierung,
auch Nothdurfft vorgemelt, uns als Römischen
König, darein zu sehen zusteht/ und durch Person,
Häuser, Land-und Herrschafft, die in dem heili-
gen Reich ehrlich, löblich und zu Ehren, und Nutz
deß Hailigen Reichs verdienstlich herkommen
seynd, vorgemelten deß Reichs Abgang zuerstat-
ten.   Und wann nun das löblich Hauß von Wür-
temberg, in dem Heiligen Reich, Löblich, ehrlich
und Fürstmäßig herkommen und gehalten, und
besonder der Hochgeborn Fürst unser lieber O-
haim Eberhardt Hertzog zu Würtemberg der
Elter, Christenlichs ehrlichs Gemüths und Regie-

rung iſt, ſich auch dem Reich, und ſonderlich bey
unſern Lebzeiten dienſtlich und willig bewiſen
hat, und hinfür thun und beweiſen ſoll, auch
von Gnaden deß Allmächtigen mit Landſchafft
und Herrſchafften zu Fürſtlichem Stande und
Weſen zuhalten gnugſam begabet iſt, Darum
uß vorgemelten Urſachen und beſonderer Nei-
gung und Gnaden, die wir zu dem gemelten un-
ſerm lieben Oheim und Fürſten und ſeiner Land-
ſchafft, im Craiß zu Schwaben gelegen, haben und
tragen, ſo haben wir mit viel und wolgedachtem
zeitlichem Raht in ſcheinbarer Zierde offenbaren
Seß und Beyweſen, unſer und des Reichs Chur-
Fürſten und Fürſten in mercklicher Zahl die vor-
gemelt Würtembergiſche Landſchafft zu Schwa-
ben gelegen mit allen Herrſchafften, Städten,
Schlöſſern, Leuthen und Gütern, ſo von dem Hei-
ligen Reich zu Lehen herrühren; Es ſeyen Her-
tzogthumb, Gravſchafften oder Herrſchafften
gantz nichts ausgenommen, dem vorgenannten
unſerm Fürſten und Oheim Hertzog Eberhar-
ten von Würtemberg dem Eltern zu Lehen ver-
ſammlet verainigt, und alſo ſamentlich zu einem
Hertzogthum verordnet, gemacht, erhaben und
aufgericht, und den Titul und Namen deß Her-
tzogthumbs zu Würtemberg gegeben, auch deß
jetztgemelten unſern lieben Oheim und Fürſten
Hertzog Eberhardten zu Würtemberg, den El-
tern, mit ſolchem Hertzogthum zu rechtem Mann-
lehen belehnet, und Fürſtlichen Hertzogthumbli-
chen Titel, Ehre und Würden gewürdigt und ge-
höhet,

hôhet, ordnen, machen und richten solch Hertzog-
thum auff und belehnen den vorgenannten, unsern
Fürsten und lieben Oheim, Hertzog Eberhard-
ten zu Würtemberg den Eltern damit, wie vor-
gemelt ist, ehren, würdigen und erhöhen und be-
gaben Ihne auch mit Hertzogthumlichen Würden,
aus Römischer Königlicher Macht, Vollkommen-
heit, aignen Bewegnus und rechtem Wissen, inn-
und mit Krafft diß Brieffs, daß also jetzt ge-
melter Hertzog Eberhardt zu Würtemberg der El-
ter und sein Nachkommen Hertzogen zu Würtem-
berg hinfüro solch Hertzogthumb Würtemberg
mit allen Ehren, Tittel, Oberkeiten, Herrlichkeiten,
Würden, Freyheiten, Nutzen, Rennten, Leuthen,
Güetern hochen und niedern Gerichten, Wassern,
Strassen, Gelaithen, Zollen, Saltzflüssen, Ertz-
und Bergwercken, Mannrechten, Wildbännen,
Gold und Silber-Müntzen, Gebotten und Ver-
botten, und allen andern Gerechtigkeiten, unter
und ob der Erden besitzen, nutzen, niessen, und in
allweg zu ihr Nothdurfft, als Hertzog deß Reichs,
und wie sie das sonst bisher auch gethan haben,
gebrauchen mögen, auch wahre Hertzogen und
Fürsten zu Würtemberg seyn, sich auch Tituls und
Namens allenthalb, mit allen Ehren, Seßionen,
Ständen, und Proceßionen, an allen Enden und
Orthen, gebrauchen, frewen, und also in Hertzog-
und Fürstenthumblichen Würden, von allen
Ständen, wie Hertzogen deß Reichs geehrt und
gehalten werden.

Und uff das solch unser und des Reichs Her-
tzogthumb nicht zertrennt noch getheilt werd, son-
der beyeinander bleib als auch vormals im Hauß
von Würtemberg, durch Verträg, daß dieselbig
Herrschafft Würtemberg beyeinander bleiben, und
nicht getrennt werden solle, im Bestem auch ange-
sehen, und von Löblicher Gedächtnus unsrem lie-
ben Herren und Vatter Kayser Friederichen, uß
Kayserlicher Oberkeit bestättigt ist, als wir dann
dieselben Verträg, hiemit uß Königlicher Ober-
keit und rechten Wissen auch confirmiren und be-
stättigen, in aller massen, als ob sie von Wort zu
Wort hierinnen begriffen wären, und geschrie-
ben stünden; demselben nach und damit hinfür
Fürstlicher Stand und Wesen der Hertzogen zu
Würtemberg, künfftiglich desto stattlicher und ver-
möglicher gehalten werden möge, so ordnen, setzen
und wollen wir, daß der vorgemelt Hertzog Eber-
hardt der Elter solch Hertzogthumb sein Lebenlang
allein inn haben, und mit allen Ehren, Titul,
und Nutzungen wie vorsteht, gebrauchen solle
und möge, und nach seinem Todt und Abgang
Graff Eberhardt von Würtenberg der Jünger,
so fer er anderst derselben Zeit im Leben seyn wird,
der auch dasselbig Hertzogthumb dan zumahl em-
fahen, innhaben, besitzen, und mit allen Wür-
den, Ehren und Titul gebrauchen soll und mag,
doch in der Form und Maaß, wie der Vertrag
zwischen den vorgemelten Hertzog Eberhardten
dem Eltern, und Grave Eberhardten dem Jün-
gern hievor zu Eßlingen gemacht, und deß Da-
tums

tums ſteht am Sonntag nach S. Aegidii Tag,
nach der Geburt Chriſti unſers lieben HErrn,
vierzehen hundert, und im zway und neuntzigſten
Jahr, daß innhaltet und ausweiſet, denſelben
Vertrag, wir auch hiemit auß Königlicher Macht
Vollkommenheit und rechtem wiſſen, confirmi-
ren und beſtättigen, in Krafft diß Brieffs.

Und ob alsdann zu ſolchem Abgang Hertzog
Eberhardt der Jünger, Ehlich, Mannliche Leibs-
Erben, von ſeinem oder den obgenannten Her-
tzog Eberhardten deß Eltern Leib gebohren, im
Leben vorhanden wären, ſo ſolte doch deſſelben
Hertzog Eberhardts deß Jüngern ältiſter ehelicher
mannlicher Leibs-Erbe, vor Hertzog Eberhardts
deß Eltern ehelichen mannlichen Leibs-Erben, an
das Hertzogthum zu Würtemberg ſtehn, tretten,
und damit belehnet werden, damit obbeſtimm-
tem Vertrag zu Eßlingen gemacht, Hertzog E-
berhardts des Eltern halb, nicht Abbruch be-
ſchehe, doch wann derſelben Hertzog Eberhardts
deß Jüngern, Ehelicher, Mannlicher, Leibs-
Erben, keiner mehr im Leben vorhanden wäre,
ſo ſolte alsdann ſolch Hertzogthum zu Würtem-
berg, uff Hertzog Eberhardts von Würtemberg
des Eltern, eltiſten, ehelichen, Mannlichen Leibs-
Erben, und ob derſelben auch keiner im Leben
wäre, uff den Eltiſten von Würtemberg und
von dem auf ſeinen eltiſten Sohn fallen, oder
ob derſelbig eltiſt Sohn, vor oder nach ſeines
Vatters Tod, abgangen wäre, und Leibs-Er-
ben in abſteigender Linien, einer oder mehr Söh-
ne

ne von ihm gebohren, oder Sohns-Kind, Manns-
Personen gelaſſen hätte, ſo ſolte der abgangnen
älteſter Sohne mit dem gemelten Herzogthum
belehnet, und vor allen von Wurtemberg dazu
gelaſſen werden.

Ob aber der elteſte Sohn kein Erben Manns-
Perſon, wie vorgeſchrieben ſteht, gelaſſen hätte,
ſo ſollte auf den andern gebornen Sohn, und ſein
Erben Manns-Perſonen ſeines Stammens das
Herzogthumb fallen.

Und ob derſelbig auch nicht Erben, Manns-
Perſonen, und ſeines Stammens von Würtem-
berg gelaſſen hätte, alsdann, das gemelte Her-
zogthumb uff den dritt gebohrnen Sohn fallen,
und der damit belehnet und als für und für mit
den Anfällen gehalten werden, alſo daß der Erſt-
gebornen, und die Jhennen von ihrer abſteigen-
der Linien allzeit vor andern ſtatt und Vorgang
haben, ſo lang Herren von Würtemberg ſeyn
werden, uff welchen auch ſolch Herzogthum kom-
men würd, derſelbig auch das, inmaſſen wie vor-
ſteht, mit Titel, Würden, Ehren, und Nu-
zungen, allein haben, empfahen, und regieren
ſoll, und die andere von Würtemberg, das Her-
zogthum bey Zeiten ſolcher desEltiſten Regierung,
nit beſitzen noch erben, ſondern ſollen ſie von dem
regierenden Herzogen mit andern Herrſchafften
und Gütern oder ſonſt verſehen werden, nach Ord-
nung, die jetzo zwiſchen den gemelten Graven von
Würtemberg iſt, oder hernach uffgerichtet wer-
den mag.

Und

Und als wir auch vermercken das Gemüth und
den Willen, deß obgenannten Hertzog Eber-
hardts von Würtemberg deß Eltern, darmit er
zu unsern und deß heiligen Reichs Ehre, Nutz und
Mehrung, auch ewiger Einigkeit, Versamm-
lung und Fried deß Verwandten seines Hertzog-
thums geneigt ist, haben wir uns, für uns und
unsere Nachkommen am Reich, Römisch Käy-
ser und König, mit seiner Lieb, für sich sein Er-
ben und Nachkommen, und sein Lieb wiederum
mit uns, und also gegeneinander in nachgeschrieb-
ner Ordnung verdingt und verpflicht ewiglich,
ob es were, (das GOtt der Allmächtig nach
Gnaden verhüten wolle,) daß der Mannlich
Stamm und Linea, der Hertzogen und Herren
von Würtemberg gantz absterben, und keiner
mehr seyn würde, daß alsdann solch Hertzogthum
durch uns König Maximilian oder unser Nach-
kommen am Reiche, Römisch König oder Käy-
ser nit soll, oder möge ferner jemand auß einiger
Ursach oder Weiß, wie die je seyn möge, zur Le-
hen verleyhen, oder durch einen andern Titul,
Form oder Maß gantz oder Jchtzit, von Städ-
ten, Schlossen, Nutzung oder Zugehörde, dar-
von gegeben, verkaufft, veräussert, oder in Ver-
waltung, in Ampts-oder Pflegs-weiß einge-
geben, oder in Possess zugestellt werden, sonder
solch Hertzogthum, mit aller Oberkeit, Herrlich-
keit, Mannschafften, Nutzen, Leuten und Gue-
tern, nichtzit ußgenommen, soll bleiben bey Rö-
mischen Käysern und Königen, und bey dem hei-
ligen

ligen Römischen Reich ewiglich, und als ein
Mehrung deß Reichs, Widdumguet, und der
Cammer incorporiret und verleibt seyn.

Doch ob zu derselben Zeit, Gülten, Leibge-
ding oder Schulden darauff stehn würde, die sol-
ten von uns, oder unsern Nachkommen am
Reich, Römischen Käyser oder Königen, ohne
Kosten und Schaden, der so darhinder ver-
schrieben seynd, ußgericht und bezahlt werden.

Und ob zu sollichen Fall und Abgang aller von
Würtemberg, Töchtern von Würtemberg ehelich
gebohren, unberathen vorhanden weren, die sol-
ten von uns oder unsern Nachkommen am Reich,
mit Heurat-Gut, und in anderweg ußgesteurt,
und berathen werden ehrlich, wie dann im Hauß
zu Würtemberg herkommen ist.

Item, es solten auch alsdann Römische Käy-
ser oder König, so sie persönlich im Land zu
Schwaben, ihren Hoff hielten, solch Land und
Leuth deß gemelten Hertzogthums regieren und
versehen, zum Besten, nach Recht und erbaren
Gewonheiten und ihren Freyheiten. Und nach-
dem sich in vergangenem 1492. Jahr, Hertzog
Eberhardt der Elter, mit seinem Vettern Graff
Eberhardten dem Jüngern, ihren Landen und
Leuthen zu gut, eins Regiments, daß jetzo zum
Theil angefangen, und nach seinem Todt auch
gehalten werden soll, veraint hatt, so solte, ob
wir vorgemelter König Maximilian oder unser
Nachkommen am Reich, Römisch Käyser und
König unsern Hoff im Land zu Schwaben per-
sonlich

sonlich nit halten würden, demselben Regiment,
gleich zu obgemeltem Fall, in einem Monat den
nechsten darnach, uß den Prälaten, und vom
Adel deß gemelten Hertzogthums zu Würtemberg,
ein Präsident fürgenommen, und demselben uß
solchen zweyen Ständen, und auch der Land-
schafft deß Hertzogthums Würtemberg, zwölff
Räth zugeordnet werden, nemlichen von jeglichen
Stand vier, durch dieselben das Regiment der
Ständ und Verwandten vorgemelt versehen,
auch der Präsident und Räthe redlich versoldet,
und erbar Gericht und Recht uffrichtlich gehal-
ten, und durch sie in aller Maß gehandlet wer-
den, wie der obgemelt Vertrag zwischen Hertzog
Eberhardten und Grave Eberhardten von Wür-
temberg seinen Vettern, daß an dem Stuck In-
halt:

Wir und unser Nachkommen Römischer Käy-
ser und König wöllen und sollen in vorgemelten
Zeiten und Fäll, die Prälaten, Graven, Herren,
Ritterschafft und Stätt, die wie vorsteht, uns und
unsern Nachkommen, und dem Reich zugewach-
sen, und angefallen weren, und alles deß verleib-
ten Hertzogthums Geistlich und Weltlich getreu-
lich handhaben, schützen und schirmen, vor allem
Gewalt, sie auch alle bey ihren Gnaden, Frey-
heiten, Oberkeiten, Herrlichkeiten und Rechten
bleiben, und sie darvon nit tringen noch engen,
auch von niemand anders tringen und engen las-
sen in keinen weg; Wir behalten auch in dieser
unser Erhebung und Belehnung sonst uß, unser
und

und deß Reichs Oberkeit, die wir hiemit nit wöl-
len begeben oder gemindert haben.

Und wiewol das Hertzogthum zu Teck mit an-
dern dem vorgemelten Hertzogthum zu Würtem-
berg, auch eingeleibt und vereinigt ist, so geben wir
doch zu, für uns und unser Nachkommen, Rö-
misch Käyser und König am Reich, und wollen,
daß sich der obgemelt Hertzog Eberhardt zu Wür-
temberg, und seine Nachkommen, Hertzogen zu
Würtemberg, von solchen Hertzogthum zu Teck,
Titels, Wapens und Namens, auch aller Eh-
ren und Würden, gebrauchen sollen und mögen,
nit minder, dann vonn dem obgemelten verei-
nigten und verleibten Hertzogthum zu Würtem-
berg.

Ob auch solch Hertzogthum, an uns, unser
Nachkommen, und das heilig Reich fallen und
kommen, und die geistlichen Lehen darzu gehörig
zu verlehen sich begeben würde, so sollen und wöl-
len wir und unsere Nachkommen Römisch Käyser
und König, allzeit zu solchen Lehen benähmen und
præsentiren, die Personen, die uß der Herrschafft
deß Hertzogthums gebohrn, sofern dieselbigen uff
Zeit, so sich die Fähl, der Præsentation begeben,
geschickt; Weren aber solche nit, so möcht man
andere geschickte præsentiren, wie sich von Rechts
und Herkommen gebühren würde.

Und wir obgemelter König Maximilian, be-
fehlen hierauf allen und jeden unsern und deß
Reichs Churfürsten und Fürsten, Gaistlich und
Weltlich, auch Prälaten, Graven, Freyen, Rit-
tern

tern und Knechten, und allen andern, was Stats
oder Wesens die seyn, niemand ußgenommen,
daß sie den genannten, unsern Fürsten, und lie-
ben Oheim, Eberhardten, Hertzogen zu Wür-
temberg, und alle seine Lehens-Erben, und an
solchen Hertzogthum Nachkommen, mit allen Eh-
ren, Würden, Titel und Namens allenthalb er-
kennen, haben und halten, unser und deß Reichs
schwere Ungnad, und ein Pön tausend Marck fei-
nes Golds zu vermeyden, halb in unser und deß
Reichs Cammer, und den andern Halbtheil dem
gemelten Hertzog Eberhardten, oder dem solch
Verachtung geschehen were, unablößlich außzu-
richten und zu bezahlen.

Und hiebey seynd geweßt die Ehrwürdigen und
Hochgebohrnen Unser Lieb Neven und Ohaimen,

Berchtoldt, zu Mentz, durch Germanien,
Hermann, zu Cölln, durch Italien,
Johannes, zu Trier, durch Gallien, und deß
Künigreich Arelat, Ertzbischoven und Ertz-Cantz-
ler,

Philips, Pfaltzgraff bey Rhein, Ertztruch-seß,
Friderich, Hertzog zu Sachsen, Landgrave zu
Düringen, und Marggraffe zu Meichsen, Ertz-
Marschalck, alle Churfürsten. Auch deß Hochge-
bohrnen Fürsten Johannsen, Marggraven zu
Brandenburg, rc. Churfürst, Bottschafft,

Wilhelm von Eychstett,
Johannes zu Wurmbs,
Ludwig zu Speyr, Bischove,

O   Johann-

Johannes, Abbt zu Fulden, unser Königlichen Gemahl Cantzler,

Albrecht, Hertzog zu Sachsen, Landgrave zu Türingen, und Marggrave zu Meichsen,

Heinrich und Erich Gebrüder, Hertzogen zu Braunschweig,

Friderich, Marggrave zu Brandenburg, rc.

Magnus, Hertzog zu Meckelburg,

Gerhardt, Hertzog zum Berg, rc.

Wilhelm und Wilhelm, beyde Landgraffen zu Hessen,

Rudolph, Fürst zu Anhalt.

Ott, gefürster Grave und Herr zu Hennenberg.

Auch der König von Hispanien, Neapolis, und der Herrschafft von Venedig, und andere trefflicher Personen, Fürsten, Graven, Herren und Städten Bottschafft, in grosser Anzahl, rc.

Mit Urkundt diß Brieffs besigelt mit Unserm Königlichen anhangenden Insigel. Geben in Unser und deß heiligen Reichs-Stadt Wormbs/ am ein und zwantzigsten Tag deß Monats Julii/ nach Christi Geburt/ vierzehenhundert u. in dem fünff und neunzigsten/ unsers Reichs/ des Römischen im zehenden/ und deß Hungarischen im sechsten Jahren.

Ad Mandatum Domini Regis in Consilio,

Berehtoldus Archiepisc. Moguntinus Arehicancellarius.

Num.

Num. 29.

Kayſers Maximiliani I. **Lehen-Brieff von Hertzog Eberhard** I. **zu Würtemberg, wegen der Reichs-Sturm-Fahne/ auch Statt und Burg Gröningen.**

d. d. 1495. 23. Jul. (1)

WIr Maximilian von GOttes Gnaden, Rö-miſcher König, zu allen Zeiten Mehrer des Reichs, zu Ungarn, Dalmatien, Croatien ꝛc. König, Ertz-Hertzog zu Oeſterreich, Hertzog zu Bur-gund, zu Braband, zu Geldern, ꝛc. Graf zu Flandern, zu Tyrol ꝛc. Bekennen öffentlich mit dieſem Brieff und thun kund allermänniglich. Daß wir unſere und des Reichs Sturm-Fahnen empfohlen haben, dem Hochgebohrnen Eberhar-ten Hertzogen zu Würtemberg und Teck, Gra-fen zu Mömpelgart dem Eltern, Unſerm lieben Oheim und Fürſten, und darzu haben wir ihme und allen ſeinen Lehens-Erben zu rechten Lehen ver-liehen, und leyhen ihm auch mit diſem uſerm Brieff/ Gröningen, Statt und Burg mit Leu-ten, Gütern und mit allem dem, das darzu gehört, beſucht, und unbeſucht, es ſey eigen oder Lehen, und daß ſie auch dieſelbe Lehen, wie die genannt ſeyn, für baß leyhen ſollen und mögen, wann das zu unſerm und des Reichs-Sturm-Fahnen Lehen iſt, und auch darzu gehöret, mit der Beſchei-denheit, daß der vorgenannte Hertzog Eberhard

O 2   und

____

(1) Aus Künigs Reichs-Archiv Part. Spec. Contin. II. unter Würtemberg. p. 714.

und feine Lehens-Erben Uns und unferen Nach-
kömmlingen am Reich, Königen und Kayfern,
ewiglich die dienft thun follen getreulich, die man
davon zu recht und Billich thun foll. Sie follent
auch und haben Geheyß, daß fie den Sturm-Fah-
nen beforgen und bewahren, alß man den zu recht
und Billich beforgen und bewahren foll, und auch
der genannte Hertzog Eberhardt und feine Vor-
Eltern von unfern Vorfahren am Reiche folche
Empfehle und Lehen gehabt, und herbracht ha-
ben. Mit Uhrkund diefes Briefs, befiegelt mit
unferm Königl. angehängten Infigel. Geben in
Unfer und des Heil. Reichs Statt Worms am
drey und zwanzigften Tage des Monats Julii nach
Chrifti Geburt, vierzehenhundert und im Fünff
und Neuntzigften, unfer Reiche, des Römifchen
im zehenden, und des Ungarifchen im Sechften
Jahr.

Ad mandatum Domini Regis pro-
prium

(L. S.)

Bertoldus Archi-Epifcopus Mogunt.
Archi-Cancellarius.

Num. 30.

Num. 30.

Kaysers Maximiliani I. Privilegium Au-
stregale, wie auch de non evocando & non appel-
lando für die Herzoge und Herrn zu Würtemberg/
deren Lande/ Diener/ Mannen/
Unterſaßen ꝛc. (a)
1495. 20. Aug.

Wir Maximilian von GOttes Gnaden Rö-
miſcher König, zu allen Zeiten Mehrer des
Reichs, zu Hungarn, Dalmatien, Croatien ꝛc.
König, Ertz-Hertzog zu Oeſterreich, Hertzog zu
Burgundi, zu Loterick, zu Brabant, zu Steir,
zu Kerndten, zu Crain, zu Limburg, zu Lützen-
burg und zu Geldern, Grave zu Flandern, zu
Habſpurg, zu Tyrol, zu Pfirt, zu Küburg, zu
Arthois und zu Burgundi, Pfaltzgraffe zu He-
nigaw, zu Holland, zu Seeland, zu Namur,
unnd zu Züpffen, Marggraffe des heiligen Rö-
miſchen Reichs, unnd zu Burgaw, Landgraffe
in Elſas, Herr zu Frießland, auff der Windi-
ſchen Marck zu Portenaw, zu Salins und zu
Mecheln, ꝛc. Bekennen offentlich mit dieſem
Brieffe, und thun kund allermänniglich, wiewohl
der Hochgebohrne Eberhart Hertzog zu Würtem-
berg und zu Teck, Graf zu Mümpelgart, ꝛc.
Unſer lieber Oheim Fürſt und Rath, und auch
O 3 ſeine

(a) Nach einem in fol. einzeln gedruckten Exemplar,
item Lünings Reichs-Archiv Part. Special. Contin.
II. unter Würtemberg. pag. 714. ſeqq.

seine Vorfordern, von weiland unsern Vorfah-
ren, Römischen Kaysern und Königen Löblicher
Gedächtnüs für sich, ihre Erben und Nachkom-
men, gefreyet seyn, ob iemand zu ihnen, ihren
Erben und Nachkhommen ichts zusprechen hätte
oder gewinne, von was Sachen wegen das wäre,
der soll Recht von ihnen forderen und nehmen,
vor Römischen Kaysern und Königen oder ihren
Vicarien in Teutschen Landen, und (1) nachmals
das der genannt Hertzog Eberhardt zu Würtem-
bergk und seine eheliche Leibs-Erben, Mannes-
Nahmen ꝛc. um alle und iegliche Sachen, die sie,
ihre Leibe und Güter antreffen, für kein Land-
Gericht, Hoff-gericht, Statt-Gericht, noch für
kein ander Gericht sollen gezogen, oder daselbst
berechtiget werden, noch auch schuldig seyn, daselbst
sich zu verantworten; sondern sie sollen darum
mit recht vorgenommen werden, vor ihren erbah-
ren Räthen und sonst nirgends anderswo; Des-
gleichen, ob iemandt zu der benandten Hertzogen
zu Würtemberg, ihrer Erben und Nachkommen,
Dienern oder Mannen, Städten, Märckten,
Dörffern, oder zu andern ihren Leuten, Untersaßen,
und denen die ihnen zu versprechen stehen; allezeit
zu klagen oder zu sprechen hätte, oder gewünne,
und sie solcher Forderung halber für das Hof-ge-
richt zu Rothweil oder einige andere Land- oder
Hofgerichte und Gerichte fürforderen würde,
daß sie auf ihr Abforderung gewisen werden sollen,
auch

(1) Alii : oder

auch wie und an welchen Enden, dieselben gerecht-
fertiget werden und solche rechtfertigung geschehen
soll alles Laut und Innhalt obbestimmter Frey-
heit die wir hierbey, als ob die von Wort zu
Worten hierinnen beschrieben wäre, für inserirt
halten wollen, ꝛc. so hat Uns doch der gemelte unser
lieber Oheim und Fürst, Hertzog Eberhardt be-
richtet, daß ihme und den Seinen an solchen Frey-
heiten viel abbruchs geschehe, und uns darauf um
nothdürfftige Hülffe und gnädige Fürsehung un-
terthänig gebetten. Des haben wir angesehen
und betrachtet, die redliche, nützliche und getreue
Dinste, die uns und dem Heiligen Reiche derselb
unser Oheim und Fürst, Hertzog Eberhardt zu
Würtemberg, ꝛc. offt und dick, willig und un-
verdrossen gethan hat, täglich thut, und hinfürter
künfftiger zeit wohl thun mag und soll und haben
darum mit wohlbedachtem Müth guten Rath unse-
rer und des Reichs Chur-Fürsten, Fürsten, Gra-
fen / Edlen, und getreuen, und rechter Wißen,
ihme diese nachgeschriebene Gnade und Freyheit
zusampt andern gethan und gegeben, von Rö-
mischer Kayserlichen (1) Macht, Vollkommen-
heit, daß man ihne und seine Erben und Nach-
kommen, Herzogen und Herren zu Würtem-
berg, so iezo seynd, und füran seyn werden, und
ihr aller Diener, Manne, Leute, Untersaßen und
die ihnen zuversprechen stehen, gemeinlich oder
sonderlich, für unser Hofgericht zu Rothweil,

O 4 oder

---

(1) Alii rectius : **Königlicher**

oder andere Landt-Hof-oder Statt-Gerichte,
oder Gerichte, zu oder für (1) die Weſtphälli-
ſche, oder andere heimliche Gerichte wie die Nah-
men haben oder genannt werden mögen, nicht
laden, fürheiſchen, oder daran Vor-oder End-
Urtheil, oder einige andere Proceſs, Gebott oder
Verbott, um keine Sach, ob ſe die Ehehafften
derſelben Gericht, ſie, ihre Leibe und Güter an-
treffen, über ſie außgehen oder ſprechen ſollen o-
der mögen, in keine Weis, ſondern wer alſo zu
den benannten Herzog Eberhardten, ſeinen Er-
ben und Nachkommen, Herzogen und Herren
zu Würtemberg, die jezo ſeyn und fürter ſeyn wer-
den, ihr einen oder mehr zuſprechen hätte, oder
gewünne, der oder die ſollen ſie, darum vorneh-
men mit Recht; Erſtlich vor derſelben Herzogen
und Herren ſu Würtemberg, Hoffmaiſter und
Erbahren Rähten, und ſonſt nirgend anderswo,
oder (2) zum minſten, neun mit dem Hoffmai-
ſter, darunter der halbe theil aus der Ritterſchafft
geborn, und der ander halbe Theil der Rechten
gelehret und gewürdigt ſeyn ſollen. Und von de-
ro iedem Treu, an Eydes ſtatt genommen wer-
den, daß er in ſolcher Sachen, nach beider thail
fürbringen, und ſeiner beſten Verſtändnüß, Recht
ſprechen, und darinnen keinerley Gefährlichkeit
gebrauchen wolle, und ſoll dem Kläger in einem
Monat den nächſten nach ſeiner Erforderung, un-
geführ-

---

(1) alii ſolum: oder für
(2) alii rectius: der

gefährlich, gegen seinem Wiedertheil, rechtlicher
Tage angesezet und verkündet werden, und solch
Recht, von dem Gerichts-Tage an zu rechnen,
als die Klage ins Gericht gebracht wird, in nächst-
folgendem halben Jahre zu Ende kommen, es be-
gebe sich dann, durch rechtliche Schub und Be-
kanntnüß fernere Verlängerung, doch daß solcher
Schub und Verlängerung über ein Jahr unge-
fährlich nicht geschehen, oder geben werden. Es
sollen auch der benannte Herzog Eberhart, seine
Erben und Nachkommen, Herzogen und Herren
zu Würtemberg, so iezo sind und hinführo seyn
werden, dem Kläger und denen, so Er ungefähr-
lich mit ihm bringen, oder von seinetwegen schi-
cken würden, zu den Gerichts-Tägen zu kom-
men, darbey zu seyn, und wider in ihr Gewahr-
sam, an Enden, da sie zu geleiten haben, ihr
ungefährlich sicher Geleit zuschreiben, doch soll der
Kläger niemandt mit ihm bringen oder schicken,
der ein Verbrecher wäre unsers Land-Friedens,
so iezo (1) zu Zeiten ist, oder seyn würde, oder
desselben Herzogs Eberhardt, und seiner Erben
und Nachkommen, Herzogen und Herren zu
Würtemberg, oder deren zugehörigen und Ver-
wanndten offner endtsagter Feind oder Beschä-
diger wäre. Wer auch zu deßselben Herzog E-
berhardts, und solcher seiner Erben und Nach-
kommen, wie vorgemelt, Diener oder Mannen,
einem oder mehre, Städten, Märckten, Dörf-
fern,

O 5

(1) alii : se

fern, oder Communen ichts zu klagen oder zu spre-
chen hat, oder gewinnet, um welcherley Sache
das ist, es betreffe Ehehafften, unser und euer
Gericht, oder alle andere Sachen, der soll Recht
erstlich von ihnen forderen und nehmen vor dem
iezbenannten Herzogen Eberhardten, und seinen
Erben und Nachkommen, wie obstehet, mit
samt deren bey sitzenden Rähten, oder vor ihren
Hof-Richtern und erbahrn Rähten, von ihnen
darzu verordnet und bescheiden, und nirgend an-
derstwo, die auch alle gesezt und qualificirt und
Recht ergehen lassen sollen, wie hievor im näch-
sten Articul unterschiedlich begrieffen ist; Wer
aber zu andern ihren Leuten, Untersaßen und de-
nen, so ihnen zu versprechen stehen, etwas zu
sprechen oder zu klagen hat, oder gewinnet, war-
um das ist, nichts ausgenommen der soll anfäng-
lich Recht von denselben forderen und nehmen an
den Enden und Gerichten, dahin und in die sie
gehören, und darinn Sie gesehen sind, und nir-
gend anderswo, und ieglicher Kläger und Kläge-
rinne, sollen sich auch an den vorbestimmten En-
den am Recht begnügen lassen, wie Recht ist. Es
sollen auch die vorgenannten, Herzog Eberhard
seine Erben und Nachkhommen, solchen vorbe-
nannten Klägern und Klägerinnen in alle Zeit
Recht gehorsam seyn, gestatten, helffen und ge-
holffen werden verschaffen, ohne Verziehen und
Wiedersprechen in Zeit, auch an den Stätten
und Enden, Als vorgeschrieben ist: wäre aber, daß
hierwieder die iezbenannten, Herzog Eberhardt
und

und seine Erben und Nachkömmen oder derselben
Diener, Manne, Leute, Untersaßen, und die
ihnen zu versprechen stehen, gemeinlich oder son-
derlich von euch von Rothweil, oder allen andern
Unsern Hof-Stätt-oder Land-Gerichten und
Gerichten wie die Nahmen haben, die wir auch
hiemit unterschiedlich bestimmt und benennet ha-
ben wollen, geladen, fürgeheischen, oder fürge-
trieben würden alß offt das beschehe; wann dann
dieselben, Herzog Eberhardt und seine Erben und
Nachkommen, wie obstehet, mit ihrem Briefen
oder durch mündliche Bottschafft ihrer geschwohr-
nen Rähte oder Ampt-Leute, solch geladen und
Fürgehaischen, euch zu Rothweil, auch allen an-
dern Stätt-und Land-Richtern, desgleichen al-
len anderen Frey-Grafen, Schöpffen und Rich-
tern, heimlicher oder anderer Gerichten, verkun-
den, oder zu wißen thun, oder daß ihr von euch
selber wisset, daß solch Fürhaischung, Ladung,
und Fürtreibung, sie, ihre Diener, Manne,
Leute, Untersaßen, oder die ihnen zu versprechen
stehen oder derselben Haab und Güter antreffe
und berührte, so sollen alsdann darauff, ihr,
unsere Hoffrichter und Urtheilsprecher zu Roth-
weil, auch alle andere unsere Land-Hof-oder
Stadtrichter und Gerichten, hiervor bestimmt,
denen solches wie iezo gemelt, verkündet, und
zu wissen gethan wird, stillstehen, und wider die
Fürgeförderten im Recht nicht prociren noch in
einigen Weg handlen, sondern ob die Klägere o-
der Klägerinne gegen den fürgeheischten und ge-

lade-

ladenen, ihrer Forderung nicht still stehen, und
wie (1) Rechts nicht vertragen wollten oder möch-
ten, so mögen dieselben Kläger oder Klägerinne
mit ihrer Klag und Forderung den vorgeforder-
ten in den Gerichten, Städten und Enden, wie
obgemeldt und begrieffen ist, mit recht ersuchen
und fürnehmen : ob aber hierüber durch euch un-
sere Hoff Richter und Urtheilsprecher zu Rothweil
oder alle andere Richter wie obgemelt ist, sam-
mentlich oder sonderlich einigerley Ladung Für-
haischung, Klag, Vor-oder Ende-Urtheil, Achte,
oder einige andere Handlung, Gebott oder Verbott,
wider die benannte Herzog Eberhardten, seine
Erben und Nachkommen, oder derselben Diener,
Manne, Leute, Unterfaßen, oder die ihnen zu ver-
sprechen stehen, wie obstehet, und diese unsere
Gnade und Freyheit ertheilt oder außgesprochen
oder sonst gehandelt würde, wie sich das gefügte,
die vernichten wir gänzlich und gar, iezo alßdann
und dann alß iezo, heben die auf, und thun die
ab, von Römischer Kayserlicher (2) Macht,
Vollkommenheit, sezen und wollen, daß die alle
und iegliche untaugentlich und unkräfftig seyn,
und den vorbenannten, Herzog Eberhardten, sei-
nen Erben und Nachkommen, ihren Dienern,
Mannen, Leuten, Unterfaßen, und die ihnen zu
versprechen stehen, an ihren Leibern und Güe-
tern keinen Schaden bringen, oder gebären sol-
len, dann wir alles das, so hierwider seyn könnt
oder

---

(1) alii: sie
(2) alii rectius: **Königlicher.**

oder thun möchte, Statuten, Gewohnheiten,
Bräuche, alte Herkommen, Freyheiten und an-
ders, mit rechter Wissen, und aus Römischer,
Kayserlicher (1) Macht, Vollkommenheit, ver-
nichten, aufheben und derogieren, und denen hier-
mit derogirt haben wollen. Würden aber der
bemelte Herzog Eberhard, seine Erben und Nach-
kommen, ihre Manne, Rähte, Leut, Diener
und Verwandten, wie vorstehet, vor obgemel-
ten Räthen oder Richteren und Gerichten obbe-
stimbter Maß nicht zu recht fürkommen, oder das
wie obstehet, nicht verholffen oder vollzogen wür-
de, so mag der Kläger den Antworter vor Uns,
oder unser Cammer-Gericht, Hof-Gericht oder
anderen Gerichten, da sich das nach Ordnung
gebürt, mit Recht fürnehmen und ersuchen, die-
ser unser Gnaden Freyheit halben unverhindert.
Und wir gebieten hierauff allen und ieglichen
Churfürsten, Fürsten, Geistlichen und Weltli-
chen, Prälaten, Grafen, Freien, Herren, Rit-
tern, Knechten, auch dem Hof-Richter unnd
Urtheilsprechern Unsers Hof-Gerichts zu Rot-
weil, und auch allen und jeglichen andern Land-
richtern, Hofrichtern, Richtern, Gerichten,
Rähten, und Urtheilsprechern, heimlicher und
anderer Gerichte, und sonst allen andern Unsern
und des Reichs Underthanen und Getrewen, in
was Würden, Stands oder Wesens die seynd,
ernstlich und festiglich mit diesem Brieffe, daß
ihr

---

(1) Alii iterum rectius: Königlicher.

ihr ſamentlich und ſonderlich den vorgenannten
Herzog Eberharoten und ſeine Erben und Nach-
kommen, ihre Diener, Manne, Leute, Unter-
ſaßen, und die ihnen zu verſprechen ſtehen, ſament-
lich und ſonderlich an ſolchen vorgemeldten unſern
Gnaden und Freyheiten mit allen ihren Puncten,
Clauſulen und Articuln, ſamt und ſonders, nicht
hindern noch irren oder darwider handlet in kein
Weis, ſondern ſie der alſo in vorgeſchriebener
Maß geruhiglich gebrauchen, genieſſen, und
gänzlich dabey bleiben laſſen, und nach eurem be-
ſten Vermögen zubleiben verſchaffet, ungefähr-
lich, alß lieb einem jeden ſey, unſer und des Reichs
ſchwehre Ungnad, und darzu ein Pön nemlich
hundert Marck lötiges Golds, die ein jeglicher
ſo offt er darwider handelt, mit der That ohne
weitere Erklärung oder Rechtfertigung verfallen
ſeyn ſoll, halb in unſere und des Reichs Camer,
und den andern halben Theil dem berührten Her-
zogen Eberharten, ſeinen Erben und Nachkom-
men, unnachläßlich zu bezahlen, zu vermeiden;
Dann wir allen dem, wie obgemelt, ſo hierwi-
der ſeyn könnte oder möchte, mit rechter Wißen
und Königlicher Macht, Vollkommenheit dero-
giren, und hiermit derogirt haben wollen. Mit
Urkund dieſes Briefs, beſiegelt mit unſerm Kay-
ſerlichen (1) anhangenden Inſiegel, geben in
Unſerer und des Heiligen Reichs Statt Worms,
am zwanzigſten Tage des Monaths Auguſti, nach
Chri-

_____

(1) alii rectius: **Königlichen**

Chriſti Geburte vierzehenhundert und im Fünff
und neunzigſten, Unſerer Reiche, des Römiſchen
im zehenden, und des Hungariſchen im ſechzehen-
den (2) Jahre.

Ad Mandatum Domini, Domini
Regis proprium.

Berchtoldus Archiepiſ. Mogunt.
Archicancellarius ſubſcripſit.

Num. 31.

Kayſers Maximiliani I. Lehen-Brieff
vor Herzog Eberhardt den Jüngern zu
Würtemberg.

d. d. 1496. 11. Maj. (1)

Wir Maximilian, von GOttes Gnaden Rö-
miſcher König, zu allen zeiten Mehrer des
Reichs zu Hungarn, Dalmatien, Croatien ꝛc.
Kunig, Erz-Herzog zu Oeſterreich, Herzog zu
Burgund, zu Lotterickh, zu Brabant, zu Steyr,
zu Kärndten, zu Crain, zu Lymburg, zu Luxem-
burg, und zu Geldern, Grave zu Flandern, zu
Habſpurg, zu Tyrol, zu Phirtt, zu Kyburg, zu
Arthois, und zu Burgund, Pfalz-Grave zu
Henigew, zu Holland, zu Seeland, zu Namur,
und zu Zutphen, Marggrave des Heiligen Rö-
miſchen

(2) alii rectius: Sechſten.
(1) Aus Kunigs Reichs-Archiv Part. Special. Contin.
II. unter Würtemberg. p. 717.

mischen Reichs, und zu Burgow, Land-Grave
im Elsaß, Herr zu Frießlaud, auf der Windi-
schen Marckh, zu Portenau, zu Salins, und
zu Mecheln ꝛc. Bekennen offentlich mit diesem
Brief, und thun kund allermänniglich, daß uns
der Hochgebohrne Eberhardt, Herzog zu Wür-
temberg und zu Tecth, Grave zu Mömpelgardt,
unser Lieber Oheim, Fürst, und Rathe diemie-
tiglich angeruffen und gebetten hat, daß wir Ih-
me alle und iegliche seine Lehen, die von Uns und
dem heiligen Reiche zu Lehen rühren, und von
seinen Vorforderen auf Ihne gefallen mit samt
denen, die von seinem Bruder und Vetter, Gra-
ven zu Würtenberg und zu Mömpelgardt, die
noch im Leben wären, auch die, so durch Abgang
weyland seines Vettern, Herzog Eberhardts an
ihne kommen sind, mit Nahmen das Herzogthum
Wirtemberg und Tecth, wie wir das mit aller
Herrlichkeit, Regalien, Obrigkeit, und Gerech-
tigkeit aufgericht und erhebt haben, und alle und
iegliche andere Grafschafften, Herrschafften und
Lehen, mit allen und jeglichen ihren Herrlichkei-
ten, Würden, Ehren, Rechten, Mannschaff-
ten, hohen und niederen Gerichten, Wildpen-
nen, Zollen, Geleiten, Münzen, Gold und Sil-
ber, auch Schätzen, Salz und anderen Erzen,
darzu allen anderen hergebrachten Regalien, Lan-
den, Leuten, und zugehörungen, und den Pann
in demselben Herzogthum, Grafschafften, Herr-
schafften, auch Lehen, und allen andern seinen
Herrschafften, Gerichten und gebieten, über das
Blut

Blut zurichten ; Desgleichen, daß Wir ihm all
und jeglich gnad, Regalien, Freyheiten, Recht,
Briefe, Privilegien, Handfesten und Pfandschafften, so seinen Vordern, und ihme von weyland unsern Vorfahren am Reiche, Römischen
Kaysern und Königen und uns gegeben seyn, mit
sampt ihrem alten Herkommen, und guten Gewohnheiten, so sie Lobelich hergebracht und gebraucht haben, auch denen Verträgen wie es mit
Erb-Fällen, „ von Erben zu Erben gehalten wer
„ den soll, und darzu unsern/ und des Heil. Reichs
„ Sturm-Fahnen mit seiner zugebührenden Herr
„ lichkeit und Gerechtigkeit zu Lehen zu verleihen,
„ zu bevehlen, zu erneuren, zu confirmiren, und
„ zu bestatten, gnädiglich geruheten.

Des haben wir angesehen solch diemütig, ziemlich Bitten, auch die getreue und nützliche Dienste, so die berührten seine Vorfordern unter den
Vorgemelten unsern Vorfahren, uns und dem
heiligen Reiche offt williglich gethan haben, er
noch täglich thut, und hinfür in künfftig Zeit wohl
thun mag und soll, und darum mit wohlbedachtem
Muthe, gutem Rathe, unser und des heiligen
ReichsChur-Fürsten,Fürsten, Edlen und getreuen,
und rechter Wißen, demselben Hertzog Eberhardten zu Würtemberg und Teckh, Graven zu Mömpelgardt, die obbestimpten Lehen, das Hertzogthum
Würtemberg und Teckh mit allen Herrlichkeiten,
Regalien, Oberkeiten und Gerechtigkeiten, wie
wir das aufgericht erhebt und gewürdigt haben,
und all und jeglich ander Grafschafften, Herr

P   schaff

schafften und Lehen, mit allen und jeglichen Herr-
lichkeiten, Würden, Ehren, Rechten, Mann-
schafften, hohen und niedern Gerichten, Wild-
Pennen, Zöllen, Geleiten, Müntzen, Gold, Silber,
auch Schätzen, Saltz und anderen Erzen, und
allen anderen herbrachten Regalien, Landen, Leuten
und zugehörungen, und den Pann über das Blut
zu richten, in denen gemelten seinen Hertzogthum-
ben, Gravschafften, Herrschafften und Lehen,
auch allen andern seinen Herschafften, gerichten
sind gebieten, wie die seine Vorfordern unnd
„ Vetter, Herzogen und Graven zu Würtem-
„ berg und Mompelgardt, besessen innigehabt und
„ hergebracht haben, und er anietzo inhat besitzet,
„ und auch herbracht hat, mit sampt unserm und
„ deß Reichs Sturm-Fahnen, auch seiner zu ge-
„ bührenden Herrlichkeit, Gerechtigkeit und zu-
„ gehörde, zu Lehen gnädiglich verliehen und be-
„ fohlen, Leihen und befehlen ihm die also von
Römischer Königlicher Macht Vollkommenheit,
wissentlich in Crafft dieses Briefs was wir ihm
von Gnaden, recht und Billigkeit wegen daran
verlehyen sollen und mögen die nun für baß hin von
Uns und dem heiligen Reich in Lehens Weise inn
zu haben, und wie auch seine Vorfordern und
Vettern Hertzoge und Graven zu Württemberg
und er bishero gethan zu niessen und zu gebrauchen:
Und nehmlich, daß er den Pann über das Blut
zu richten fürpasser einem oder mehr seiner Ambt-
Leuthen, die ihme darzu schicklich zu seyn, so offt
ihn das Nothdurfft bedunket, an seiner Statt be-
vehlen,

vehlen, damit bey dem Eide so Er uns, alß her-
nach steet, darum thun, und also sich gebühret,
von denselben seinen Ampt Leuten nemmen sollen,
zu handlen richten und verfahren gegen dem Rei-
chen als dem Armen, und dem Armen als dem
Reichen und darinnen nicht ansehen Lieb, Leid,
Gunst, Forcht, Freundschafft, Feindschafft,
Miet, Gaab, noch gantz kein andere Sachen,
dann allein gerechtes Gericht, innmassen daß ihr
yeder an dem letzten Gericht gegen GOtt dem All-
mächtigen verantwortten wöllen getreulich und
ohngefährlich; Der vorgemelte Hertzog Eber-
hardt, hat uns auch darauff persöhnlich gewönt-
lich Glübd und Eyde gethan, Uns und dem Reich
von solcher Lehen wegen getreu, gehorsam und
gewärtig zu seyn, unsern Nutz und Frommen zu
fordern und Schaden zu verhüten, nach seinem
besten Vermögen, den Pann über das Blut zu
richten, in vorgemelter maßen zu gebrauchen, zu
dienen und zu tund, alß sich darvon gebürt, un-
geverlich, darzu haben wir ihm, und allen seinen
Erben und Nachkommen, Herzogen zu Würtem-
berg und Teck, alle und jegliche vorgemelte Gnad,
Regalien, Freyheiten, Rechte, Briefe, Privilegien,
Handvesten und Pfandschafften, die seinen Vor-
fordern und Ihm, von weyland unsern Vorfahren
am Reiche, Römischen Kaysern und Königen und
uns gegeben seynd, mit sampt ihrem alten Her-
kommen und guten Gewohnheiten, die sy lobelich
hergebracht und gebraucht haben, auch denen
Verträgen wie es mit Erbfällen von Erben zu

Erben gehalten soll werden, in allen, und ihr ie-
des Stucken, Puncten, Articuln, Innhaltungen
Meinungen, und begreiffungen, wie dann die
lautend und ausweisen die wir hiemit gemeldet
haben wöllen, alß ob die von Wort zu Wort hiebey
inserirt wären, alß Römischer König aus rechtem
Wißen erneurt, confirmirt und bestättiget; Er-
neuen, confirmiren und bestättigen auch die aus
Römischer Königlicher Macht und Vollkommen-
heit und rechtem Wissen, in krafft dieses Brieffs:
Und meinen, setzen und wellen, daß sy nu für baß-
ser, alle und iede kräfftig und mächtig seyn, und
der gemelte Hertzog Eberhardt, alle seine Erben
und Nachkommen, Hertzoge zu Würtemberg,
und Teckh darbey bleiben, der auch nach ihrer inn-
halt gebrauchen sollen und mögen von allermän-
niglich unverhindert; Und gebieten darauff allen
und jeden Chur-Fürsten, Fürsten, Geistlichen
und Weltlichen, Prälaten, Graven, Freyen,
Herren, Rittern, Knechten, Hauptleuten, Viz-
domben, Landvögten, Vögten, Hofrichtern,
Landrichtern, Stätten, Burgermeistern, Rich-
tern, Räthen, Burgern, gemeinden, und sonst
allen andern unsern und des Reichs unterthanen
und Getreuen in was Würden, Stands oder
Wesens die seyn, ernstlich und vestiglich mit die-
sem Brieff, und wöllen, daß sy den vorgenannten
Hertzog Eberhardten zu Würtemberg und Teck,
Graven zu Mömpelgardt seine Erben und Nach-
kommen, an den obgemelten Lehen, Gnaden,
Regalien, Freyheiten, Rechten, Privilegien,

Brie-

Brieven, Handvesten, Pfandschafften alten Herkommen guten gewohnheiten, und denen vorbestimbten Verträgen nicht hindern noch irren, sondern ihne und sy darbey beleiben, und geruelich gebrauchen und geniessen laßen, und hiewider nicht thun noch jemand zu thun gestatten in kein weyse, als lieb einem jeglichen sey, unser und des Reichs schwere Ungnad und Straffe, auch die Pönen in denen obberührten Privilegien, Gnaden, Verleyhungen, und Verträgen, Freyheiten und andern Briefen begrieffen, zu vermeyden; Mit Urkund dis Briefs, besigelt mit unserm Königlichen anhangenden Insiegel. Geben zu Augspurg am aylfften Tag des Monaths Maji nach Christi Geburt vierzehen hundert und im sechs und Neinzigsten; Unserer Reiche, des Römischen im eilften und des Ungarischen im Siebenden Jahren.

Ad mandatum Domini Regis proprium

Bertoldus Archi-Episcopus Mogunt. Archi-Cancellarius.

Num. 32.

Hienach volget die ordnung und fürgenommen Regiment des Fürstenthumbs Wirtemberg durch uns Landthoffmaister und geordnete Cantzler und Rätte auch ander Prelaten Räte/ Grauen/ Ritter Knecht und die Landtschafft mit dapfferm zyttlichem und wolbedachtem Rate in krafft des besigelten gelopten und geschwornen Vertrags gemacht und uffgericht.

P 3   (An

(An. 1498.) (1)

ANfangs protestieren vnd bezügen Wir Unns offenlich ob in diser nachvolgennden ordnung ichzit begriffen, gesetzt oder geordnet das dem angezeigten gelopten vnd geschwornen Vertrag vnd dem so wir GOtt dem Allmechtigen Land Lütten vnserm Gnedigen Herren vnd vns schuldig sind widerwertig oder vngemessen were, des wir doch nit Wissens haben, das sölichs vnbündig vntrefftig vnd yetzo widerrüfft sin sölle. Dann vnser Will, Gemüt vnd Meynung ist nit anders, dann zuvorderst die Eer GOttes ouch vnser Gnedigen Herrschafft Lob vnnd Nutz vnnd vnnser aller Handthabung vnnd auffenthalt, vß schuldigen Pflichten vnnd in Krafft berürts Vertrags zu bedencken ouch handeln. Vnd ob ichzit demselben widerwertig hierinn erfunden würde der hoffnung wir doch nit sin, were dasselb mer vß getrüwer gutter Meynung vnd Verstentnuß dann mit ainichen Geuerden geschehen. Söltte ouch vnser Vnwissenhait zugelegt werden. Dann wir vnß mit Verlyhung Göttlicher Gnaden (die wir hertzlich bitten vns mitgethailt, vnd nit entzogen zu werden) in diesen vnd andern vnsern handlungen gegen Menigklichen vnnerwissenlich vnd vnherterlich halten wöllen, ouch das hiemit wie obsteet offenlich protestiert vnd bezügt haben.

Vnd demnach zu eeren vnd Lob GOtt dem Allmechtigen der hochgebrysten vnd Lobwirdigsten

---

(1) Aus einem damals gebruckten Exemplar.

sten Junckfrowen Marie vnd allen himelschen
Höre gepürender eererbietung Fürgang vnd Me-
rung Göttlichs Diensts vnd Trost cristglöbiger
selen ouch zu Vffenthaltung vnd zu Handhabung
diß Löblichen Fürstenthumbs Rechtens vnd Ge-
rechtigkait von vns hierjnne fürnemlich vnd zum
fordersten angesehen vnd betracht. So ordnen,
setzen vnd wöllen wir anfängklich das alle beschloß-
ne reformierte vnd geordneten Klöster und Gotz-
hüßer baiderlay Geschlechts Männer vnd Frowen
in dem Fürstenthum Wirtemberg vnd desselben
schütz vnd schirm gelegen fürterhin zu allen Zyten
beschlossen vnd reformirt blyben, ouch also orden-
lich gehalten vnd gehandhabt werden söllen, da-
mit die Eer GOttes vnd desselben Dienst nit ge-
mindert sonder on alle Verhinderung die getha-
nen profeßion vnd gelüpten gehalten, vnd vil Er-
gernus vnd übels durch offnung oder vnordenlich
wesen der Gotzhüsere entspringende nidergetrückt
vnd verhüt werde.

Wir setzen, ordnen vnd wöllen auch das die
Stifftungen aller Pfründen vnd Gotzgaben zu
Lob vnd eeren GOtt dem Allmechtigen, ouch hilff
vnd trost der Armen vnd Ellenden selen geschehen
vnd auffgericht (vsserhalb dero so von vnser gne-
digen Herrschafft selbs gestifft sind) an den stetten
vnd orten dahin die cristglöbigen Menschen vnser
Vorfarn vnd Eltern dieselben gelegt vnd fundirt
haben vngeendert vnd vntransferirt blyben söllen,
ouch alle Stifft-Pfarrer vnd Caplán sich Prie-
sterlich, wesenlich vnd wie sich jrem stande gepürt

P 4 halten

hatten vnd vff dieselben pfrůnden so die vaciern vnd ledig dapser, from, erber, Gotzforchtend vnd geleert personen, so viel man derselben gehaben mag (des ouch gutter vliß geschehen soll) presentirt werden.

Vnd nachdem das Sacrament der heiligen Ee nach ordnung Cristenlicher vffsazung, fry vngenöt vnbezwungen durch die Persohnen so sich eelich verhyrathen wollen zuegen vnd beschlossen werden soll, jn ansehung das widerwillig vermäh-lunge swer vnd sorgveltig vßgang gewonlich thund geperen. Deßhalben wöllen vnd ordnen Wir, das gantz Dehain Person, diesem Fürstenthumb zugehörig, unterworffen oder verwandt mit vn-gnad oder in ander Weege zu künfftigen Zyten nymmermer zu der Ee zu groffen, wider jrn willen genöt oder gedrengt soll werden, ouch ir Vatter vnd Muter oder Fründschafft darzu nit gehalten, Sonder das heilig Sacrament mit fryem vnd un-bezwungen willen aller Personen halb volzogen vnd volbracht werden.

Es sollen ouch die vnderthanen vnd verwand-ten diß Fürstenthumbs über und wider jrn Wil-len, von vnser gnedigen herschafft zu dero Lust, Fröd vnd so gestalten Sachen, daraus bemelten vnderthanen vnd verwandten sorg oder geverlich-kait, jrer Eren oder sust schmach, schand, spott vnd vnwiderbringenlicher schad entsten möcht, nit gezwungen, getrungen, noch in Dehain weg dar-zu gehaltten werden.

Nach-

Nachdem ouch die Juden, so gesuch vnd Wu-
cher nemen, GOtt dem Allmächtigen, der Na-
tur, vnd criſtenlicher ordnung heſſig, verſchmecht
vnd widerwertig, ouch dem gemainen Armman,
vnd vnderthanen verderplich vnd vnlydenlich ſind,
deßhalben durch wegland vnſern Gnedigen Herrn
Herzog Eberharten Loblicher Gedechtnus in ſiner
Fürſtlichen Gnaden teſtament, von vnſerm Gne-
digen Herrn yezo Herzog Eberharten vnterſchrie-
ben beſigelt vnd angenommen geſezt vnd geordnet
iſt, daß in dem Fürſtenthumb Wirttemberg dehain
Jud ſoll gehalten werden. So wöllen wir zu-
vorderſt GOtt dem Allmächtigen zu Eeren, ouch
handthabung vorberürts Teſtaments vnd letſten
willens vnd von gemains Nußs wegen das dieſe
Nagenden Würm die Juden in dieſem Fürſten-
thumb nit gehaltten, ouch deſſelben anſtößern
vnd nachparn bittlich geſchrieben werde, die Ju-
den ouch nit zu halten, ob aber durch dieſelben
an orten vnd Enden, darüber vnſer Gnedige Her-
ſchafft dehain Gebot oder Oberkait hätte Juden
gehalten, und von denſelben uff ligende Güter,
Pfand, Bürgſchafften oder Verſchreibungen den
Vnderthanen diß Fürſtenthumbs Lehnung ge-
ſchehen würde; So wöllen wir, daß alsdann
ſolich ligende Güter, Pfand, Burgſchafft vnd
Brief, ledig, tod vnd abſein ouch daruff nichtzit
erkennt werden ſöl, ſonder die Juden an Bezah-
lung irs vßgelihen hoptguts gut genügen vnd wy-
ter nichts zu vordern haben.

P 3   Vnd

Vnd als die Prelaten diß Fürstenthumbs so
vnder deſſelben höchſten kleineten vnd Gezierden
müglich geacht vnd gezehlt, ouch mit darſtreckung
troſtlicher hülff fürſtennig vnderſchießlich ſind ſich
beklagen mercklicher vnd obliegender beſchwärun-
gen, durch vnſern Gnedigen Herrn jnen zuge-
fügt.

Hierumb demſelben zu begegnen, und damit
der Gotzdinſt nit gemindert, abgengig, oder ſö-
lich eerlich ſtend zerrütt, ouch der Stiffter ſelen,
ir troſt nit entzogen oder abgewend werde; So iſt
vnſer Will vnd gemüet das ſöliche Gotzhüßer, vnd
Prelaten gnediglich, Fürſtlich vnd mit zimlicher er-
berer maß bedacht vnd gehalte werden, damit durch
dieſelben, zu der notturff diß Fürſtenthumbs ge-
trüw hilff vnd bylegung deſt ſtattlicher und Für-
ſtendiger geſchehen mög, vnd ob deßhalben zwy-
ſchent vnſer Gnedigen Herrſchafft vnd den Pre-
laten, ainem oder mern jrrung vnfielen, So ſol-
len dieſelben zu yeder zyt durch Landthoffmaiſter,
Canzler vnd geordnet Räte zimlicher vnd billicher
Mittel mit vloß hingelegt vnd entſcheiden werden.

Füro vnd damit Gericht / Recht vnd Gerech-
tigkait, wie vntzher geſchehen, nit vntergedruckt,
verhindert oder geblendet, ouch der Frid nit ver-
ſchalten vnd Krieg vngeführt werden, ſonder die
Underthanen diß Fürſtenthumbs, arm vnd rych
jrer Vordrungen gegenainander mit fürderlichem
Rechten wie ſich gepürt, bekommen, vnd mit
ſamt den Verwandten bemelts Fürſtenthymbs,
früntlich, fridlich vnd nachpürlich, by vnd ne-
bent-

bentäinander ſitzen vnd blyben mögen, auch die
Gerechtigkait, mit fräuenlicher Vergwalttigung
(als ſich zum Tail vor Augen ſchinbarlich erzöugt
hat,) verdruckt werde, So ſetzen, ordnen vnd
wöllen wir, daß allen vnd neden Menſchen, die
in dieſem Fürſtenthumb zu werben vnd zu ſchaffen
haben, vff ir anrüffen vnd ervordern Gericht,
Recht vnd Gerechtigkait fürderlich vßrecht vnd
vnverzogenlich mitgetailt vnd gehalten, auch das
ſo mit Recht erkennt, vnd in krafft geen wirdet,
on Verzug vollzogen vnd volſtreckt werde, damit
die Parthnen fürderlichs vßtrags bekommen, vnd
vnnothtürfftig coſten vnd Schaden verhüt plyben.

Vnd nachdem Gaben vnd ſchänckungen, die
Geſicht vnd Gehörd der Menſchen verblenden,
vnd verſtoppen auch ire Gemüt und Hertzen, von
dem Weeg der Gerechtikait abwenden, ſo wöllen
wir daß alle Rät, Diener vnd Knecht, von den
Vnderthanen diß Fürſtenthumbs ainem vnd
meren auch von andern, die mit denſelben oder
dieſer Herrſchafft zu ſchicken haben, oder war-
lich geacht werden, künfftige geſchefft zuge-
wynnen, gantz dehain Schenckung nemmen, noch
den irn wie obſteet, zu empfahen oder zu nemmen
geſtaten ſollen in dehain weeg Es were dann ain
gut Jahr, oder derglichen vererungen oder eerung
nieſſender Spiß oder Trancks, alß ain paar cap-
pon Käß Viſch und deßglichen, das nit überköſt-
lich vnd vngeuarlich were, darin anſehen vnd be-
dacht werden ſöllen die Perſonen der gebenden vnd

nemen-

nemenden, vnd sollen auff sölichs alle Amptlüt den
Vnderthanen jter ämter by jnn aldes pflichten ge-
bieten, niemands mit gaben oder Schenckungen,
anders dann wie obsteet zu überlauffen, zu ver-
suechen oder belestigen, dann wölcher sölichs über-
tretten, würde darumb wie sich gepürt hertiglich
gestrafft.

Wir ordnen vnd wöllend auch, ob yemandt
wer der were den andern verklagē verunglimpffen,
oder sust vngebührlicher wyß angeben woltte, das
solches gescheh inn beywesen des der verklagt, ver-
unglympffet oder versagt würdet, so ferr man an-
ders denselben gehaben mag, daruff alsdann baid
Partheyen gegen ainander gehört, vnd nach ge-
stalt der Sachen gebührlichs fürgenomen werden
soll, vnd dermassen soll es by allen vßrichtungen,
durch diß Fürstenthumb von den höchsten biß zu
den nidersten gehalten vnd gebrucht werden,
Es were dann das die Sachen, Malefiz oder
peinlich handlungen betreffen, darinn sollte nach
gestalt vnd Gelegenhait derselben nach zimlicher
billichkait gehandelt werden.

Vnd so yemandts vmb malefiz oder pinlich
hendel wie vorsteet, in thürn oder sust gefäncklich
angenommen vnd gehalten würde, Soll alsdann,
demselben angenommen, oder desselben fründt-
schafft auff ir begern vnd anrüffen pynlichs rechtes
gestat, vnd nit versagt werden, ob aber der gefan-
gen oder sin fründtschafft, die Sachen vff ain ab-
trag staltten, denselben oder das recht zu nemen, soll
ihnen sölichs ouch veruolgen, vnd doch die Kiessung
vnd

vnd Erwehlung deſſelben ſteen zu dem ſo gefangen
vnd angenommen iſt, vnd derſelb darüber, wy-
ter nit getrengt werden.

Dann vmb Sachen, die mit Gelt wöllen ge-
ſtraufft werden, ſoll dehain vnderthan, oder Ver-
wandter diß Fürſtenthumbs, der das Recht mit
Lütten oder Güttern verbürgen mag, gefängklich
angenommen oder gehalten werden.

Doch ob ain handel, dermaſſen geſtalt were,
das ſich darumb zu rechten nit gepürn wöltte,
alß ettlich Lychuertigkait vnd derglychen Sachen,
ſo allein Straff des thurns ervordern; So mag
man die Täter annemmen, vnnd alſo nach Ge-
ſtalt, vnd Gelegenhait ainer yeden Sach vnnd
der Perſonen zimlich vnnd wie ſich gepührt mit
jnen handlen aber Maleſiz vnd Frävel ſollen ge-
ſtrafft vnd gebüßt werden wie hievor davon ge-
ſezt vnd geordtnet iſt.

Es ſollen und mögen auch, mit oder on Recht
pynlich oder jm thurn, an jren Lyben hertigklich
geſtrafft werden, diejhenen ſo one genugſam Vr-
ſach ain gelopten Fryden verbrechen, oder by
nachtlicher wyle vnbewart, oder ſuſt mit Vſſaz
yemands Tags oder Nachts geſchlagen, und
daſſelb nachmals verlögnet, oder ſuſt vngeur-
ſachter Ding, die Lütt nidergeſchlagen, vnd be-
ſchedigt hetten, deßglychen ſo ainer vnderſtünde,
die gemaind wider das Gerichte, Raut oder an-
der Oberkait, zu bewegen auffrüren oder wider-
willen zu machen oder ſich ſelbs irrig vnnd hädrig
zu erzaigen, der Oberkait zu widerſtreben, oder
Gebott

Gebott vnnd Verbott Lychtuertigklich zuuerach-
ten, ouch piejhenen so vnerlopt fräuenlich oder
ohne redlich Vrsachen, vßtretten, vnd jr Lyb vnd
Gütt diesem Fürstenthumb empfrembden, oder
demselben über der Herrschafft oder dero Ampt-
lüt Gebott vnderstanden sich zu entziehen zuuer-
ändern oder vngehorsam zu machen, dieselben alle
sollen und mögen gestrafft werden, wie im An-
fang diß Artickels obbegriffen ist, wo auch die
Sachen offenbar am tag legen, oder so scheinbar-
lich sich erzeigten das die Dehain Verzug erlüden
wöllten, so soll mit annemen der Personen nach
Vernunfft vnd Billichait gehandelt werden.

Wir ordnen sezen vnd wöllen ouch, so sich ge-
fügte daß die Vnderthanen vnd Verwandten diß
Fürstenthumbs ainander verclagen oder verun-
glimpffen, vnd die Sachen den Räten anbringen
wölten, das söllichs erstlich dem Amptmann, in
des Ampt der beschuldigt gesessen ist, durch ge-
schrifft, oder Müntlich angebracht werde derselb
alsdann den verclagten berüfen baid Parthyen
gnugsamlich Verhören und daruff mit Vlyß vn-
dersteen soll, sie mit jr baiderseyts wissen vnd wil-
len gütlich vnd Fründlich zu betragen, wo aber
der Amtmann bey den Parthyen sament oder ai-
nichs thails besunder gütlich volg nit erlangen
möcht sonder von inen nach sölicher Verhörung
zu der Cantzly zu kommen begert würde, so soll
derselb Amtmann sie daselbs hinschicken mit ai-
ner verschlossen Geschrifft, darinn Herkommen-
hait vnd gestalt aller Handlung nottürfftigklich
vnd

vnd grüntlich so vil möglich ist angezeigt vnd gu-
ter Bericht geben werde, was, wesens Lämbdenß
oder Arckwonigkait die Personen seyen, ouch wie
sich die gehalten vnd jr Zyt herbracht haben, mit
samt seynem Gutbeduncken ayner yeden Sach,
daruff dann fürtter zimlich vnd erber Vßrichtung
geschehen soll.

Darumb söllen vnd wöllen wir auch allen müg-
lichen vlyß ankern vnd ernstlich darob sein/ das
fromm, erber, vlysig vnd verständig Amptlüt vnd
Richter am Hoffgericht ouch allen andern Gerich-
ten vnd Aemptern fürgenommen vnd gesezt damit
sölichs wie obsteet, dester stattlicher geschehen, vnd
alle Handlungen in zimlichem Costen fürderlich
mögen vßgericht werden.

Wir wöllen auch das alle Stett-Aempter als,
Stattschriber, Püttel, Torwartten, Wachter,
Meßner, Wyn-Zieher, vnd derglychen Ampter,
von den Amptlüten vnd Gerichten wie von alter
herkommen, vnd im Bruch geübt ist, Menigk-
lichs halben vnverhindert zum besten vnd ge-
trüwlichsten besezt vnd versehen werden.

Es söllen ouch alle Amtlüt diß Fürstenthumbs
die Sachen vnnd Hendel so inen angebracht wer-
den lychtlich vnnd on Mercklich Bewegungen zu
der Cantzly nit schicken sich damit der Arbayt zu
entladen, vnnd die Parthyen mit vnnottürfftigen
Costen vnd Mühe oder die Cantzly in sölicher Vß-
richtung zu belestigen, sonder selbs zum getrüw-
lichsten vnd vngevarlich vnd so die Notturfft der
Sachen vß jrer Dapferkait Irrung oder Vnuer-
stend-

stendlichhait wyters erhayschen würde , mit re
vnd Hilff des Gerichts darinn nach Billich
handlen , oder zu der Cantzly schicken , mit
Derrichtung wie obsteet / doch söllen alle Am
lüt vnderthan , vnd Verwandten diß Für
thumbs sich mit Flyß verhüten an Sonnta
auch andern Hochzytlichen vnd gebannen F
tagen , zu der Cantzly tchtzlt zu schicken zu s
ben , oder dabey ainich Ußrichtung zu suchen,
wern dann solich schwehr dapfer vnnd groß
chen, die uß der Notturfft zu Verhütung v
lender Schäden Irrung oder auffruhren ,
kündten oder möchten verzug erlyden , die
mögen vnnd söllen zu allen Stunden und Z
angebracht vnd nit verhalten werden. Aber
soll es vermitten blyben und an den Werckta
wie vorsteet angebracht, Damit die Hochi
chen Fest, und gebannen Fyrtag geeret ge
get vnd dem Gebott GOttes gehorsamgl
gelept werde.

Ob aber ain Sach, ain Amptmän selbs, od
sein Fründschafft betreffe oder das der Amptma
vnverstentlich, sümig oder gevarlich handelte
So soll sölicher handel, an das Gericht gebra
werden die sich alsdann darinn an statt des Am
manns, wie hievor begriffen ist, halten söllen. B
rürte aber die Sach Amptman vnd Gericht s
mentlich oder würden sich dieselbe sunst verda
lich oder Argwonigklich haltten, So soll alsdan
das Landthofmaistern, Canzlern, vnd den Räten

täglicher Vßrichtung Verordtnet angebracht, darjnn nach Gebühr gehandelt werden.

Damit aber das alles, so obbegriffen steet, ...lich vnd Fruchtbarlich volltzogen vnd demsel... ...achkommen vnd gel.pt mög werden. So ...n sezen vnd wöllen Wir, daß zu täglicher ...tung, die Rätt, Diener vnd alle Aempter ...of nachvolgender gestalt, beseßt vnd stets ...ten werden.

...fengklich sollen Landthofmaister vnd Canz... ...vil Jhnen müglich ist, by der Canzlmy gegen... ...g sein, der Landthoffmaister mit zwölff ge... ...Pferitten, und der Cantzler mit zwayen ...ten im Huß vnd dryen einspenden Knech... ...m Houe, die jm gewartig, vnd verpflicht ..., vnd doch jn vnser Gnedigen Herrschafft ...st, So der Cantzler jr nit nottürfftig ist, ...cht vnd gehaltten werden mögen.

...nd nach dem den Prelaten schwer vnd vnly... ...nlich ist, sich von jren Stifften vnd Gotzhüs... ...en zu verssern, und aber die Aebt von Zwyfal... ...a vnd Bebenhussen gesessen vnd gelegen sind, ...r Statt Stutgartten alda die Hußhalttung vnd ...e Vßrichtung geschehen vnd plyben soll, Es ...e dann vß redlichen Vrsachen an andere Ortt ...rendert das zu Landthoffmaister Canzler vnd ...n zwölff geordtnet Rätten steen vnd by dem so ...selben oder der Mererthall vnder jnen der Herr... ...hafft auch Land vnd Lütten am erlichsten nütz... ...hsten vnnd fruchtbarlichsten sin ermessen wur... ...m plyben soll. So ist vnser Will vnnd Mey...

Q hulig

nung das vnder den zweyen Vorgemelten Pre-
laten von Zwifalten vnd Bebenhauſſen ainer ſtä-
tigs am Hoff mit vier oder fünff Pferten jn Lü-
ferung gehalten vnd jnen ander Nottürfftigkait
allein das Dienſt-Geltt hindan geſezt wie andern
geordneten Rätten geraicht vnd gegeben werde, zu
denen Doctor Peter Jacobi/ Probſt zu Back-
nang Chorherr zu Stutgartten vnd Pfarrherr zu
Waiblingen, der dann geſchickt, geleert auch er-
bers Weſens vnd Lebens iſt von wegen der Pre-
laten, auch by täglicher Vßrichtung ſin vnd mit
zwayen Pferdten gehalten werden ſoll. Doch daß
Er darneben zu Zyten vnd wylen, ſo es andererGe-
ſchefft halb geſin mag vff vnſern Gnedigen jungen
Herrn mit ſamt ſeiner Gnaden Schulmaiſter auch
vffſeuhen hab.

Fürter nach dem ſich nottürfftiglich gepürt vnd
gezimpt, die Aemter am Hoff von der Ritter-
ſchafft zu beſezen, in Betrachtung das in dieſen
tapfern Sachen, derſelben Rautt, Hilff, By-
ſtand vnd werhafftig Hannd troſtlich vnd erſchieß-
lich ſein mag damit auch die ſo vormahls durch
Dienſt vnſers Gnedig Herrn auch die geordneten
Rätt hiertzu gezogen ſind mit dem minſten Coſten
zu ſölicher Verſenhung mögen gebrucht werden, ſo
wöllen wir das Dieterich von Wyler allß Hof-
maiſter vnnſer Gnedigen Fürſtin vnd Frowen ge-
warten, vnd by der Vßrichtung ſtäts am Hoff
mit fünff geriſten Pferten gehaltten, auch ſonſt
in der Hoffhaltung vnd Kriegs-Löffen darinn
Er verſtändig vnd erfarn iſt, mit andern gebrucht
wer-

werden soll, deß Er sich alß Wir vngezwiuelt hof=
fen nach seinem Vermögen getrüw vnd vlyßig
bewyssen würdet.

Herr Jerg von Ehingen Ritter, soll stets am hoff
mitt vier oder fünff geristen pferdten in allen ge=
schäfften darzu Er brüchig ist gehalten werden.

Herr Hannß Caspar von Bubenhoffen Ritter
soll mit sechs geristen Pferten als Marschalck vnd
vnsers gnedigen jungen Herrn Hoffmaister, ouch
in Räten vnd sunst zu der Notturfft am Hoff ge=
halten werden.

Conrat Thum von Nüwburg soll stäts am Hoff
by täglicher vßrichtung mit vier oder fünff gerüsten
Pferten wölches im gefällig ist, gehalten werden,
darzu das Chammer=Maister=Ampt auch ver=
sehen.

Diettegen von Westerstetten soll lut siner
Bestallung yetzo als Hußhoffmaister mit vier ge=
rüsten Pferten gehaltten werden vnd der soll zu täg=
licher Hußhalttung mit sampt Herr Jörgen von
Ehingen Rittern, Dieterichen von Wyler vnd an=
dern vffsehen haben.

Darzu sollen Herr Aubrecht von Rechperg ritter
Philipps von Nippenburg Doctor Martin Müt=
tel vnd Maister Conrat Eckhardt zu teglicher vß=
richtung gezogen vnd gebrucht, vnd yeder nach
zimlickait gehalten werden.

Vnd nach dem gemeyner Landschafft an diser
Sach vnd handlungen am maisten vnd höchsten
gelegen ist, so sollen die vier von der Landtschafft
stätigs by vnd um die Cantzly sin. Johannes Hel=

ler vnd Conrad Brüning als Secretarien gebrucht
vnd jeder mit zwayen Pfertten gehalten werden.

Der Vogt von Stutgartten sein amt versenßen
vnnd ouch mit zwayen Pferdten gehaltten, vnd
so das Amt Stutgarten vast groß vnd mit merck-
licher vßrichtung on vnderlauß beladen ist soll ein
Schulthais daselbs hin ouch verordnet werden
Fräffel vnd Fäll ynzubringen vnd zu verrechnen,
ouch sunst tägliche geschäfft daran nit sonders ge-
legen ist vß zu richten, damit der vogt jnn Not-
türfftigen geschäfften der Canßly gebraucht vnnd
daran nit verhindert, vnd dannocht die Statt
Stutgartten jn ir vßrichtung gefürdert vnd nichtß
versompt werde. Sebastian Wälling der an Lyb
vnd gut statthafft vermüegenlich vnd mit frünt-
schafft ouch inn ander weg wol versenhen ist, soll
täglich vnd so offt die Notturfft das ervordert ouch
gebraucht vnd gehalten vff das Nußlich fruchtbar-
lich und mit den Minsten costen regiert werde.

Wa aber dapffer vnd mercklich hendel, geschefft
und Sachen die Herrschafft Land vnd Lütt Kriegs-
löff, Hyrat, aynungen, Stett, Schloß oder
Dörffer zu verkauffen, betreffende, das doch nym-
mermer dann zu der grösten vnd höchsten Notturfft
verderblichen vnd vnwiderbringlichen Schaden
damit zu fürkommen geschenhen soll, in sölichen
vnd in derglnchen Sachen ouch sonst so offt und
dick es den merern thail der Rätt zu täglicher vß-
richtung verordnet fruchtbar Nott vnd gut ansen-
hen wurdet, Sollen die andern geordtneten Rätt
ouch berrüfft vnd ervordert vnnd was nüßlich not-
türfftig

türfftig vnd erschießlich anficht vnd bedunckt in
demfelben fürgangen werden, ob auch dieffelben
oder der mehrerthail vnder jnen ermeffen würden,
alle vnd yeglich Prelaten, Grauen, Ritter, Knecht
vnd ander Rätt, ouch gemaine Landtfchafft gar
oder zum thail zu befchriben, das foll zu yeder zyt
nach geftaltt vnd nottürfftigkeit ainer yeden Sach
gefchehen vnd der gebür nach gehandelt werden,
alles lut und jnnhalt diefer ordnung vnd des ge-
fchwornen vertrags.

Vnd nach dem vß zufallender Kranckhait vnd
beladung aygner gefchefft ouch änderer mercklicher
notturfft halb diß Fürftenthumbs alle Rätt ouch
die viertzehen zu teglicher vßrichtung jnnhalt ange-
zaigts vertrags verordtnet, nit künden oder mö-
gen fammentlich zu yeder zyt by der Cantzly gegen-
wertig erfcheinen, vnd damit dannocht in fölicher
vßrichtung nichtz gefompt oder underlauffen wer-
de ; So ordnen vnd wöllen Wir, fo die geord-
neten Rätt wie obfteet alle fammentlich by der
Cantzly nit fin würden, das nichtz deftmynder die
übrigen vnd gegenwertigen fo es gut vnnd nottürff-
tig ift vnuerzogenlich jn den fürgefallen gefchäfften
fürfaren vnd in dehainemAmt vffhaltung gefchehe,
noch ainer vff den andern zu verziehen zuuerharren
oder die Sach vffzufchieben vnderftande, fonder
follen allwegen die gegenwertigen handeln als ob
Sie by vnd mitainander weren ; Die Sachen
weren dann fo dapffer vnd groß, fo follten die biß
zu ir aller zukunfft vffgefchoben oder ander Rätt

    an

an der abweſenden ſtatt, dieſelben zyt berůfft vnnd
beſchrieben werden.

Diewyl ouch Fůrſenhung vnd ſtattliche hůlff
mit vernunfft vnd geſchickte ſo vielmehr zu be=
dencken vnd zu geſchenhen iſt an den ortten da mer
vnd groͤſſer Sorgfeltigkait vnd Schaͤden erwach=
ſen moͤgen, vnd dann by der Cantzly die hoͤchſte
groͤſte vnd dapfferlichſt vßrichtung geſchicht, So
ſezen ordtnen vnd woͤllen Wir, daß die Cantzly mit
teglicher vßrichtung wie davon obbegriffen ſteet
verſehnhen werde, darzu fromm erber getrůw, vnd
verſtendig Geſellen fůr Schriber by der Cantzly
gehalten vnd die jungen, ſo verr man dieſelben von
und vſſer diſem Fůrſtenthumb geborn, haben mag
fůr ander angenommen, vnd erzogen werden,
damit man kůnfftiglich by vnd von der Cantzly jn
den Aemptern diß Fůrſtenthumbs allweg deſt ge=
ſchickter Perſonen uberkommen vnd haben můge.

Vnd ſind diß die Perſohnen diſer zyt zu der Cantzly
verordnet:

Doctor Gregorius Lamparter Cantzler.

Johannes Heller
Conrat Brůning } Secretarien.

Heinrice Heller, Landtſchreiber.
Johannes Fůnffer der alt Regiſtrator.

Maiſter Symon Keller
Maiſter Hannß Zwyfell. } Gerichtſchreiber.
Heinrice Lorcher Taxator vnd Regiſtrator.
Joͤrg Geyßberger Bottenmaiſter.

Michel

Michel Ott.
Conrat Heller.
Trutwin Veyhinger. } Jungschriber.
Ludwig Ackermann.

Jerg Holbuch. } Schriber-Knecht.
Baz.

Enderis Kramer. } Ryttend Botten.
Peter Mul.

Item Vier oder Sechs geschwohrner Fuß-
botten.

Und damit stattlich vnnd fürterlich vßrichtung
mit dem mynsten costen müe vnd Arbait möge er-
langt vnd zu End gebracht werden ; So wöllen
wir daß täglich vßerthalb den Sonnen vnd geban-
nen Fyrtagen die Rätt zu Sommers-zyten mor-
gens früh zu der Sechsten vnd im Wintter zu der
Sübenden Stund vnd nach ymbiß jm Sommer
zu der eylfften vnd zu Winters zyten zu der zwölff-
ten Urn, vngeuarlich in der Cantzly erscheinen, vnd
alle tag vier Stund der vßrichtung wartten sollen;
Es were dann das die geschefft mer oder mynder
zyt eruorderten, darinn allweg nach notturfft vnd
wie sich gepürt soll gehandelt werden, vnd sollen
vff söllichs alle Amtlüth jr vnderthanen bescheiden
vnd jnen verkünden jrer vßrichtung zu obbe-
stimpten Stunden vnd zyten wissen vnd zu ge-
wartten.

Es sollen ouch Landthoffmaister vnd Cantzler
in allen brieffen Lyb, Eer, Gut, gefängnus, oder an-
der treffenliche handlungen berührende so von der
Cantzly an hoch oder ynder stennd vsser oder innert-

halb

halb diß Fürstenthumbs gesässen vßgeen werden,
sich vnderschrieben, vnd in dero abwesen der Landt-
schriber oder Secretarien ainer, dasselb thun, doch
soll dehain brieff dergestalt vßgeen, Er sey dann
jn gemainem Ratt darinn alt Johannes Fünffer,
Maister Symon Keller, vnd Henrice Lorcher
stättigs sie all oder jr ainer sin sollen beschlossen
nachmals darin verlesen, vnd wie obsteet vnder-
schriben, Was aber brieff derglochen Sachen be-
treffende, vnd wie obsteet nit vnderschriben, vnd
vßgericht vßgen würden, die sollen von vnwürden
vnkrefftig vnnd diesen Fürstenthumb vnschedlich
sin. Aber schlecht mißiuen, oder ander dersel-
ben klain handlungen sollen durch den Landschriber
oder der Secretarien ainer vnderschrieben wer-
den.

Es soll auch dehain brief mit des Fürstenthumbs
Jnsigel, besigelt werden; Er sey dann vor jn of-
fem Ratt wie hieuor angezaigt ist vnderschrieben
vnd beschlossen.

Vnd nachdem vnser gnediger Herr vsser Land
geritten ist, villicht der meynung sich bemelten ver-
trag nit glichmäßig zu haltten, oder denselben zu-
uolziehen, sonder dauon absoluiren zu lauffen, so
wöllen Wir das die zway grosse Sigell dartzu
alle Seeret mit sampt einem alten Sigel, So
wyland vnsers gnedigen Herrn Herzog Eberhardts
Löblicher Gedechtnus gewesen, vnd ettlicher not-
türfftigkait halben bißher behalten ist, vor gantzer
versamlung besichtiget versecretiert vnd wol be-
schlossen hinder gericht vnd Ratt oder den Stifft
zu

zu Stutgarten, mit kundtschafft vnd protestation
jnn gegenwerttigkeit ains Notarien gelegt werden,
mit eruorderung deßhalben nottürfftiger Jnstru-
ment wie sich gepüret vnd in mittler zyt zuuor vnd
ee andere sigell vnd Secret gemacht werden sollen
Landhoffmaister auch ainer vß den Prelaten, vnd
ainer von der Landtschafft, mit ihren Secreten
vnnd jnsigeln jn Namen der geordtneten Rätt der
dryer Stennd besigeln vnd versecretieren, doch
was schlechter mißiuen weren ist gnug daß diesel-
ben durch der vorbestimpten ainen versecretiert
werden.

Wir wöllen auch das drü innsigel gemacht,
nämlich ain groß, mit dem die höchsten vnd grösten
Sachen vnd handlungen durch alle Regenten vnd
geordtnet Rätt wie vorsteet beschlossen, besigelt,
vnd dasselb Sigell jnn ain behaltnus mit fünff
Schlossen bewart, gelegt, darzu fünff Schlüssel
gemacht werden, dero der Landthofmaister ainen,
der Cantzler ainen, die geordneten Rätt von den
Prelaten ainen, deßglych von der Ritterschafft
ain, vnd die von der Landtschafft ouch ainen haben
sollen, das ander Sigell soll etwas klainer vnd
mittelmäßig sein, damit die hendel teglicher vß-
richtung vnd daran mercklichs gelegen ist söllen be-
sigelt vnd dasselb Sigel behalten werden in ainer
behaltnus mit dryen Schlossen, dazu der Landt-
hoffmaister in Namen sin vnd der Ritterschafft ain
schlüssel der Cantzler jn Namen der Prelaten vnd
sin, den andern, vnd der Landtschriber als von der
Landschafft geborn der auch getrüwlich vnd vnfß-

Q 5   lich

ſöllen fürterhin Lut vnd innhalt irer Verkündungen gehalten werden.

Wir wöllen ouch das über hundert Pferdt vſſerhalb der Wagen-Roß am Hoff nit gehalten werden, vnder denſelben ſübenzig oder achzig gerüſt ſein ſöllen zu Handthabung vffenthalt vnd Beſchirmung diß Fürſtenthumbs Landt vnd Lüt dienende.

Vnd in dieſer Anzahl, ſollen zuſamt hievor beſtimpten Pferten by verſenhung der Hoff-Aempter vnd Rätten angezeigt begriffen ſin vnd gehalten werden, diß hernach geſchrieben.

Item Wernher von Zymmern fry mit fünff Pferten.

Schwycker von Gundelfingen fry mit drüw Pferten.

Herr Willhelm Truchſäß vier Pferdt.

Philips von Rechperg vier Pferdt.

Richwyn drüw Pferd.

Stotzinger zway Pferdt.

Hannß von Werdnow zway.

Ainſpend Knecht fünff oder Sechs.

Vnd dieſe obbeſtimpten ſöllen all gerüſt gehalten werden.

Item in dem Marſtall zehen Pferdt.

Vff die Cantzlh zewarten zway oder drü Pferdt.

Kuchin Maiſter ſins Amts verſtendig frumm vnd erber, ſoll mit aim Pferd gehalten werden.

Baw Maiſter ain Pferdt.

Item drey oder vier Trompter gerüſt.

Man

Man foll den Schlaftrunck geben denjehnen
so der verschrieben vnd von alter her geben ist, deß-
glychen soll es mit Morgen-Suppen vnd vnder-
trincken auch also gehalten werden.

So auch ein Ratt oder Diener, dem lut siner
Bestallung der Schlaftrunck wie ob stat gegeben
würdet in des Fürstenthumbs Geschefften ist vnnd
ain oder mer Pferdt am Hoff steen laßt damit die
mit dem minsten Costen gelifert vnd destminder
schadens entfahen, soll synen Knechten dieselben
Zyt Lüfferung vnd zum Schlafftrunck zwayen o-
der dryen ein Maas Winß vnd Brott gegeben
werden, dermassen vnd gestalt soll es auch gehal-
ten werden, so ein Raut oder Diener acht oder
zehen Tag vngevarlich in synen aigen Gescheff-
ten wäre, wölte aber ainer zwu, drü oder vier Wo-
chen in synen Geschäfften vßblyben, so soll er Knecht
vnd Pfert mit nemmen vnd söllichs von allen thei-
len vngevarlich gehalten werden.

Der Fürsten vnd Herren auch Prelaten vnd
Ritterschafft vnd der Stett Bottschafften vnd
Botten söllen eerlich zimlich vnd wie sich gepürt
mit Futer vnd mal, schenckungen des Wynß
oder Vßlossung nach gelegenheit der Loüff gestalt
vnd wesen der Personen gehalten, güttlich gehört
vnd stattlich vnd fürderlich vßgericht werden.

Es söllen auch Marschalck vnd Hußhofmaister
gut acht vnd vfmercken haben vff der Raisigen Be-
stallungen vnd die Pfärit-schaden, damit füglich
vnd nach Billichait darinn gehandelt werde, vnd
so ainer an Hoff uffgenommen oder bestellt wür-
det, sölle bemelt Marschalck vnd Hußhofmaister
deß-

deſſelben vffgenommen oder beſtellten Pferitt ſo
Er mit jm bringt oder darnach von Nůwem ů-
berkumpt aigentlich beſichtigen vnd dero An-
ſchlag, was die geſtanden oder zur ſelben Zyt werdt
ſyen, erlernen vnd beſtymmen, damit ſo dieſelben
jnn des Fürſtenthumbs Dienſt vnd geſchefften ge-
brucht, vnd Schaden emphahen würden, deſt
Fruchtbarlicher, vnd vnnachtailich überkommen
geſchehen mög.

Man ſoll den Amptlütten für Pferittſchaden jn
jrn emptern jnen zuſteend nichtzit geben, deßgly-
chen ſoll jnen auch jn denſelben jrn emptern, de-
hain Lůferung geben werden, Es were dann das
ainer in des Fürſtenthumbs Geſchefften, über-
nacht můßt vßſeyn, dem ſoll alsdann Lyferung
veruolgen, ſo ouch Kriegs-Löff oder derglychen
Aempter vnd Sachen vor Ougen weren ſolt ye-
dem Amptmann, für redlichen Schaden jnn des
Fürſtenthumbs Geſchefften emphangen lut ouch
ains yegklichen Beſtallung, an denen jnn dem vnd
anderm dehain Mangel erſcheinen ſol, ſonder
trůwlich gehalten geſtanden werden.

Vnd nach dem die Herren von Wirttemberg
mit miltſamer Ritterlicher vnd werlicher hand
durch hilff GOttes des allmechtigen, vnd der jrn,
auch der Grauen, Prelaten, Ritterſchafft, vnnd
Stett im Land Schwaben, Land vnd Lüt über-
kommen, dieſelben behalten, auch Römiſchen
Kaiſern vnd Königen gehorſamlich gedient nebent
andern jrs glychen eerlich bliben, vnd mit der al-
ler vnd jrer Frůntſchafft hilff der Widerwertigen
ſich

ſich auffenthalten, auch gegen den Nachpuren
vnd andern fründlich nachpürlich gnedigklich vnd
güttlich erzeigt haben; So iſt vnſer aller Mey-
nung vnd Will, daſſelb nochmahls alſo zu voll-
ziehen, die Prelaten, Grauen, Ritter vnd Knecht
im Lannd zu Schwaben, auch derſelben anſtöſſer
und Nachpurn fründtlich gnediglich vnd Nachpür-
lich zu halten, die Ritterſchafft mit Dienſten, Gab
und Gnaden, dieſem Fürſtenthumb anzuhefften,
vnd vß yedem Geſchlecht, mit aim zwäyen oder
dryen die ortt ſtett, vnd Schloſſ, ouch dieſelben
Aempter zu beſezen denſelben vnd andern gnedigk-
lich zuſprechen fürdern, ouch mit taghaltung, zu-
ſchickung der Rätt inn irn Geſchefften, vnd gün-
ſtiger Schüzung, vnd Beſchirmung bedencken,
Dann wir achten nüzer ſein, die Ynſäſſen diß Für-
ſtenthumbs, vnd deß anſtöſſer, die man von huß
über nacht, vnnd mit wenigem Coſten haben mag
herzu zu ziehen dann die vßlendigen, ſo mit ſchwe-
rem Coſten vnd Lyferung, langſam, dieſem Für-
ſtenthumb zu nuz zureyten vnd kommen mögen,
ſo iſt auch des Herren Lob, des ingeſeſſen Adels
eere, vnd deſſelben Abgang ir Verderben deßhal-
ben dieſelben gedencken, mit eern by irn Nahrun-
gen vnd Vätterlichem Erb, auch Land vnd Lü-
ten zu plyben irn Erben vnd Nachkommen, damit
öwige Gedechtnuß zu verlaſſen vnd zu machen.

Vnd ſo mann ain mercklich Fußvolck, zu täg-
licher Rüſtung in dieſem Fürſtenthumb, und dar-
zu nit ſo ſtattlich raſigs Gezügs hat, wöllen wir
noch

noch zwainzig edler von allen Geschlechten diesem
Fürstenthumb anhengig machen , Vnd densel-
ben so verr sie sich zimlich finden lauffen, zusamt
dem Dienstgeltt die Hofclaydung geben , damit
man zu Eeren, Schimpff, ernst, Lust, vnd der Wör
vsser vnd jnnerthalb diß Fürstenthumbs gerüst
vnd geschickt sey, vnd die Aempter nach Notturff-
ten als zuvoran dieser Zyt billich geschicht, statt-
lich versehen werden.

Dwil auch der Swäbisch Bundt mit sampt
sinen verwandten diesem Fürstenthumb, als des
Nachpuren wol vnd Nuzlich erschossen hatt, ouch
Der aller Elttern vnd Vorfarn bestentlich vnd ge-
trüwlich zu ainander gesezt haben, in dero Fuß-
stapfen Wir tretten, vnd so der bund fürter er-
streckt würdet darjnn ouch zukommen annemmen
wöllen ob aber sollich Erstreckung des Punds nit
fürgang gewinnen, so wöllen wir doch nichts dest-
münder zu dem Land zu Schwaben , so verr vnß
von demselben (alß Wir unzwisenlicher Hoff-
nung sein) mit glycher Maß vnd hilff entgegen
gangen würdet, alles unser Vermögen Lybs vnd
Guts vngespart vnd getrülich sezen vnd nit ver-
lauffen.

Wir wöllen auch alle Nachpurn vnd anstösser
diß Fürstenthumbs (so uer dieselben in glychem
Wil-

Willen gegen vnß auch ſteen werden) nachpür-
lich dienſtlich vnd Früntlich halttē vnnd vor Au-
gen haben, auch dem Landt-Friden vnd der Bil-
lichkeit gemäs vnß erzögen, vnd hierauf alle ſteend
des Reychs vom höchſten biß uff den niderſten,
mit Bottſchafftē vnd Geſchrifftē dieſer Sachen
vmb Byſtand vnd Handthabung diß vnſers für-
nemmens, Vndertenigklich dienſtlich vnd frünt-
lich erſuchen mit bitt vnnd beger, ſich des willig
vnnd vnverſagt zu bewyſen in Hoffnung ſollichs
zu vil gutem zu erſchieſſen.

Vnd damit die Zyt des Frids vnnd Kriegs, nach al-
ler Notturfft vnd Gebühr, verſehen werde ſo ordnen
Wir zu Houptluten inß feld Grabe Wolffgangen
von Fürſtemberg Landthoffmaiſtern Grave Andreſ-
ſen von Sonnenberg vnd Dieterichen von Wyler,
die ſamentlich allen vlyß fürkern vnd thun ſollen,
darzu Wir alle Land, vnd Lüt in Anſehung GOttes
der Gerechtigkait vnd fügs ainer guten uffrechten
Sach, zu Handthabung diß Fürſtenthumbs vnd
vnſers Vatterlands alles vnſer Vermögen Lybs
und Guts darſtrecken auch vnſerm allergnedigſtē
Herren dem Römiſchen Künig, inn des gehor-
ſammj wir zu ſamt ſchuldiger Pflicht, darzu alls
regierenden Fürſten, des Huß Oeſterreichs in hilff-
licher, vnnd vßtregenlicher Aynung willig vnd be-
girlich ſein zu blyben, dartzu ander vnſer gnedig
günſtig und lieb Herrn vnd Frünt zu vnſer ſelbs
Macht zu troſtlicher Hilff nemen, vnzwyfenlicher
Hoffnung, glücklich end, vnſers Göttlichen eer-
lichen vnd Loblichen fürnemens zu eruolgen.

R   Vn-

Vnser Gnedige Fürstin vnd Frow soll Fürst-
lich vnd Loblich gehalten werden lut vnsers Gne-
digen Herrn zusagens vnd schribens, ouch seiner
Gnaden geschickten Rätt, deßglychen der Pre-
laten und Landschafft, Wir wöllen ouch jr Fürst-
lich Genad vndertäniglich bitten, vnß gnediglich
zu haltten, vnd mit vnß das best zu thun, deß
Wir Unß gegen jrn Fürstlichen Gnaden hynwi-
derumb vndertänigklich / vnd dienstlich, wie sich
wol gezympt erzeigen wöllen.

Es solle von Graue Vlrichen etlich Knaben,
an statt der, so für ain Rösser gehalten, geordt-
net werden vnser Gnedigen Frowen zu dienen.

Es soll auch derselb, vnser Gnediger Junger
Herr, Graue Ulrich durch Herr Hannß Casparn
von Bubenhoven Rittern Marschalck, alß siner
Gnaden Hoffmaister, deßglychen Talhagmern,
Doctor Petern Jocobi auch seiner Gnaden Schul-
maister, vnd mit anderm siner Gnaden Gesind
wie bißher eerlich vnd wol gehalten werden. Ouch
sin Gnad zymliche vnd vnschedliche Kurzwyl su-
chen, Tags vier Stund der Lernung obliegen.
Mit vnser Gnedigen Frowen, vnd zu zytten her-
nyden by frömbden Bottschäfften, vnd den Rät-
ten essen, mit jrn Fürstlichen Gnaden zu Kirchen
geen, auch mit vnd by erbern Lütten wandeln,
vnd sust wie sich gebührt, in GOtts Vorcht ge-
halten vnd erzogen werden.

Die Gebot mit dem Eebruch vnd den Tuben,
auch daß ainer der ain vnberlümpte Junckfrowen
verselt dieselben zu der Ee haben sölle, durch die
Amt-

Amtlůth stillschwigend, überschritten, vnd die
Übertretter derselben fürther jn krafft vorberůrter
Gebot nit gebůßt, sonder in ander weeg, nach
Gebůr gehalten werden.

Es söllen alle Aemter vsser vnd jnnerhalb Hoffs,
als Kůchin, Kellery, Pfistery, Liechtkammer, Tor-
warten, Wachter, Mezger, Spiser, Brett-
trager, deßglichen die Jäger, mit frommen er-
bern verstendigen getrůwen vnd geschickten Lů-
ten fürsehen, vnd damit kůnfftiger Schade Lybs
vnd Guts verhůt werden.

Die ainspenden Knecht söllen wol gerůst vnd
beritten gemacht vnd gehalten, gute Kundschafft
im Land betracht vnd an denselben, auch andern
nottůrfftigen Sachen, nichtzit gespart werden.

Die Lychtuertigen vnd vnwesenlichen Personen,
so angenommen deßglychen ander söllen gestraufft,
vnd nach denselben getrůwlich vnd flyßlich gestellt
werden, andern Vorcht und ebenbildnus zuge-
ben, fürter derglychen Handlungen zu uermyden,
vnd nit fürzunemmen.

Es söllen auch alle vberflißig Personen die zu
Versehung des Hoffs Aempter vnd Geschefften vn-
togenlich vnd vngeschickt sind geurlopt vnd abge-
uertigt vnd die Bůw zu Noturfft oder were nit die-
nende diser Zyt abgestellt vnd die Frembden Bott-
schafften auch ander erber vnd redlich Personen
yeder nach sinem Stand vnd Wessen mit Life-
rung eerlich vnd wol gehalten vnd das vberig vff-
gehebt werden.

R 2   Vnd

Vnd nach dem vnſer aller Fürnemen GOtt
dem Allmechtigen zu Lob, diſem Fürſtenthumb
zu eeren, Prelaten Land vnd Lütten zu Vffgang
(vnd damit daſſelb by ainander vngetailt, vnzer-
trent, vnd vor verderplichem vnwiderbringlichem
Schaden verhüt werde vnd blyben möge) ge-
ſchicht ſo ordnen ſezen und wöllen Wir ob yemand
wer der oder die wern, diſem Vnſerm Göttli-
chen Löblichen eerlichen vnd nuzlichen fürnemen
vnd Ordnung Widerſtand thun welten oder un-
derſtan würden zu des Zerrüttung ſich oder ander
ynzubringen oder in Betrachtung irs aigen Nuz,
Stett, Schloß, Dörffer, oder derglychen da-
von zuryſſen oder zu bringen wie das geſchehe das
wider den oder dieſelben nit minder dann ob ſie
diß Fürſtenthumbs Land vnd Lüth abgeſagten
Fynd wern ſolle fürgenommen vnd gehandelt wer-
den wie ſich yedem in ſinem Stand gepürt ; Wir
ſöllen vnd wellen ouch zu Vollſtreckung vnd
Handthabung deſſelben alle vnſer Hab Lyb vnd
Gut zu ainander getrüwlich ſezen vnd ainander
nit verlaſſen , darnach mag ſich menniglich wiſſen
zu halten vnd zu richten.

Nachdem auch vnſer Gnedigſter Herr von
Mentz, diſem Fürſtenthumb vil eern, guts vnd
Nuz zugefügt früntlich vnd nachpürlich zu vnſer
Gnedigen Herrſchafft, auch anediglich vnd Vät-
terlich zu vnß geſezt hat, ſollen vnd wöllen wir
deſſelben billich danckbar ſin vnd zu gutem ny-
mermer vergeſſen, vnzwiuenlicher Zuuerſicht ſein
Fürſtlich Gnad werde vnß in dieſem Vnſerm
Für-

nemmen dero Tröstlich Hilff Raütt vnd Beÿstand
ouch nit entziehen, das Wir hinwiderumb sinen
Gnaden vnderthäniglich ouch gern thun wöllen.

Vnd damit GOt der Allmechtig, dem zu Lob
und eeren diß vnser Fürnemmen zum vorderſten
geſchicht mit andechtigem Gebett erſucht demütig-
lich umb Gnad vnd Hilff angerüft werde, ſo iſt
vnſer Will vnd Meynung daß alle Pfarrer diß
Fürſtenthuumbs deßglochen die Prelaten vnd ire
Pfarrer vff alle Sonntag das Volck getrüwlich
ermahnen, GOtt den Allmechtigen, die aller
Hailigſten Junckfrowen Mariam vnd alles Him-
melſch höre mit Innikait zu bitten vnd anzurüffen
damit diß vnſer erber Fürnemen nit zerſtört, oder
durch ainich ynfallend Irrung zerrütt werde, ſon-
der vnß Gnediglich vnd Barmherziglich geruch
zu bedencken, die Gnaden vnd Gaben ſiner Liebe,
Allmächtikait, Wyßhait vnnd Güttigkait mitzu-
tailn, damit die eer GOttes durch Handhabung
der Gerechtigkait gefürdert, die Güte belonet,
vnd die Böſen geſtrafft werden, vnd dieſe Sach
beſtentlich zu gutem Ende dardurch wir alle nit
zytlich Eer Gewaltt Aÿgennuz, Nÿd oder Haß
(das alles ferr von vnß ſin ſoll) ſonder Kindliche
Trüw, und Brüderliche Liebin überkommen vnd
gebruchen vnd entlich öwige Seligkeit erlangen
mögen.

Wir wöllen ouch, daß in allen Clöſtern vnd
Gotzhüſſern baiderlaÿ Geſchlechts Männer vnd
Frowen deßglichen in den Stetten diß Fürſten-
thumbs, vff geden Montag in der Eer der hoch-

gelop-

gelopten vnd vntailbarn Dryfáltikait ain Ampt
gesungen vnd vff dem Land in dem Ampt der hai=
ligen Messen, deßglychen vff den Sambstag in
Gedechtnus des Amts der allerseligsten vnd vn=
vermáligsten Junckfrowen vnd Muter GOttes
Marie gebetten werde, alles das so hievorstet zu
erlangen, damit die dry Stend in vorerzelter May=
nung allhie versamelt, herzlich vnd getrúwlich in
ainem Göttlichen willen verharren vnd darjnn
von niemands verhindert oder geschiden sonder
tröstlich vnd mannlich byainander blyben vnd fú=
gen mögen.

Vnd nach dem vil vntogenlich lychtuertig Per=
sonen in vnsers Gnedigen Herrn vnwesenlichen
Regiment durch ir vnbillich Fürnemen die Erber=
Lait zu bergweltigen ouch das Recht vnd die Bil=
lichhait zu verdrucken vnderstanden hand, alls sö=
lichs vß nachberürten hendeln erschaint, dann ett=
lich derselben sein im Land wider vnd für geritten
die Lút mit Vnwarheit dartzu geben vnd vnsern
Gnedigen Herren, zu vngnaden wider sie zu be=
wegen mit Berümung daß nit Thürn gnug im
Land sein söllen die Gewalttigen vnd die jhenen
so sie verzaichnet hetten darinn zu legen Item so
haben ir ettlich vß verkertem Willen erbern Lú=
then ihre Kinder by Nacht vnnd Nebel vßer jrn
Hússern gefúrt.

Item es sind ouch ettlich erber Lút vff darge=
ben derselben (nach geschehner Warnung) gevr=
sacht sich selbs vmb Sicherhait willen, vsser die=
sem Fürstenthumb an jr gewarsami zethund, vnd
ir

ir hußlich Wonung Hab vnd Gut zu verlaſſen, haben ouch daruff dieſelben bemelten vnſern Gnedigen Herrn vmb Recht angerüfft vnd ſich demſelben ſtatt zu thun vnd zuverbürgen erbotten, vnd allein gelant zum Rechten, für Gewaltt, vnd was mit Recht erkennt werde, es betreffe Eer., Lyb, Leben, oder Gůt zu volziehen begehrt, daß jnen byß auff dieſen Tag, wider Billichhait, nit hat mögen gedyhen, Item ſo ſyen ettlich erberlüt auff vnbeſtendig dargeben derſelben über völlig vnd gnugſam recht erbieten fängklich angenommen jn Thürn gelegt vnnd zu verſchrybungen vnd Abtrag wider ir erbietten Recht vnd Billichhait gedrungen.

Item es iſt auch ein erber Mann durch trow des Thürns von den bemelten Lychtuertigen Perſonen genötdrengt ain Hindergang zu thun, vnnd ſich ſinſt behalten rechtens zu begeben, dartzu iſt ein ander erberer Mann über verſchriben Glayt jme von vnſerm Gnedigen Herrn gegeben von wegen ſiner Fürſtlichen Gnaden fängklich angenommen vnd zu verſchribung gedrengt worden,

Item es iſt och ettlichen mit gewalttſamer Tat wider Recht vnd Billichait all jr Hab vnd Gůt genommen vnnd mit ettlichen verſchafft jrs angeſengten Rechtens abzuſten dartzu ſein ettlichen erbern Lüten jre Kinder wider der Elttern vnd Kinder willen zuuerhyrathen vnderſtanden vnd in verbot geſtelt auch zu dem allem vil ander vngepürlicher Handel geübt worden die wir nachdem diß vnſer Ordnung an vil End geſchickt würdet, zu

Eeren

Eeren diefem loblichen Fürftenthumb ouch finſt
Namens Stammens vnd Herkommens dißmahls
im beſten vnußgeſprait verhalten wellen vnd in
Betrachtung deß alles haben Wir dapferlich er-
meſſen wo folich vnbillich vnd vnlydenlich Händel
vnd Beſchwerden nitt abgeſtellt ſonder fürterhin
geübt werden ſoltten, zu was unwiderbringli-
chem Abfall Schaden vnd Nachthail ſölichs die-
ſem Fürſtenthumb dienen vnd raichen möchte vnd
darumb zu uerhütung deſſelben ouch zu merer
Handthabung rechtens vnd der Billichait ordnen
ſezen vnd wellen wir ob fürohin ainicher diß Für-
ſtenthumbs verwandter oder die jhenen ſo zu handt-
habung diß loblichen Fürnemens handeln vom
höchſten biß zum niderſten von yemanden wer der
oder die wern mit obberührten Beſchwärungen
wider den vorbeſtimpten Vertrag ouch diß Ord-
nung daruff fürgenommen vergweltiget würden,
das alsdann Wir vnd vnſer Nachkommen den-
ſelben vergwältigten Perſonen, Hilff, Rautt vnd
Byſtand nach allem vnſerm Vermögen thunſöl-
len vnd wöllen damit lut der Regenten Handt-
veſtigung ſölichs abgethan vnd wie ſich gepürt ver-
hüt werd.

Wir ſezen ordnen vnd wöllen ouch, daß alle
Amptlüt Gericht Rätt vnd gemaine Landſchafft
dieſe Ordnung vnd Handtveſtigung des Regi-
ments ſo uil die yedes Perſone betreffen mag ſwe-
ren ſöllen, die zu haltten vnd darwider nit zu thun,
ſonder ſo vil Jnen müglich iſt wider Mennigklich
getrüwlich zu handthaben doch wellen Wir das
vor-

vorgethan Ayde vnd Pflichten Lut vnſer Prote-
ſtacion jn Anfang dieſer Ordnung begriffen hie-
mit nit gemindert noch in dehainen weg verletzt
ſonder ſo vil die GOt der Nattur vnd dem ge-
ſchwornen vertrag (daruff dieſe Ordnung geſetzt
iſt) gemeß ſind gehalten vnd vollzogen werden,
daruff ouch diſer Ayde geſchehen ſoll, diß alſo ge-
trüwlich vnd on alle Geuerde zu halten.

Wie das Land ſchweren ſoll.

Nachdem das Regiment vnnd diſe Ordnung
GOtt zu Lob vnnd Eer zu Handthabung des Für-
ſtenthumbs Wirtemberg Volziehung rechts vnnd
Gerechtikait vnd Vermydung erblichs oder vn-
widerbringenlichs ſchadens, ſo der Herſchafft
Land vnd Lütten dem hailigen Rych dem Land
Schwaben vnd allen anſtöſſern möchten lychtlich
erwachſen in krafft deß ſo man GOtt, der Herr-
ſchafft, dem Reych vnnd ain yeder ſin ſelbs ſchul-
dig iſt Innhalt des jüngſten vertrags zwüſchen bai-
den vnſern Gnedigen Herrnn gemacht, den ir
baider Gnad ouch Land vnd Lütt durch ir Gna-
den gehayß gelopt vnd zu den hailigen geſchworn
haben, durch Künigkliche Majeſtat vilfaltig be-
ſtetiget, darauff vnſers Gnedigen Herrn Herzog
Eberharts ꝛc. ſäliger Gedechtnuß jm Teſtament
geſetzt vnd das Fürſtenthumb Wirtemberg gewy-
dempt, gemacht, fürgenommen vnd beſchloſſen, wie
dann oben ouch gehört iſt deßhalb on abbrüchlich
vorgethanen Alden vnd dem ſo Menigklich ſchuldig
iſt zu halten, zu Merer Beueſtigung vnd hand-

haben

haben deſſelben vnd ſchuldigen Pflichten, wie o-
ben angezeigt ſollen vnd werden jr ſchwern dem
Fürſtenthumb Wirtemberg dem Regiment vnd
Ordnung deßhalb gemacht / yezo verleſen, ſo vil
die yeden betreffen mag, in krafft, des wie oben
gelutt, getrüw vnd gewertig ſin, der Frommen
ſchaffen vnd werben, ſchaden warnen vnd wen-
den auch die Handthabung vnd Befeſtigung der
Regenten vnd Rätt getrüwlich vnd one alle Ge-
uerde halten vnd volziehen:

Darvff ſol der Amptman, den Ayd geben, dem
alle Vnderthanen, nachreden ſollen mit auffge-
hapten Fingern alſo ſprechende.

Wie mir vorverleſen iſt dem will ich
nachkommen vnd das trüwlich halten
an alle Geuerde. Alſo bitt ich mir GOt
zehelffen vnd die Hailigen.

Num. 33.

Tübingiſcher Vertrag zwiſchen Herzog
Ulrich und der Landſchafft in Würtemberg über
allerley Sachen de Anno 1514. nebſt Kayſers Maximi-
liani I. und Herzog Ulrichs Confirmation de An. 1515.
und Herzog Chriſtophs Confirmation de
An. 1551. (1)

Wir Ulrich von GOttes Gnaden Herzog zu
Würtemberg und Teck, Grafe zu Mömpelgardt,
bekhen-

---

(1) Aus einem einzeln gedruckten Exemplar.

bekhennen und thuen kundt allermänniglich mit
diesem Brieffe, alß zwischen Uns und gemeiner
Landschafft ein Vertrag abgeredt und uffgericht
worden uf dem Landtag in unser Statt Tüwin-
gen deßhalb gehalten, der von Wort zu Worten
also lautet:

Des allerdurchleuchtigsten, Großmächtigsten
Fürsten und Herrn, Herrn Maximiliani, von
GOttes Gnaden Römischer Kaiser, zu allen Zei-
then mehrer des Reichs Unsers aller gnädigsten
Herrn, Gesandten Räth mit Nahmen, Wir
Geörg, Grafe zu Montforth, Herr zur Pregenz,
Christoph Herr zue Limpurg, des Heil. Röm.
Reichs Erbschencke und Semper Frey, und Jo-
hann Schaden, beeder Rechten Doctor, und
von GOttes Gnaden Wir Willhelm, Bischoff
zu Straßburg, Landgraff im Elßäß, auch von
derselben Gnaden, Wir Hugo Bischoff zu Cost-
nitz, auch wir nachbenannte Schenck Valentin,
Graff zu Erppach, Florenz von Venningen, be-
der Rechten Doctor, und Canzler, Francifcus von
Sickhingen, von unserm Gnädigsten Herrn Lud-
wig, Churfürsten, und Herrn Friederich beeder
Pfalzgrafen bey Rhein und Herzogen in Bay-
ern, Gebrüdern, Peter Uffsäß zu Bamberg und
Würzburg Dummherr, Probst zu Conberg, und
Herr Ludwig Hutten Ritter. 2c. So dann des
Hochgebohrnen Herrn, Herrn Philipsen, Marg-
grafen zu Baden Gesandter, Pleicker Landtschadt
geben hiemit zu vernemmen, daß zwischen dem

Durch-

Durchleuchtigen Hochgebohrnen Fürsten und
Herrn, Herrn Ulrich, Herzogen zu Würtemberg
und Teck, Graffen zu Mümpelgardt, Herrn zu
Heydenheim ꝛc. einer: so dann denen Prälaten
und gemeiner Landschafft in Württenberg ande-
ren Theils, irrung und Spän erwachsen, die
endlich zue einer allgemeinen Uffruhr erwachsen,
die von Röm. Kayf. May. uns zue undersuchen
und guetlich beyzulegen allergnädigst Uns com-
mittirt und uffgetragen: dannenhero nach reiffer
der Sachen Erwegung, beeder Theil anhörung
und vollstendiger Undersuchung, mit bederseitig
wohlbedächtlichem Rath und einwilligen nachvoll-
genden Vertrag abgeredt und verglichen worden,
Nämlich und zum ersten sollen die Landschafft für
sich obgemeltem Herzog Ulrich, fünff Jahr lang,
die nechsten, eines jeden geben und reichen zwey
und zwanzig Tausent Gulden, darzue sollen Ih-
me die Prälaten, Stüfft, Clöster, auch die
Ambter Mümpelgart, Nürtingen, Blaumont
und Reichenweyhler auch geben und reichen, als
viel bey denselben allen erreicht werden mag, und
solches alles, so die angezeigte fünff Jahr lang
allenthalben, wie oben steht, gefällt, sollen zue
Herzog Ulrichs wachenden Schulden, und zu
stattlicher Bezalung der Güllten bewendt wer-
den.

Darnach und nach Ausgang der fünff Jahr
obgemelt, sollen gemeine Landschafft mit sambt
den Prälaten, Stifften, Clöstern, auch den
Ambtern Mümpelgart, Nürtingen, Blaumont,

Rei-

Reichenweyhler, so vihl bei denselbigen Ambtern
auch erlangt werden mag, Achtmal hundert tau-
sent Gulden Hauptguth, zue Ablösung der zinß
und gülten, damit das Fürstenthum beschwehret
ist, uf sich nemmen und bezahlen, wie hernach
volgt, also daß die Landschafft für sich daran soll
geben 22000. Gulden eines Jahrs so lang biß ob-
angezeigte Summ, Achtmahlhundert tausent
gulden abgelößt und bezahlet ist.

Darneben sollen die Prälaten, Stifft, Clö-
ster, und obbeschribene Aembter jedes Jahrs geben,
alß vihl bei denenselbigen erlangt werden mag, und
waß also von den Prälaten und Aembtern jährlich
gefällt, das solle in die 800000. gulden gerechnet,
und davon abgezogen, also was zu jeder zeit Jahrs
von solcher Summa 800000. gulden der verschrib-
nen gültten obbestimt abgelößt werden, dieselben
sollen in Hertzog Ulrichs Seckel allzeit fallen, und
zu empfahung solcher Järlichen Reichung, als
namlich der ersten fünff jahren, auch nachuolgen-
der Landsteur der 800000. gulden sollen sondere
Persohnen so vormals mit Aembtern, Einnem-
mens und ußgebens nit beladen seindt, von Her-
tzog Ulrichen und der Landschafft, mit verpflichtung
verordnet werden, solche Reichung der ersten 5.
Jahren zue den wachenden Schulden, und beza-
lung der gültten damit das Fürstenthum beschwe-
ret ist, (und nit anders wohin) treulich zu wen-
den und zu kehren, und derenthalben alle jahr ge-
meltem Hertzog Ulrich und der Landschafft uffrich-
tig redliche rechnung thuen, und hierauf solle Her-

zog Ulrich ußer sondern Gnaden, so Er zu seiner
Landschafft trägt, so bißher im gebrauch gewesen,
jetz abthuen und nachlassen, also daß deren hinfort
nit mehr begehrt werden oder sein solle, doch daß
diese nachlassung des Landschadens und bezalung
der ersten 22000. gulden eines mit dem anderen
zugehen und beschehen.

Der Haubtkrieg halber, so die Rettung Land
und Leut uud sein Hertzog Ulrichs verwandten zu
handhabung seiner Ober-und Herrlichkeit, auch
Gerechtigkeit, hilff und haltung seiner ainung,
bißhero angenommen und beschlossen, und derje-
nigen, so er fürthers seines gefallens dem Fürsten-
thum zu guth annemmen und noch mag fürge-
nommen werden, so solle das geschehen mit Rath
und hilff gemeiner Landschafft, wird aber Hertzog
Ulrich außerhalb der obgemelten Stuck einigen
Krieg fürnemen, oder jemand aus Freundschafft
oder sonsten vorschub thun oder helffen, so solle das
geschehen mit Rath, wissen und willen gemeiner
Landschafft, so fern anderst Hertzog Ulrich von
ihnen haben wolte, und soll in allen stuckhen Her-
tzog Ulrich wie seinen Voreltern Lüfferung besche-
hen, deßgleichen die Landschafft mit ihren Leibern,
führung und andern dienen, wie von altem her-
kommen, und bey Hertzog Ulrichs Vor-Eltern auch
beschehen ist, alles ungefahrlich, und ob ein Land-
krieg obgemelter massen angenommen und man
Hülff darzue thuen müßte, daß dann dieselbige
zeit, diese jetzige angenommene Hülff einen Still-
stand haben, doch unabbrüchig, disem zusagen,

                                biß

biß zu end diß Kriegs. Dergestallt soll es auch
gehalten werden, da ein regierender Fürst (das
GOtt verhüte) gefangen würde, und soll die Land-
schafft alßdann zu erledigung ihres LandesFürsten
treulich helffen, und solche Hilff mit Jhrem Rath
und wissen fürgenommen werden, wie dann bei
Hertzog Ulrichs Vor-Eltern geschehen ist.

Damit auch der gemeine Mann den Last desto
leidenlicher trage, so solle ihnen Herzog Ulrich ei-
nen freyen zug gnädiglich vergönnen und zuelassen,
doch also, daß in den nechsten fünff Jahren nie-
mand von der Landschafft uß dem Land ziehen,
wollte aber jemand in solcher zeit seine Kind auß
solchem heurathen, der solle das macht haben,
mit abzug des zehenden Pfennings aller Haab,
die das ausgesteuert Kind mit hinauß nimmt, und
solcher Abzug des zehenden Pfennings solle Her-
tzog Ulrich in den fünff Jahren zufallen, wer aber
in den anderen fünff volgenden Jahren hinaus
ziehen, oder sein Kindt hinaus heurathen wollte,
der solle das zu thuen macht haben, mit abzug des
zehenden Pfennings, wie obsteht.

Welcher aber nach außgang der 10. Jahren
hinaus ziehen wolte, der solle den zwanzigsten
Pfenning zu abzug geben und fúro auch; Wel-
cher nach den 20. Jahren hinauß ziehet, der solle
den Abzug nit zue geben schuldig seyn, sondern
alßdann frey sein, und was also nach verscheinung
der ersten fünff Jahren von Abzug gefällt, solle
der Landschafft zue Hülff der 22000. gulden zuefal-
len und kommen.

                                      Dar-

Darauf ſollen Land , Leuth, Schlöſſer, Statt
und Dörffer ohne vorwißen, Rath und Willen
gemeiner Landſchafft nit mehr verſetzt noch veren-
dert werden, aber doch ſo ſich erſcheinte ehehafftig
noth, und Urſachen, ſollen in ſolcher Bewilli-
gung auch betrachtet werden, und gemeine Land-
ſchafft nit ſchuldig ſein, ſich fürter mit mehrern
ſchulden zue verſchreiben und zu beſiglen.

Deßgleichen ſollen auch einige ſchatzungen oder
ſonſten unordenliche Hülff oder beſchwerden, wie
die Nahmen haben mögen, fürter uf Prälaten und
Landſchafft nit mehr geleget werden, wie aber die
Döchter von Würtemberg ußgeſteurt und was
Jhnen Erbfallweiß zuegeſtellet werden ſolle, ſoll
ſich Hertzog Ulrich mit ſeiner Landſchafft deßhalb
underreden und vereinigen.

Es ſoll auch niemand in Peinlichen ſachen, wo
es Ehr, Leib oder Leben antrifft, anders, dann
mit Forcht und Recht geſtrafft oder getödtet, ſon-
dern einem iedem nach ſeinem verſchulden Rechts
geſtattet werden, es wehre dann in fällen, da-
rinn die Keiſerliche Recht anders zu thun zu-
läßen, und mit gefängnus und frag, ſolle es wie
von alters herkommen, gehalten werden.

Damit aber Hertzog Ulrich von Württemberg
bei Land und Leuthen, auch herwiderum Land
und Leuth bey Jhr F. G. im Frieden und gehor-
ſam, auch ein ieder Bidermann bei ſeinen hauß-
lichen Ehren, Weib und Kindern, auch bey
Recht und Gerechtigkeit bleibe, deßgleichen Jhre
F. G. und die Erbarkeit, ſich vor ungehorſam,
schmach

schmach und undertruckhung der ungehorsamen
und Pöfels uffenthalten mögen:

So haben gemeine Landschafft vnd genanter
Herzog Ulrich, der nachfolgenden Sazungen sich
mitteinander berathenlich vereinigt und beschlos
sen. Ob sichs begebe fürterhin, das jemand
wehre, der einigen Ufflauff oder Entböhrung ma
chen, oder fürnemmen würde, wider die Herr
schafft, Ihr F. G. Räth, Ambtleuth, Diener,
Prälaten, Geistligkeit, Burgermeister, Gericht,
Rath, oder sonsten wider die Obrigkeit die nider
zutruckhen: deßgleichen welche in einem veldläger
oder besatzungen den Haubtleuten einigen freven
lichen Ungehorsam erzeigten, auch ob jemand ein
gebotten oder gelobten frieden freventlich brechen
würde, an welchen dern Ybelthat befunden und
ußgeführt, oder solche offentlich am tag lege, der
selbige soll sein Leib und Leben verwürckht haben,
Ihme darauf sein verwürckte straff auferlegt und
an Ihme vollstreckht werden, es seye mit vierthei
len, Radbrechen, ertränckhen, enthaubten, mit
dem Strickh richten, die Händ abhauen, und
dergleichen, wie sich dises alles nach grösse und ge
legenheit der ybelthat gebühret.

Hierauf so sollen die Erbhuldigung alle Ambt
leuth, Gericht, Rath, und gantze gemeind, mit
sambt allen Dinst-Knechten, leibliche Aid zu
GOtt und den Heiligen schwehren, in dem alß
oblauth, einander getreue hilff zu thüen, und bey
stand zu leisten, vnd nit zue verlassen, sondern sol
che ybelthaten und frevel, alles niedertruckhen,
S   der

der gerechtigkeit nach), so die notturfft und gegen-
wehre erfordert, niberzuschlagen und zutrennen,
oder gefänglich anzuenemmen, und der Obrig-
keit mit gutem gehorsam zu yberlüfferen, darinnen
ein jeder, dem andern, so bald er das gewahr
oder erfordert würde, tröstlich zuetretten, damit
also die Frommen und Erbaren sich bei den Ihren,
auch bey fried und Gerechtigkeit behalten, und vor
dem Pöfel bleiben möge.

Zue diser tröstlichen und Erbaren handlung gibt
Hertzog Ulrich jetzo und allwegen befelch und ge-
walt, hierinnen mögen also fürgehen, und voll-
streckhung thuen, wie seine F. G. des gnädig in
Crafft seiner gnaden empfangenen Regalien und
F. Obrigkeit zu thuen gewalt und macht hat, da-
zue auch seine F. G. gnädig, tröstlich und getreu-
lich Hilff und beystand allzeith thuen, und darin-
nen die Erbarkeit nit verlassen will; Wo auch
jemand vor und ehe solcher auflauff, entpöhrung
und ungehorsame sich offentlich erzeigte, erfahren
oder gewahr werden, einigen Argwohn, Anschlag,
zuesammenschlupffung, oder Rottiren, es sey mit
Wortten oder Werckhen, deß zu solchem bösem
vornemmen dienen mag, soll ein jeder bey obge-
meldtem seinem geschwohrnen Aid, von stund an,
dem so also zue unguetem etwas widerfahren solte,
auch der Obrigkeit, es seye tag oder Nacht, für-
bringen, und ein getreue Warnung thuen, wie
das einem ieden Bider mann gehört, und zue thuen
schuldig ist.

Inn

Inn welchen heusern und Wohnungen erfunden, das wißentlich solch böß fürnemmen darinn gerathschlagt, davon Anschläg gemacht und abgeredt sein, in oder ußer deroselben behausung zu thuen, dieselbige Häuser sollen abgebrochen oder verbrennt, und uff selbige Hoffstätt zu ewiger gedächtnus nimmer gebauen: auch zu des Manns erlittenen straff alles laut oblaut sein Weib und Kind des Fürstenthumbs verwisen werden.

Und ob in vergangenen handlungen jemands zu dem anderen einigen verspruch, gelübdt oder zuesagen gethon hette, einander hülff zu thuen, und nit zue verlassen, das alles solle hiemit todt, ab, crafftloß sein, unbündig, gantz uffgehoben, und kein theil dem andern darinn nichts verbunden sein, aber fürohin sollen dergleichen verbündnüssen bey obgemelt geschwornen Aid, nimmermehr geschehen, bey vermeydung der Straffen, wie hieoben beschrieben.

Und ob Hertzog Ulrich und sein Brueder ohn Mannliche Leibes-Erben mit Todt abgiengen, so solle alßdann die gemelte Hülff todt und ab sein, aber nichtsdestoweniger die obbestimte Freyheiten in alleweg beständig verbleiben, doch daß die Schulden und gülten auf dem Fürstenthum stehend, auch die so Hertzog Ulrich und dessen Brueder hinter Ihnen verlassen würden, vor allen dingen von denen gefällen und nuzungen des Fürstenthumbs außgericht und bezahlt werden. Und sollen die obangezogene Freyheiten von Hertzog Ulrich, und darnach für und für, von aller Herr-

S 2   schafft

schafft allwegen im anfang ihres Regiments zu
allem, das Ihr Brieff und Sigel, darinnen sie
sich bei ihrer F. G. Würden, in Wort der War-
heit zuehalten verpflichten sollen, gemeiner Land-
schafft ybergeben werden, und davor Sie einzulas-
sen, oder Ihnen gehorsam zu seyn oder leisten nit
schuldig seyn, dargegen sollen gemeine Land-
schafft gemeltem Hertzog Ulrich und seinen Erben
und Nachkommen, Regierenden, geloben wie
ihnen fürgehalten wird, von Wort zu Wortten
also lautend:

Ihr werdet schwöhren einen Aid zu GOtt und
den Heiligen, unserem Gnädigsten Fürsten und
Herrn, Seiner Fürstl. Gn. Erben und Nachkom-
men, dem Herzogthum Württemberg getreu und
hold zu sein, Seiner Fürstl. Gn. dero Räthen und
verordneten Ambtleuthen gebotten und verbotten,
von Sr. Gnaden wegen, gehorsam und gewertig
zu sein, Sr. F. Gn. frommen und nuzen zu schaf-
fen, dero schaden zu warnen, und zu wenden, nach
eurem besten vermögen, euch erzeigen und halten,
wie fromme gehorsame Underthanen sich gegen ih-
rer Natürlichen Herrschafft erzeigen und halten
sollen, auch euch, ewer Leib und guth, Weib und
Kind, so leibaigen sind, nit zue verendern, unbe-
melts unsers gnädigen Fürsten und Herren, oder
Sr. Fürstl. Gnaden Ambtleuth wißen und wil-
len, alles nach vermög gegebener Freyheit; dar-
zue Sr. Fürstl. Gn. und dero Erben, Herzogen
zue Württemberg und ihren nachkommen, die
hülff zu thuen und zue geben, auch die handhabung

der

der gehorſame und Erbarkeit ſeiner Fürſtl. Gn.
zuegeſagt und verſchriben, wie hievornen in denen
Articuln, die ſtraff der peenlichen ſachen betref-
fend, eigentlich angezeiget wird außtruckht und
beſchriben ſtehet, treulich zue vollziehen und zue
halten, wie ſich nach innhalt ſolcher verſchreibung,
auch der vertrag zwiſchen Unſerer gnädigen Herr-
ſchafft und gemeiner Landſchafft uffgericht und ge-
macht, zu thuen gebührt, alles erbarlich, getreu-
lich und ungefahrlich.

Auch wo hieoben Herzog Ulrich benennt, ſollen
ſeine Erben als Fürſten zue Württemberg, deßglei-
chen wo die Landſchafft benennt werde, alle nach-
kommen hiemit genennt und verſtanden, auch al-
lem dem ſo ſich hierinnen beſchriben befind, folg
zu thun verpflicht, auch auf ſolch iedes gebrechen
und daruff vollgende ungnad, widerwertigkeit und
ſtraff, was deroſelben zwiſchen bemelten theilen
bißhero empfangen, geſchehen, und ſich darunder
begeben und verloffen haben, im gemein und ſon-
derheit, hiemit genßlich aufgehebt und nachgelaſ-
ſen ſein und bleiben, alles getreulich und ohngé-
fahrlich, und ſollen hierauf Herzog Ulrich und ge-
meine Landſchafft, Röm. Key. May. unſerm al-
lergnädigſten Herren, ſolchergeſtalt obgeſchriebe-
nen vertrag und Freyheit, gnuegſam berichten,
und Jhr Röm. Kay. May. in underthänigkeit bit-
ten, ſolches gnädiglich zu confirmiren und zu be-
ſtättigen.

Deſſen alles zu wahrem Urkhund, haben wir
diſes unſers gütlichen Vertrags und Spruchs
S 3   zween

zween Brieff gleichlautend aufrichten, mit unsern
Georg, Graffen zu Montfort und Herrn zu Pregenz, als Keys. May. gesandten Rath ꝛc. Wilhelm, Bischoffs zu Straßburg, Schenck Valentin, Grafen zu Erppach, Peter von Uffeß
Thumherrn, Pleikert Landschaden ꝛc. anhangend
Insigel mangels halb diser zeith unser anderer Insigel jedem theil deren ein obergeben laßen, zu
Tüwingen auf Samstag S. Kiliani, des H. Bischoffs und Märterers, nach der Gebuhrt Unsers
lieben Herrn im fünffzehenhunderten und vierzehenden Jahr.

So sichs nun gebühret allen Unsern Underthanen unsers Fürstenthums Württemberg und
Teckh Huldigung zu thun, innhalts des Articuls
im vertrag/ als obsteht begriffen, und aber wie
vorhin, also jezo regierender Fürst, Unß gegen
Unserer Landschafft verschreiben und verpflichten
sollen, solchen vertrag zu halten, wie dann der
Articul davon im vertrag clärlich außweiset; Alß
gereden und versprechen wir bei unsern Fürstl.
Würden, im Wort der Wahrheit, unser fromme getreue Landschafft, bei solchem vertrag und
Freyheiten darinnen verleibt, verbleiben zu laßen, und den zu halten, in crafft diß Brieffs, der des
zue Urkundt mit unserm anhangenden Insigel versigelt und geben ist, zu Tüwingen, uf Montag nach
S. Kilians tag, des H. Bischoffs und Märtirers,
im fünffzehenhundert und vierzehenden Jahr.

So nun die genante Unsere fromme, getreue
gehorsame Landschafft, zue Trost und erledigung
Unser

Unſer und Unſers Fürſtenthums, ihr Hülff in
Namhafftiger Summa, und ſonſt ſtattlich Uns
mittheilen, wollen und ſollen wir ihnen dagegen
zu gnädigen Erkantnuß und danckbarkeit etliche
gnaden gegeben haben, wie dann deß der vertrag
clärlich innhalt, damit aber derſelbige künfftig-
lich für und für in ewigkeit, in ſeinem weſen und
cräfften unabgengig verbleibe, ſo gereden und ver-
ſprechen wir bei unſern Fürſtl. Würden im Wort
der Warheit cräfftiglich, für uns und alle Unſere
Erben und Nachkommen, ob Sach wehren das
der obgemelt vertrags Brieff, der unſer Land-
ſchafft einen zue ihren handen genommen haben,
immermehr einigen ſchaden, verletzung oder ver-
ſehrung empfangen oder dem begegnen würde, es
wehre am Pergament, an Schrifft, an Sigill,
an Alter, oder durch Brunſt, Entwehrung,
verliehrung oder beraubung, verlegung, wie des
Nahmen haben mag, ſo ſollen Wir, Unſer Erben
und Nachkommen, iederzeith ſo offt des begebe,
und wir von unſer Landſchafft darzu erfordert wür-
den, einen andern neuen vertrag, den wir obge-
melt gleichlautende, mit allem ſeinen begriff,
Puncten und Articuln mit nottürfftiger form und
bekräfftigung, wider ufrichten, und zu Unſerer
Landſchafft handen yberantwortten zu laſſen;
alles ohn verziehend einreden und widerſprechen
in Crafft diß Brieffs, der deßen zu Urkund mit
unſerm anhangenden Innſigel verſigelt und geben
iſt zue Stuetgard auf S. Ægidi tag, alß man zahlt

S 4   nach

nach) der gebuhrt unſers lieben Herrn, im fünf-
zehenhundert vnd vierzehenden Jahr.

Nachdeme auch in mehrbemeldtem vertrag zue
Tuwingen aufgerichtet, under anderem ein arti-
cul innehält, das Herzog Ulrich vnd Unſer Land-
ſchafft Röm. Kay. May. unſerm allergnädigſten
Herrn, ſolchen vertrag und Freyheit berichten,
mit underthänigſter bitt, denſelbigen zu confirmi-
ren vnd zue beſtettigen, daß dann alſo von uns be-
derſeits beſchehen, darauff auch Röm. Key. May.
ſolches confirmiret vnd beſtettiget, innhalt ihrer
May. außgangen beſigelten Brieffs, welchen wir
Herzog Ulrich bey handen haben, der auch von
Wort zue Worten lautet, wie nach vollgt, deß
wir uns hiemit bekennen, und deßelbigen Confir-
mation ein glaubwürdigen ſchein unter unſerm an-
handen Innſigel unſerer Landſchafft und jedem
Ambt inſonderheit geben, und geben haben wol-
len.

Wir Maximilian von GOttes Gnaden erwähl-
ter Röm. Keyſer, zu allen zeithen mehrer
des Reichs, in Germanien, zu Hungern, Dal-
matien, Croatien König, Ertzherzog zue Oeſter-
reich, Herzog zu Burgund, Braband und Pfalz-
Grafe. - Bekennen offentlich mit dieſem brieff und
thuen kund allermänniglich, alß ſich in verſchie-
ner zeit zwiſchen dem Hochgebohrnen, Ulrich Her-
zogen zue Würtlemberg und Teckh, Grafen zue
Mümpelgardt, unſerm lieben Schwager und
Fürſten, eines : und den Erſamen Unſern andäch-
tigen,

tigen , und des Reichs lieben getreuen, den Stän-
den, Underthanen und Verwandten, gemeiner
Landschafft des Fürstenthums Württenberg ande-
ren theils, etliche spän und mißverständ gehal-
ten, darumb wir die Edle , unser und des Reichs
liebe getreue Georg Graffen zue Montfort, unsern
Fürschneider, Christoph , Herrn zue Amppurg,
des H. Reichs Erbschenckhen, unsern Vogt zu
Nellenburg, und Haubtmann Unsers Keys. Bun-
des der lande zue Schwaben, und Johann Scha-
den, beder Rechter Doctorn, Unsern Rath, deß-
glichen etliche Unser und des Reichs Churfürsten,
Fürsten und Stände, ihre Bottschafften in das
Fürstenthum Würtemberg gen Tüwingen ver-
ordnet, die solche spän, und mißverständ mit
aller theil wißen und willen hingelegt und vertra-
gen, und deßhalben nottüfftig vertrags Brieff
uffgerichtet, und gemacht haben, der Anfang
und datum also lautet: Des allerdurchleuchtig-
sten, großmächtigsten Fürsten und Herrn, Herrn
Maximilian von GOttes Gnaden Röm. Keysers,
zu allen Zeithen mehrern des Reichs, Unsers al-
lergnädigsten Herrn Gesandte Räth mit Nah-
men, Georg, Graf zu Montforth, Herr zu Pre-
genz, Christoph, Herr zu Limpurg, des Heil.
Röm. Reichs Erbschenckh und semper frey und
Herr Johann Schad, beder Rechten Doctor.
geben zue Tüwingen uf Samstag an S. Kilians
des Heil. Bischoffs vnd Märtirers Tag nach
Christi Gebuhrt 1514. Jahr. Wann wir nun
als Römischer Keyser, die Stände und Under-

S 5   thanen

thanen des Reichs bei Ruhe und einigkeit zue
handhaben, genzlichen geneigt; demnach so ha-
ben wir mit wohlbedachtem Muth, gutem Rath
und rechtem wiſſen, denſelben Vertrag ſo durch
Unſer und des Reichs Churfürſten und Fürſten
Räth und Bottſchafften uffgericht und gemacht
iſt, gnediglich confirmirt, becräfftigt und beſtet-
tigt, confirmiren und beſtettigen auch hiemit von
Kay. May. macht wiſſentlich, in Crafft diß
Brieffs, und meinen, ſezen und wollen, daß der-
ſelbe Vertrag in allen und jeden ſeinen Puncten,
Articuln, meinungen, Innhaltungen und Be-
greiffung mächtig und cräfftig ſein, ſteht bleiben,
von allen theilen veſt gehalten und vollzogen und
von niemands darwider gethan werde, doch Unß
und dem Heil. Röm. Reich, auch Unſerm Hauß
Oeſterreich, an Unſer Obrigkeit, Gerechtigkeit,
Pfandſchafften und Lehenſchafften unvergriffen
und unſchädlich, und gebieten darauff allen und
ieden Churfürſten, Fürſten, Geiſt-und weltli-
chen, Prälaten, Graffen, Freyherren, Rittern,
Knechten, Haubtleuthen, Vizdumben, Vög-
ten, Pflegern, Verweſern, Ambtleuten, Schult-
haiſſen, Burgermeiſtern, Richtern, Räthen,
Burgern, Gemeinden, und ſonſten allen ande-
ren, Unſern und des Reichs Underthanen und
getreuen in was würden, ſtands oder weſens die
ſeyen, und ſonderlich den vorgenanten unſern lie-
ben Schwager und Fürſten, Ulrichen, Herzo-
gen zu Württemberg, auch den Ständen, Un-
derthanen und Verwandten des Fürſtenthumbs
Wür-

Württemberg, ernstlich und vestiglich, und wollen daß die sollchen obbestimbten Vertrag in allem seinem innhalt, wie obstehet, halten, und darwider nicht thuen noch handlen, auch daß niemand andern zue thuen gestatten, in kein weiß noch weg, alß lieb jeglichem seye, Unser und des Reichs schwehre Ungnad und straff, und dazue ein Pön, nemlich hundert Marckh Lötigs Goldts zuevermelden halb in Unser und des Reichs Cammer, und den andern halb theil dem beleidigten unnachläßig zue bezalen, mit Urkundt diß Brieffs besigelt mit Unserm anhangenden Jnsigel. Geben in Unser Statt Jnßbruckh am 10. Januarii 1515. Unsers Reichs des Römischen im 29sten und des Hungarischen im 25sten Jahr.

Und alß unser Landschafft uf gehaltenem Landtag zu Tůwingen, und nachgehends zu Stuetgardt an Uns gebracht, und underthänig gebetten hat, eine Ordnung und maß zue geben, wie es künfftiglich mit vornemmung eines gemeinen Landtags gehalten werden soll, damit wann die Notturfft in Unserer und Unserer Erben und Nachkommen, und gemeiner Landschafft anligender noth und sachen erfordern, daß man sich wüste demselbigen gemeß zue verhalten, und das deßhalb nichts verabsaumt würde; Nachdem nun ein Landtag zue machen und ußzuschreiben, allein Uns, Unsern Erben und Nachkommen regierenden Fürsten zuestehet, auch also von Unß und Unserer Erben, Voreltern, von altersher gehalten worden, haben wir uns auch verbehalten, zue

jeder

jeder Zeit einen Landtag mögen ußschreiben, und
doch darneben Unserer Landschafft auch obange-
zeigt Ihr underthänigst anbringen auß Gnaden
zuegeben, und thuen alles wissentlich hiemit in
Crafft biß Briefs, wann unser underthanen und
liebe getreuen, Vögt und Gericht und Räthe un-
ser beeder Haubt-Stätt, Stuttgart und Tü-
wingen, für guet wird ansehen, unß, Unsern Er-
ben und Nachkommen, regierenden Herrn der-
gleichen Land und Leuth zue nuß und gutem, ei-
nen Landtag fürzuenemmen, das sie solches jeder-
zeit, so das die Notturfft erfordert, an Uns zu
bringen, macht haben sollen. So wir dann bei
unß, Unsern Räthen, und Ihnen an Rath erfun-
den der Notturfft nach solchen Tag fürzunemmen,
wollen wir unsern Erben und Nachkommen, Unß
darinn gnädiglich halten, und den ußschreiben las-
sen, nemlich, daß von ieder Statt unsers Für-
stenthums der Ambtmann, so von der Landschafft
ist, dazu einer vom Gericht, und einer vom Rath,
uf jeden Amts Costen, mit gnugsamem Gewalt
beschrieben werden, die alßdann erscheinen sollen,
zue rathschlagen, zue handlen, und fürzunehmen,
anders nit dann daß man mag erfinden, Unß,
Unsern Erben und Nachkommen, und Land und
Leuthen zue Lob, Ehr und nuzen, Wolfahrt, zu
erschliessung alles erbarlich, getreulich und onge-
fahrlich, und deß alles zu offenem und wahrem
Uhrkund haben wir unser Innsigel an diesen Brieff
thuen hencken, der geben ist in Unser Statt Stuet-
garden uf S. Georgen Tag im 1515. Jahr.

Von

Von GOttes Gnaden wir Christoph, Herzog
zu Würtemberg und Teckh, Graffe zue
Mümppelgardt, bekhennen und thuen kundt, of-
fenbar mit difem Brieffe, für Uns und Unfere
Erben; Alß vor etlichen Jahren, bey Lebzeithen
und Regierung des Hochgebohrnen Fürsten,
Herrn Ulrich Herzogen zu Württemberg, unfers
freundtlichen lieben Herrn und Vatters fel. sich
etliche Spän und Irrung zwischen seiner Liebd
eines und den Prälaten und gemeiner Landschafft,
difes unfers Fürstenthums Württemberg andern
theils gehalten, derowegen etwas Ufruhr under
gemeiner Landschafft erweckht, und begeben, a-
ber dazwischen in der guete so vihl fürgenommen
und gehandelt worden, auch lezstlich die Sachen
dahin gerathen, daß sein Liebd in A. 1514. ein
gemeinen Landtag beschriben, auf welchen der al-
lerdurchleuchtigst Großmächtigst Fürst und Herr,
Herr Maximilian Röm. Kayser, in Germanien,
Dalmatien, Croatien und Ungarn König, Erz-
herzog zu Oesterreich fel. hochlöblicher Gedechtnuß,
deren stattliche Räth, alß die wohlgebohrne Herrn,
Georg, Grafe zue Montfort, Herr zu Pregenz,
den Edlen Christophen, Herrn zu Limpurg, des
Heil. Reichs Erb-Marschallen, semper-Freyen,
Johann Schaden beder Rechten Doctorn, und
dann die Ehrwürdige Herrn, Wilhelm, Bi-
schoffen zu Straßburg, Landgraffen im Elßaß,
und Herrn Hugo, Bischoffen zu Coßniz; Und
dann die Hochgebohrne Fürsten, Herrn Ludwig,

Chur-

Churfürsten, und Herrn Friederich, beder Pfalz-
graffen bei Rhein und Herzogen in Bayern, Ge-
brüeder, Unsern Freundlich lieben Vettern ge-
sandten Räht, Schenck Valentin, Graff zu
Erppach, Lorenz von Venningen, D. und Canz-
ler, und Franciscus von Schilckingen, derglei-
chen des Herrn Lorenzen; Bischoffen zu Würz-
burg und Herzogen in Francken Gesandten, Räth,
Peter von Ufffeß, zu Bamberg und Würzburg
Dumherr, Dumprobst zue Lomberg, und Herr
Ludwig von Hutten, Ritter; von wegen des
Hochgebohrnen Herrn Philipsen, Marggraffen
zu Baden, Gesandter, Pleicker Landschadt, ge-
schickt, die dann uf empfangenen Befelch, zwi-
schen ermelten unsern Herrn und Vatters sel. auch
gemeiner Landschafft, güetliche Handlung gepflo-
gen, und mit beder theilen güetem wissen und wil-
len einen Vertrag abgeredt und uffgericht, wie
der noch vorhanden; Alß aber nachgehendts seine
Liebd durch Unglück der Zeit, und allerley un-
treu, und von dem Schwäbischen Bund Landts
vertrieben, und diß unser Erb-Fürstenthum zu
handen des allerdurchleuchtigsten und Ohnbet-
windlichsten Fürsten und Herrn, Herrn Caroli
Römischen Keysers, unsers allergnädigsten Herrn
kommen, hat Ihre Key. May. uf embsiches un-
derthenigst flehentliches bitten, und anhalten der
Prälaten und gemeiner Landschafft, nit allein oban-
geregten vertrag ratificirt, sondern auch Ihnen uber
dieselbige ein weitere declaration und mehrung et-
licher articul geben; Da nun nach schickung des all-
mächtigen, vielermelter unser lieber Herr und Vat-

ter

ter sel. den 6. Nov. 1551 diser Zeit verschieden, und wir uns, (wie billich) zu der Regierung Unsers Fürstenthums gethan, und in würckliche possession kommen seindt, auch gewonliche Erbhuldigung gethan von den Unterthanen genommen und empfangen, und bald darauf einen Landtag gehalten, haben Uns Unsere zugewandte und underthänig gehorsame Prälaten und Landschafft, uff solchem Landtag zum underthänigsten gebetten, Ihnen obgemelten vertrag und declaration widerum zue confirmiren, zu bestettigen und zue bekräfftigen;

Dieweil wir dann Ihren guten und geneigten underthänigen willen gegen Uns uf vorigem auch jezo gehaltenem Landtag gespühret und befunden; So haben wir uns entschlossen, den Prälaten und gemeiner Unserer Landschafft, angezogenen Vertrag vollgender massen gnädiglich zue bestättigen, zu erneuren und zue ratificiren, thuen das auch hiemit und in Crafft diß Brieffs, in der Form und Maß, wie von articul zue articul von punct zue puncten, underschiedlich hernach volget:

Wir Ulrich/ von GOttes Gnaden/ Herzog 2c. ut supra.

Und nachdem, wie hieoben zu eingang gemeldet, die Röm. Kay. May. Unser allergnädigster Herr bey zeiten Ihres Jnnhabens dieses Unsers Fürstenthums Württemberg, yber und neben gemeltem Vertrag den Prälaten und Landschafft eine

eine Declaration allergnädigst gegeben, und aber
iezo wir durch Unsere Prälaten und gemeine Land-
schafft underthänigst gebetten, und angesuchet
worden, Ihnen hierüber auch etlicher Articul Er-
leuterung, Declaration und Erclärung zu thuen,
solch Ihr underthänigst pitt als billich wir betrach-
tet, erklären und erleuteren Wir die wie vollgt.

Nachdem aller Land Wohlfahrt und nuzen am
höchsten stehet auf GOttesforcht und Erbarkeit
und Vernunfft, solle gehandvöstiget und gegrün-
det sein, so wollen Wir das Regiment diß un-
sers Fürstenthums zue Hoff und bei der Canzley,
mit Gottseligen, frommen, ehrlichen, dapfferen,
verständigen, und erfahrnen Persohnen versehen
und besezen, die allein GOtt uud die Gerechtig-
keit für augen, und den gemeinen nuzen lieb ha-
ben, die auch Land und Leuthen mit getreuem Len-
den vorstehen, und dem gemeinen Mann in sei-
nen anliegenden sachen mit Hülff und Rath wis-
sen zu begegnen.

So wollen Wir auch unser Canzlei mit from-
men, erbaren verständigen Schreibern und Per-
sohnen besezen, und die Jungen darinnen von
der Landschafft vor andern so hiezue taugenlich,
annemmen und bedencken, damit künfftiglich
die Aembter im Land mit geschickten Persohnen,
so der Canzley Practiquen und Ußrichtungen wis-
sen und erfahren sind, desto nuzlicher mögen ver-
sehen und besezt werden.

Dieweil die Prälaten diß Fürstenthums, wie-
wohl sie der welttlichen Obrigkeit in keinen weg
under-

underworffen, ſondern darfür löblich gefrepet,
und mit geiſtlicher Jurisdiction verſehen und be-
gabet ſein, bißhero daſelb nit angeſehen, ſondern
in weltlichen Händeln, vor diſer Löbl. Herrſchafft
zue Verhör und Billigkeit allwegen fürkommen,
und allda als andere Verwandten diß Fürſten-
thumbes außtrag und Beſcheid geben und genom-
men haben, damit dann dieſelbigen als ein löb-
lich Kleinot diß Fürſtenthums bei diſer ehrlichen
Landſchafft hinfürter ohne zertrennt beſtehen, auch
alſo zu allen Theilen bei diſer unſers Fürſten-
thums alten Freyheiten, rechten herkommen, und
löblicher Gewohnheit und bederſeits gegeneinan-
der mit minſten Coſten, ein Lands rechtlichen Uß-
trag in weltlichen Sachen bekommen und erlan-
gen mögen, ſo wollen Wir, daß diſer Lands
Ußrichtung und Regiment fürterhin im Land ver-
bleibe, zu Stuttgart gehollt, und auſſer diſem
Fürſtenthum, in keinen weg verzogen, oder ver-
ruckht, ſondern alle Verrichtung und Regierung
der Prälaten und Landſchafft es ſey gegen wem
es wolle / ſtracks in diſem Land gehalten, und
umb keinerley Sach willen, für kein ander ußlän-
diſch Regiment gezogen noch gewiſen werde, doch
mit der Regierung zu Stuttgart alſo, ob durch
Sterbens leufft, oder auch andere Zuefäll, die je
zun zeithen würden einfallen, von dannen zueru-
cken, würde die notturfft erheiſchen, ſolle bei Uns
ſtehen in ſelbigem Enderung zu thun.

　　Nachdem uns auch gemeinen Prälaten und
Landſchafft an Beſezung der Aembter und Ambt-
　　　　　　　　　　Т　　　　　　　　leuth

leuth inn diesem unserm Fürstenthum hoch und
mercklichen gelegen ist, so wollen wir dieselbige
Aembter mit ehrlichen, frommen, geschickten,
aufrichtigen, verständigen und wohlhabenden
Persohnen, die zu der Erbarkeit, auch Hand-
habung Friedens und Gerechtigkeit geneigt sein,
besezen, das Ihnen auch nach gestalt und gele-
genheit Ihres Ambts geschäffts, damit sie densel-
ben desto stattlicher mögen vorstehen, zimliche
Belohnung geben und schöpffen.

Des Wildprets halber, der Vorstmeister und
Vorstknecht/ wollen wir so gnädige Vorsehung
thun, das gemeine Landschafft sich nit zu be-
schweren habe.

Des Hoffgerichtshalber. Nachdem Prälaten
und gemeiner Landschafft anhaltung und Vollzie-
hung desselben merckliches gelegen, so wollen
wir solches fürther im Land mit ehrlichen, from-
men, verstendigen geschickten Persohnen vom A-
del und der Landschafft besezen, und dasselbig mit
Doctoribus nit yberladen, auch die Fürsprecher
in dem Urtheln abtretten, und Jahrs viermal
Hoffgericht halten lassen.

Der Ritterschafft und Adels halben, dieweil
uns, der gemeinen Landschafft zu erhaltung Fri-
dens daran mercklich gelegen, so wollen wir mit
Rath und guth ansehen Unserer Landschafft auf
Weg gnädiglich helffen handlen: Ob der Adel
uf gebührliche Mittel, zue Hülff und Trost Unß
und gemeiner Landschafft herzu gebracht werden
mögten, nachdem der Adel im Land gesessen, di-
sem

sem Fürstenthumb in allweg wohl anstehet, daß
sie dann auch mit Gnaden bedacht, dem Land
anhengig gemacht, und so vihl möglich hierzu ge-
bracht werden.

Wie ein gemein Landrecht möchte geordnet
werden, haben wir in Ansehung daß diser articul
etwas weitleuffig, und vielerlei Puncten erfor-
dert, gnädiglich bewilligt, das zu erster gelegen-
heit etliche verstendige von Prälaten und der Land-
schafft, darzu wir auch Unsere Räth verordnen
wollen, beschriben werden, die dise sachen under-
handen nemmen, betrachtenlich erwegen, und
nacher uns fürbringen sollen, damit die auf unser
ratification auch in truckh gebracht und publicirt
werde.

Wir wollen auch die Pfruenden und geistliche
beneficien Unsers Fürstenthums, fürohin Erbarn
geschickhten Persohnen auß dem Land geben, so
ferr sie darzue geschickht und taugenlich, verlei-
hen, damit die so Ihr Leib und guth täglichs zue
Uns Unsern Erben, regierenden Landes-Fürsten
sezen müssen, vor andern bedacht werden.

Und nachdem die Seelsorger am höchsten zu
betrachten sein, wollen wir die Pfarren mit dapf-
fern, verständigen, gelehrten und geschickten
Persohnen, bei denen sich die Unterthanen Raths
und Underweisung zu Ihrer Selen Seligkeit ge-
trösten mögen, so vihl müglich versehen, auch dar-
ob halten, das ein iegliche Pfrüendt von Ihrem
Innhaber persöhnlich residirt, und keinem mehr

T 2   dann

dann ein pfruendt verliehen werde im Land, daß
auch die reservata, so man bißanhero von der
pfruend wider stifftung oder alter gebrochen, für-
terhin nit mehr zugelassen, noch gestattet, und
sonderlich der einbruch der Cortisanen in disem
Land so vihl müglich verhüetet werde.

Nachdem auch Unsere Vorfahren vor vihlen
Jahren an Wein, Brod und anderem ein statt-
liche und löbliche Spendung gethan, und All-
muesen gestifftet, dasselbe Jährlich an den vier
Quatembern außzuegeben, welche spendung nach-
volgends mit Rath gemeiner Landschafft zu gelt
angeschlagen und in die Stätt und Aembter Unsers
Fürstenthumbs umbgeschlagen, und getheilt ist,
und sich aber ußer täglichen erfahrung befindet,
daß solches almusen an etlichen Orten ungleich oder
villeicht zun zeithen versaumet, und gar nicht
außgetheilt, zu dem ist es bei vihlen Leuten und
sonderlich in den wolfeilen Jahren darzue kommen
daß es schier für kein spend oder Allmosen gehalten
und gedacht wird, also wo durch vernunfft nit mit
einer zimlichen maß darein gesehen solches mit der
zeit abgehen, und die gedechtnus derselben gar uß-
gelescht und verlohren werden möchte, demselben
nach wollen wir zu handhabung und vollzihung der
Ehrlichen und löblichen Stifftung, dermassen ein
Christliches einsehen haben und thuen lassen, da-
mit solches in ein löblich Ordnung gebracht und
zue gutem nuzen den armen gegeben und gewendt
werde.

So

So vihl den freyen zug belangt, so wollen wir
denselben jezo und alsobalden angehen laſſen,
welchen auch der Prälaten und anderer geiſtlicher
Underthanen genieſſen und gebrauchen ſollen,
vnd deſſelbigen gleich unſern Unterthanen ge-
nieſſen und gebrauchen ſollen. Doch welcher
alſo des Freyen zugs halber uſſer Land ziehen
wird, ſo ſolle es doch ſolcher geſtalt geſchehen,
das welcher alſo hinweg zihet, der ſolle ſolches
thuen mit vorwiſſen Unſerer Ambtleut, der auch
damit und alßbald der Leibaigenſchafft ledig
ſein, und weiter nit beſchwehrt ſein ſolle, dann
nachfolgender geſtalt, daß er die Schulden, ſo
er in das Land ſchuldig, bezale, darzu auch ein
Jahrlang nit wider den Herrn und das Land thue,
und daß er umb alle ſachen, ſo ſich im Land bege-
ben, in einem Jahr rechtlich außtrage, nemmen
und geben, oder ſich güetlich mit wiſſen und willen
der widerpartheyen vertragen wolle.

Nachdem Fried, Recht und gerechtigkeit ein
grundveſten ſein, aller weſen, die in langwihrigem
ſtand bleiben, und zue nuzlichem außgang kom-
men ſollen, ſo haben wir für recht und billich ge-
achtet, das ſolches mit dapferkeit und Ernſt ge-
handhabt, Fried, Recht und gerechtigkeit in
unſerm Fürſtenthumb gehäuffet, und niemand
wider Recht bewältiget, beleidigt, noch beſchweh-
ret werde, ſondern das dieſelben, ſo ſich deſſen
underfahen würden, ſie ſeyen was ſtands ſie wol-
len Edel oder unedel, zu friſcher that darumb ge-
ſtrafft, ſcheinbarlich dagegen gehandelt, und nie-
T 3 mand

manb barinn verſchont werbe, bamit künfftiger
Unrath, ſo barauß erwachſen möchte verhüet, unb
bie armen Leut ſpühren unb erkennen mögen, baß
ſie fribli̇ch unb unvergwalthátiget bey bem ihrigen
geſchüzt, geſchirmt unb gehanbhabt werben.

In bem wir an unſerm gnábigen Fleiß unb ernſt
nichts ermanglen noch erwinden laſſen wollen,
alß oben im vertrag ein Articul begriffen ſteht,
wie es in Peinlichen Sachen, Ehr, Leib ober Le-
ben anbetreffend gehalten werben ſolle mit Urteln
unb Straffen, unb aber bie Lanbſchafft begehrt,
unb underthánigſt gebetten hat, benſelbigen arti-
cul zu erleutteren, in maſſen wie hernach vollgt,
unb obs Sach wehre, baß jemand berüchtiget
würbe, in Sachen, bie ihme Leib unb Leben be-
treffen möchten, wo bann bie that ober ſchuld of-
fentlich am tag lege ober erſcheinte ſich ſolch cráfftig
beweißliche Anzeigungen unb vermuetung, barauß
man ſich einer ſolchen ybelthat zue berſelbigen Per-
ſohn genuegſamlich verſehen möchte, baß bann
gegen benſelben verſchuldten Perſonen mit peinli-
cher gefángnuß unb frag mag fürgangen unb ge-
handelt werben boch mit rechtlichem vorerkantnuß
inmaſſen wir im nechſten articul underſchiedlich
hernach vollgt, unb begriffen ſtehet, barinnen auch
allwegen geſtalt unb gelegenheit ber Perſohnen
unb Sachen ſollen angeſehen unb bedacht wer-
- ben.

So aber bie That unb ber bezüg nit offenbar
am Tag legen, ſondern ber beſchuldigte ihr laug-
nen unb in abred ſtünde, unb es erfinde ſich bei ben
Ambt-

Ambtleuth und Gerichten des fleckens, darinn er
fein Wohnung gehabt hette, daß selbige Persohn
eines ehrlichen herkommens und wohlhaltens biß-
hero geweßt wehre, dadurch man sich deroselben
beschuldigung kräfftiglich nit zu ihr versehen möch-
te, daß dann gegen deroselben unverleumbten Per-
sohn mit gewaltigem Rath und peinlicher frag
nichts soll fürgenommen werden, sonder zuvor da-
rumb erkennt werden, ob derselbige verdacht zu
peinlicher straff genugsam oder nit genugsam, und
ob hart oder miltiglich darinn solle gehandelt wer-
den, und was also rechtlich erkhennt, daß dann
darnach solchem gemäß fürgangen und also gegen
derselben unverleumdten Persohn, ihrem gut,
Leib oder Leben anderst nicht dann mit rechtlicher
Erkhantnus wie obsteht gehandelt werden, und
ob es wehre in sachen die umb gelt wolten gestraft
werden, daß dann niemand der das Recht in Leu-
then oder Guettern zu verbürgen hette, darum ge-
fänglich angenommen, sondern nach gethaner
Bürgschafft, anderst nicht dann rechtlich gegen
ihme gehandelt werden, es wehre dann der Han-
del dermassen beschaffen und gestallt, daß sich da-
rumb zue rechten nit gebühren wolte, als umb of-
fenbahre leichtfertigkeit, und dergleichen sachen,
so allein Straff des thurns erfordert, darinn sollen
und mögen die Thäter angenommen werden, son-
dern auch gethaner Bürgschafft anders nit, und
nach gestalt und gelegenheit der sachen zimlich, wie
sich ihrem verschulden nach gebühret, gestrafft wer-
den, wo es auch geistliche Persohnen antreffe, ge-
T 4   gen

gen denſelben ſoll auch nit anderſt als mit Recht und vor ihrem ordenlichen Richter gehandelt werden.

Dieſe Erleuterung laſſen wir gnädig zue, nach dem dieſelbig den Rechten und der vernunfft gemäß, auch Röm. Keyſ. May: und des Reichs Halßgerichts Ordnung nit zuewider iſt.

Wie die Prälaten der gaſtung halber gehalten werden ſollen, wollen wir uns gegen ihnen gnädiglich, und nit weiter, dann wie von alter herkommen halten und erzeigen, daß ſie ſich mit keinen fuegen ab Uns beclagen können.

Uff ſolches alles gereden und verſprechen wir bei unſern Fürſtlichen Würden und im Wort der Wahrheit, unſer fromme, getreue, liebe Landſchafft bey obinſeriten Tüwingiſchen vertrag und erclärten und declarirten articuln hieoben verleibt, und den Freyheiten darinnen begriffen bleiben zu laſſen, und die zu halten in crafft diß brieffs. Deß zu Urkund mit unſern anhangenden Inſigel beſiglet, und mit aigener Hand underſchriben, und geben zu Stuetgarten den 13 Aprilis. 1551.

Num. 34.

Kayſers Caroli. V. als Kayſers und Innhabers des Herzogthums Würtemberg Privilegium vor diſes Herzogthum wegen der Juden.

d. d. 1521. 25. Jun. (1)

Wie

---

(1) Aus einer einzeln gedruckten Copie.

Wir Carl der Fünfft, von GOts Gnaden er-
wölter Römischer Keyser, zu allen zeitten
mehrer des Reichs, ꝛc. in Germanien, zu Hi-
spanien, beider Sicilien, zu Jerusalem, Hun-
gern, Dalmatien, Croatien, ꝛc. König, Ertz-
Hertzog zu Oesterreich, und Hertzog zu Burgund;
ꝛc. Graue zu Habspurg, Flandern und Tyrol ꝛc.
Bekennen offentlich mit diesem Brieff und thun
kund allermenigklich, Nachdem die Judischheit
in unserm Fürstenthumb Würtemberg gesessen
unsern Landsessen und Unterthanen daselbs biß-
her auf ligende Güter, Zinß und Gült um Wu-
cher gelihen und aber solchs uns, an unser Fürst-
lichen Oberkeit und denselben unsern Landsessen
und unterthanen, in viel weg zu mercklichem Nach-
theil und Schaden reichet das wir demnach de-
clariert, gesezt und geordnet haben, und thun
das alß Römischer Kayser, und Hertzog zu Wir-
temberg von Kayserlicher und Fürstlicher Macht,
wissentlich in krafft diß Briefs und meynen und
wöllen, daß hinfür in ewig zeit kein Jud noch Jü-
din sie sizen under wem sie wöllen, unsern Land-
sessen und Unterthanen in unserm Fürstenthum
Wirtemberg, weder auf ligende Güter, Zinnß,
noch Gült um noch on Wucher heimlich oder of-
fentlich nichts leyhen, wölche aber das darüber thä-
ten, denselben sollen solche güter Zinnß und Gült
nicht gereicht und eingeantwurt auch im Recht
nicht zu erkannt noch gesprochen werden in kein
weise, wa aber das hiewieder beschehe solle doch

T 5   das

das kein krafft haben, das wir auch jetzt alß dann, und dann als letzt, derogieren, abthun und vernichten, von Kaiserlicher Macht Vollkommenheit, wissentlich in krafft und mit Urkund dieß Briefs, der mit unserm Keiserlichen anhangendem Insiegel besiegelt und geben ist in unser Statt Prüssel in Brabandt, am fünff und zweinzigsten Tag des Monats Junij nach Christi Geburte fünffzehenhundert und im ein und zweinzigsten, unser Reiche des Römischen im andern und der andern aller im sechsten Jaren.

Carolus.

Ad mandatum Cæsareæ & Catholicæ
Majestatis proprium

Hannart sst.

Num. 35.

Kaysers Caroli V. Privilegium **vor das Herzogthum Würtemberg wegen der Juden,** und daß die Herzoge zu Würtemberg geächtete Personen recipiren dürffen.

d. d. 1530. 15. Octob. (1)

Wir Carl der fünfft, von GOttes Gnaden Römischer Kaiser zu allen Zeiten merer des Reichs, in Germanien, zu Castilien, Arragon, Leon, beeder Sicilien, Hierusalem, Hungarn

(a) Nach einer einzeln in fol. gedruckten Copie.

garn, Dalmatien, Croatien, Nauarra, Gra-
naten, Tolleten, Vallenz, Gallicien, Majo-
rica, Hispalis, Sardinien, Corduba, Corsica,
Murcien, Giennis, Algarbien, Algesirien, Gi-
bralter, der Canarischen und Indianischen In-
seln und Terrefirme, des Oceanischen Mörs ꝛc.
Ertz-Hertzog zu Oesterreich, Hertzog zu Burgun-
di, zu Loterick, zu Braband, zu Steir, zu Kernd-
ten, zu Crain, zu Lymburg, zu Lützenburg, Gel-
dern, zu Calabrien, zu Athen, zu Neopatrien
und Wirtemberg ꝛc. Graue zu Habspurg, zu
Flandern, zu Tyrol, zu Gerts, zu Barenien,
zu Arthois, und zu Burgundi ꝛc. Pfalzgraue
zu Henigau, zu Holland, zu Seeland, zu Pfurt,
zu Kyburg, zu Namur, zu Rosilien, zu Terita-
nia, und zu Zitphen ꝛc. Landgraue im Elsäß,
Marggraue zu Burgau, zu Oristeim, zu Go-
tiani, und deß heiligen Römischen Reichs Fürst
zu Schwaben, Cathalonia, Asturia ꝛc. Herr
zu Frießland, auff der windischen Marck, zu
Portenau, Biscaien, zu Salines, zu Molin,
zu Trippoli und Mecheln ꝛc. Bekennen offentlich
mit diesem Brieff und thun kund allermenigklich.
Dieweil wir ausser Kayserlicher Höhe und Wir-
digkeit, darein Wir, durch Schickung des All-
mechtigen gesezt, auch angeborner gute und Tu-
gent allezeit geneigt sein aller und yeglicher unser
und des heiligen Reichs unterthanen und getrew-
en ehre, aufnemen und bestes zu fürdern und zu
meren, auch deren Nachtheil, schaden, und ver-
derben zu verhüten und uns nun vilfeltig gleublich
ange-

angelangt, wie hoch-beschwährlich bißher und noch
täglichen die Judischeit, in den Reichs-Stetten
und unter dem Adel, in und um Fürstenthum
Wirtemberg, und ander Orten gesessen, durch
ir unzimlich und ungebürlich anlehungen, wu-
cher und Kauff die Unterthonen und einwoner
sollichs unsers Fürstenthumbs, an iren Haab und
Güttern, in vil weeg, genzlichen verderben, auch
von irem Weib, Kindern und Haußlichen ehren
verursachen und vertreiben, darein uns alß Rö-
mischen Kaiser einsehens zu haben gebürt. So
wir dann an gutem Bericht befunden, daß solche
Beschwehrlichkeiten in Warheit also gestalt und
so durch uns alß Römischen Kaiser mit sondern
Gnaden und Freyheiten, darein nit gesehen und
also den Juden, ire Vorhaben und Handlungen
verner gestatt, darzu solches ohne felen, zu on-
wiederbringlichem Schaden, abfall, zerrüttung,
und verhelligung bemelter Unterthanen und ge-
meins Lands dienen und reichen wurd, das wir
demnach zu Verhütung desselbigen auch Bestän-
digkait und aufnemen gemelts Fürstenthums,
und desselben Unterthanen auch ausser andern
mete, redlichen und dapffern ursachen, uns dar-
zu bewegend, sonderlich auch dieweil solcher Wu-
cher betrüglich Kauff und Handlungen, wider
alle Göttliche, auch geistliche und vnser Kaiser-
liche Recht, und durch dieselbige verbotten sein
mit wohlbedachtem zeitigem Rhat, eigener Be-
wegung und rechter Wissen, dem vorgedachtem
vnserm Fürstenthum Wirtemberg auch allen des-
selbi-

bigen Unterthanen zugehörigen und verwand-
diß besonder Gnaden gethan, und Freyhei-
verlihen haben, wie nachuolgt. Anfangs
weil in vielbemeltem Fürstenthum Wirtem-
berg bißher in Löblichem Herkommen und Ge-
brauch gewesen, und noch, das kein Jud darin-
nen enthalten noch ohne sonder desselben Fürsten-
tums regierenden Herrn bewilligen und beglei-
darinnen zu wandern geduldt; Sondern so,
wann sie darinnen begrieffen, darum hör-
lich gestrafft worden sein, wöllen wir, das
sollichs hinfüro, ohne menigklichs verhindern auch
dermassen gehalten werde, wölches wir auch hie-
mit, alß Römischer Kaiser, von Kaiserlicher
Macht gnedigklich confirmiret, und bemelt un-
ser Fürstenthum von neuem damit priuilegiret und
begnadet haben wöllen alß wir dann hievor durch
unsere sonderliche Kaiserliche Brieue bemeltem
unserm Fürstenthumb Wirtemberg und desselben
Unterthanen zu gnaden und gutem, gnedigklich
geordnet habend, das von dannen in ewig zeit,
kein Jud noch Judin, sie sizen unter welch Ober-
keiten sie wöllen unser Landsessen und Untertha-
nen in demselben Fürstenthumb Wirttemberg,
weder auf ligenden Gütern Zinß noch Gülten,
umb noch one Wucher, heimlich noch offenlich,
nichts leihen, welche aber das darüber thäten den-
selben sollic̆he Güter, Zinns noch Gültten nit ge-
reicht noch eingeantwurt auch im recht nicht zuer-
kannt, noch gesprochen werden. Wa aber das
darwider beschehe, solchs kein krafft haben solle 2c.

Alls

Alles innhalt selbiger unser Begnadung und Brie-
fe am datum weisend im unser Statt Prüssel in
Braband, in fünff und zweinzigsten Tag, deß
Monats Junii nach Christi Geburt, fünffzehen-
hundert, und im ein und zwenzigsten, unserer
Reiche des Römischen im anderen, und der an-
dern aller im sechsten jaren, den wir hiemit für in-
serirt und in allweg kräfftig haben wollen, statui-
ren, sezen, ordnen, und wöllen auch hiemit wei-
ter das die Unterthanen solches Fürstenthums
Würtemberg, so sie von den Juden, oder ye-
mandt von jrentwegen, oder denen auf wölliche
solche spruch vordrungen und Gerechtigkeiten von
Juden kommen, um Schulden oder anders an-
gesucht werden, das die nicht schuldig sein sollen
vor andern Richtern oder Gerichten, dann dar-
unter der oder dieselbigen antwurter gesessen sein
zu recht erschienen noch sich in einige Rechtferti-
gung einzulassen; Es wäre dann das ausser ge-
gründeten und ansehenlichen Ursachen, solich
gericht, darunder der oder die angeklagten unter-
thanen gemelts Fürstenthumbs gesessen, vor par-
theiisch geacht wurden, alßdann soll die rechtuer-
tigung, vor desselbigen Obergericht geschehen,
und daran gar nicht hindern ob die Unterthanen
sich in ihren Schuld Briefen oder Verschreibun-
gen, aller Freyheiten in gemein oder sonderlich
auch dieser unser Begnadung verzigen hätten,
Dann solliches hiewieder ganz keine Würckung sein,
noch in einichen weg hieran irren oder verhinde-
ren solle, sondern die Juden verbunden sein, die
recht-

rechtuertigung gegen gemelten Unterthanen yez
erzelter und gar nit anderer Orten zusuchen
noch vorzunehmen, darzu wir also hiemit sezen,
ordnen und wöllen ausser Vollkommenheit unser
Kayserlichen Macht, rechter Wissenheit und ei-
gener Bewegnüs.

Und dieweil uns vilfeltig fürkommen, das von
den Juden allerley Gefahr und Betrug gegen den
Christen gesucht und gebraucht, viel erdichter und
falscher Schulden und Briefen gemacht, alß we-
ren sollich gelten darinnen bestimmt, alles bar von
der Hand hinauß geliehen, so doch etwa nicht der
Vierdteil, und noch weniger an paarem Gelt be-
zahlt, und das ander alles aufgerechneter Wu-
cher ist, dann die Juden anfangs ihrer Lehnungen,
den Christen auf ein anzal zeit zu dem Haupt-Gut,
gleich als were das alles Haupt-Gut in ire Briefe
sezen lassen, und offtermahls darnach über das
von dem allem als gelihen Haupt-Gut wucher
fordern, und ander mehr Arglistigkeit gebrau-
chen, dardurch die Unterthanen, und deren Weib
und Kindern beschwehrlichen und betrungenlich
verderbt und verjagt. Sezen ordnen und wöllen
wir, wann hinfüro ein Jud einem oder mehr Un-
terthanen, des Fürstenthums Wirttemberg, das
were auf oder one underpfandungen, ligende oder
farende Leihen und darüber Schuldbrieffe auf-
richten lassen würden darzu dieselbigen Schuld-
brief zubeweisung der Juden angeforderten Schul-
den, nit genugsam geacht, noch von einichen
Richtern darauf erkennt werden soll. Es werde
dann

Dann neben derselbigen verschreibung, oder durch
ander weg glaubhafftig fürgebracht und war ge-
macht, das selbiger summ aller oder wie viel dar-
unter Haupts-Guts und des zugetrochen Wu-
chers sey alß dann soll der Schuldner mer oder
weiters nit dann so uil deß paaren Gelts gelihen
bewisen würt, zu bezahlen schuldig sein, und um
den Wucher gar nichts erkennet werden.   Wir
wöllen auch gnedigklich bewilligen und zugeben,
thun auch sollichs also hiemit das yeder zeiten
durch die regierende Fürsten zu Würtemberg oder
Dero Regenten und Räthe ein gemeine Sazung
und Lands-Ordnung denen rechten und Billich-
keit gemäs gemacht werden mögen wie es in sol-
chen und dergleichen fällen, zwischen den Chri-
sten und Juden gehalten und erkannt werden soll.
Wider das alles und iedes, wie hievor und iezt
erzölt ist soll von keinem unserm Gericht noch rich-
tern, es sey zu Rothweil, Westphalen, oder un-
serm Cammer-Gericht, noch einichem andern
Gericht, so iezo aufgericht seyn, oder die durch
uns oder unser Nachkummen, am Reich künff-
tiglich aufgericht, oder sonder Richter und Com-
missary, die von uns oder unsern Nachkummen
am Reich erlangt, in was form, weiß, oder ge-
stalt, das immer geschehe in keinen weege, ichzit
erkennt oder vorgenommen werden, wa aber das
hiewider de facto mit der That fürgenummen, soll
doch sollichs gar in keinem weg krafft haben, das
wir auch iezt alsdann, und dann als iezt abthun,
und vernichten und ein nichtigkeit zu sein declari-
ren,

ren, von Kaiſerlicher Macht Vollkommenheit,
wiſſentlich in krafft diß Brieffs, alsdann die Her-
ren, Grafen und Fürſten zu Wirtemberg, von
alterher von unſern Vorfarn Kaiſern und Küni-
gen wie wir bericht, ein ſondere Freyheit gehabt
haben, das ſie in iren Landen und gebieten äch-
ter, zu recht haben enthalten mögen, welcher
Brieff durch die vielfältige Empörungen, Wie-
derwärtigkeiten und aufruren, ſo in ſelbigem
Land Württemberg etliche jar her geweſen viel-
leicht verlegt, oder verlohren, und wir aber iezt
um ernewerung ſelbiger Freyheit, demüthiglich
angeſucht und gebetten worden ſein, das dem-
nach zu verhütung allerley Beſchwehrlichkeiten,
ſo ſunſt darauß folgen möchten auch auſſer ande-
ren redlichen und dapffern urſachen uns darzu be-
wegend, mit wohlbedachtem gutem zeitigem
Rhate und rechter wiſſen, wir ſolche, obgemelte
Freyheit hiermit erneuert, confirmirt, und ſo
einicher Mangel hieuor dernhalb geweſt, den er-
ſezt und erſtattet, und ſolche Begnadung in beß-
ter und kräfftigſter Form und maß, wie das
ymmer ſeyn kan und mag von neuen Dingen
geben haben.

Wöllen auch das hinfüro in Ewigkeit von de-
nen Herren und Fürſten in Württemberg in dem-
ſelbigen Fürſtenthumb vnnd deß zugehörigen
Schloſſen Stetten und Flecken, Aechter, doch
nicht anders dann zu recht mügen enthalten wer-
den, one widerſprechen und irrung menniglichs,
thun und geben alſo ſollichs vorgemelt Gnaden

U   alle

alle und jede famenlich und fonderlich auffer eig-
ner Bewegnůs von Rǒmifcher Kayferlicher Macht,
Vollkommenheit, und rechter wiffen in krafft diß
Briefs und meinen fezen und wǒllen, auffer ob-
gemelten vnfer Kayferlichen Macht, Vollkom-
menheit das die Herren und Fürften zu Wirtem-
berg deren Erben und Nachkommen, nun fúrbaß
hin follicher Gnaden, und Freyheiten, die alfo
gebrauchen und folcher maffen handlen mǒgen,
one eintrag und hindernůs mennigklichs, auch
one angefehen gemeiner oder fonderlicher jeziger,
oder fůnfftiger Sazungen, Rechten, Ordnungen,
Freyheiten oder alles anders, das wider folliche
unnfer Freyheiten Begnadungen und Gaben in-
gemein oder fonderlich von Uns und Unfern Nach-
kommen am Reich erlangt, geordnet, und wi-
der follich unfer Freyheit thun oder darwider fůr-
gewendt, oder in einichem Weg verftanden wer-
den mǒchten, alß weren diefelbigen Rechte,
Sazungen und Ordnungen Freyheiten oder an-
der hierinnen von worten zu worten inferieret und
begrieffen, die wir auch alß fůr fonderlich außge-
druckt, benennt und inferieret, und die alle fa-
met und fonderlich, fo vil fie wider dife unfern
Kaiferlich Begnadungen feien fůrgewendt oder
verftanden werden mǒchten, abrogieret, vernicht,
derogiert und aufgehebt haben. Wǒllen auch
follich obbemelt Begnadungen Freyheiten und
Sazungen in favorem publicum, zu gutem, zu
fůrderung, gemeins nuzen, und gar nicht in fa-
vorem privatum, fondern Perfonen zu gutem ge-
　　　　　　　　　　　　　　　　　geben

geben haben, noch auch das keiner sondern Per-
son verzichung, oder renunciation, wie die im-
mer geschehen möchte, einiche Würckung haben,
sondern soll die in allweg unbündig sein und ge-
halten werden / und gebiettend darauff allen und
jeden Churfürsten, Fürsten, Geistlichen und Welt-
lichen, Prelaten, Freien, Rittern und Knechten,
auch Cammerrichtern Hofe- Land und gemein-
lich und sonderlich allen andern Richtern, Ge-
richten und Urtelsprecheren, welcherley oder wie
die seind, auch Haupt-Leuten, Vizthumben
Vögten, Pflegern Verwesern, Schultheisen, Bur-
germeistern, Gerichten und Räthen, Burgern,
Gemeinden, und sunst allen andern unsern und
des Reichs Unterthanen und getreuen in was
würden, Stande, oder Wesens die sein, ernst-
lich und wöllen, das sie die Herren und Fürsten
zu Würtemberg ire Erben und Nachkommen, an
den obgemelten unsern Kayserlichen Gnaden und
Begnadungen nit irren noch hindern / sondern
sie deren geruhwigklichen gebrauchen, genies-
sen und gänzlichen darbey bleiben lassen und hier-
wider mit nichten, inn oder außerhalb Rechtens
thun, noch das zu thun jemands gestatten, alß
Lieb einem sey unser und des Reichs schwere Un-
gnad und straff und darzu ein Pönn nemlich hun-
dert Marck lötiges Goldes zu vermeiden, die ein
jeder so offt er hierwider thun, und solche unser Be-
gnadungen zu widertreiben understehen wurden,
uns halb in unser Kaiserliche Cammer, und den
andern halben teil gedachten Herren und Fürsten
zu Würtemberg, iren Erben und Nachkommen
U 2   unab-

unableßlich zu bezahlen verfallen, die auch unser
und des Reichs Kayserlicher Fiscal ieder zeiten
so ime das angezeigt, oder er für sich selbs deß
gewar wurdet einzuziehen schuldig und ime hiemit
zu thun bei sein pflichten beuolhen sein soll, mit
Urkund diß Briefs besiegelt mit unserm Kayserli-
chen anhangenden Insigel. Geben in unser und
des Reichs Statt, Augspurg, am fünffzehenden
Tag des Monats Octobris nach Christi unsers
lieben HErrn Geburt in fünffzehenhundert und
dreißigisten unsers Kayserthums im zehenden, und
unserer Reiche im fünffzehenden Jaren.

Carolus.

Albert. Card. Mogunt. &c. Archi-
Cancellarius subscripsit.

v. Waltkirch.

Ad mandatum Cæsareæ & Catholicæ Ma-
jestatis proprium

Alexander Schwayß sßt.

Num. 36.

Paßauischer Vertrag zwischen dem Rö-
mischen König Ferdinando I. und Herzog Chri-
stoph zu Würtemberg/ der Affter-Lehenschafft
halber und was deme mehr anhängig.

d. d. 1552. 6. Aug. (1)

Wit

(1) Aus Künigs Reichs-Archiv Part. Spec. Contin. II.
p. 738.

Jr Albrecht, von GOttes Gnaden, Pfalz-Graf bey Rhein, Hertzog in Ober-und Unter Bayern rc. Bekeñen und thun kund manniglich mit diesem Brief. Nachdem sich zwischen dem Durchlauchtigsten, groß mächtigsten Fürsten und Herrn, Herrn Ferdinando Röm. König rc. zu allen zeiten Mehrern des Reichs, in Germanien, zu Hungarn, Böheim, Dalmatien, Croatien rc König, Infant in Hispanien, Ertz-Herzog zu Oesterreich, Herzog zu Burgund, Braband, Würtemberg rc. Graf zu Tyrol, unserm gnädigsten lieben Herrn Vettern und Schwehern an einem und weyland dem Hochgebohrnen Fürsten und Herrn Herrn Ulrichen, Herzogen zu Würtemberg und Teckh Grafen zu Mömpelgardt, Unserm lieben Oheimb und Schwägern seeligen Gedächtnüß andern Theils Spän und Irrungen zugetragen, darum höchstgemelte Königl. Maj. sein Lieb vor der Röm. Kayserl. Maj. Unserm allergnädigsten lieben Herrn und Vettern um bemeltes Fürstenthumb Würtemberg und Töckh rechtlich beklagt, darauff in Rechten gegen gemeltem Herzog Ulrich seel. procedirt, und Sr. L. vor beschluß der Sachen mit Tod abgangen, auch S. L. verlaßen Anwäldt deshalben nicht beschliessen wollen, aber doch nichts destoweniger die Rechtfertigung für beschlossen angenommen worden; Welcher Rechtfertigung sich der Hochgebohrne Fürst, Herr Christoph Herzog zu Würtemberg, bemelten Herzog Ulrichen Seel. ehelicher Sohn, Unser Freundlicher lieber Vetter

U 3 ter

ter mit nichten annehmen noch theilhafftig machen
wollen sondern daneben auch vermeint, daß ihme
der Cadawisch Vertrag, fürnemlich in Puncten
der Affterlehnung des Fürstenthumbs Würtem-
berg, gar nit antretten und binden solle, darauß
und solcher Rechtfertigung S. C. nicht kleine Un-
gnad bey Röm. Königl. Maj. erwachsen.

Volgendts Allerhöchst gemelt Kayserl. Maj.
alß ein milter gütiger Kayser auf unterthänig An-
suchen, jezt gemeltes Herzog Christophen die Kö-
nigl. Maj. brüderlich und freundlich angesonnen,
gegen S. L. die gefaste ungnad fallen und diese
Sach zu gütlicher Hinlegung kommen zu las-
sen.

Desgleichen Wir die Königliche Maj. hernach
auch mehrmahlen schrifftlich und mündlich unter-
thäniglich angesucht, unß solcher gütlichen Unter-
handlung gnädigst vergönnt und statt gethan.
Hierauff haben wir unß dem Heil. Reich Teut-
scher Nation zur Ehr und Wohlfarth, auch allen
desselben Ständen, sonderlich den beyden Löbli-
chen Häusern Oesterreich und Würtemberg zur
Fried, Ruhe und Aufnehmen, mit höchstgemel-
ter Kayserl. Maj. gnädigst bewilligen, erstlich
auf jüngst gehaltenen Tag zu Linz, nachmahlen
allhie zu Paßau, bey der Königl. Maj. eigner
Persohn, in beyseyn vorgemelts Herzogs Chri-
stoph allhero verordneten Räthen, darzu auch
mit Rath und zuethun der Röm. Kayserl. auf die-
sen Tag geschickten Räth und Commissarien,
nämlich Joachim Herrn von By, Röm. Kay-
serl.

ſerl. Majeſtät Obriſten Cammerer, und Georg
Sigmund Solden Doctoris Vice-Cancellarii wel-
che von Ih. Kön. Maj. dieſer Sachen halben,
ſamt und neben uns zue handlen ſonderlich auß-
truckentlich Befelch gehabt, der Handlung gütlich
unterfangen und lezlich durch Verleyhung des
Allmächtigen, mit beyder Theil vorwiſſen und
Bewilligung, ſolcher gegen gemelten Herzog Ul-
richen und S. L. verlaſſenen Anwalten und Krie-
ges Heeren geübter Rechtfertigung, auch Herrn
Chriſtophen fürgenommen Ungnad und etlicher
mehr anhängiger Mängel und gebrechen halb,
nachfolgender geſtalt endlich in der Güte vergli-
chen und vertragen.

I. Erſtlich hat die Röm. Königliche Maj. gnä-
digſt bewilliget alle gegen gemelte Herzog Chriſto-
phen auch S. L. Räthen Diener, Lehen-Leuthen
auch Underthanen, ſonderlich denjenigen ſo in be-
melter Rechtfertigung hin und wider gebraucht
worden, gefaſten Unwillen und Ungnad gnädigſt
fallen, bemelte Räth, Diener und Unterthanen,
auß Sorg und derhalb vom männiglichen wer
der auch ſey inner oder auſſer Rechts, ohnange-
fochten, und ohn beſchwert zu laſſen; auch ſo viel
Ihr Königl: Maj. weyland Herr Ulrichen und
gemelten Herzog Chriſtophen oder Ihr Lbden Rä-
then, Dienern und Underthanen, von dieſer Un-
gnad und Rechtfertigung, und ſonſt keiner andern
Urſach wegen eingezogen oder arreſtirt, daſelb
wiederum zu relaxiren und zu reſtituiren.

U 4

Glei-

Gleicher gestalt hat ermelter Hertzog Christoph
gegen der Königl. Maj. Räthen, Dienern und
Unterthanen sonderlich denen, welche Ihr Königl.
Majestät in dieser Rechtfertigung gebraucht, alle
Ungnad und Unwillen allermassen und gestalt, wie
oben gemelt, begeben und fallen lassen: Darzu noch
ferner bewilliget, Ihr. Maj. verwannten allein,
von Ihr Kayserl. Maj. Anhangs, dinsts, und sonst
keiner andern ursach wegen, von weyland Hertzog
Ulrichen von Würtemberg arrestirte, eingezogene,
und bißhero ohn einige darüber gefolgte Verträg,
vorgehaltene güter, zins und gülten auch wider-
umb zu relaxiren und zu restituiren. Es hat auch
Hertzog Christoph bewilliget, wo sein Lieb den
Siz Sponeckh über kurz oder lang verkauffen
wollte, daß S. L. denselben Ihr Königl. Maj.
darzu gefällig, vor anderen geben wollte.

II. Hat sich die Königliche Majestät angeregter
Rechtfertigung, uff Ihr Kayserlich Maj. Brü-
derlich und unser gehorsam Fürbitt und gepflog-
ne Unterhandlung, gütlich und gönstig verziehen,
begeben, und die allerdings fallen lassen, auch
darauf bewilliget, das Fürstenthum Würtem-
berg und Töckh gemeltem Hertzog Christoph und
Graf Jörgen zu Würtemberg auch beeden Ihrer
Lbden Söhnen und männlichen ehlichen Leibs Er-
ben, nach Innhalt des Cadawischen Vertrags,
welchen Ihr Königl. Majest. hiermit ihres theils
auch bekräfftigen und nach folgender Declaration,
zu Affter Lehen zu verleihen. Da entgegen hat
sich Herz. Christoph für sich, S. L. Erben und Nach-

kom-

kommen, gehorsamlich bewilliget, die Vätterli-
che mit Königlicher Maj. aufgerichte Verträg,
sonderlich gemelten Cadawischen, und darauf er-
folgten Wienischen Vertrag, auch anzunehmen,
zu ratificiren, zuhalten, und daß dieselben in allen
noch unvollzogenen Puncten und Artikuln durch
S. L. ihres Theils in 6. Monathen in den nechsten
nach dato, gewißlich und ungewegert vollzogen,
auch S. L. mit dero Landschafft der Ratification
und Assecuration halben, Innhalt angeregten
Wienischen Vertrags handlen soll. Herzog Chri-
stoph soll und will auch inner Jahrs Frist von
der Röm. Königl. Maj. regierenden Erz-Herzog
zu Oesterreich, das bemelte Fürstenthum eigener
Persohn wie sich gebührt, Inhalt allhie vergliche-
nen und von uns auch beeden Theilen unterschrie-
benen Copien der neuen Investitur und Eydes,
empfahen und Lehens-pflicht thun.

III. Ferners hat die Königliche Majest. aus
sondern gnaden auch zu mehrer Erläuterung des
Cadawischen Vertrags gnädigst bewilliget, daß
solche Affter-Lehung dahin declarirt und eingezo-
gen, daß die allein auf künfftige Expectanz und
Anfahl nach absterben Herzog Christoph und
Graff Georgen zu Würtemberg dem Erz-Herzo-
gen zu Oesterreich alß ihrem Affter-Lehens-Herrn
kein Untreu oder Infidelität beweisen, und sich wi-
der dieselben weder in heimliche noch offentliche
Kriegs-Handlung oder Rüstung, wissentlich oder
fürsezlich nicht begeben, darzu weder rathen noch
helffen. Aber sonsten zu keinen Servituren oder

Dinst-

Dinſtbarkeiten ſondern allein dem Heil. Reich,
wie andere Chur-und Fürſten, nach jnhalt des
Cadawiſchen Vertrags verbunden und verpflicht
ſeyn ſollen: Wie wol nun die Königliche Majeſt.
zur vergnügung und Ergözung ihrer Majeſt. gege-
benen Rechtfertigung und Kayſerlichen Maj. er-
kántnůs, eine merckliche ſumma gelts, darzu des
Lands ein Theil, und das Schloß Hohentwiel,
mit aller ſeiner Ein-und zugehörung, gefordert,
ſo haben wir doch durch fleißig emſig anhalten,
den begehrten Theil des Landes und Hohentwiel
gantz und gar ab, und die Summa Gelts uf
250000 fl. in Münz guter Landswehrung getháti-
get, und ſie die Partheyen derſelben bezahlung
halben dermaßen verglichen, daß Herzog Chri-
ſtoph alsbald nach aufrichtung und beſiglung des
Vertrags in 3. Monathen 100000. fl. und von
derſelben zeit an über ein Jahr abermahl 75000. fl.
von dannen über ein Jahr abermahl 75000. fl
gegen gebührlicher gewöhnlicher Quittung gen Ulm
gewißlich erlegen ſoll.

III. Und nachdem von Herzog Chriſtophen be-
gehrt worden, nach abgang des Mannlichen
Stammens die Fräulein von Würtemberg jedes
mit 100000. fl. außzuſteuren, welche Summa die
Königliche Majeſtát allzuhoch geſtellt ſeyn geacht,
und vermeint daß dieſelben Ihrem Fürſtlichen
Herkommen gemäß, nach anzahl der Fräulein,
und ſonſt nach billigen dingen gemäßiget werden
ſollen: oder aber daß es diß Puncten halber, bey
der Erection des Fürſtenthums, darinnen Maß
gege-

gegeben, wie es disfalls zu halten, bleiben solle,
haben wir doch dis Articuls halben solche Verglei-
chung und bewilligung bey beyden Theilen erlangt,
daß uf den fall abgang mannlich Stammens und
Nahmens von Würtemberg, den verlassenen,
ehlichen unaußgesteurten und unberathenen Fräu-
lein von Würtemberg, ein benañt Heurath-gut und
Heimsteuer, von Erz-Herzogen von Oesterreich
gegen gebührlicher Quittung und verzig gegeben
werden soll, nemlich da der Fräulein drey oder
weniger, ihr jeden 60000. fl. wo deren aber mehr
dann drey, jeder 40000. fl. in Münz guter Lands-
Wehrung.

IV. Es ist noch weiter abgeredt und gethätiget,
nemlich nach dem im Land Würtemberg etliche
Herrschafften Stückh und güther liegen, die von
der Cron Boheim und dem Hauß Oesterreich von
Alters hero zu Lehen gehen, daß Herzog Christoph
oder seine Lehens-Erben, die Böhmischen von
Ihro Königl. Maj. alß König in Böhmen, und
die Oesterreichischen von Ihro Maj. alß regieren-
den Erz-Herzog zu Oesterreich, und ihrer Maj.
Erben jezo und ins Künfftig, so offt es zum Fall
kombt, insonderheit empfangen und wie sich nach
Herkommen, Ohrten und aigenschafft derselben
Lehen gebührt, und beyde der Cadawische und
Wienischen Verträg vermögen, damit gehal-
ten werden.

V. Hergegen hat Herzog Christoph von Würt-
temberg zugesagt und bewilligt, sich wider die
Kayserl. und Königl. Maj. und das Hauß Oester-
reich

reich in kein Bündnüß mit niemanden einzulaſſen,
ſondern in Fall, da durch beyde Maj. wieder ein
gemeiner Bund und verſtändnis fürgenommen
und ufgericht werde, ſich ſambt und neben andern
Chur-Fürſten und Ständt auch gutwillig darein
zu begeben, und ſonſt allerding den uffgerichten
Verträgen gemäß gebührlich und unverweißlich
zu halten.

VI. Und nachdem ſich zwiſchen der Königlichen
Maj. alß Erz-Herzog zue Oeſterreich, auch dero-
ſelben Verwandten und Hertzogen zue Würtem-
breg, ſonſt auch etlich der gränz und anderer Sa-
chen halben, ſo dieſe zeith nicht aigentlich ſpecifi-
cirt, vielweniger anderer obligender geſchäfft und
Verhinderung halben vertragen werden mögen,
nachbahrlichen Spähn und Irrung erhoben, da-
rauß, wo die nicht gebührlich verglichen und erör-
tert werden ſollten, etwa nachtheiliche Weite-
rung erfolgen möchten; hierumb zu Erhaltung
mehr Ruhe und Einnigkeit, auch zu Beförderung
guter freundlicher Nachbarſchafft, haben beyde
Theile uns, in demſelben auch gütliche Unter-
handlung zugeſtatten, gnädig und freundlich be-
williget dergeſtalt, daß wir zu ehiſter gelegenheit
einen Tag fürnemmen und nach gründlicher An-
hörung und Erklärung jedes Recht und Gerech-
tigkeit, gütlich Handlung pflegen, und die Sa-
chen in der güte vergleichen, oder doch zum ſchleu-
nigſten wüllkührlichen rechtlichen Außtrag bethä-
tigen ſollen.

Alle

Alle diese obgeschriebene Artickel, wie die mit ihren Anhängen von Wortt zu Wortt vermeld seyn, hat die Königl. Maj. uff solch unser Handlung und unterthänige Bitt gnädig, auch Herzog Christoph zue Würtemberg freundlich und wohlbedächtlich bewilliget, angenommen, zugesagt, dem allem für sich selbs, Ihre Erben und Nachkommen unverbrüchlich nachzukommen und zu geleben.

Und wir Ferdinandus von GOttes Gnaden, Römischer König ꝛc. bekennen für uns, unsere Erben und Nachkommen am Haus Oesterreich, daß dieser Vertrag mit unserer Gnädigen zulassung, Wissen und Willen, durch obgemelte unsere Handlung uffgericht und vollzogen ist, welche unser Bewilligung wir auch hiemit darzu geben: Geredten auch und versprechen bey unsern Königlichen waren Wortten dem unverbrüchlich nachzukommen und zu geleben. Confirmiren und bestättigen auch hiemit, alles dasjenig, was uns darinn zu confirmiren hieoben uffgelegt ist.

Dergleichen bekennen wir von GOttes Gnaden Christoph Herzog zu Würtemberg ꝛc. und thun kund hiemit für uns alle unsere Erben und Nachkommen, daß wir alle dise obgeschriebene Artikel mit ihren Anhängen bewilligt und angenommen haben: Gereden auch und geloben bey unsern Fürstlichen Treuen und wahren Worten, allen denselben Articuln, wie die oben gesetzt un

ver

verbrüchlich folg thun, confirmiren und beſtätti-
gen auch alles das, was uns hieoben zu bekräffti-
gen und zu beſtetigen uffgelegt iſt.

Des zu Uhrkundt und Bekanntnuß, auch ſteter
und veſter Haltung, haben Wir obgenannte Fer-
dinandus Röm. Hungeriſcher und Böheimiſcher
König ꝛc. für uns, unſere Erben ꝛc. eins ꝛc.
Wir Albrecht Hertzog zu Bayern ꝛc. als Under-
handler, und Wir Chriſtoph Hertzog zu Wür-
temberg, für uns und unſere Erben und Nach-
kommen andern Theils, dieſen Vertag mit eige-
nen Handen unterſchrieben, und unſer Inſiegel
wiſſentlich daran gehängt, der da geben iſt zu
Paſſau den 6. des Monaths Auguſti nach Chriſti
unſers lieben Herrn und Seeligmachers Geburt
im 1552. Jahr.

Ferdinandus Röm. König ꝛc.
Albrecht Hertzog in Bayern ꝛc.
Chriſtoph Herzog zu Würtemberg.

Num. 37.

Herzog Friderichs zu Würtemberg Pri-
vilegia für die in ſeinem Lade befündliche
Bergwercke und darzu gehörige
Perſonen.

d. d. 1597. 1. Jun. (1)

Wir Friderich von GOttes Gnaden, Hertzog
zu Würtemberg vnnd Teckh, Graue zu
Möm-

Mümpelgart, ꝛc. Bekennen, vnd thund Kundt,
aller meniglich, für Vns, Vnsere Erben vnd
nachkommen, hiemit offentlich, in Krafft dises
Brieffs. Nach dem der Allmechtig Barmher-
tzig GOtt, auß Gnaden vnnd Güte, in Vnserm
Hertzogthumm am Schwartzwald, zu Bulach,
Dornstatt, Hallbang, in der Ach, am Vor-
bach in Sanct Christoffs Thal, am Klenberg,
vnnd Schellkopff, auch inn der Reinhartsaw,
vnnd an denselben anreinenden Gebürgen, wie
auch an andern orthen mehr in Vnserm Land,
Silber, Kupffer, Bley vnd Eysen Berckwerck
erscheinen vnd sehen laßt, Der zuversichtlichen
hoffnung, waferr denselben gebürlich, vnnd mit
guter Ordnung nachgebawet wurde, daß sie, ver-
mittelst Göttlicher gnaden, zu fruchtbarer auff-
nemung vnnd mehrung gereichen sollen. Dar-
auß Vns, Vnserm Hertzogthumb, Vndertho-
nen, Einwohnern, vnd in sonderheit denen, die
bawen werden, ein scheinbarer Nutz entstehen,
vnd meniglich zu Wolfahrt gedeyen mag.

Demnach auff daß dise Berckwerck, nach ih-
rer gelegenhait ordenlich erbawen, vnnd der ver-
hofflich nutz darauß erlangt werd: So haben
Wir mit zeitlichem Rath, diejenigen, die sich
allda in Berckwercks Gebäwe einzulassen, lust
haben, gnädig bedacht, vnd mit folgender Frey-
heit vnd Begnadung versehen.

Anfangs, seintenmal durch gut Regiment die
Berckwerck erhebt, vnd auffgebracht werden
müssen, so wöllen Wir jeder zeit einen tauglichen
                                            Berck-

Berckhauptmann, ein Berckmeiſter, vnd an-
dere nothwendige Berckamptleuth beſtellen, vnd
erhalten.   Vnd ſoll ein jeder jetziger, vnd künff-
tiger Berckmeiſter, Beuelch, Macht vnd Ge-
walt haben, auff allen Vnſern Berckwercken, in
Vnſerm Hertzogthumb, auff alle Metal, Fund-
grüben, Stöllen vnd Maſſen, auch Lehenſchaff-
ten, vnd andere Berckwercks Gebäwe, wie ſich
nach Berckwercks Recht, vnd Vnſerer Ordnung
nach gebürt, zuverleihen.   Er ſoll auch von Vn-
ſertwegen, allen Berckwercks verwandten, in al-
len fürfallenden Sachen, Irrungen vnd Spän-
nen, gleich Gericht vnnd Recht, dem Armen
als dem Reichen, dem Frembden als dem In-
ländigen, ergehen vnd widerfahren laſſen.

Wir wöllen auch den Müttern vnnd auffne-
mern zu einer jeden Fundgruben geben vnnd ver-
leihen laſſen, die Maſſen, Wehr, vnd Lehen-
ſchafften, mit den Erbſtöllen, nach Berckwercks
Recht, wie in Vnſerer Ordnung ferner begrif-
fen.

In jeder Zech vnd gewerckſchafft ſolle zu befür-
derung der Ehre GOttes, vnd des gemeinen Nu-
tzens, zu Vnderhaltung der Kirchen, Schülen,
vnd armen Kaſtens, ein Kuckus, vnnd der Berck-
ſtat, da gebawet wirdt, auch ein Kuckus, das
iſt ein halber Viertheil, frey verbawen vnd ver-
legt werden.

Darmit aber menigklich luſt hab, ſich auff
Vnſere Berckwerck zubegeben, vnd in Gebäwe
einzulaſſen, ſo befreyen Wir alle Berckleuth, die
ſelb

selb Berckwerck bawen vnnd jhr Gelt wagen, oder
bey dem Berckwerck arbeiten, vnnd sich dessen
betragen werden, sampt jren Weib vnd Kindern,
alle dieweil sie andere ligende Güter nit haben,
an sich bringen, oder erkauffen, aller Stewr,
(ausserhalb der Türckenhilff) auch der Fron (auß
genommen, weß sich zu der notturfft der Berck
statt gebürt) vnnd des Vngelts, auff zwölff
Jahr, vnnd sonst aller Beschwerden, die jhnen
wider Berckwercks gebrauch vnnd Freyheit auff
gelegt, oder zugemuttet möcht werden.

Doch solle Vns gemeine Knappschafft, in
fürfallenden Nöthen, zu reisen vnd Landsrettung
zuthun schuldig sein.

Es sollen auch alle Gewercken, Knappschafft,
und Berckwercks verwandte, mit jhren Leiben,
Haab vnd Gütern, für sich, ihre Erben vnd nach
kommen einen Freyen Zu, vnd Abzug, von vnd
zu Vnsern Berckwercken, ein vnd auß Vnserm
Hertzogthumb haben, vnverhindert Vnser vnnd
der Vnsern.

Vnnd nach dem in den gebürgen am Vor
bach in Sanct Christoffs Thal, vor der zeit et
lich fündige Gänge entblößt, auch Berckwercks
Gebäwe darauff angestellet worden, die Wir
wider auffheben, vnd gewältigen lassen, vnd be
funden, daß sie sich nach dem milten Segen Got
tes, noch mit Silber vnnd Kupffer beweisen, al
so das der guten gelegenheit nach vor etlichen Ja
ren ein verweßhauß, ein schmeltzhütten, vnd et-

X   liche

liche andere Gebäw vnnd Häuſer erbawen wor-
den.

Was dann die Berckwercks verwandte wei-
ter in diß Vnſer Thal, dem Berckwerck zu auff-
nemen, Zierde, vnnd gutem, an Häuſern, Stad-
len, vnnd wohnungen, bawen vnnd auffrichten
werden, daſſelbig ſollen ſie, vnnd ihre Erben,
Macht haben, zu beſitzen, zuverkauffen, hinzu-
geben, vnnd von dannen vnder andere Herr-
ſchafften zuziehen, vnuerhindert aller Beſchwe-
rungen. Jedoch da ſie jemanden ettwas zuthun
ſchuldig weren, das ſollen ſie zuvorderſt entrich-
ten, menigklich vnklaghafft machen, vnd einem
jeden vmb ſeine billiche Sprüch, vnnd vorderung,
gebürliche Antwort auch Recht geben.

Auff das aber bey diſen Vnſern Berckwer-
cken, Speiß, Getranck, vnd andere Wahr, zu
menſchlicher Vnderhaltung notwendig, in bil-
lichem Werth zubekommen ſeyen: So wöllen
Wir in Vnſerm Sanct Chriſtoffs Thal, da es
die verſamlung der Knapſchafft erheiſchen würdt,
alle Sambſtag einen Wochenmarckt, vnd im
Jar einen oder mehr Jarmärckt zuhalten, gnädig-
lich vergunnen, vnd dieſelben beſtettigen. Dar-
zu wöllen Wir auch, diſem Vnſerm Berckflecken,
das einkommen von dem Saltzkauff, Waggelt,
Fleiſch vnnd Brottbäncken, auch von der Bad-
ſtuben, gemeinen Nutzen zum beſten, zugeben,
vnnd verfolgen laſſen. Wir wöllen jhnen auch
Burgerliche Obrigkeiten alda anzurichten geſtat-
ten

ten, vmb selbst gnädige Hülff vnnd Fürderung
darzu thun.

Darzu solle auch ein jeder, der sich in Sanct
Christoffs Thal, oder an einem Ort, da Vnser
Berckwerck gebawet werden, begibt, selbst ein
Wohnhauß bawet, erkaufft, oder sich sonst
häußlich zuwohnen, niderthut, Macht haben zu
Bachen, zu Metzgen, Wein zu Schenckhen,
Kauffmanschafft, Krämerey, vnd allerley andere,
billiche, nutzliche vnd gebürliche Gewerbe zutrei-
ben. Doch daß sich ein jeder, jetziger vnnd künff-
tiger Vnserer Lands, Berckwercks, oder andern
Ordnungen gemeß verhalten wöllen.

Und was also bemelten Vnsern Berckwercken,
vnd denen die darauff seind, zu Nutz, gutem vnd
Vnderhaltung, an allerley Wahren, Pfenning-
werthen, Viech, Speiß vnnd Tranckh zuge-
führt würdt, das alles vnnd jedes, soll in den
nächsten Zwölff Jaren nach Dato, an allen Vn-
sern Zöllen, Zollstätten (außerhalb deß gewohn-
lichen Weggelts) aller Maut vnnd Zöll frey,
vnnd sonst Vnserthalb allerdings vnbeschwert
seyn.

Wa aber jemandt einigerley Wahr im schein
als ob sie auff Vnsere Berckwerck führen wollt,
an andere Orth verführte, der soll vmb solchen
Betrug, vermeg Vnserer Zoll-Ordnung vnnd
Freyheit, gestrafft werden.

Wir thun auch den Gewercken dise sondere
Gnad, das Wir jhnen zubawung der Schäch-
ten, Stöllen, vnd Kawen, ein zimliche notturfft

Holtz am Stamm, an den orten, da Vns das
Gehültze, Grund vnd Boden zuſtändig, vnnd
es am füglichſten geſein kan, durch Vnſere Waldt-
vögt vnd Vorſtmeiſter, auß Vnſern wälden,
vnuerwaldzinſet geben, vnd verfolgen laſſen wöl-
len, wie bey andern Fürſtlichen Berckwercken
gebräuchig. Dargegen ſollen Vns in einer je-
den Zech, die fürohin auffgeſchlagen würdt, ein
halber Viertheil, frey ohn zubuß zugeſchriben,
verlegt vnnd gebawet werden.

Vnd ſeltenmal vor der zeit, wie auch noch, am
Vorbach in Sanct Chriſtoffs Thal, auff etli-
chen Gängen, Ertzt gewungen, allda in Vnſe-
rer Schmeltzhüten geſchmeltzt, abgetriben, auch
Sylber vnd Kupffer gemacht worden. Damit
nun das Ertzt, das mit Göttlicher Hilff auch
fürohin erbawet, vnnd gewungen wird, nutzlich,
vnd mit geringſtem der Gewercken Koſten ge-
ſchmeltzt, vnnd zu Silber vnnd Kupffer gemacht
werden mög: So wöllen Wir dieſelb Hütten
fürohin in weſenlichen Gebäwen erhalten, vnnd
mit Kol vnnd Zuſchlägen gegen zimlicher Beza-
lung, vnnd gebürlichem Hüttenzinß, verlegen
vnd verſorgen laſſen.

Vber das, wann nach dem milten Segen
GOttes (wie Wir von ſeiner Göttlichen All-
macht tröſtlich verhoffen) die Berckwerck alſo
auffnemen, das man mehr Schmeltzthütten, auch
andere Gebäw beddörffen, vnd aber Vnſer gele-
genheit, ſelbſt zubawen, nit ſein würde: So
wöllen Wir den Gewercken auff Vnſern oder
Vnſe-

Vnserer Vnderthonen Gründen, Schmeltzhütten Buchwerch, vnd Mülinen, zu auffbereitung der Ertzt, auff ihren Kosten zubawen, auch Wehr Gräben, Thämm vnd Teuchel, wie es des Berckwercks notturfft erfordert, zumachen, auff vorgehende Vnsers Berckmeisters, vnd anderer Personen, die Wir darzu verordnen werden, Besichtigung, an füglichsten Orten gnädig gestatten. Allein, woferr mit solchen Gebäwen Vnserer Vnderthonen Bawgüter eingezogen, oder daß denselben sonst Schaden zugefügt, oder etwas an Grund vnd Boden benommen wurde, darfür solle denselben, nach bilicher, erbarer Erkanntnus Vnsers Berckmeisters, vnd obgedachter Personen billiche Vergleichung vnd Abtrag geschehen.

Rost, Kol, Baw, vnd Brennholtz betreffend, dz soll den Berckleuten auff anweisen Vnserer Waldvögt vnnd Vorstmeister vmb zimlichen gebürlichen Waldzinß verfolgt werden.

Alle Gewercken, ihre Arbeiter Zugewandte, vnd meniglich, sollen zu den Gruben, Hütten, Mülinen, Buchwerchen, vnnd Weschen, frey Weg, Steig vnnd Steg, an gelegnen Orten, (doch auff Besichtigung vnd billiche Erkanntnus Vnsers Berckmeisters, auch anderer, so Wir jederzeit darzu verordnen werden) gerhüwigilch, haben vnd brauchen, vnverhindert meniglichs.

Es sollen auch alle Gewercken, vnd Berckwercks verwandten, die das Berckwerck besuchen,

X 3

chen, insonderheit die Arbeiter, Schmeltzer, Wescher, Knecht, Fuhrleut, vnnd andere, die dem Berckwerck zur notturfft beholffen seind, mit ihren Leiben, Gezeug, Geschirr, Haab vnd Gut, was sie zu solcher Arbeit, vnd zum Berckwerck bringen, oder allda erobern wurden (woferr sie anderst Gelaits vähig) Vnser frey sichers vngefährliches Glait, nach Berckwercks art vnd gewonheit, wie bey andern Fürstlichen Berckwercken gebräuchig, vnd herkommen haben, vnd dessen geniessen, doch daß sie sich auch gelaitlich halten.

Ferrner wöllen Wir, zu erzeigung Vnsers gantz gnädigen Willens, dem Berckwerck, vnd gemeinen Gewercken, auch diese Gnad thun: dz Wir auß keiner Gruben, die zu Bawen angefangen wirdt, einigen Zehendt nemmen wöllen, es sey dann darauß so viel Aertzt gewungen, das 400. Marck Sylber darauß gemacht worden, wann dieselben voll gemacht, so solle Vns alßdann der neuntzehend Centner oder Kibel Ertzt. zu rechtem Zehend, und von jeder Feinen Marck Sylber 30. Kreutzer gereicht werden. Dargegen wöllen wir Vns auch, mit dem Hüttenkosten gnädig verhalten wie gebreuchig.

Alle Sylber, sollen in Vnsern Zehehenden, mit der Maß, wie in Vnser Berckordnung begriffen, dem Zehendner gelifert werden. Da wöllen wir ein jede Brandmarckh Cöllnischen Gewichts, fein, den Gewercken, zu sondern Gnaden, vmb zehen Gulden, fünff vnd zwantzig

Kreu=

Kreutzer den Gulden zu fünffzehen Batzen gerech-
net, annemmen, vnd bezahlen laſſen.

Wir behalten Vns auch beuor, wann die
Kupffer, die auff Vnſern Berckwercken gemacht
worden, auß Vnſerm Hertzogthumb, in andere
Land, Herrſchafften, Gebiete, oder Reichsſtett
vertrieben, verkaufft, vnd verführt werden, ſoll
Vns von jedem Centner, ſechs Batzen, Vnſerer
Landswehrung, an der erſten Vnſerer Zollſtatt
gereicht vnd bezahlt werden.

Damit aber meniglich zuſchürffen vnd newe
Gäng zuemblöſſen, geraitzt werde: So wöllen
Wir dem, der einen newen Gang außſchürfft,
der ſich Vhrkundtlich mit einem Lot Sylbers
beweiſt, einen Gulden, mit zweyen Loten zwen
Gulden, mit vier Lot Sylber vier Gulden, und
alſo, biß auff die Marck auffzuſteigen, allweg
vom Lot einen Gulden, das iſt, von der Marck
ſechtzehen Gulden, auß Gnaden zu geſchenck ge-
ben laſſen. Es möchte ſich aber, ein Gang ſo
reich erzeigen, deßhalben Wir einen, mit meh-
rerm Geſchencke begnaden wurden. Gleicher ge-
ſtallt, woferrn einer, einen reichen Kupffer, Bley,
Schifer, oder anderh Gang erſchürffen wurde,
gegen dem bewilligen Wir Uns auch, jhne mit
Ehrlichem Geſchencke, in Genaden zu beden-
cken.

Wir bewilligen auch gemeiner Knappſchafft,
vnd allen Berckleuthen zu ſondern Genaden:
Das ein jeder mit ſeinen Bercktheilen, ſampt
deren Nutzung vnnd Außbeuth, die er ſelbſt er-

X 4 ſchürfft,

ſchürfft, emblößt, erbawet, erkaufft, ererbt,
oder ſonſt durch redliche Mittel an ſich bringt,
er ſitze gleich inn, oder auſſerhalb Vnſerm Her=
tzogthumb inn alle ehrliche weg, zu handlen, zu
thun, vnnd zulaſſen, zuſchalten, vnnd zu wal=
ten, Macht haben ſoll. Dann Wir wöllen
einen jeden darbey genediglich ſchützen, vnnd
ſchirmen.

Darzu ſolle kein Gewerck, weder in Krieg,
oder Friedenszeiten, umb keinerley Vbertret=
tung willen, ſeine Bergtheil vnnd Nutzungen
verwircken. Derohalben wöllen Wir Vns, der
Confiſcation, ſo ſich auß billicher Straff, vnnd
Verwirckung eines Gewercken, in Krieg, oder
Frieden, zutragen möchte, gegen ſolchen Berck=
theilen, vnd Nutzungen, hiemit genediglich ver=
zeihen, vnd mit Verwirckter Straff/ allein ge=
gen den Perſonen verfahren, außgenommen im
Fahl, da ſonſt kein Erb, oder geſipter Freund,
Der ſich ſolcher Becktheil annemmen wolt, vor=
handen were.

Deßgleichen wann einer, inn oder auſſer Vn=
ſers Fürſtenthumbs Schulden, gemacht hette,
(Doch auſſerhalb der Berckſchulden, da man um
außſtendige Zubuß, Hüttenkoſten, vnd derglei=
chen, zumahnen hette) vnd zu deſſelben Berck=
theilen geklagt wurde, da ſoll nit zu den Berck=
theilen, ſonder zu des beklagten Perſon, oder zu
andern ſeinen Güttern, geholffen werden. Vnd
ob gleich der Hauptſchuldner Verſtorben, vnnd
ſich deſſen Erben, der Becktheil, vnd jhrer Nu=
tzung,

ʒung, vnderfahen wolten, ſo ſolle dannoch zu den-
ſelben Perſonen, vnnd nicht zu den Bergtheilen
geholffen werden. Es wolten dann ſich die Er-
ben, derſelben entſchlahen, alßdann erſt, ſolle
man den Gleubigern, umb ihre beweißliche
Schulden, zu den Bergtheilen verhelffen.

Wann ſich aus Verhengknuß des Allmechtigen
zutrüge : Das Sterbendt, Krieg, oder Waſſer-
noth, einfiele, dadurch den Gewercken die Ar-
beit kundtlich verhindert, unnd geſteckt, wurde,
Das ſoll Vnſer Berckmeiſter, auf vorgehendt
Erſuchung, ſolche zuſtände, inn das Berckbuch
mit allen vmbſtänden einſchreiben, damit ſolche
ehaffte Noth, den Gewercken, und ihren Erben,
an ihren Lehenſchafften, und Gerechtigkeiten vn-
vergrifflich ſey. Aber nach endung ſolcher be-
ſchwerlicher zufälle, ſollen die Gewercken wider
fürderlich zu bawen anfahen, und bey allen ihren
alten Gerechtigkeiten bleiben. Es hetten dann
aintzige, oder mehr Gewercken, ntöhige vnnd
erhebliche verhinderungen fürzuwenden, dem,
oder denſelben, ſolle Vnſer Bergmeiſter, nach
gelegenheit und billigen dingen, von Quartal zu
Quartaln, gebürliche Friſt geben. Wann ſie
aber nach geendeten Nothfällen, nicht bawen,
noch umb Friſt anhalten, und dieſelb erlangen
wurden : So ſollen alsdann ſolche Zechen, Gru-
ben, und Gebewe, als Verlaſſen, in Vnſer
Freyes gefallen ſeyn.

Hierauff wöllen wir hiemit, wiſſentlich, vnd
wolbedächtlich, in obbenannten Vnſern Aemp-
tern,

X 5

tern, am Schwartzwald, und sonst allenthalben,
in Vnserm Hertzogthumb, Land, vnd Gebieten,
wo sich gewinliche Bergckwerck erzeigen, vnnd er-
aigen: Ein Frey Berckwerck, meniglich verkün-
diget, vnd zu wissen gethan haben. Mit diesem
gnädigen Erbieten : Die Berckleuth, Knapp-
schafften, alle Gewercken, vnd ihre Zugewohn-
te, bey dieser Vnser Freyheit gestracks, vest, vnd
stät Hand zu haben, deren sie sich auch würcklich
gebrauchen, auch ihren besten Nutzen darmit
schaffen sollen, und mögen.

Woferr aber einiger Mangel. oder Abgang
hierinn erschine, So vermög Bergwerckhs
Recht, vnd Gebrauchs, zu Fruchtbarer auffnem-
mung, vnnd beförderung verbesserns, gebürliches
Einsehens, vnd erleutterns bedörffte, dessen wir
genugsam berichtet/ auch deßhalber, von gemei-
nen Gewercken ersucht werden: So wöllen wir
vns, mit allen Genaden willfährig erweisen, er-
zeigen, vnnd dem Berckwerck, auff alle mügliche
Weiß vnd Wege, gnädige Befürdernus thun,
daran die Knappschafft, Berckleuth, vnnd Ge-
wercken gantz wol zu frieden sein sollen.

Vnd Gebieten hiemit, allen Vnsern gegen-
würtigen, vnnd künfftigen Berckamptleuthen,
Hauptmann, Berckmeistern, Geschwornen,
Verwaltern, auch allen Vnsern Amptleuthen,
Vnsers Hertzogthumbs, mit ernst: Daß sie die
Gewercken, Knappschafft, vnd Berckwercks-
verwohnte, sampt den ihren, bey dieser Vnserer
Begnadigung, Freyheit vnnd Hilff, vestiglich,

vnd

vnd vhnverbrüchlich handhaben, ſchützen, vnd
ſchirmen wöllen. Darwider nicht zu handlen,
zu thun, oder zu ſchaffen, Auch niemand darwi-
der zu beſchweren geſtatten, weder heimlich noch
offentlich. Auch ſolchs für ſich ſelbs nicht thun,
Bey vermeydung Vnſerer Vngnad, vnd Straff.
Deß zu wahrem Vhrkund, haben Wir Vnſer
Innſigel, hiefür drucken laſſen. Geben in Vn-
ſer Statt Studtgarten. Mittwochs den erſten
Junii, Als man nach Chriſti Vnſers lieben
HERREN, vnd Seeligmachers Geburt zellt
Fünffzehenhundert Neuntzig vnd Sieben Jar.

Num. 38.

Pragiſcher Verglich zwiſchen dem Ertz-
Hauſe Oeſterreich und Hertzog Friderich zu
Würtemberg wegen der Affter-Lehen-
ſchafft ꝛc.

d. d. 1599. 24. Jan. (1)

WIr Rudolph der Andere von GOttes Gna-
den, Erwöhlter Römiſcher Kayſer, zu al-
len Zeiten Mehrer des Reichs, in Germanien, zu
Hungarn, Boheimb, Dalmatien, Croatien,
Sclavonien ꝛc. König, Ertz-Hertzog zu Oeſterreich
Hertzog zu Burgund, zu Brabant, zu Steyer,
zu Cärndten, zu Crain, zu Lutzenburg, zu
Württemberg, Ober- und Nider-Schleſien,
Fürſt zu Schwaben, Marg-Graf des heiligen
Röm.

---

(1) Aus Lünigs Reichs-Archiv Part. Special Con-
tin. II. p. 741.

Röm. Reichs, zu Burgau, zu Mähren, Ober
und Nider-Laußnitz, gefürsteter Graff, zu Hab-
spurg, zu Tyrol, zu Pfirdt, zu Küburg und zu
Görz, Land-Graf im Elsaß, Herr auf der Win-
dischen Marck, zu Portenau und zu Salins rc.
Bekennen für uns und unsere Erben und Nach-
kommen, sambt und sonderlich mit diesem Brieff,
und thun khund Männiglich, alß sich zwischen
uns, alß regierenden altisten Ertz-Herzogen zu
Oesterreich, und unsern geehrten Brüdern und
Vettern, und dann dem Hochgebohrnen unserm
lieben Vettern und Fürsten Friederichen, Her-
zogen zu Würtemberg und Töckh, Grafen zu
Mömppelgardt, alß jetzt regierenden Herzogen
berührter Fürstenthumb Würtemberg und Töckh,
in dem Mißverstand und Irrungen eraigen und
zutragen wollen, daß Sr. Lbdn. der Herzog auf
absterben weyland derselben Vettern, des auch
Hochgebohrnen Fürsten, weyland Ludwigen,
Herzogen zu Würtemberg seel. Gedächtnus gänz-
lich darfür halten wollen, daß deroselben dero
Alt-Vätterliche Herzogthum Würtemberg und
Töckh, crafft uhralter Württembergischer Erb-
Verträg auch darauf erfolgter Kays. Erection
ohne allen abgang und Beschwerde alß ohngemit-
telte Reichs-Lehen eröffnet und angefallen, und de-
rowegen sich nicht schuldig zu seyn erachtet, von
uns als regierenden Erz-Herzogen zu Oesterreich,
berührte Herzogthum, vermög der zwischen wey-
land König Ferdinand und Herzog Ulrichen, wie
auch Herzogen Christoph zu Würtemberg in An-
no

no vier und dreißig und zwey und fünffzig der we-
nigern zahl, zu Cadau und Paßau aufgerichteter
Verträge, und dardurch eingeführter offner Le-
henschafft zu einem Oesterreichischen Affter-Lehen
zu empfahen, sondern vielmehr sich vor befügt ge-
achtet, bey uns als regierenden Römischen Kay-
ser umb gnädigste belehnung ermelten Herzog-
thumb, (wie vor einkommener Affter-Lehenschafft
von unsern Hochlöblichen Vorfahren am Heil.
Reich, gegen weyland Herzog Eberhardten dem
Aeltern, und Herzog Ulrichen zu Würtemberg
beschehen) aller unterthänigst anzusuchen, inmaf-
sen uns dan Sr. Lbdn. in aigener Person under
dem Anno vier und neunzig zu Regenspurg gehal-
tenem Reichs-Tag deshalben ein sonderbahre Sup-
plication übergeben. Dargegen aber, wir die
Sach dahin gar nicht verstehen können, sondern
vielmehr darfür gehalten, daß angeregte beede
Verträg, so viel sonderlich die darinn eingeführte
Affter-Lehenschafft berühren thut, nochmals bey
Ihrer ungeschwächten Würcklichkeit beständig
verbleiben, und daß derwegen Sr. Lbdn. der
Herzog mit Empfahung des affter-Lehens densel-
ben unverweigerte folge zu thun verbunden seye,
und doch wir nichts destoweniger die Gütigkeit
auß diser Sach zu kommen so wohl, alß Sr. Lbdn.
der Herzog, uns nicht zuwider seyn laßen, da-
mit zwischen beeden Häusern, die nunmehr lang
hergebrachte Vertraulichkeit, Freund-und guthe
Nachparschafft, fürohin gleicher gestalt continui-
ret, bestärcket und fortgepflanzet werden mögte;

daß

daß demnach nach lang zu beederseits gepflogener
Tractation, und auf gehaltene genugsame Delibe-
ration und Erwegung, wir uns mit Seiner Lieb-
den, und dieselbe sich mit uns, wohlbedächtlich
in der güthe dis Orts vereiniget und verglichen,
wie von Puncten zu Puncten hernach folget:

Als nämlich haben wir anfangs zugesagt für
uns und alle die Erz-Herzogen zu Oesterreich und
Dero ganze Posterität, uns hiemit aller Spruch
und Forderung der affter-Lehenschafft zu begeben,
uns auch einiger Belehnungs Gerechtigkeit bey
Denen Herzogthumben Würtemberg und Töckh,
hinführo in einige Weeg nicht anzumassen, son-
dern S. Lbden. der letzt regierende Herzog Friede-
rich, dessen männliche Leibes Erben und derselben
Posterität, so lang immer Herzogen von Wür-
temberg am Leben seyn werden, sollen solche
Herzogthumb allein von uns alß regierenden, und
unsern am H. Reich nachkommenden Römischen
Kaysern und Königen, zu einem rechten Fürstli-
chen Reichs-Lehen, (nach Innhalt berührter
Herzogthum Erection, und darauf gefolgten er-
sten Investitur) ohne alle Verhinderung, zu em-
pfahen, befugt seyn. Dagegen so haben wir uns
und unserm ganzen Löblichen Haus Oesterreich
in gemein, daß ist, denen von beeden Herrn ge-
brüdern weyland Kayser Carl dem fünfften und
Kayser Ferdinanden, beeder Christmildesten ge-
dächtnüs herrührenden Linien, die anwarttschafft
und Succession, mehr besagter Herzogthumß
Würtemberg und Töckh, dergestalt lauter und

und

unverzüglich), reſervirt, und vorbehalten, daß,
wo Göttlichem willen nach, der jezt regierende
Herzog Friederich zu Würtemberg und deſſen
ganze Poſteritæt, männlichen Nahmens und
Stammens, gebohrne Herzogen zu Würtenberg,
für den Erz-Herzogen zu Oeſterreich abſterben,
oder aber da berührte Herzogthumb durch unver-
hoffte andere den Rechten gemäß beſtendige, und
von Chur-Fürſten, Fürſten und Ständen des
Heil. Reichs, vermittelſt ordentlicher Erkannt-
nüs, approbirte Weege, wie die ſeyn, oder
Nahmen haben mögen dem Heil: Römiſchen
Reich dergeſtalt fällig wurden, daß ex parte des
ganzen Männlichen Nahmens und Stammen
der Herzogen zu Würtemberg, keine Ausſöhnung,
Reconciliation oder Reſtitution mehr zu hoffen,
noch auch mit Recht zu erhalten, daß alßdann und
ehe nicht, der zutritt, zu würcklicher Einnahm er-
melter Herzogthumb dem Hauß Oeſterreich in
Crafft habender Anwarttſchafft, gleichfalls er-
öffnet ſeyn ſolle.

Zum dritten ſollen uns und allen den Erz-Her-
zogen zu Oeſterreich der Fürſtliche Württenber-
giſche Titul und Wappen hinführo wie bißhero
jedoch einig und allein, zu anzeig künfftiger Succeſ-
ſion, und ſonſt zu keinem andern Effect ,unſers
und ihres Theils, zu führen und zu gebrauchen,
unbenommen, ſondern außdrücklich vorbehalten
ſeyn, desgleichen und fürs

Vierdte, haben wir uns, und unſerm Löblichen
Hauß Oeſterreich eben mäßig reſervirt und auß
be-.

bedingt, daß, wie solches seithero Anno fünffze-
henhundert dreyßig allweg üblich und also her-
bracht worden, ermeltes Hauß Oesterreich auch
noch fürohin, so wohl die Herzogthumb Wür-
temberg und Töckh, alß andere Oesterreichische
Fürstenthumb und Land, wann und so offt es von
nöthen jedoch allein zu Beweisung vorbehaltener,
unverzügener Anwarttschafft, von Heil. Reich
zu Lehen zu empfahen haben, wie auch ieziger und
künfftiger Herzogen zu Württemberg, so lang
dieser Stamm wehren wird, alles ehrerbietigen
guten Willens, Correspondenz vertraulich guter
Nachparschafft und zusammensezung gegen dem
Hauß Oesterreich sich befleissen, und beständig-
lich continuiren sollen, inmassen dann auch wir
samt unsern geliebten Brüdern und Vettern, und
dero nachkommenden Erz-Herzogen zu Oester-
reich uns gegen dem Hauß Würtemberg, hinwie-
derumb alles gnädigen und freundlichen guten
Willens, gleichmäßige Correspondenz vertrau-
lichen guten Nachparschafft und zusammensezung,
beständiglich erzaigen wollen. Und weil zum

Fünfften, des Heil. Reichs Churfürsten Con-
sens hierzu in allweg von nöthen; So haben
demnach Wir Hertzog Friedrich zue Wür-
temberg bewilliget und zugesagt; zu diesem allem
Ihr der Chur-Fürsten Consens mit und neben Ih-
rer Kayserlichen Maj. zu suchen und richtig ma-
chen zu helffen: Ebenfalls und nicht weniger solle
auch zu desto mehrern Versicherung der Sachen,
bey unserer Hertzog Friedrichs Landschafft in
Wür-

Württemberg, derselben Consens und die Gut-
habung dieser getroffenen Handlung und Ver-
gleichung, mit allen Ihren Anhängen, so viel
dieselbig Sie die Landschafft in Würtemberg be-
rühret, durch uns hierzu erhandlet werden; Ent-
gegen so erbieten Wir Kayser Rudolph, uns,
und seynd willig auf solchen Fall, und wann ihr
der Landschafft Consens richtig seyn wird, dersel-
ben und der Universität zu Tübingen alle Ihre von
Römischen Kaysern und Königen oder den Her-
tzogen zu Würtemberg, wie auch vorigen Ante-
cessorn einem oder mehr, oder auch von anderen
Herrschafften erlangte, und bishero in wohlher-
gebrachter Ubung und Gebrauch gehabte Privile-
gia, Freyheiten, Recht und Gerechtigkeiten und
Gewohnheiten, jedoch so weith und fern dieselbig
dieser Vergleichung der künfftigen Succession und
Anwartschafft nicht zue wider oder entgegen, im
Nahmen unser und unsers gantzen Löbl. Hauses
Oesterreich gnädigst zu confirmiren und zu ver-
neuren. Zum

Sechsten, so haben Wir Hertzog Friederich
wegen unserer geliebten Söhne und aller Nach-
kommenden regierenden Hertzogen zu Württem-
berg, als jetzt regierender Hertzog, Vatter und
Antecessor, im Namen und an statt jetzt gemelter
Unserer Söhne, jure patriæ potestatis zum aller-
kräfftigsten, als es von Rechtswegen immer ge-
schehen mag, bey Fürstlichen waren Worten und
Treuen, versprochen, daß dieselbig samt und son-
ders die getroffene Vergleichung, alles Ihres
　　　　　Y　　　　　　　　　Inn-

Innhalts genehm halten, und würcklich vollzie-
hen, sowohl auch ein jeder künfftiger regierender
Hertzog zu Würtemberg, gleich bey Antrettung
seiner Regierung, und noch vor Empfahung der
Lehen von dem pro tempore regierenden Römi-
schen Kayser oder König, sich deßwegen ebenmäs-
sig in bester Form und nachfolgender Gestalt zu
verschreiben schuldig und verbunden seyn solle,
nämlich daß nach gewöhnlichem Eingang, der
gantze Innhalt, dieser jetzigen, zwischen Ihrer
Kayserl. Maj. und dero gantzem Hauß Oester-
reich ꝛc. Und dann uns Hertzog Friedrichen ge-
troffenen und geschlossenen Vergleichung von
Wordt zu Wordt inserirt, und darauf gesetzt
werden solle, daß derselbe die Regierung antret-
tender Hertzog zu Würtemberg bey Fürstlichen
waren Worten und Treuen, zugesagt und ver-
sprochen, solchem allem für sich, dero Erben und
Nachkommen, nicht weniger als wir Hertzog
Friedrich, der Principal- Contrahent selbsten zu
thuen bewilliget, und schuldig gewesen, würck-
lich nachzusetzen und unverbrüchlich zugeleben mit
angehängter Renunciation aller und jeder Exce-
ptionen wie man solche immer erdencken möchte
oder könnte; Also sollen vors

Siebende alle alte und neue Verträg samt de-
nen Declarationen, Confirmationen und Ratifica-
tionen welche zwischen dem Haus Oesterreich
und dem Fürstenthum Würtemberg auch dero
Landschafften aufgericht und dieser Vergleichung
um die Affter - Lehenschafft nicht zuwider, oder
nach-

nachtheilig seyn, in ihren Kräfften und esse verbleiben. Ferner und zum

Achten, da auf künfftigen Fall mehrgemelter Anwarttschafft, und des Löblichen Hauses Oesterreich Succeſſion zu diesen Fürstenthumben Würtemberg und Töckh sich auf solchen Fürstenthumben Gülten, Leibgeding oder erweißlichen Schulden befinden würden, solle ermeldtes Hauß Oesterreich ohne Kosten und Schaden, deren so darhinder verschrieben, solche auszurichten, und zubezahlen, es auch sonsten bey allen der regierenden Hertzogen zu Würtemberg gethanen Begnadigungen allerdings verbleiben zu lassen, und dißfalls dem lautern Innhalt mehr gedachter Erection würckliche Folge zu thun schuldig seyn; deßgleichen und zum

Neunten, da zu derselbigen Zeith, des Hauses Oesterreich Succeſſion, unverheurathete Freulein oder Töchter von Württemberg, ehelich gebohren, vorhanden seyn werden, solle dem anjetzo befundenen noch üblichen Württembergischen Land = Gebrauch nach, alsdann gemeine Landtschafft in Würtemberg, einem Jeden unberathenen unausgesteurten Fräulein von Württemberg zwey und dreyßig Tausend Gulden HeurathsGuths, das übrige aber, der Diſpoſition des Paſſawischen Vertrags gemäß, und also nach befundener Anzahl dreyer oder weniger Fräulein, jedem noch acht und zwantzig tausend Gulden/ da aber deren vier oder mehr, jedem noch acht tausend Gulden zu Ergäntzung besagtes Heuraths

Y 2 Guths

Guths, die succedirende Ertz-Hertzogen zu Oe-
sterreich erstatten und richtig machen. Zum

Zehenden sollen uff mehr besagtem Fall, Oe-
sterreich Succession, die Hertzogthum Württem-
berg und Teckh an Land und Leuten anderer Ge-
stalt nicht, dann in solcher Qualität, wie dieselbi-
ge bey Auffrichtung beeder des Cadawischen und
Passawerischen Vertrags beschaffen gewest, an
gedachtes Hauß Oesterreich fallen, dasjenige aber,
so hierzwischen weither-darzu erkaufft, oder in
andere Weege acquirirt werden möchte, jedoch
woferne es nicht von Altershero etwa Württem-
bergisch Lehen oder sonsten der Cammer heimge-
fallen, sondern von Neuen zum Hertzogthum ge-
brachte Güther, und also der Erben recht aigen-
thumlich seyndt: sambt allen Mobilien, (doch
außer das Geschütz und der Mubtion,) davon
hernach sonderbahre Meldung geschicht, sonsten
nichts davon ausgenommen, in solche Oesterrei-
chische Succession nicht gehören, sondern an be-
melte Aigenthums-Erben ohne alle Verhinderung
kommen und fallen. Zum

Ailfften, und nachdeme auch von uns Hertzog
Friedrichen das in Acht genommen, daß bey ge-
wehrter Affter-Lehenschafft allerley nutzliche Mo-
derationes fürgenommen und ins Werck gerichtet
worden, und dann wir, unsere Posteritæt und
Erben, gleichmäßige Verbesserung anrichten
möchten, und derowegen auf unsere Anregen und
Begehren, für nicht unbillich trachtet worden,
was seither des Passawerischen Vertrags, bey
ge-

gewehrter Affter-Lehenschafft, und hernach biß
auf zutragenden Fall Oesterreichischer Anwartt-
schafft, für nutzliche Meliorationes und Verbeße-
rungen, die hiebevor nie gewesen, in viel berühr-
ten Hertzogthumben, denselbigen zum guten für-
genommen und angericht worden, daß deren bey
künfftiger Oesterreichischer Succeſſion, die Aigen-
thumbs-Erben, nach billigen Dingen, und Be-
finden der Beschaffenheit erkenntlich wieder zu
genieſſen haben mögen; So sollen demnach auf
künfftigen solchen sich begebenden Fall, ex parte
des Hauses Oesterreich zween oder drey, und we-
gen des Hauses Württemberg gleichfalls so viel
ansehliche unpartheyische dieser und nechst her-
nach ermelter Munition-Sachen wohlverständige
Commiſſarien, samt einem unpartheyischen Ob-
mann, der keinem Theil zugethan, oder verwannt
seye, erkießt oder verordnet werden, die solche
Meliorationes und Verbeſſerung, ob und welche
nutz-oder nothwendig seyen, oder nicht, in Au-
genschein nehmen, die Sach nach billigen Din-
gen æstimiren, und da Sie die Commiſſarii sich
mit einander nicht vergleichen können, alsdann
der Obmann nach Gewiſſen darinn einen Aus-
spruch thun; wie es dann mit dem Geschütz und
der Munition, so bey denen Häusern und Veſtun-
gen allenthalben vorhanden, auch also obser-
virt und gehalten, und die Refusion derselben
auf dergleichen unpartheyischen Persohnen
Æstimation und Erkänntnüs, was den Eigen-
thumbs-Erben, dafür vor eine Erstattung zu

thun, geſtelt, und alſo in einem und dem ande-
ren, bey deren willkührlichen Ausſpruch, ohne
alle weitere Reduction, Appellation, oder wie
das immer Nahmen haben möchte, allerdings zu
beederſeits gelaſſen werden ſolle; Jedoch mit der
lauteren Beſchaidenhait, daß ermeldte Aigen-
thums-Erben, nicht eben von dieſer zweyer Pun-
cten wegen ſich des Juris retentionis alsdann zu
gefährlicher fürſetzlicher Verlängerung zu gebrau-
chen, unterſtehen, ſondern vielmehr ſchuldig
ſeyn ſollen, das Hertzogthumb auf begebenden
Fall, dem Haus Oeſterreich allerdings ohne ge-
fährlichen Aufzug, jedoch mit hernach geſetzter
maſſen unverlängt würcklich abzutretten, daß
hergegen auch zu Verhütung allerhand Ungelegen-
he t, unziemlichen Aufhalts, oder Umtriebs,
dasjenige, ſo man dis Orts Ihnen den Aigen-
thums-Erben, vermög dieſer Vergleichung zu
leiſten ſchuldig, gleich bey Apprehenſion der Poſ-
ſeſſion ins Werck gericht, und die Sach hierun-
der alle bona fide alſo befürdert und angeſtellt,
damit die Einandtwortung der Häuſer und Vö-
ſtungen, und die Erkänntnuß der erkießten Arbi-
tro um zugleich und p ri paſſu mit einander vor-
genommen und vollzog n werden ſolle.

Zum zwölfften, nachdem von uns Hertzog Frie-
drichen beharrlich begehrt worden, daß das, je-
ziger zeithin Kirchen und Schulen der Hertzog-
thum Württemberg und Töckh angerichtes Reli-
gions-Weſen nach außweiß der Augſpurgiſchen
Confeſſion, wie dieſelbige weyl. Kayſer Carln,

dem

dem Fünfften. Anno fünffzehenhundert und dreif-
sig zu Augspurg, auf damahls gehaltenem Reichs-
tag, übergeben worden; darinnen beständiglich
bleiben, und ohne männiglichs Verhinderung
exercirt, auch kein andere Religion in ermeltem
Hertzogthum künfftig eingeführt; Deßgleichen
daß es bey der anjetzo befindenden Verordnung
der Geistlichen gegen andern Herrschafften jetzi-
ger Zeith unstrittigen Gefäll ungeändert gelassen
werden solle; So lassen demnach Wir Kayser
Rudolph für uns und offt-ermeltes Unser Löbl.
Hauß Oesterreich, es bey solchem Begehren, al-
lerdings verbleiben, also, daß darwider im ge-
ringsten nicht gehandelt werden solle; Weil
auch zum

Dreyzehenden von nöthen seyn wollen, neben
Uns Kayser Rudolphen, als dieser Zeit Aeltisten
und Regierenden, Ertz-Hertzogen zu Oesterreich
dero vollkommenliche Ratification und specificirte
Consens hierüber urkundtlich zu haben, und deß-
halben versichert zu seyn; Und aber solche Ferti-
gung, um ihrer der Ertz-Hertzogen weit von ein-
ander Wesenheit, und zumahlen eines Theils
weith Entlegenheit willen, also in continenti und
gleich nach geschlossenem Tractat nicht zu der
Hand gebracht werden mögen.

Als haben wir Kayser Rudolph zugesagt und
versprochen, Ihr der Herrn Interessenten in fer-
nere aigene Subscriptiones und Sigillationes zur
desto mehrern Versicherung, mit ehister Gele-
genheit, und noch vor Endung des dritten Ter-

mins, an welchem die Refusions-Summa, dar-
von in gleich hernach folgenden Puncten Mel-
dung beschieht völlig erlegt und richtig gemacht
werden solle, einzubringen und vilgedachtem Her-
zog Friedrichen einhändigen zu lassen;

Beschließlichen so haben wir Herzog Friedri-
chen zu Würtemberg von wegen gänzlicher Nach-
lassung mehr berührter After-Lehenschafft und
beständiger Bekräfftigung der andern bey diesem
Vertrag einkommen, und unsere Männliche Po-
sterität und gehorsame Landschafft berührende Ar-
tickel, bewilligt zugesagt und versprochen Ihrer
Kayserl. Maj. viermahl hundert tausend Gulden
Rheinisch in Münz, ieden derselben zu fünffze-
hen Batzen oder Sechzig Creuzer gerechnet, zu
denen nachfolgenden dreyen Zihlen, nemlich in
den nechsten zwey Monathen von dato dieser ver-
gleichung zweymahl hundert tausend Gulden Rhei-
nisch, folgends in Sechs Monathen, nach dem
Ersten Termin, Einmahl Hundert Fünffzig Tau-
send Gulden Rheinisch, den Rest aber in acht
Monathen, nach dem andern Zihl, und also die
ganze Summ in Sechzehen Monathen zu Aug-
spurg in solchen Münz-Sorten und Werth, daß
Ihro Kayserliche Majest. darbey nichts zu ver-
liehren, gewißlich zu erstatten und richtig zu ma-
chen.

Hierauf so geloben und versprechen wir Kay-
ser Rudolph alß regierender ältister Erz-Herzog
zu Oesterreich, für uns, und an Statt so wohl
ermelter Unser geliebten Brüder und Vettern,
alß

alß der andern Ertz-Hertzogen zu Oesterreich, crafft
derer von Ihnen empfangenen genugsamen Voll-
macht, bey unsern Kayserlichen Wordten:

Und wir Friedrich, Hertzog zu Württemberg
und Tecfh bey unsern fürstlichen Würden und
Treuen, Solches alles, was dieser Vertrag in
sich hält, und einem Jeden åuflegt und bindet,
für Uns, Unsere Erben, und Nachkommen un-
verbrüchlich fest und steth zu halten, demselben
allen zugeleben und nachzukommen, und dawi-
der nicht zuthun, noch schaffen, oder gestatten,
gethan zu werden, in keinerley Weiß noch weeg,
gnädiglich, Treulich, und ohne Gefährde.

Zur Urkhund, und fester unverbrüchlicher hal-
tung, sind dieser Vergleichungen drey gleiches
Lauts, Libells weiß geschrieben und aufgericht,
mit Unser Kayser Rudolphs und Unsern Hertzog
Friedrichs aigenen Händen unterschriebenen und
anhangenden Insiegeln bekräfftiget, und davon
Uns Kayser Rudolphen die eine, die andere zwo
aber Uns Hertzog Friedrichen zugestellt und in
Handen gelassen worden. Geschehen und geben,
auf unserm KayserRudolphs KöniglichenSchloß
zu Prag, den vier und zwanzigsten Tag des Mo-
nats Januarp nach Christi JEsu unsers lieben
HErrn und Seeligmachers Geburth im fünffze-
henhundert neun und neunzigsten Unserer Reiche
deß Römischen im Drey und zwanzigsten, deß
Hungarischen im Sechs und zwanzigsten, und

Y 5   des

Des Böheimischen auch im drey und zwanzigsten
Jahren.

Rudolph.

Friedrich.

Num. 39.

**Fürst-Brüderlicher Verglich zwischen
dem Regierenden Herzog zu Würtemberg Jo-
hann Friderich und seinen nachgebohrenen Herrn
Brüdern wegen der Succeſſion
und Appanagien ꝛc.**

d. d. 1617. 28. Maj. (1)

Zu wiſſen, alß vff seelig ableiben weyland des
Durchläuchtigen Hochgebohrnen Fürſten
und Herrn, Herrn Friedrichen, Herzog zu Wür-
temberg und Teckh, Grafen zu Mümpelgarth,
Herrn zu Haydenheimb ꝛc. Hochfürſtlichen An-
gedenckens, der auch Durchl. Hochgebohrne
Fürſt und Herr, Herr Johann Friedrich Her-
zog zu Würtemberg und Teck, Grafe zu Möm-
pelgarth, Herr zu Haydenhaimb, ꝛc. als der äl-
tiſte hinterlaſſene Sohn, und regierender Lan-
des Fürſt, das Regiment des Herzogthums Wür-
temberg und Grafſchafft Mümpelgarth, mit al-
len denen darzugehörigen Graff- und Herrſchaff-
ten, Land und Leuten den 30. Januarij Anno
1608. glücklich angetretten, und bißher Löblich
geführ-

_____

(1) Aus Lünigs Reichs-Archiv Part. Special. Contin.
II. unter Würtemberg. p. 745.

geführet; Undt dann die Succeſſion bey dieſem
Fürſtlichen Hauß vornemlich an den Altvätterli-
chen hochbetheurten und von regierenden Römi-
ſchen Kayſern nach und nach confirmirten Ver-
trägen, ſonderlich aber der darauf erfolgten Ere-
ction, Landt-Tags Abſchiedt, und weyland
HerzogChriſtoph und Ludwigs hinterlaſſenen Te-
ſtamentariſchen Diſpoſitionen ohnmittelbahr haff-
tet, und ſelbigem nach formiret gerichtet und an-
geſtellt werden ſoll. Alß haben hoch erleuchte Ihre
Fürſtl.'Gnaden ſolches alles mit ſamt dero freund-
lich geliebten Gebrüdern, Herrn Ludwig Frie-
drichen ꝛc. Herrn Julio Friedrichen, Herrn Frie-
drichen Achille &c. und Herrn Magno, allen
Herzogen zu Würtemberg ꝛc. bey dieſer Brüder-
lichen Vergleichung, in fleißiger Conſideration
und Obacht gehabt, und zu vörderſt daſſelbige
alles Ihres Junhalts deßgleichen der Landſchaff-
ten Ihre Privilegien, Herkommen und Verträ-
gen auch nochmahlen wie bißher bey allen Ihren
Kräfften, Würden und Vollkommenheit iezo und
inskünfftige erblich und beſtändig, für ſich und
ihre Fürſtliche Poſteritæt verbleiben auch von Ih-
rer Fürſtl. Gnad. Gnad. Gnad. Gnad. Gnad.
ſelbſt getreulich und Brüderlich gehalten und voll-
zogen werden ſollen, hiemit und in Krafft dieſes
Abſchieds einander feſtiglich verſprochen und zu-
geſagt, auch ſolchem nach ſich ferner Freundlich
und Brüderlich verglichen, wie unterſchidlich
hernach folget: Und erſtlich iſt in krafft ſolcher an-
gezogenen Verträgen und Erection, dahin ein-
müthig-

müthiglich abgeredet, auch hiermit kräfftiglich
verabschidet daß hochgedachter Herzog Johann
Friedrich 2c. alß der erstgebohrne und älteste Herr
Bruder, das Herzogthum Wirtemberg und Teck,
samt allen deren Graff=und Herrschafften, Ein-
und Zugehörungen, an Land und Leuten, Lehen,
Lehnschafften und aigen, liegend und fahrend,
auch deren Renthen und Einkommen, sammt al-
ler und jeder Ihrer Herrlichkeit, Landes Fürstli-
chen hohen Obrigkeit und Gerechtigkeit, Rega-
lien und Würden in geistlichen und weltlichen,
wie solche dero geliebter Herr Vatter und Vor-
Eltern, regierende Herzogen zu Württemberg
würcklich besessen, regieret, genossen, und gebrau-
chet, überall nichts außgenommen, für sich und
Dero Eheliche männliche Leibes Erben, und der-
selben Nachkommen, in Krafft, Form und Maaß,
wie ob angezogene Verträge, und darauf erfolgte
Erection alles ihres Innhalts außweisen, haben
und behalten; Und hingegen die onera und Be-
schwerden, so wohl wegen des Reichs, alß Ab-
fertigung beeder Fräulein Schwester, Fräulein
Agnes, und Fräulein Anna, und sonsten wie beym
Hauß Würtemberg herkommen und einem regie-
renden Herzog oblieget und gebühret, tragen
soll.

Zum andern ist ebenmäßig abgehandelt und
verglichen, daß hochgedachtem Herzog Ludwig
Friedrichen, alß dem andern regierenden Herrn,
die Fürstliche Graffschafft Mümpelgarth samt
allen und jeden darzu gehörigen und bißher dahin
gebrauch-

gebrauchten unterschiedlichen Herrschafften in und
ausser der Graffschafft Burgund gelegen deßglei-
chen beede eigenthumliche Graf- und Herrschaff-
ten Harburg und Reichenweiler im Elsaß, mit
allen ihren Landes-Fürstlichen hohen Regalien,
Dignitæten, Ober- und Gerechtigkeiten Lehen-
schafften, Bergwercken, Renthen und Einkom-
men Geist-und Weltlichen, sampt den Festun-
gen und darinn verhandenen Geschütz, Muni-
tion und Rüstungen, wie auch Silber-Geschirr,
und allen anderen zugegen ligenden Vorrath, an
Einkommen und Jahrnüß, nichts ausgenommen,
insonderheit aber die Præeminenz der Reichs-
Graffschafft Mümpelgardt mit deren Stand,
Stimme, und Session im Reich, wie solches und
alles anders dero Herr Vatter; Groß-Herr Vat-
ter, und derselben hoch-geehrte Voreltern üblich
hergebracht, genossen und gebraucht, für sich
und dero Eheliche männliche Leibes-Lehns Er-
ben übergeben, und erblich gefolgt, auch förder-
lichst die Unterthanen und Beambten, deren biß-
hero getragenen Pflicht und Huldigung wieder
erlassen, und Ihrer Fürstlichen Gnaden alß dem
künfftigen Landes-Fürsten gebührlich angewiesen
werden sollen, imassen auch hingegen Ihro Fürstl.
Gnaden alle und jede auf solchen Graf- und Herr-
schafften iezo befundene und künfftige Onera und
Beschwerden, wie die Nahmen haben, auf sich
selbst nehmen, haben und tragen sollen und wol-
len, ohne Entgeld des ältisten Herrn Bruders,
und nachdem die Irrungen, so sich zwischen der
Graf-

Grafschafft Burgund und Mümpelgarth, we-
gen der prætendirten Souverainität ohne dem Herr-
schafften Hericourt, Blanmont, Clermont, und
Chastelot bißhero erhalten, noch der zeit nicht zur
Richtigkeit gebracht; Alß hat mehr hochgedach-
ter Herzog Johann Friedrich rc. freundlich be-
williget, die angefangene gütliche Handelung, ne-
ben Herzog Ludewig Friedrichen rc. alß nun-
mehro Innhabern, nochmahlen zu reaſſumiren,
und dahin nach Möglichkeit trachten zu helffen,
damit derselben dermahleins auch ihr abhelffliche
Maaß, so viel geschehen kan, gegeben werden
möge. Uber dieses seind auch Ihro Fürstl. Gna-
den des brüderlichen Erbiethens, die Grafen zu
Ortenburg Ihrer sonderbahren Prætension hal-
ber, so sie an gedachte Herrschafften zu haben
vermeinen, abzufinden, und Herzog Ludwig Frie-
drichs Fürstliche Gnaden deſſen zu entheben, und
obwohl Ihro Fürstl. Gnaden sich nicht schuldig
erachten, auß dero Kirchen Kasten-Verwaltung
allhie zu Stuttgarthen, wegen hiebevorbeschе-
henen Ablöſung ichtwas jährlich zum Ministerio
nacher Mümpelgarth verschaffen zu laſſen, so ist
doch von derselben zu beſſerer Erhaltung der Kir-
chen und Schulen daselbsten gutwillig vergunnt
und zugesagt worden, jährlich auf Georgii zwey
tauſend Gülden allein zu solchem Gottseeligen
Ende zu zuschieſſen und von Stuthgarthen aus
verabfolgen zulaſſen. Desgleichen hat auch hoch-
ermelter Herzog Johann Friedrich rc. auß brü-
derlicher Wohlmeinung freundlich bewilliget,
daß

daß Herzog Ludwig Friedrichen ꝛc. die mit Recht
oberhaltene Sechs tausend Cronen Willermini-
scher Schulden, erblich angewiesen und geliefert
werden sollen. Dabey seine Herzog Ludwig
Friedrichs Fürstliche Gnaden sich dahin freund-
lich erkläret, daß sie und Ihre Fürstliche Nach-
kommen, zu Erhaltung friedlichen und Christli-
chen Regiments, ihre Unterthanen mehrbemel-
ter Graffschafft und Herrschafften Mümpelgarth
Horburg und Reychenweiler bey ihren Verträ-
gen Rechten und gerechtsame, so vil selbige auß-
weisen, und kundlich herkommen, wie auch die
Verordnungen beedes in geistlichen und weltl.
Stand und Regiment, wie sie bißher von dero
Hochlöblichen Herrn Vattern und Voreltern
Augspurgischer Confession gehalten, und noch be-
funden werden, handzuhaben, und dagegen kei-
ne Neuerung, sonderlich aber der Religion halber
Augspurgischer Confession, der Enden einzuführen,
noch anderen von ihrentwegen zu thun wissentlich
zu verstatten. So viel dann die Reichs-wie auch
Burgundische Lehnschafft offtberührter Graff-
schafft Mümpelgarth betrifft, hat zwar Herzog
Ludwig Friedrich ꝛc. die Burgundische, so viel
deren wegen, so wohl in Empfahung alß Bedie-
nung derselben Herkommen ist, auf sich genom-
men, nachdem aber mehr hochermelter Herzog
Johann Friedrich ꝛc. die Mümpelgartische Reichs
Regalien, bey der Kayserlichen Majestät und dem
Reich in Krafft geleister Lehens Pflicht für sich ohn-
längsten empfangen; Als ist verglichen, daß es
nach

nach der zeit dabey zu laſſen auch Ihro Fürſtliche
Gnaden dieſelbe vollends biß auf begebende Aen-
derung und Herzog Ludwig Friedrichs 2c. ander-
werts erfolgte Belehnnug tragen, vermannen und
bedienen, auch ſonſten die Schuldigkeit, wie biß-
hero dem Reich davon laiſten ſollen.   Endlich hat
auch Herzog Johann Friedrich freundlich bewil-
liget, daß Herzog Ludwig Friedrichen 2c. beede
Höf in der Statt Baſel und Straßburg gelegen,
mit deren gerechtſame, zugehör und Beſchwer-
den erblich übergeben und gelaſſen werden ſol-
len.

   Zum dritten/ iſt gleichwohl in weyland Her-
zogs Chriſtophen 2c. und Ludwigs 2c. Hochfürſtli-
chen andenckens hinterlaſſenen Teſtamente gewiſſe
Ordnung geben worden, welcher maſſen der dritte
gebohrne Herzog zu Würtemberg nicht mit Land
und Leuthen, ſondern einem jährlichen Deputat
von fünfzehen tauſend gülden ſammt einem anſiz,
und darzu nothwendigen Hausraths und fahrniß
contentiret werden ſoll, innmaſſen auch ſolchem zu
folge Herzog Julio Fridrichen 2c. ſelbig beſtimmt
Deputat auf denen hiernechſt benannten gütern
Weiltingen und Brenz, wie auch in eventum,
auf der Herrſchafft Heydenheim, alles hierunten
angedeuteter maſſen angewieſen, und von Sei-
ner Fürſtlichen Gnaden angenommen worden.
Es hat aber offt hochbeſagter Herzog Johann
Friedrich aus freyer Brüderlicher Lieb und Affecti-
on noch ferneres bewilliget und zugelaſſen, daß
Herzog Julius Friederich, alß der dritte Bruder,
über

über das jezt angedeute Deputat, die aufs neu
ohnlängſt acquirirte eigenthumliche Güter Weyl-
tingen und Brenz mit aller Zubehör an Landt und
Leuten ſambt hoher Oberkeit und aller Gerechtſa-
men, Renthen und Einkommen, wie ſelbige die
vorige Inhabere beſeſſen, genuzt und gebraucht,
nichts außgenommen, von nechſt verwichenen
Georgii dieſes iezt lauffenden Jahres anzurechnen,
erblich, doch nachfolgender geſtalt haben ſoll.

Nehmlich erſtlich, dieweil ſolche erbliche Uber-
laſſung auß keiner Schuldigkeit beſchicht, ſo iſt
verglichen, daß ſie allein auf Hochgedachten Her-
zog Julium Friedrichen ꝛc. und deſſen hinterlaſſene
Eheliche Männliche Leibes Erben gemeint und
verſtanden, dergeſtalt, daß in deren Abmangel,
oder auch auf den Fall Herzog Julius Friedrich ꝛc.
in der Grafſchafft Mümpelgart hieunten erzehlter
maſſen ſuccediren würde, alßdann dieſe beede gü-
ter niemand anders, alß dem älltiſten regierenden
Herrn Bruder, und deſſen Erben, und dem Her-
zogthum Würtemberg, daher ſie gehen, wieder-
um heimfallen und zukommen ſollen. Nachdem
aber gedacht Guth Weiltingen, wiewohl ohne
beſtändige Urſache, ſondern auß lauterm geſuch
anſprüchig gemacht werden will, ſo iſt zum an-
dern von offtgemeltem Herzog Johann Friedrichen
die brüderliche Verwilligung geſchehen, auf den
fall die Sach ins Recht erwachſen ſollte, die Recht-
fertigung zuführen, und Herzog Julium Fridri-
chen, ꝛc. deßwegen in rechten zuvertretten; Und
dieweil Ihro Fürſtl. gnaden auf ſolchen zweyen
gü-

gütern ein nahmhaffts, nemlich auf Weiltingen,
sechs und achtzig tausend gulden und auf Brentz
einmahl hundert drey und zwantzig tausend gül-
den liquidirter Schuld zu fordern haben dieselbe
zum dritten, und zu noch mehrerer Bezeugung
deren Brüderlichen Freywilligkeit, solche Schuld,
die in Summa thut zweymahl hundert und neun
tausend gulden, sincken und fallen lassen, doch
dergestalt, wofern Hertzog Julius Friedrich ꝛc.
solcher güter eins oder sämptlich ins künfftig ver-
kauffen oder sonst vereussern, und hinweggeben
würde, daß alßdann hochgedachtem ältern regie-
renden Herrn Brudern, oder dessen männlichen
Erben und Nachkommen, die selbiger zeit im Re-
giment seyn werden, solche zweymahl hundert
und neun tausend gulden von den gütern oder dero
Kauff-Schilling widerum heraus gegeben und
bezahlt werden, die Käuffer auch sich derselben
vor solcher baaren Bezahlung nicht annehmen,
sondern dem ältern regierenden Herrn, alß dessen
Special und außdrücklich Unterpfand frey und zu
würcklichem besitz lassen sollen.

Nachdem sich aber auf diesen beyden gütern
noch gegen einander ein starcker Schulden-last,
welchen die hiebevorigen Inhaber, ehe sie an das
Hauß Würtemberg kommen, darauf gemacht,
befindet, nemlich auf Weiltingen, Haupt-Guth
ein und fünfftzig tausend und fünfftzig gulden, vier-
tzig fünff kreutzer, trifft an jährlichem zinnß zwey-
tausend fünffhundert fünfftzig zween gulden, dreis-
sig zween, ein halben Creutzer, und auf Brentz an
ver-

verzinnsendem Haupt-Guth, neunzehen tausend, neunhundert achzig ein gulden, fünffzig vier Creuzer, thut jährlich an zinuß Neunhundert, neunzig neun gulden, sechs Creuzer, an unverzinnßten aber ailfft tausend fünffhundert gulden so dann an verzinsenden Stifftungen, Sechs-tausend gulden, so zusammen thun, sechszehentausend neunhundert gulden; Alß hat mehr hochernambter Herzog Johann Friedrich 2c. freundlich bewilliget, gedachte Brenzische unverzinsende Haupt-Summen und Stifftungen der sechszehen tausend neunhundert gülden vom Guth Brenz ab-und auf sich zu nemmen und zu iedes Terminen anderwerts richtig machen zu lassen. Die übrige hieroben vermelte verzinnsende Weilting-und Brenzische Haupt Summen aber sollen von den jährlichen gefällen zu Weiltingen und Brenz iedesmahl biß zu ablegung des Capitals verpensionirt werden, Dergestalt, daß das übrige Einkommen, so hoch sich dasselbe nach außbezahlten zinnsen erstrecken wird, Herzog Julio Friedrichen 2c. in abschlag seines bestimmten Deputats der fünfzehen tausend gülden, bey den Vögten daselbsten geliefert, und was alsdann noch zu ganzmachung berührten Deputats vermangelt, von der Herrschafft Heidenheim und des Orths iedesmahl verordneten Vogt vollends vor Herzog Johann Friedrichs antheil gegen Quittung eingehändiget und zugestellet werden soll.

Würde dann Herzog Julius Friedrich an vorgedachten Weiltingischen und Brenzischen Haupt-

Z 2   guth,

guth, ſo ſich in Summa auf ein und ſiebenzig tau-
ſend, dreißig zween gulden, dreiſig und neun
Creuzer belaufft über kurz oder lang, vil oder we-
nig ablegen, ſoll es dero Fürſtliche Gnaden zu
gut kommen, und doch nichts deſtoweniger das
beſtimmte Deputat gefolget werden. Damit
man aber eigentlich Nachricht haben möge wie
hoch ſich das jährliche Einkommen beeder güter
Weiltingen und Brenz beſtändig erſtrecke, iſt da-
rüber ein gemein Jahrgang gemacht, und nach
ſelben der anſchlag jährlichen Einkommens umb
beſtändiger gewißheit willen gericht und deren zwey
Originalia unter Hertzog Johann Fridrichs ꝛc. und
Julii Friedrichs F. F. G. G. eigener Hand Unter-
ſchrifft neben angehengeten Secreten außgefertiget,
und iedem eines deren eingehändiget worden.

Zum vierdten. Dieweil dieſe Eigenmachung
der Vor-Eltern Exempeln zu wieder, ſondern
auß freywilligem gutem Brüderlichen Gemüth
hergefloſſen, ſo iſt außdrücklich hiemit verabſchie-
det, daß es in dergleichen künfftigen Fällen und
Handlungen bey dem Fürſtlichen Hauß Wür-
temberg und deſſen Poſteritæt zu ganz keinem Ein-
gang oder Præjudicio verſtanden oder gedeutet,
vielweniger gleichfalls zu practiciren von jemand
begehrt noch geſtattet, ſondern nur alß ein ſpe-
cial-Fall der auß ſondern bekannten, und dar-
zu bewegenden Urſachen geſchehen, gehalten wer-
den ſoll.

Zum fünfften ſoll Hertzog Julio Friedrichen die
Benennung der Schul- und Kirchen-Diener zu
Weil-

Weiltingen und Brenz, auch anderen Orten, so dahin gehörig, zu deren Belieben heimgestellt seyn. Dieweil aber offt hochgedachtem Herzog Johann Friedrichen alle Jura Episcopalia und geistliche Jurisdiction im Herzogthum zuständig, alß soll es auch mit beeden Gütern Weiltingen und Brenz, sammt allen und jeden derselben Kirchen, Schulen und Unterthanen in allen Fällen gleicher gestalt also gehalten, und darum die verordnete Pfarrer und Schulmeister daselbst, jedes mahl zum Examine, Approbation, und sonsten auf begebende Fälle ins Fürstliche Consistorium nacher Stuttgarten erfordert und von dem Superintendenten der Herrschafft Heydenheim visitiret werden. Neben diesem seind auch Herzog Julio Friedrichen rc. zu mehrerer Recreation derselben, nachfolgende Jagten eingeraumt worden, nemlich alle und jede Jagten und Weidwerck, so gen Weiltingen gehörig, sammt dem Weidwerck in Brenzer Marckung, folgends die Würtembergische Jagten in Weidenloch Metlinger Hart und Burggarten, so weit das gemein Jagen mit Pfalz Neuburg gehet, weiter die Jagten in Bingen unterhalb Fleckens Herbrechtingen einer seits an und zwischen dem Falckensteinischen Gehölz und Jagen und sonst aller andern Orten, dem Baufeld liegt, auß dem fleußt das Wasser die Brenz genannt, gerings weise darum so dann die Jagten im Holz, das Heymat genannt, zwischen dem Flecken Memmingen und Staufen gelegen, item das Rauchenlaug, nicht weit von der Grenz ge-

Z 3

legen, ſtößt an das Hochmath, doch ein Feld dar-
zwiſchen, ſo ſeynd auch diejenige Jagten, welche
der von Knörringen von dem Herrn Grafen von
Oetingen um Ein tauſend Gulden ingeſammt mit
gleichmäßigem Gelt und Condition erhandelt,
und Sr. Fürſtl. Gnaden zum Gebrauch aſſigni-
ret worden: Endlich haben auch Ihro Fürſtl.
Gnaden diejenige Fahrnüß und Haußrath ſo in
dem Hauß Weiltingen befunden werden daſelb-
ſten zulaſſen gutwillig zu gegeben und verſtattet,
auch den Wildzeug ſo daſelbſten geweſen, wie-
derum dahin zuverſchaffen Befehl ertheilet.

Zum Sechßten iſt gleichfalls in angeregten
Teſtamentis Verordnung beſchehen, wie zu meh-
rerem Aufnehmen und Conſervation dieſes Hoch-
löblichen Hauſes und Handhabung der Erection
der vierte und fünffte Herr mit einem gewiſſen
jährlichen Deputat jedem von zehen tauſend Gul-
den an Geld ſampt einer Fürſtlichen Reſidenz auch
nothwendigem darzugehörigem Haußrath und
Fahrnuß, wie auch Brennholz verſehen wer-
den ſoll. Welchem vorgeſchriebenen und heilſam-
lich bedachtem Exempel gemäß Herzog Friedrich
Achilli &c. das Hauß zur Neuſtadt und Herzog
Magno &c. das Hauß zu Neuenburg, doch ohne
einige Jurisdiction oder Obrigkeit, auſſer was ihre
beſoldete Diener belanget, ſondern allein zur Re-
ſidenz mit angeregtem Haußrath und Fahrnüß,
wie auch dem jährlichen Deputat für jeden zehen
tauſend Gulden zu Herzog Johann Friedrichs ꝛc.
Antheil beſtimmt, von nechſt abgewichenen Ge-
orgii

orgii dieses lauffenden Jahres anzurechnen, ein-
geräumt und übergeben werden, dergestalt, daß
ein Keller zu Neuenstatt, Herzog Friedrich A-
chilli &c. desgleichen der Voigt zu Neuenburg
Herzog Magno &c. zu jedem Quartal an Geld,
oder da es von J. J. F. F. G. G. begehrt wür-
de, in Abschlag dessen zu eines jeden Hofstatt,
gegen Quittung verfolgen lassen und verrechnen
soll, an Rocken, zwanzig fünff Scheffel, jeden
zu dreyen Gulden gerechnet, thut siebenzig fünff
Gülden, Dünckel ein hundert achzig Scheffel à
einen Gulden dreißig Creutzern, thut zwey hun-
dert siebenzig Gülden, Haber vierhundert Schef-
fel à einen Gulden dreißig kreuzer, thut sechs hun-
dert Gülden, Wein hundert Aymer à zehen Gül-
den, thut ein Tausend Gulden, Summa ein tau-
send, neunhundert vierzig fünff Gulden, des-
gleichen Brennholtz zweyhundert Klafftern.

Nechst disem aber sollen beede Jhro Fürstl.
Fürstl. Gn. Gn. solche Häuser, wie sie densel-
ben eingeraumet werden fürther, so lange die Re-
sidenz wehren wird, im baulichen Wesen, doch
ohne Haupt Bau zu erhalten, auch den darinn
gebrauchten Haußrath und Fährnüß auf alle Fälle
bey dem Hauß zu lassen schuldig seyn. Sollte
sich dann befinden, daß die jährliche Geld Ein-
kommen in beeden Aemtern Neuenstatt und Neu-
enburg, zu Erstattung dieser zweyen Deputaten
Quota nicht erklecklich seyn würden. Damit
man nun die andere gefälle an Frucht und Wein,
nicht etwa zu Unzeiten und mit Schaden zu ver-

Z 4

kauflauffen gemüßiget werde, ist Verordnung beschehen, daß der jedes mahl befundene Abgang an Geld, Wein, und Früchten von den nechstgelegenen Aemtern Weinsberck, Meckmühl und Kellerey Haylbronn, gen Neuenstatt, von Calw und Wildberg aber nacher Neuenburg auf erfordern und verlang gefolgt und verstattet werden soll.

Uber dises seynd auch Herzog Friedrich Achilli &c. die Kuchen-gefäll und Geflügel an Capaunen, Gänß, Hüner, Eyer, Käse, Kälber, Lämmer im Amt Neuenstatt in gewöhnlichem Schlag um einhundert dreißig vier Gulden, vierzig Sechs Creuzer, und Herzog Magno &c. im Ambt Neuenburg um vierzig Gulden angeschlagen zu empfahen und an deren ordentlichen Deputato abzukürzen bewilliget. Dieweil aber offt hochgedachter Herzog Johann Friedrich ꝛc. an den Deputaten so wohl vor Herzog Julium Friedrichen ꝛc. alß Friedrich Achillem und Magnum mehr nicht alß zwey Drittheil Herzog Ludwig Friedrich aber einen Drittel daran zuzuschlessen schuldig, alß ist abgeredt, und von Herzog Ludwig Friedrichen ꝛc. versprochen worden, dero anfgebührenden Drittentheil von Horburg und Reichenweiler aus jedes Jahrs in zweyen Terminen, nemlich auf Martini und Georgii, und damit dises allbereit eingegangenen Sechszehenhundert siebenzehenden Jahres anzufahen, jedem Herrn Bruder zu seiner verordneten Residenz nacher Weiltingen, Neuenstatt und Neuenburg, oder nacher Stuttgarthen

then ohnfehlbar, damit durch Abmangel deſſen an
Unterhalt keine Ungelegenheit verurſacht werde,
zu verſchaffen und auß zahlen zu laſſen, zu welchem
Ende ein jeder Amts-ſchaffner, ſo zu Horburg
und Reichenweiler iezo iſt, oder hernach ange-
nommen werden möchte, hocherleuchten Herzog
Johann Friedrichen ꝛc. ſolchen alſo vor allen an-
dern Ausgaben eigentlich nachzukommen, inſon-
derheit verpflicht gemacht werden ſoll. Nicht weni-
ger haben ſich auch Ihro ſamtliche Fürſtliche Gna-
den, Gnaden, Gnaden, Gnaden, Gnaden,
dahin Brüderlich vereinbahret, daß Herzog Jo-
hann Friederich ꝛc. und Ludwig Friedrich) ꝛc. den
andern dreyen Brüdern jedem ſo viel Silber-ge-
ſchirr alß zu einer Fürſtlichen Tafel ungefährlich
gehörig ſeyn mag, auf drey tauſend gulden werth
herzugeben und zuzuſtellen, davon Herzog Jo-
hann Friedrich ꝛc. gleichfalls zwey dritttheil und
Herzog Ludwig Friedrich ꝛc. ein drittheil zuſchieſ-
ſen, und gut machen ſoll und will, und dieweil die
nothdürfftige Beholzung zum Hauß Neuenſtatt
und Neuenburg, ſo wohl zum brennen, alß die
Häuſer im baulichen Weſen zuerhalten, von Her-
zog Johann Friedrich ꝛc. auf obangeregte weiſe
bewilliget, alß ſollen ſelbige die beambte durch die
gewöhnliche Frohn der Unterthanen, dem Her-
kommen gemäß, jährlich zu gewöhnlicher zeit,
an unſchädlichen Orten fällen, und aufs Hauß
verſchaffen laſſen, und ſind beneben auch zu meh-
rer Recreation und verſehung der Küchen beeden
Fürſtlichen Herren Brüdern die Jagten und

Z 5   Wei-

Weidenwerck zu bemeltem Neuenstatt und Neu-
enburg, so weit sich derselben Amter Marckung
zu Holz und Feld erstrecken, Jagens gebrauch
nach, zu besuchen vergönnt und zugelassen, darzu
die Amtleut den Unterthanen, doch nicht wider
das Herbringen, noch zu ihrer beschwerde gebie-
then, auch beede Herren Brüder mit Fleiß dahin
bedacht seyn sollen, damit die Wildfuhr nicht
allein von den Ihrigen nicht verderbt, sondern
auch von den Benachbarten, und andern an der
Jagens-Gerechtsame kein Schad oder Eintrag
zugefüget werden.

Damit es aber nicht das Ansehen habe, gleich-
sam wären sämtliche Herren Gebrüder, durch
solche verschiedene Residenzien gar von einander
getrennt, und hingegen dannoch auch dem regie-
renden Herrn durch viel und öffters Anwesen der
Herrn Gebrüdern, in dero formirten und ange-
stellten Hoffstatt und Regiment keine Hinderung
oder Unordnung zugefüget werde; so ist nach dem
löblichen Exempel der Hochgeehrten Vor-Eltern
Hertzogen zu Würtemberg 2c. dahin gesehen und
hiemit verabschiedet worden, daß zwar hochge-
dachte Herrn Gebrüdere so Deputata haben, auf
ihren assignirten Residenzien ordinairè verbleiben,
und hochermeltem regierenden Herren nicht über-
lästig seyn sollen, auf den fall ihnen aber Sr.
Fürstliche Gnaden ohnerfordert jeweilen zu besu-
chen gefallen würde, soll es aufs eingezogenste,
und nicht über zehen, zwölff oder höchst fünffze-
hen Pferden und so viel Diener allein auf Futter
und

und Mahl, und anders, oder mehrers nicht be-
schehen. Das Gesind aber die Zeit solches An-
wesens dem Marschall oder Hauß-Hofmeister,
oder wer von des regierenden Herrn wegen sonsten
darzu verordnet, unter sein Commando gegeben
werden, deme wie auch der Hof-Ordnung sie
sich gemäß und gehorsam erzeigen sollen. Ob nun
wohl mehr-hochgedacht jüngere Herren Brüder,
sich selbsten der Brüderlichen guten Discretion,
wie Fürstlichen nahen Blut-Verwandten gebüh-
ret, zu gebrauchen, und den regierenden Herrn
zu viel oder über die Zeit nicht zu discommodiren,
sondern vornehmlich zusehen müsten, wie sie ihres
eigenen Fürstlichen Hauses Aufnehmen und Re-
putation durch nutzliche Sparsamkeit und Fürstli-
che Tugenden befördern helffen, und sich selbsten
auch dadurch bey Männiglichen einen guten Na-
men machen mögen.

Damit aber jedannoch auf alle Fälle auch hier-
unter, der erheischenden Nothdurfft nach, etwas
gewiß geordnet werde, ist solch Anwesen auf den
Fall sie nicht erfordert, oder sonst eingeladen wä-
ren, jedesmahl ohngefähr auf acht oder nach Ge-
legenheit der Verrichtung zum längsten auf vier-
zehen Tage, doch mit der dabey angehefften Er-
innerung gestellt worden, da es sich darüber ver-
weilen möchte, daß alsdann das bestimmte De-
putat proportionalite und so viel sich selbiges
der Zeit nach belauffen mag, durch den Keller
oder Vogt der Residenz ohne weitern darüber er-
haltenen Befehl abgekürtzt und einbehalten, auch
son-

sonsten auf dem Lande durchauß nichts auf des
regierenden Herrn Kosten aufgeschlagen, sondern
von einem jeden selbsten was aufgegangen, oder
er auch sonsten für Schulden jetzo oder künfftig
machen, oder auffwenden würde, abgelegt und
außgezahlt werden soll.   Sonsten aber hat sich
hochermelter Hertzog Johann Friedrich freund-
lich erbotten, da Dero Jüngere Gebrüdere, so
Deputata haben, von Ihro Fürstlichen Gnaden
erfordert würden, es mit denselben der Auslö-
sung halben, nach gestallten Sachen, wie unter
Fürsten Herkommen zu halten.

Dieweil auch durch brüderliche Liebe, unge-
färbtes und getreues Zusammensetzen, diß Fürstl.
Hauß nechst GOttes milden Seegen und Bene-
deyung wohl und ansehnlich erhalten werden kan,
so haben sich Ihro sambtliche Fürstliche Gnaden,
Gnaden, Gnaden, Gnaden, Gnaden, mit ein-
ander brüderlich dahin vereiniget, daß keiner oh-
ne des andern Wissen, Willen und Gutachten
sich hinführo mit andern in Bündnüs einlassen,
noch des andern heimlicher oder offentlicher Feind
werden, sondern selbsten einander treulich und
brüderlich meinen, respectiren, in allen Noth-
fällen mit Leib und Gut, Land und Leuten, auff-
recht und redlich beystehen, retten und nacheilen,
auch alles was zu Ehren, Aufnehmen und Wohl-
fahrt dieses hochlöblichen Stamms und Nah-
mens dienlich ist, thun und leisten soll. Und nach-
dem durch hitzige und unruhige Diener vielmahl
bevorab zwischen nahen Verwannten, mercklliche
-Un-

Uneinigkeit und Widerwillen, ohne rechtmäßige
Ursachen, erwecket werden können; so ist inson-
derheit hiermit geschlossen, und einander zuge-
sagt, daß keiner des anderen Feind oder Wieder-
wärtige hausen, Hülff oder Unterschleiff geben,
noch einander die Diener abpracticiren, oder ohn
Aufweisung, Abschied und Paßport auf und an-
nehmen soll. Deßgleichen wollen auch Ihro
Fürstliche Gnaden, Gnaden, Gnaden, Gnaden,
Gnaden in gemeinen Reichs- und andern Privat-
Sachen, daran diesem Fürstl. Hause gelegen
seyn mag mit einander jedesmahl vertraulich cor-
respondiren, das Land und Bestungen, so wohl
darinnen als hie aussen Landes unter Ihro sämtl.
Fürstl. Gnad. Gnad. Gnad. Gnad. Gnad. doch
dergestalt offen halten, daß derjenig, so sich in
Feinds-Kriegs-und andern Nothfällen derselben
zu seiner Defension gebrauchen will, sich und die
Seinige zuförderst bey dem HErrn, deme solche
Bestung gehörig, anmelden, demselben die Di-
rection, wie viel, auch wie und wann selbige
einzulassen, und was sonsten dem Commando
durchaus anhängig, ungehindert lassen, auch
seine Diener den Burg-Frieden zu schweren, und
alle Geheimnüssen, die sie darinn gesehen oder
gehört, verschwiegen zu halten, anweisen soll.

Am allerforderesten aber sollen und wollen Ihro
Fürstl. Gnad. G. G. G. G. samt und sonders,
wie auch Ihro Fürstl. Nachkommen mit Hülff
und Beystand der heiligen ewigen Dreyfaltigkeit
bey der bißher erkannten und bekannten Wahr-
heit

heit des heiligen Evangelii, wie selbige in der rei-
nen ungeänderten Augspurgischen Confeßion be-
grieffen, und in der Formula Concordiæ wider-
hohlet, auch bißhero in diesen Landen durch Got-
tes merckliche Gnade exerciret worden, ohnwan-
delbahr und beständig verbleiben, Ihre von Gott
anvertraute Kirchen und Schulen, aller Orthen,
nach dem Löblichen Exempel Ihrer Gottseeligen
Vor-Eltern dabey erhalten, und kein widriges
dargegen einführen, noch anderen einzuführen im
wenigsten verstatten, damit Ihro Fürstl. Gnad.
G. G. G. G. und deren Fürstlichen Nachkom-
men den durch GOttes Benedeyung reichlich er-
langten Seegen, auch auf ihre geliebte Posterität
bringen und lang erhalten mögen. Diemeil
auch Ihro samtliche Fürstliche Gnaden gleichen
Fürstlichen Geblüts nnd Herkommens, sollen
und wollen sich hinführo, wie bißhero, gleiches
Tituls und Wappens gebrauchen, haben auch
hiermit, als an sich selbsten löblich, Fürst-und
billich, die fernere Verordnung gethan, daß kei-
ner unter Ihren Fürstlichen Gnad. Gnad. Gnad.
Gnad. Gnad. sich ohne der andern, sonderlich
aber des Eltern regierenden Herrn Brudern, als
des Haupts dieses Fürstl. Hauses Rath, Vor-
wissen, Willen, und Belieben, zumahl aber
nicht auffer dem Fürstl. Stand verheurathen soll
noch will.

Desgleichen sollen auch die Fürstlichen Fräu-
lein zu denjenigen Fürsten, so der Religion Aug-
spurgischer Confeßion, hieoben angedeuteter
                                        maffen

maſſen zugethan, verſprochen, und dabey die
gewöhnliche Verzicht, wie ſelbige bey dieſem
Fürſtlichen Hauſe herkommen, zu leiſten, zuför-
derſt angewieſen und gehalten werden, die auch
neben gebührender Abfertigung Ihren Stand
gemäß zugleich, (doch ohne des ältern regieren-
den Landes-Fürſten Fräulein, als mit denen es
ſeine beſondere Maaß und Herkommen hat,)
nach Beſag des im Jahr-Sechzehenhundert und
ſieben aufgerichteten Land-Tags-Abſchieds, von
gemeiner Landſchafft in Würtemberg, mit zwan-
tzig tauſend Gulden Heurath-Guts verſehen, und
ſonſten der Ausfertigung halben, wie hierunten
gemelt, gehalten werden ſollen, alsdenn auch
nicht allein in unterſchiedlichen Verträgen, ſon-
dern auch in Hertzog Ludwigs Teſtament mit
ſattſamer ſtarcken Ausführung verordnet, auch
damahlen untereinander verſprochen und zuge-
ſagt worden, daß zu Erhaltung dieſer Landen
und beſſerer Fortbringung Stammes und Nah-
mens keiner ichtwas an ſeinem innhabenden Land
und Leuten erblich hingeben, verkauffen oder ver-
eußern ſoll, es geſchehe dann in Nothfällen, da
ſonſt kein ander Mittel ſich zu retten vorhanden,
alsdann derjenige, ſo ichtwas zu verwenden vor-
habens, ſolches dem andern zuvor wiſſend ma-
chen, und käufflichen, oder Kauff-Schillig weiſe
anbieten : Da aber dieſelben einzuſtehen oder
ſonſten durch Anlehnung oder in andere Wege
ſolche Güter an ſich zu bringen, Bedencken trü-
gen, alsdann einen ewigen Widerkauff und
Erb-

Erblaffung denselben nichts destoweniger expresse vorzubehalten schuldig; oder da auch diß nicht beschehe, Ihme ipso jure refervirt und unbenommen seyn und bleiben, auch deßhalben beederseits Fürstenthum, Graff- und Herrschafften jedem zu seiner Angebühr ausdrücklich affecurirt, verunterpfändt und verschrieben soll, sintemahl dann diese Verordnung aus vernünfftigen, trefflichen und heilsamen Ursachen beschehen; Als haben offt. hoch-ermelte sämtliche Herren Gebrüder, die seyn gleich jetzo oder ins künfftige mit eigenen Landt und Leuthen versehen, sich mit einander einmüthiglich für sich und Ihr jedes Nachkommen vereinbahrt und versprochen, daß sie sich auch dieser vor gut angesehenen hochnutzlichen Anordnung, wegen Ihrer jetziger und künfftiger Land und Leuthe gemäß erzeigen, und derselben zuwider oder gefährlichen Abbruch nichts thun noch verhandeln, noch von andern zu thun verstatten wollen, mit dem ferneren Zusatz, da einer oder der ander unter Ihren Fürstl. Gnad. Gnad. Gnad. Gnad. Gnad. oder deren Nachkommen zu Erkauffung Landt und Leuthen Geldes benöthiget, daß er alsdann dieselbe um ein Vorlehen anlangen, Sie auch Ihme, so viel eines jeden Gelegenheit alsdenn seyn und erleiden würde, gegen gnugsame Versicherung freund- und brüderlich wiederfahren sollen.

Sollte es sich dann nach dem unwandelbähren Willen des Allmächtigen begeben, daß einer aus diesen Fürstlichen Herren Brüdern über kurtz

oder

oder lang ohne männliche Eheliche Leibes-Erben
Todes verfahren würde, ist hiermit insonderheit
verabschiedet, auch wissentlich einander verspro-
chen und zugesagt, daß dem Verstorbenen, der
nächste nach dem Alter folgende Bruder in seinem
inngehabten Fürstenthum, Graff- und Herr-
schafften und Landen, oder assignirten Deputaten,
samt dem darzu eingeantworteten Hauß-Rath
und Fahrnüß, (doch ohne die Güter Weiltin-
gen und Brentz, als mit denen es, wie hieroben
angedeutet, gehalten werden soll) dergestalt sub-
stituirt seyn, daß er alsdann seine zuvor gehabte
eingeräumte Graff- und Herrschafften, Land und
Deputaten, er habe gleich männliche Leibes-Er-
ben oder nicht verlassen, und ihme der nächstge-
bohrne Bruder ohne Mittel succediren, und wei-
ter der dritte folgen, und also jeder jüngere an
des nächst vorgehenden ältern Brudern Stelle
und Verlassenschafft tretten, und solchemnach
der männliche Stamm jedesmahl die Töchter
ausschliessen soll. Wofern aber der jüngste,
gleichfalls ohne männliche Eheliche Leibes-Erben
versterben, oder auch seinen Herrn Bruder einem
succediren würde, soll alsdann dessen Deputat
seine Endschafft haben, und beeden ältisten Herrn
Brüdern, als von denen es herkommen, wiede-
rum heimfallen, und die anderen sich an Ihrer
Competenz und Innhaben ersättigen lassen.

Was aber die übrige von einem oder dem an-
dern unter den Herrn Gebrüdern, oder auch de-
ren Erben und Nachkommen, erheurathe, er-

A a   kauffte,

kauffte, oder anderwerts acquirirte und zuweg
gebrachte Güther, darüber keine sonderbahren
Pacta und Bedingnuſſe, oder Teſtamentliche
Verordnungen verhanden ſeyn würden, belan-
gend, ſoll es nachfolgender Geſtalt damit gehal-
ten werden. Nemlich: Wofern auf Abſterben
des Herrn Vatters, durch GOttes Seegen, ſo
wohl junge Herren als Fräulein im Leben ſeyn
würden, ſollen die acquirirte hinterlaſſene Herr-
ſchafften, und alle andere erworbene Güter lie-
gend und fahrend, dem männlichen Leibes-Erben
allein verbleiben; hingegen aber dieſelben Ihre
Fräulein Schweſtern zu ſich zu nehmen, zu un-
terhalten, und hernacher zur Zeit der Verheura-
thung, Ihrem Fürſtlichen Stand gemäß, neben
dem Heurath-Guth, ſo von der Landſchafft, hie-
oben angeregter maſſen, erlegt wird, gegen Lei-
ſtung ſchuldigen, und bey dieſem Hauß gebräuch-
lichen Verzicht auszufertigen, hiemit verbunden
ſeyn. Sollte es ſich dann begeben, daß allein
Fräulein vorhanden, damit nun dieſelben nicht
zu viel beſchwehret, und dannoch auch der Stamm
und Nahm bey dieſem Fürſtl. Hauß, zu deſſen
mehrern Aufnehmen, in Obacht gehalten werde;
ſo iſt verglichen, daß auf ſolchen Fall, dem näch-
ſten Agnaten alle liegende Güter, wie auch das
Silber-Geſchirr, ſo zur Fürſtlichen Taffel oder
Credenz gehörig, desgleichen an den Kleinodien,
zween Drittheil, dem Fräulein aber ein Drit-
theil, ſammt dem übrigen erzeugten Silber-Ge-
ſchirr Erblich zuſtändig ſeyn, hingegen aber der-
ſelb

ſelb die Fräulein, da es ihnen gefällig ſeyn wird/
biß zu ihrer Verheurathung bey ſich haben, und
unterhalten ſoll, auf den Fall aber auch angefal-
lene oder zugebrachte Mütterliche Güter liegend
oder fahrend verhanden ſeyn würden, iſt es mit
denſelben nicht unbillich, nach Ausweiß der ge-
meinen beſchriebenen Kayſerlichen Rechte zu hal-
ten.

Endlich würde dann nach GOttes Schickung
der gantze Männliche Stamm des Hauſes Wür-
temberg zu ſeiner von GOtt vorgeſehenen Zeit al-
lerdings abgehen und verlöſchen, welches doch der
Allmächtige noch lange Zeit ſeegnen und gebene-
deyen laſſen wolle, ſo ſoll die Graffſchafft Möm-
pelgart, wie auch Horburg und Reichenweiler,
ſammt allen Ihren Herrſchafften und Zugehörun-
gen, denn alsdann lebenden Fräulein vom Haus
Würtemberg und Ihren Nachkommen nach Art
und Eigenſchafft derſelben Landen darum nicht
benommen, ſondern hiemit vorbehalten ſeyn.

Wann dann auch nöthig erachtet, auf alle
Todt-Fälle, die der Allmächtig nach ſeinem un-
wandelbahren Willen, zuſchicken möchte, der
Vormundſchafft halber über die hinderlaßene
Fürſtliche Kinder und deren Zugehörigen Landt
und Leuth und andern, gewiſſe Verordnung zu
thun; So iſt nach fleißiger Erwegung hiermit
verabſchiedet, wofern der ältiſte regierende Herr
Bruder zeitlichen Todes verfahren würde, wel-
ches doch der ewige gütige GOtt, nach ſeinem
allein weiſen Rath, lang verhüten und abwenden

Aa 2   wolle

wolle, und darüber durch Testamentliche Dispo-
sition nichts anders befohlen hätte, daß alsdann
dero Herr Bruder Hertzog Ludwig Friedrich 2c.
als ältister, wie auch die alsdann hinterlassene
Fürstliche Frau Wittib, als die Frau Mutter,
sich der Vormundschafft und deren Verwaltung,
mit zuthun vertrauter Räthe, wie in weylandt
Hertzog Christoph, 2c. und Hertzog Ludwigs 2c.
zu Würtemberg Hochfürstlichen Andenckens,
hinterlassenen Testamenten, Verordnung gesche-
hen, unternehmen, Die Fürstliche Kinder in
Gottes-Forcht, nach Anleitung der reinen Aug-
spurgischen Confession und allen Fürstlichen Tu-
genden, auferziehen, Kirchen und Schulen auch
Land und Leuth mit Christlichem Regiment ge-
treulich vorstehen, und sonsten insgemein dieses
hochansehnlichen Hauses Aufnehmen, Reputa-
tion und Wohlfarth, nach allem getreuen Ver-
mögen, suchen und befördern sollen. Würde
aber der andern Herrn Gebrüder einer, mit Hin-
terlassung ehelicher Leibes-Erben, und ohne Testa-
mentarische, oder andere Verordnung, über der
Curatel absterben, so soll die Vormundschafft
dem ältisten, als dem noch lebenden Bruder, ge-
lassen, und zu dessen Gutachten und wohlgefälli-
gen Belieben gestellet werden, ob und welchen Er
unter den andern Herren Brüdern zu sich zu zie-
hen, und die Mit-Administration zu verstatten
rathsam und dienlich befinden möchte, nicht
zweiffelnd, derselbe, als der ältiste, sich hierun-
ter in der That eiferig, und also Fürstlich bewei-
sen

fen werde, wie dieſes Hauſes Conſervation und
der hinterlaſſenen Pupillen Wohlfarth in allwege
erfordert.

Damit aber endlich dieſe brüderliche Einigkeit
und getreue Affection zwiſchen Ihren allerſeits
Fürſtl. Gnad. Gnad. Gnad. Gnad. Gnad. und
deren Erben und Nachkommen, beſtändig erhal-
ten, und dem Land und Unterthanen, zu wohl-
gedeylichem Aufnehmen fortgepflantzt werde, iſt
auch nach dem Exempel dero hochgeehrten Vor-
Eltern, und des Hauſes Würtemberg, innſon-
derheit verglichen und abgeredt, da Ihro Fürſtl.
Gnad. Gnad. Gnad. Gnad. Gnad. oder Ihre
Erben und Nachkommen einige Irrungen, Streit
und Widerwillen, in was Sachen, die treffen
gleich dieſen Abſchied oder ein anders an, oder
unter was Schein, Namen und Vorwand das
immer geſchehen kan oder mag, wider einander
hinführo haben und gewinnen würden, daß ſie
ſich alsdann zu gantz keiner Thätlichkeit gegen
einander bereden oder bewegen, ſondern auch
durch die übrigen Herrn Gebrüder und deren Er-
ben, und beederſeits ſchiedliche Räthe gütlich/
und der Billigkeit nach, förderlichſt vergleichen,
in Entſtehung aber der Güthe, ſich durch einen
Compromiſslichen kurtzen Austrag, mit Nieder-
ſetzung dreyer Räthe von jedem Theil, (darunter
einer von Adel und zween Rechts-Verſtändige,
und alſo beederſeits ſechs Perſohnen,) die Ihrer
Pflicht und Ayd zu dieſem Austrag, erlaſſen,
und da nöthig einen Obmann erwehlen ſollen,

Aa 3　　　　auf

auf eingebrachte zwo oder drey Schrifften von
jeder Parthey rechtlich entscheiden laſſen ſollen,
dabey es auch endlich ohne Reduction, Supplica-
tion, Reviſion, Reſtitution in integrum, Nulli-
taris, oder wie das ſonſten Namen haben kan,
gäntzlich verbleiben ſoll. Dieſes alles haben offt-
hochgedachte Hertzog Johann Friedrich ꝛc. Lud-
wig Friedrich ꝛc. Julius Friedrich, Friedrich
Achilles &c. und Magnus Gebrüdere Hertzogen
zu Würtemberg ꝛc. nach reifflicher Erwegung
des unverdencklichen Herbringens, und dieſes
Hertzogthums Bewandtnüß, auch aller anderer
darbey befundener Umſtände, mit gutem Vor-
bedacht, Wiſſen und Belieben, unter ſich end-
lich erhandlet, verglichen und abgeredt, und da-
mit alle und jede Puncten deſto ſteiffer, gewiſſer
und beſtändiger, jetzo und ins künfftige von Jh-
ren ſämmtlich Fürſtlichen Gnad. Gnad. Gnad.
Gnad. Gnad. und deren Fürſtl. Poſteritæt gehäl-
ten und vollenzogen werden, haben dieſelbe nach
dem Exempel deren hochgeehrten Vor-Eltern
dieſen brüderlichen Vertrag für ſich und deren
Erben und Nachkommen, ſie hierdurch ebenmäſ-
ſig zu verbinden untereinander mit Handt gege-
benen Treuen und Leiſtung eines auffgerichten
rechten leiblichen geſchwohrnen Eids, ohnwan-
delbahr nicht allein befeſtiget, ſondern es hat auch
hochermelter Hertzog Magnus, weil Seine Fürſt-
liche Gnaden das 25. Jahr Jhres Alters noch
nicht vollſtändig erreicht, zugleich mit angelobet
und verſprochen, ſo bald Sie das fünff und
zwan-

zwantzigſte Jahr abgeleget haben würden, dieſe
Abrede und Vergleichung zu allem Uberfluß und
Bezeugung, daß ſie es Ihres Theils ungefärbt
und brüderlich meinen, unter deren Hand und
Inſiegel nochmahls auf beyliegende Form und
Maaß zu ratificiren und zu beſtättigen, deſſen
allen zu wahrer Urkund und mehrer Bekräffti-
gung haben viel hochbeſagte ſamtliche Herrn Ge-
brüder dieſen Vertrags-Abſchiedt mit eigenen
Händen unterſchrieben, und Ihr jedes Inſigel
wiſſentlich daran hängen, dabey auch die Prä-
läten und Landſchafft Würtemberg gnädig erſu-
chen laſſen, alldieweil ihnen ſelbſten, und dieſem
Hertzogthum, an ſolcher Vergleichung, und
daß ſie jetzo und in künfftigen Zeiten ohngewan-
cket, feſt und ſtandhafftig gehalten, auch ein je-
der unter den Herren Brüdern und deren Nach-
kommen dabey gehandhabet werde, mercklich
und viel gelegen, daß ſie ihr gemein Innſiegel
gleichfalls daran gehänckt, welches wir, die Prä-
laten und Landſchafft, unterthänig und wiſſent-
lich gern gethan, und ſeynd dieſes Abſchieds
zwey gleichlautende Originalia ausgefertiget,
Darunter eines Hertzog Johann Friedrichen ꝛc.
das andere Hertzog Ludwig Friedrichen ꝛc. über-
geben, Hertzog Julio Fridrichen ꝛc. Friedrich
Achilli ꝛc. und Magno ꝛc. aber jedem glaubhaffte
vidimirte Abſchrifften davon zugeſtellet worden.
Geben und geſchehen zu Stuttgarth, den acht
und zwantzigſten Monaths-Tag Maji im Jahr

Aa 4

nach

nach Christi unsers HERRN und Heylande
Geburth, Sechzehenhundert, und in dem Si
benzehenden.

Johann Friedrich ⎫
Ludwig Friedrich ⎪
Julius Friedrich   ⎬ Hertzoge zu Wü
Friedrich Achilles ⎪ temberg.
Magnus.   ⎭

Num. 40.

Herzog Ludwig Friderichs zu Würtem
berg Diploma für Adam von Au wegen ei=
nes Bestand=Jagens.

d. d. 1629. 13. Aug. (a)

Von GOttes Gnaden wir Ludwig Friedrich
Herzog zu Würtemberg und Teck, Graf
zu Mümpelgard, Herr zu Heidenheim, ꝛc. Vor
munnd und Administrator: Bekennen öffentlich,
und thun kund mit diesem Brieff männiglich, daß
wir unsern Vormunds Lehen=Mann und lieben
Getrewen Adamen von Au, auf sein beschehen
unterthänig Ansuchen und Bitten auch gepflo
gene Handlung, gnädig vergonnt und verwil
liget haben, in nachfolgenden Bezirck, Tübin
ger Forsts, und Geninger Hut, das fahet an zu
Eschingen im Bach, und gehet den Bach hinauf
nach

(¹) Aus künigs Reichs=Archiv Part. Spec. Contin. II.
unter Würtemberg. p. 754.

ch Geneckingen in das Dorff, von dannen zu
Thal-Mühlen, und das Thal hinab gen Gen-
gen, ins Dorff, von dannen den nächsten Weg
seinen vorigen Jagen wieder hinauffgen E-
ingen, und nichts weiters nächst gemelt, und
aditionirter massen, nach Haasen, Fuchs, Re-
:, auch roth und Schwarzen Wildpräth zu
ten, zu jagen, und zu bürschen, nemlich das
he. Wildpräth von Johannis Baptistæ an biß
drey, Haasen Fuchs, Reher, und das schwarze
Wildpräth das ganze Jahr hindurch, bey frühen
hrgängen aber, und da das rothe Wildpräth
ich in der Grueß Schaden thun kan, solle ihm
s Jagen zeitlicher anzugreiffen und zu solchem
de um Dispensation anzusuchen unbenommen
n, daß das jederzeit zu Holz und Feld nach
Zaidmanns Art und Gewohnheit verfahren,
d darzu neben ihme allein sein vertraute und ver-
ichte Diener gebraucht werden, dabey aber wir
s außdrücklich vorbehalten haben, wann wir
das an Reher oder Haasen bedürfftig, daß
r die Nothdurfft jederzeit der Enden durch die
serige bürschen oder fahen lassen mögen, da
ch jemand dis Orts das kleine Waidwerck zu
rciren beweißlich und bekantlich hergebracht,
ihme durch dise verleihung nichts benommen
n. Es soll auch unsern Vormunds Unertha-
, vermag ertheilter Concession zugelassen seyn,
f ihren Baufeldern, die um und an, auch zwi-
en den Hölzern in disen District gelegen, das
h und schwarze Wildpräth, da es doch mit den

rothen allein, so lange die Früchten im Felde sey-
werden, mit den schwarzen aber durch das gan-
Jahr den Verstand haben solle, zu bürschen, so-
ches aber dem beständigen deß Jagens verfolge-
zu lassen schuldig seyn: Innerhalb solchen Bezirck-
solle er beständner verbleiben, und einen andern
in seinen Jagen keinen Eingriff thun, doch war-
er in seinen Jagen ein Thier geschossen, oder ihm
einen Fang geben, davon es nicht gleich gefallen
so mag er nach Waidmanns Brauch die Nach-
folg haben, so lang er Schweiß spühret, und ä
er solches in einem andern Bezirck erlegt, oder ä
für sich selbsten fallen würde, soll es ihm ohnwä-
gerlich gefolgt, doch hierunter kein Gefahr ge-
braucht werden, bey der Straff, die wir uns
nach gestalt der Sachen vorbehalten haben wol-
len.

Dagegen soll der Adam von Au, Unserm
Wald-Vogt zu Tübingen zu Jährlichen Bestand
Gelt ein hundert, und wegen dreyer Pferd, so er
uns der alten Jagten haben halten sollen, sie-
bentzig fünff Gulden, und zwar jedes mahl auf
Michaelis das halbe Theil, und das ander halbe
Theil auf Liechtmeß, und auf solche zeit nachkom-
mend das erste mahl, an guter genehmer Weh-
rung erstatten, und zu seinen sichern Handen lie-
fern der Bestand soll sechs Jahr lang sich erstre-
cken, und er Beständner selbigen solche Zeit über
zu halten obligirt, sein übergebender Revers auch
dahin expresse gerichtet seyn, da gleich das Wild-
präth sich um etwas verliehren, und in solcher

Menge,

Menge, wie iezo anfangs, nicht mehr zu gegen
seyn möcht.

Darneben solle uns zu jeden zeiten frey und be-
vorstehen, solchen Bestand und Concession wie-
der zu cassiren, die Jagten an uns zu ziehen, und
allerdings aufzukünden; Im übrigen soll er Be-
ständner auch schuldig seyn, dises ihme concedir-
ten Bezircks Fürstliche Jura zu manuteniren, die
Lauthen und Marckstein im Wesen zu erhalten;
und beneben dise concession über kurz oder lang
vor keine Gerechtigkeit anziehen, noch andern von
seinet wegen gestatten, oder sonsten einigen Ein-
griff in solchen Bezirck nicht fürgehen lassen, und
da er dergleichen verspühren sollte, den Thäter
und Wilderer nachstellen, und sie beyfangen helf-
fen, oder uns selbige anbringen und nahmhafftig
machen, damit wir alsdann die uns vorbehaltene
Straff, nach eines andern Verbrechen vorneh-
men mögen, da dann auch der Ubertretter schul-
dig seyn solle, ihme Beständner den Schaden,
der ihme solcher gestalten zugefüget wird, nach er-
messenden billigen Dingen abzulegen, und guth
zu machen.

Endlich wollen wir uns auch alle Fürstliche
Obrigkeit Recht und Gerechtigkeiten, Straffen
und Bussen in disen Jagen Bezirck, wie wir sel-
bige bißhieher exercirt, allerdings vorbehalten,
und durch diese Concession das wenigste derogirt
haben.

Dessen zu mehrer Urkund haben wir unser
Fürstliches Vormunds-Secret offentlich hiervor
drucken

drucken laſſen. Geben zu Stuttgart, den 13
deß Monats Auguſti, Anno 1629.

Ludwig Friedrich.

(L. S.)

Num. 41.

**Kayſers Ferdinandi II. Privilegium für
das Fürſtliche Haus Würtemberg gegen die
Ehehafften deß Rothweiliſchen Hof=
Gerichts.**

d. d. 1629. 5. Sept. (1)

Wir Ferdinand der Ander, von GOttes Gna-
den, Erwöhlter Römiſcher Keiſer, zu al-
len Zeiten Mehrer des Reichs, in Germanien,
zu Vngarn, Böheim, Dalmatien, Croatien
vnd Sclavonien, ꝛc. König, Ertz-Hertzog zu
Oeſterreich, Hertzog zu Burgund, zu Brabant,
zu Steyr, zu Kärndten, zu Crain, zu Würtem-
berg, zu Lutzenburg, Ober-vnd Nider Schle-
ſien, Fürſt zu Schwaben, Marggraf deß Heil.
Römiſchen Reichs, zu Burgaw, zu Mähren,
Ober-vnd Nider Laußnitz, Gefürſter Graf zu
Habſpurg, zu Tirol, zu Pfierdt, zu Kyburg,
vnd zu Görtz, Landgraf in Elſäs, Herr auff der
Windiſchen Marck, zu Portenaw, vnd zu So-
lins, ꝛc.

Bekennen offentlichen mit diſem Brief, vnd
thun kund Allermenniglich, daß vns der Hochge-
borne,

---

(1) Auß einer einzeln gedruckten Copie.

ne, Ludwig Friderich, Hertzog zu Würtem-
g vnd Teckh, Graf zu Mümpelgart, vnſer
er Vetter vnd Fürſt, gehorſamlich zuerken-
geben, was maſſen Weyland vnſere in GOtt
ende hochgeehrte Vorfaren, Römiſche Kei-
vnd König S. Ld. Voreltern vnd deren Für-
ithumb Würtemberg, vnd zugehörige Graf-
Herrſchafften, von Zeiten zu Zeiten, mit vn-
ſchädlichen Keiſer- vnd Königlichen Freyhei-
, Gnaden vnd Privilegien begabt vnd ver-
n, inſonderheit aber Weyland Kayſer Maxi-
ian der erſte, Chriſtmiltiſten Angedenckens,
erm dato Wormbs, den zwaintzigſten Au-
ſt, vierzehenhundert vnd im Fünff vnd Neün-
ſten Jahr, Weyland Hertzog Eberhardten
Würtemberg, dahin befreyet, daß ermeldter
rtzog Eberhard, ſeine Erben vnd Nachkom-
i, Hertzogen vnd Herrn zu Würtemberg, ſo
ſeind, vnd ſein werden vnd jhr aller Diener,
inne, Leute, Vnderſaſſen, vnd die jhnen zu
ſprechen ſtehen, gemainiglich oder ſonderlich
Vnſer Hofgericht zu Rothweil, oder andere
d- Hof- oder Stattgericht, oder Gerichte,
t für die Weſtphaliſchen, oder andere heim-
e Gericht, wie die Namen haben, oder ge-
nt werden mögen, nit geladen, fürgehaiſchen,
t daran Vor- oder Endurtheln, oder einige an-
: Proceß, Gebott- oder Verbott, vmb kein
ich, ob auch die Ehe-hafftinen derſelben Ge-
t ſeyen, jhr Leib oder Güter betreffend, über
außgehen oder ſprechen ſollen, oder mögen,
in

in keine weiß, ſondern wer alſo zu den benenntẽ
Hertzogen, ihr einem oder mehr zuſprechen hẽ
ten, oder gewünne, der oder dieſelben darum
ben mit Recht fürgenommen werden ſollen, Erſ
lich vor derſelben Hertzogen vnd Herrn zu Wü
temberg Hofmeiſter vnd Erbarn Rähten, vã
ſonſt nienderſt anderſtwo, der zum wenigſtẽ
Neun mit dem Hofmeiſter darunder der hall
thail auß der Ritterſchafft geboren, vnd der añ
der halbe thail gelehrt vnd Gewürdigt ſein ſol
wie Vns dann ſolches Privilegium nachfolgendẽ
maſſen vorgebracht worden, vnd von Wort ẑ
Worten alſo lautet.

Hier iſt das Diploma Maximiliani I. d. ẽ
Worms den 20. Aug. 1495. inſeritet.

vnd vns darauff vorgedachts Hertzog Ludwig Frĩ
derich zu Würtemberg Lb. vnderthäniglich angẽ
ruffen vnd gebetten, Wir deroſelben in Võ
mundſchafft Namen, Weyland Hertzog Johã
Friderichs zu Würtemberg hinderlaſſener Fürs
Pupillen, obinſerirtes Privilegium nicht alleĩ
confirmiren, ſondern auch noch ferrners, in Sã
chen vnſers vnd des Heil. Reichs Hof-Gerichts ĩ
Rothweil Ehehafften betreffend zu erweitern, v
zu extendieren gnädigſt geruhen wollten, das hã
ben Wir angeſehen, ſolche des Hertzogs zu Wü
temberg Lb. gehorſame zimliche Bitt, auch dĩ
getrewen angenehmen, nutz-vnd erſprießlichẽ
Dienſt, ſo vns vnd vnſern Vorfahren am heilĩ
gen Reich, auch vnſerm Löblichen Hauß Oeſter
reich

ich die Hertzogen zu Würtemberg, offt willig-
lich gethon, vnd hinfürters nit weniger zu thun
vorsamist vrbietig seind, auch wol thun können,
ſen vnd mögen, vnd darumben mit wolbedach-
tem Muth, gutem zeitigem Rath, vnd rechter
Wiſſen, vorgedachten Hertzog Ludwig Friderichen
zu Würtemberg Ld. als verordnetem Vormun-
dem, Weyland obbesagts Hertzog Johann Fri-
drichs zu Würtemberg, hinterlaſſener Fürſtli-
cher Pupillen, wie auch denſelben vnd ihren
künfftigen Eheleiblichen Leibs-Erben, Erbens-
Erben vnd Nachkommen voreinverleibtes Privi-
legium, nit allein in allen vnd jeden ſeinen Clau-
ſuln, Innhalt, Main-und Begreiffungen gnä-
digiſt confirmirt, ratificirt vnd beſtätet, ſondern
auch nachfolgender maſſen ferrners aus ſonder-
baren Keyſerlichen Gnaden erſtreckt, extendirt
vnd erweitert, daß nun hinfüro S. Ld. in Vor-
mundſchafft Namen wie auch deroſelben Fürſtli-
chen Pupillen vnd ihre künfftige Erben, Erbens-
Erben vnd Nachkommen, vnd dann deroſelben
Räth, Amptleut, Manne, Vnderthonen, Hin-
terſaſſen, vnd diejenigen, ſo ihnen zu verſprechen
ſtehen, ſo gar auch in Sachen Vnſers vnd des
Heil. Reichs Hoff=Gerichts zu Rotweil Ehehaff-
ten betreffend, wie ſolche vnder dem fünfften
Titul des andern Theils, in Weyland Vnſers
geliebten Herrn Vetters vnd Vorfahren Keiſer
Maximilians des Andern erneuerten Hof-Ge-
richts-Ordnung begriffen, von niemands, wer
der auch ſey, vor demſelben Vnſerm und des

Reichs

Reichs Hof-Gericht zu Rotweil, fürgehaischen,
geladen, daselbst beklagt, Proceß vnd anders
wider sie erkennt oder ausgebracht werden, da
auch gleich dieser Vnser sonderbarn weitern Kay-
serlichen Freyheit vnd Exemption, etwas zu wi-
der ausgehen, erkennt, ausgebracht, oder an-
ders verhandelt werden sollt oder wurde, solches
alles jedoch von Vnwürden, nichtig, vnd vn-
kräfftig sein, auch den Fürgeladenen, so wol deß
nicht erscheinens halber, als sonsten allerdings
ohne Gefahr, nachtheil vnd schaden sein solle,
Thun das, confirmiren, bestähten, erstrecken
und erweitern daßelbe also hiemit von Römi-
scher Kayserlicher Macht Vollkommenheit, in
krafft diß Brieffs, vnd mainen, setzen und wöl-
len, daß obinserirtes Kaysers Maximiliani er-
thailtes, von Vns hiemit widerholt confirmirt,
vnd aus sondern Gnaden erweitert vnd erstreck-
tes Privilegium in allen vnd jeglichen ihren Pun-
cten, Clausuln, Articuln, Innhalt, Main-und
Begreiffungen, wie obstehet, kräfftig vnd mech-
tig sein, vnd vor offtgemelts Hertzog Ludwig
Friderichen zu Würtemberg Ld. in Vormund-
schafft Namen, und dessen Fürstliche Pupillen,
auch derselben künfftige Erben, Erbens-Erben
vnd Nachkommen, solches also haben, darbey
bleiben, vnd sich dessen allenthalben gebrauchen
vnd genießen sollen und mögen, von allermennig-
lich vnverhindert, doch vns vnd dem H. Reich
an Vnser Obrigkeit, auch Vnsern löblichen
Häusern Oesterreich vnd Burgund, vnd sonst
men-

menniglich an seinen Rechten vnd Gerechtigkei-
ten vnvergriffen vnd vnschädlich. Vnd gebie-
ten darauff allen vnd jeden Chur-Fürsten, Für-
sten, Geistlichen vnd Weltlichen, Prälaten,
Graven, Freyen, Herren, Rittern, Knechten,
Land-Vögten, Haupt-Leuten, Vitzdomben,
Vögten, Pflegern, Verwesern, Amt-Leuten,
Land-Richtern, Schulthaissen, Burgermeistern,
Hof-Richtern, Land-Westphalischen vnd an-
dern Richtern, Frey-Graven, Freyschöpffen,
Vrthelsprechern, aller vnd jeglicher Gericht,
auch sonst allen andern Vnsern vnd des Heil.
Reichs Vnderthonen vnd Getrewen, was Wür-
den, Stand oder Wesen die seind, ernstlich
vnd vestiglich mit diesem Brief, vnd wöllen, daß
sie vorgenants Hertzog zu Würtemberg Lbd. in
Vormundschafft Namen als obstehet, wie auch
dessen Fürstliche Pupillen, vnd deren künfftige
Erben, Erbens-Erben vnd Nachkommen an obbe-
stimpten Privilegien, auch diser vnser Kayserli-
chen Confirmation, Erweiter-vnd Erstreckung,
Bestähtig-vnd Ernewerung nicht hindern, irren,
noch ihnen einigen Eingriff oder Beschwehrnuß
dagegen thun, noch das jemands andern zuthun
gestatten, in kein Weiß noch Wege, sondern sie
dabey bleiben, vnd deren geruhiglich gebrauchen
und geniessen lassen, als lieb einem jeden sey, vn-
ser vnd deß Reichs schwehre vngnad vnd Straff,
vnd darzu die Poen in obinserirten Privilegio ein-
verleibt zuvermeiden, die ein jeder, so offt er fre-
ventlich hierwider thäte, vns halb in vnser vnd deß

B b   Hei-

Heiligen Reichs Cammer, vnd den andern halben
theil, vorgenantem Hertzogen, als Vormund,
deſſen Pupillen, oder jhren künfftigen Erben,
Erbens-Erben vnd Nachkommen unnachläßlich
zubezahlen verfallen ſein ſoll: mit Vrkund diß
Briefs, beſigelt mit vnſerm Keyſerlichen anhan-
genden Inſigel, Geben in vnſer Statt Wien,
den fünfften Tag deß Monats Septembris. nach
Chriſti vnſers lieben Herrn vnd Seeligmachers
Geburt, im Sechszehenhundert Neun vnd zwain-
tzigſten, vnſerer Reiche deß Römiſchen im zehen-
den, deß Hungariſchen im zwölfften, vnd deß
Böhmiſchen im dreyzehenden Jahren.

Ferdinand.

Vt

P. Heinr. von Strahlendorff.

Ad Mandatum Sacræ Cæſareæ
Majeſtatis proprium.

M. Arnoldin von Clarſtein.

Num. 42.

Kayſers Ferdinandi II. Reſcript an das
Hof-Gericht zu Rothweil puncto Exemtionis des
Hoch-Fürſtlichen Hauſes Würtemberg von deſſen
Ehehafften.

d. d. 1630. 5. Febr. (1)

FErdinand der Andere, von GOttes Gnaden,
Er-

---

(1) Aus einer einzeln gedruckten Copie.

Erwöhlter Römischer Kayser, Mehrer deß Reichs,
2c. Wolgeborner, Liebe Getrewe, wir mögen
euch hiemit nicht bergen, was massen wir dem
Hochgebornen, Ludwig Friderichen, Hertzogen
zu Würtemberg vnd Teck, Graven zu Müm-
pelgart, vnserm lieben Vettern vnd Fürsten, so
wol in Vormundschafft Namen, Weyland Her-
tzog Johann Friderichs zu Würtemberg Ld. nach-
gelassener Fürstlicher Pupillen, als auch für sich
selbsten vnd dero gantzen Mümpelgartischen Lini,
Ihr zwar von Alters von Weyland vnsern hoch-
geehrten Vorfahren Römischen Keysern vnd Kö-
nigen hergebrachts Exemptions-Privilegium für
frembde Gericht nicht allein gnädigist ratificirt,
sondern auch von newen auß sondern Keyserlichen
Gnaden dergestalt verlihen, extendirt vnd erwei-
tert, daß so wol die Hertzoge zu Würtemberg in
deroselben Hertzogthumb Würtemberg vnd dessen
incorporirten Landen, Leuten, als auch ermelts
Hertzogs Ludwig Friderichs Ld. vnd deroselben
Erben vnd Erbens-Erben Mümpelgartischer Lini,
in der Fürstlichen Graffschafft Mümpelgart vnd
darzu gehörigen, wie auch der Graf-vnd Herr-
schafft Horburg vnd Reichenweiler, vnd dann
derselben Räth, Amptleut, Manne, Vnder-
thonen, Hindersassen, vnd die, so jhnen zu ver-
sprechen stehen, auch in Sachen vnsers vnd deß
heiligen Reichs Hof-Gerichts zu Rothweil Ehe-
hafften betreffent, wie solche vnter dem Ttel deß
andern Theils in Weyland vnsers geliebten Herrn
Vetters vnd Vorfahren, Kayser Maximilians

Bb 2   deß

deß Andern , Chriſtmilten angedenckens, ernew=
erten Hofgerichts=Ordnung begriffen, von nie=
mand wer der auch ſeye, vor demſelben vnſerm
Hofgericht zu Rothweil Rechtlich beklagt , für=
geladen , Proceß vnd anders wider ſie erkendt o=
der außgebracht werden ſollen , nach beſag vnſe=
rer darüber ertheilten Freyheit vnd Privilegien.
Wann dann in allweg billich vnd die ſelbſt Schul=
digkeit erfordert , daß diſem von den Hertzogen
zu Würtemberg vnd Teck, auch Grafen zu Müm=
pelgart erlangt, vnd von Vns verlihenen exten-
dirt vnd erweiterten Privilegio exemptionis fori
gehorſamlich nachgegangen vnd gelebt werde.

Als haben wir euch deſſen hiemit gnädigiſt er=
innern wöllen , mit dem gnädigiſt Begehren vnd
Befelch , daß Ihr ſolches in gebührende Obacht
nemmen , vnd nicht geſchehen laſſen ſollet, daß
obbemelte Hertzogen vnd die Ihrige diſem vn=
ſerm Privilegio zugegen beſchwerdt oder gravirt
werden , daran erſtattet Ihr vnſern gnädigiſten
ernſten Willen vnd Mainung. Seind vnd blei=
ben Euch beneben mit Gnaden gewogen. Geben
in vnſerer Statt Wien den 5. Februarij, Anno
Sechszehenhundert vnd dreißig vnſerer Reiche
deß Römiſchen im zehenden, deß Hungariſchen
im zwölften, vnd deß Böhmiſchen im Dreyze=
henden.

Ferdinand.

Vt.

P. Heinr. von Stralendorf.

Ad

Ad Mandatum Sacræ Cæfareæ
Majeftatis proprium.

M. Arnoldin von Clarftein.

Dem Wolgebornen, Unfern und
des Reichs lieben Getrewen N.
Erbhofrichtern und Beyfitzern
Unfers Kayferlichen Hofgerichts
zu Rothweil.

Num. 43.

Verglich zwifchen Herzog Eberhard und Herzog Friderichen zu Würtemberg, Gebrüdern/ difes lezteren Abfertigung betreffend.

d. d. 1649. 27. Sept. (a)

Zu wiffen, alß auf feelig ableiben, weyland
des Durchleuchtigen Hochgebohrnen Für-
ften und Herrn, Herrn Johann Friedrichen Her-
zogen zu Würtemberg und Teck, Graven zu
Mümpelgardt, Herrn zu Heydenheim ꝛc. Lob-
feeligfter Gedächtnüs, der auch Durchlauchtig
Hochgebohrne Fürft und Herr, Herr Eberhardt
Herzog zu Würtemberg und Teck, Graf zu
Mümppelgard, Herr zu Haidenheimb ꝛc. alß
der ältifte hinterlaffen Sohn, und regierender
Landes Fürft, das Regiment des Herzogthums
Würtemberg fambt allen deffen Graf- und Herr-

Bb 3   fchaff-

___

(a) Lünigs Reichs-Archiv Part. Special. Continuatio, II. unter Würtemberg. p. 757.

ſchafften, ein-und zugehörungen, in Anno Sech-
zehenhundert drey und dreißig, glücklich ange-
tretten und bißhero zwar in vielen ohnzahlbaren
Kriegs-und anderen Beſchwehr-und Trübſee-
ligkeiten wie nicht weniger darunter erlittenen
unterſchiedlichen Diſmembrationen, zerglieder-
und zerſtuckungen in geiſt-und weltlichem mit
GOttes des Allmächtigen Hülff ſo weit geführt,
daß endlich ſeine Fürſtliche Gnaden nach ange-
wendten groſſen Fleiß, Mühe, Arbeit, Sorg-
falt und Wachſamkeit, auch gleichſam ohnſäg-
lichen ſchweren Coſten und Speſen dieſelbe dero
Herzogthum und Landen, vermittelſt der zu Re-
genſpurg verabſchiedeten Amneſti, und des dar-
auf zu Münſter und Oßnabrüg geſchloſſenen Frie-
dens, in geiſt-und weltlichem wieder an ſich ge-
bracht, und darauf Ihro Fürſtliche Gnaden aus
den Alt-Vätterlichen Verträgen, und der Ere-
ꞓtion dieſes Herzogthums ſich anerinnert, was
geſtalten nach Anlaitung derſelben, ſeine Fürſt-
liche Gnaden ſich mit Dero freundlichen lieben
Brüedern, denen auch Durchleuchtigen Hochge-
bohrnen Fürſten und Herren, Herrn Friedrichen
und Herrn Ulrichen, Herzogen zu Würtemberg
und Teck, Graven zu Mümpelgardt und Herrn
zu Haidenhelm ꝛc. Dero Fürſtlichen Unterhalts
halben zu vergleichen verbunden, hätten zwar
ſeine Fürſtliche Gnaden nichts liebers ſehen mö-
gen, dann daß ſolche freund Brüderliche Ver-
gleichung ſo balden mit hochbeſagten Dero beeder
Herrn Gebrüdere Fürſtl. Fürſtl. Gn. Gnad. zu-
gleich

gleich geschehen, und also dem ganzen Wercke
der brüderlichen Vereinig-und Vergleichung auf
einmahl seine richtige und abhelffliche Maaß hette
gegeben werden können; Demnach aber wegen
Herrn Herzog Ulrichs Fürstl. Gnaden dermali-
gen Abwesenheit ein solches zu mahlen nicht werck-
stellig gemacht werden mögen; An seiten aber sein
Herrn Herzog Friedrichs Fürstl. Gnaden sehr
starck und innständig auf Dero freund - Brüder-
liche Abfertigung und Versehung getrungen, dar-
auf auch mit beyderseits ihren Herrn Herzog E-
berhardten, und Herrn Herzogs Friedrichs F.
F. Gn. Gn. guetem und freundlichem Belieben
durch beederseits deroselben Depurirte unterschied-
liche so münd-so schrifftliche Conferentien und
Handlungen gepflogen, ist die Sache endlich zwi-
schen hochgesagt Ihren F. F. Gn. Gn. dahin
freund Brüederlich abgeredt, verglichen, verab-
schiedet und geschlossen worden, wie von Puncten
zu Puncten unterschiedlich hernach folgt.
Erstlich ist in krafft angezogenen Verträgen und
Erection dahin nochmahln einmüthiglich abge-
redt, auch hiemit kräfftiglich verabschiedet, daß
Hochgedachter Herzog Eberhardt alß der Erstge-
bohrne und ältiste Herr Bruder, das Herzog-
thum Würtemberg und Teck sampt allen andern
Graf-und Herrschafften, ein und zugehörungen,
an Landen und Leuten, Lehen, Lehenschafften,
undaigen, liegend und fahrend, auch dero Ren-
ten und Einkommen samt aller und jeden ihrer
Herrlichkeit, Landes Fürstl. hoher Ober-und Ge-

Bb 4

rech-

rechtigkeit, Blutban, Regalien und Würden
in Geist-und Weltlichem, wie solche dero geliebt
Eltere und Vor-Eltere regierende Herzogen ꝛ
Würtemberg ꝛc. würcklich beseſſen, regirt, ge
noſſen, und gebraucht, überall als was in nachge
ſezten puncten und Articuln specifice außgeſezt
und Herrn Herzog Friedrichs Fürſtliche Gnade
überlaſſen werden, nichts außgenommen, ve
ſich und dero ehliche Mannliche Leibes-Erben und
derſelben Nachkommen, in Krafft, Form un
Maaß, wie ob angezogene Verträg und darauf
erfolgte Erection, alles ihres Innhalts ausweiſen,
haben und behalten, und hingegen die Onera und
beſchwerden, ſo wohl wegen des Reichs, Regie
rung alß ſonſten, wie bey dem Hauß Würtemberg
herkommen, und einem regierenden Herzogen
obligt und gebührt, tragen ſolle.

Zum andern, iſt ebenmäßig abgeredt und ver
glichen, daß Hochgedachten Herrn Herzog Frie
drichen, alß dem anderen gebohrnen Bruder, ſein
Herzog Eberhardts Fürſtliche Gnaden forderſt
zu dero Reſidenz und Fürſtliche Unterhaltung
einraumben und übergeben, Statt und Amt
Neuenſtatt am Kocher, auch Statt und Amt
Möckmühl, mit ſamt allen derſelben Renten,
Zinnſen, Zöllen, Zehenden, gültten und gefällen wie
dieſelbe Nahmen haben mögen, nichts nicht ſobiß
dahero zu Ihrer Herrn Herzog Eberhards Fürſt.
Gnaden Cammer Intraden gefallen, genuzt und
genoſſen worden, auch noch künfftig genuzt und
genoſſen werden können, davon außgenommen,

alſo

also und dergestalt, daß sein Herrn Herzog Frie-
drichs Fürstliche Gn. und dero ehliche mannliche
Leibes Erben und dero Descendenten dieselbe hin-
führo und künfftig die tag ihres Lebens ohngehin-
dert menniglichs ihres gefallens nach vollkommen-
lich inhaben, nuzen und geniessen sollen und mögen.
Nichtweniger drittens überlassen und einraumen
offt hochbedacht, Herrn Herzog Eberhards F. Gn.
sein Herrn Herzogs Friedrichs Fürstl. Gnaden in
besagten beeden Städten und Aemtern die nieder-
gerichtliche Oberkeit mit samt allen davon depen-
direnden Nußbarkeiten und gefällen, an gemeinen
Frevlen, Straffen und buessen dergestalt, und
also, daß alle dergleichen Nidergerichtliche Sachen,
Rugen, Frevel, Strafen und buessen durch den
daselbsten von beeden ihren Fürstl. Fürstl. Gnaden,
Gnaden, zu gemeinen- und zwar an Seithen
Herrn Herzog Eberhardt Fürstl. Gnaden zu Ma-
nutention der hierunten specificirten hohen Lan-
des-Fürstlichen und davon dependirenden von sein
Herrn Herzog Friedrichs Fürstlichen Gnaden aber
zu Exercirung und Ubung der nidergerichtlichen
und davon dependirenden Obrigkeit, angenom-
menen: und verpflichten auch insgemein besolde-
ten Diener, Vogt oder Amtmann, wie man
denselben tituliren oder nennen wird, mit zuthuen
Burgermeister und Gericht iedes Orts der ausge-
kündeten Landrechten, Landes-Ordnung, und an-
deren ins Land publicirten Mandaten, wie auch
dem Herkommen dieses Herzogthums gemeeß,
justificirt, gerechtfertiget oder nach Beschaffen-

Bb 5   heit

heit der Sachen durch richterlichen Spruch und
Ordentliche Erkantnus geurtheilet werden, die
erkannte Strafen, Frevel und Bueffen aber seine
Herrn Herzog Friedrichs Fürstl. Gnaden einig
und allein überlaffen und eingeraumbt werden sol-
len.

Doch behalten Vierdtens hochgedacht Herrn
Eberharts Fürstliche Gnaden ihro in gedachten
beeden Städten und Aemtern forderiſt die hohe
Landes Fürstliche Obrigkeit, samt allen davon
dependirenden Rechten und gerechtigkeiten, als
da insonderheit seyn, hohe gebott und Verbott,
Die hohe malefizische Obrigkeit, Religion, Raiß-
Folg, Musterung, Besuchung der Land-Täg,
Tragung deren zum Land gehörigen bewilligten
und noch bewilligenden Anlagen, Contribution,
Appellation, Ehe-Gericht, Lehen, Mann-und
Lehenschafften, nichts nicht davon, alß was al-
lein der nidergerichtlichen Obrigkeit in besagtenge-
meinen Frevel, Ruegung, Bueffen und Straffen
anhängig, außgenommen, per expreffum aller-
dinges und gänzlich bevor / welche auch von obben-
nannten ihren F. Fürstl. G. Gnad benannten in
Statt und Amt Neuenstatt am Kocher und Möck-
mühl also refpective exercirt, gebraucht und geü-
bet werden solle.

Zu welchem Ende dann fünfftens die Untertha-
nen beeder Aemter Neuenstatt und Möckmühl in
gemeine Pflicht genommen, die Erb Huldigung,
und was von denen hohen Landes-Fürstlichen Juri-
bus dependirt sein Eberhardts Fürstl. Gnad allein
ge-

schwohren, zu der Nidergerichtlichen Obrigkeit
der, dieselbe an ihren Herrn Herzog Friedrichs
Fürstl. Gnad. gewiesen werden sollen.

Sechstens, so ist auch verabschiedet, daß von
offt hochgedachten Herren Herzog Eberhardts sein
Herrn Herzog Friedrichs F. Fürstl. G. Gnad. ü-
berlassen und eingeraumt werden sollen, alle in
Statt und Amt Weinsperg gefallende Renten,
Zinnß, Zoll, zehenden, Gülten, Nidergericht-
liche Frevel, Straaffen, Buessen und andere Ge-
fäll, wie dieselbe biß dato daselbsten gefallen, und
von hochgedacht Herrn Herzog Eberhardts Fürstl.
Gnad. zu deroselben Cammer Gefäll, genuzt, ge-
braucht und genossen worden, auch noch künfftig
von sein Herrn Herzog Friedrichs Fürstl. Gnad.
mit verhoffentlicher Verbesserung der Zeiten genuzt
oder genossen werden können, allerdings nichts
nicht davon ausgenomben, einig und allein aber
mit vorbehalt aller hieroben specificirter hoher Lan-
des Fürstl. wie auch mittlerer und niederer Obrig-
keit allda, welche auch daselbsten von niemand
anderen alß denen dahin von sein Herrn Herzog
Eberhardts Frl. Gnad. verordneten, oder noch
künfftig verordnenden Ober-Vogten und Kellern
einig und allein im Nahmen seiner Frl. Gnad.
geübt und verwaltet werden sollen.

Und damit Siebendens sein Herr Herzog Fri-
drichs Frstl. Gnad an richtiger Geniessung aller
solcher in Statt und Amt Weinsperg gefallender
Intraden, gefällen und Nuzbarkeiten, destowe-
niger einigen Abgangs sich zu befahren, also sol-
len

len sein Herrn Herzog Eberhardts Frl. Gnad. al
dorten habende Beambte, von deroselben m
leiblichen Aydt beleget werden, in Rechtfertigun
aller niedergerichtlichen Rueg - und straffbahren
Sachen anders nichts alß die blosse Justiz un
Ihrer Fürstl. Gnad. Landrecht, Landts-Ord
nung und Mandata in acht zunehmen dieselbe au
dergestalt und anders nicht, so wohl für sich a
mit zuthun Burgermeister und Gerichts zu justi
ciren als wann die davon gehende Gefäll nicht so
wohl Herzog Friedrichs, alß sein Herrn Herzog
Eberhardts alß regierender Landts - Fürsten Frl.
Gnad zugiengen und fällig wehren, daß au
sein Herzog Eberhardts jedesmahl alldorten z
Weinsperg vorhandene Unter - Amtleuth sein
Herrn Herzog Friedrichs Frl. Gnad. von Vier
tel zu Viertheil Jahren, eine von dem Ober
Amtmann auch Burgermeister und Gericht in
Statt und Amt Weinsperg unterschriebene Spe-
cification vorweisen und vorlegen sollen, damit
Ihre Fürstliche Gnad. darauß sich der Nothdurfft
nach, ob auch die Gebühr, mit Rechtfertigung
der niedergerichtlichen vorgefallenen Handlung
der Lands-Ordnung und Fürstl. Mandaten ge
mässen in acht genomben worden, oder nicht, je
desmahls ersehen können.

Und obwohlen achtens hochbesagt Herrn Her
zog Eberharts Frl. Gnd. jedesmahls zu Wein-
sperg einen Ober - und Unter - Amtmann zu exer-
cirung der justiz und manutenirung solcher Ihre
Frl. Gnad vorbehaltenen hohen und niedern O
brig-

...igkeit in dem Amt Weinsperg, deßgleichen der ...hen und insonderheit der centlichen Obrigkeit in ...m Amt Möckmühl zu halten bedacht, so solle ...ch derselbe einige Inspection über Statt und ...mt Neuenstatt am Kocher oder den daselbst sich ...esmahl befindenden Amtmann nicht haben, ...dern selbiger Amtmañ von beeden Ihren Fürstl. ...Gnad. Gn. zu Dero obvermelten respective ...er- und Nieder-gerichtlichen Obrigkeit einig ...d allein dependiren.

Nicht weniger Neuntens, raumben sein Herrn Herzog-Eberhardts, auch seinen Herrn Herzog Friedrichs Frstl. Gn. ein den ganzen Forst Neu-enstatt, mit allen dessen Forst-und Jag-Gerech-tigkeiten, auch andern Nuzbarkeiten, wie die-selbe bißhero sein Herrn Herzog Eberhardts Frstl. Gnad und Dero Vorfordern genuzt, gebraucht, und genossen haben, nichts nicht davon außge-nommen, dieselben haben auch für sich dergestalt zu nuzen, zu niessen, und ihres Gefallens zuge-brauchen, mit dem noch weitern Anhang, da der Forst und Aemtlein Behrensweiler, so für diß-mahl denen Herren Grafen von Hohenlohe Neu-enstein mit seiner müßüberlassen, durch die an-bedingt und vorbehaltene Fäll, wieder zurück und an das hochlöbl. Fürstl. Hauß Würtemberg fal-len sollte, daßelbe Stück und deren appertinentien, und jezo zugleich das habendt-und vorbehaltene Mitjagen, sein Herrn Herzog Friedrichs Fürstl. Gnad, ebenfalls alßdann eingeraumbt und über-lassen werden sollen, doch alles mit diesem auß-

Druck-

drucklichen Vorbehalt, daß die jedesmahl benö=
thigte Vorstmeister und Vorst=Knecht, von sein
Herrn Herzog Friedrichs, Dero Herrn Bru=
dern Fürstl. F. Gnad. Gnad. zwar præsentirt, vor=
geschlagen und besoldet, von sein Herrn Herzog
Eberhardts Frl. Gnad aber zu solchen Diensten
confirmirt und bestättiget.

Und was zehendens in allen vorgehenden Pun=
cten von sein Herrn Herzog Friedrichs Frl. Gnad.
Fürstl. Persohn gemeldet, das solle nicht weni=
ger uff Dero hinderlassene eheliche manliche Lei=
bes=Erben und derselben Descendenten extendirt
und verstanden seyn auch also extendirt und ver=
standen werden.

Da sich aber Eilfftens der Fall begeben solle,
daß sein Herrn Herzog Friedrichs Frl. Gnad ohne
Hinderlassung ehelicher männlicher Leibes=Er=
ben, diß zeitliche Leben verlassen, oder St. Fürstl.
Gnad eheliche manliche Leibes=Erben diß zeitli=
che Leben ohne Hinterlassung ehelicher männli=
cher Leibs=Erben raumben würden, uff solchen
Fall solle alles jenige was sein Herrn Herzog E=
berhards sein Herrn Herzog Friedrichs Fürstl.
Gnad. in den obbenannten dreyen Aemtern,
Weinsperg, Neuenstatt und Möckmühl abge=
tretten und eingeraumbt nichts nicht davon aus=
genommen, lediglich wider an sein Herrn Her=
zog Eberhardts Frl. Gnad oder derselben Männ=
liche Leibes=Erben und das Herzogthum Würt=
tenberg wieder zurück fallen und kommen; jedoch
ist darbey abgeredt und geschlossen, wann sein

Herrn

...rrn Herzog Friedrichs Frl. Gnad, sich mit
Gottes Hülff, auch vorbewust und Einwilli-
g dero Herrn Brudern, Herrn Herzog Eber-
ds Frl. Gnad in den ehlichen Stand begeben,
...r ohne Hinderlassung ehelicher mannlicher
...s Erben, dis zeitliche Leben enden, aber eine
...rstliche Wittib hinterlassen sollte, daß diesel-
...n deme, mit auch beederseits Ihrer Fürl. F.
...ad. Gnad. Consens und Belieben deroselben
...rdneten Witthum, biß zu Veränderung des
...ittib-Stuhls ohnangefochten verbleiben, und
...hem nach Wittumbs Recht und Gewohnheit,
...ch denen Verschreibungen gemeß, nuzen, nies-
...n und gebrauchen solle und möge.

So ist auch zwölfftens verglichen, wann es
...Statt und Amt Neuenstatt zu den Pfarr Va-
...uren kommt, daß von offt hochernannt Herrn
...rzog Friedrichs Fr. Gnad zwey oder drey qua-
...cirte und taugendliche Subjecta auß dem Mit-
...der Herrn Herzog Eberhardts Frstl. Gn.
...ligirten Pfarrern oder Stipendiaten vorgeschla-
...n, und von sein Herrn Herzog Eberhardts Frstl.
...nad und deroselben Consistorio ein oder der
...nder hierzu confirmirt und bestättiget werden
...lle.

Uber dis und zum Dreyzehenden ist auch ver-
...schiedet, daß Herrn Herzog Eberhards sein
...Herrn Herzog Friedrichs Frl. Gnad zu besserer
...ero accommodation in hiesiger Residenz-Statt
Stuettgardt die an dem Graben stehende Be-
hausung, der Stadtgenandt, so viel davon Ih-
                                    rer

rer Frl. Gnad und nicht der Geiſtl. oder Stiffts
Verwaltung, alß da iſt der daran ſtoſſende
Frucht-Caſt, Kelter, und neu erkauffte Stüffts-
Verwalters Behauſung gehörig iſt, ſo lang ü-
berlaſſen und eingeraumbt, bis ſeine Fürſtl. Gnad
etwa mit einem andern und bequemen Logiament
verſehen, und der Genüge nach accommodirt wer-
den können.

Und obwohlen man Vierzehendens darfür ge-
halten es werde das Hauß und Reſidenz Neuen-
ſtatt nicht ſonderbahrer Reparation bedürfftig ſeyn;
ſo haben jedoch ſein Herrn Herzog Eberhardts
Frl. Gnad. durch dero Baumeiſter einen Augen-
ſchein einnehmen laſſen, bewilligen auch hiemit
was ſonderbahrer Reparation von nöthen ſeyn
wird befunden, daß ſolches in ſeiner Frl. Gn. Ko-
ſten gemacht und reparirt werden ſolle. Nachdem
auch Fünffzehendens ſein Herrn Herzog Friedrichs
an Dero Herrn Brudern Herrn Herzog Eber-
hardts Fürl. F. G. Gnad. freund-Brüderlich be-
gehrt, deroſelben ein Dero künfftigen Reſidenz
Neuenſtatt gelegenes Stück von dem Reichenber-
ger Vorſt zu überlaſſen und einzuraumben, alß
iſt ein ſolches von Herrn Herzog Eberharts Frl.
Gnad. zwar bewilliget, was es aber ſeyn ſolle
zu weiter Freund Brüderlichen Unterredung auß-
geſtellt worden.

Wie dann zum Sechzehenden zu weiterer
freund-brüderlicher Vergleichung außgeſtellt ver-
bleibt, was ſein Herrn Herzog Eberhardts auch
ſein Herrn Herzog Friedrichs Frl. Gnad. in be-
ſagt

sagt dero Residenz Newenstatt für mobilien an
Bethgewandt Hauß-Rath und dergleichen zu
verschaffen haben möchten.

Und obwohlen zum Siebenzehenden sein Herrn
Herzog Friedrichs an auch sein Herrn Herzog E-
berhardts Frl. F. G.Gnad. ganz innständig begeh-
ret, deroselben Silber zu einer Tafel, viertau-
send Gulden werth zu verschaffen, demnach aber
sein Herrn Herzog Eberhardts deroselben Herrn
Brudern Frl. Gnad. repræsentiren lassen, daß
sie selbsten damit zu solcher Nothdurfft nicht ge-
faßt, die Geld-Mittel auch zu deren Erhandlung
Ihrer Frstl. Gnad. gänzlich ermanglen; So ha-
ben zwar sein Herrn Herzog Friedrichs Frl. Gn.
es dabey bewenden lassen, sein Herrn Herzog E-
berhardts Frl. Gn. aber sich freund-Brüderlich
erbotten mit dero gehorsamen Landschafft dahin
reden und handlen zu lassen, daß von deroselben
derjenige bey sein Herrn Herzog Eberhardts Frl.
Gnad der Zeit sich befindende Abgang mit drey-
tausend Gulden selbige in zweyen oder längst drey-
en Jahren zu bezahlen ersezt werden solle.

Zum achzehenden ist verabschiedet, wann sich
in den dreyen Aemtern Weinsperg, Neuenstatt
und Meckmühl künfftig durch GOttes Seegen,
Berwerck ereignen sollten, daß dieselben beeden
ihren F. Fürstl. G. Gnad. zuständig seyn, diesel-
be auch mit gemeinen Kosten gebauet, und die Nuz-
barkeiten insgemein jeden zum halben Theil zuständ-
ig seyn sollen.

C c

Neun-

Neunzehendens, ist verglichen, daß die dies Jahrs so wohlen in der Erndt bereits eingethane und in den Scheuren sich befindende alß noch hinterstellige unbezahlt oder gelieferte Früchten, wie auch der nechstverhoffende völlige Herbst, und was von Zeit dieses getroffenen Vergleichs an, sonsten an andern Nuzbarkeiten, Renten, Zinnsen und gefällen, künfftig gefallen wird, sein Herrn Herzog Friedrich Fürstl. Gnad. einig und allein gehören, von derselben auch eingezogen genuzt und genossen werden, darunter jedoch der uffjüngst verschienen Crucis gefallene Zoll, wie auch die alte außstänbt nicht verstanden oder gemeynt seyn sollen.

So wollen auch zwanzigstens sein Herrn Herzog Eberhardts mit dero Herrn Brudern Herrn Herzog Ulrichs sich ohne einziges Entgelt oder zuthuen sein Herrn Herzog Friedrichs Fürstl. Gnad. deroselben Fürstl. Unterhalts und Abfertigung halben, selbsten vergleichen, und solle sein Herrn Herzog Friedrichs Fürstl. Gnad. damit lediglich nicht beschwert oder incommodirt werden.

Und solle sonsten zum ein und zwanzigsten das Hauß zu Meckmühl sein Herrn Herzog Friedrichs Fürstl. Gnad. so gut sich desselbe aniezo befindet, eingeraumet werden, sein Herzog Eberhardts Fürstl. Gnad. zu einiger weiterer dessen Reparation weder obligirt noch verbunden.

Wie dann zwey und zwanzigstens mit diesem oberzehlten sein Herrn Herzog Friedrichs Fürstl. Gnad. nunmehr zu dero Fürstlichen Unterhalt für sich auch dero männliche Leibes Erben, und dero

De-

Defcendenten ʒu dero Theil gänʒlich abgefertiget,
deroſelben bißhero gereichtes Deputat und was ſeine
Fürſtl. Gnad etwa davon noch vor Ußſtändt oder
ſonſten andere Prætenſionen erfordern ʒu haben,
vermeinen möchten gänʒlich und allerdings uffge-
hebt und gefallen.

Doch ʒu dem drey und ʒweinʒigſten, ſein Herrn
Herʒog Eberhardts Fürſtl. Gnad. die Hände nicht
gebunden ſeyn, ſondern offen verbleiben ſollen,
wann es durch des Allerhöchſten Gnad und See-
gen mit ihrer Fürſtl. Gnad Herʒogthum Landen
und Herrſchafften ʒu deme ſo hoch erwünſchtem al-
tem Aufnemben und Flor gelangen würde, gegen
dero Herrn Bruders Herrn Herʒog Friedrichs
Fürſtl. Gnad nach befindenden Dingen und Um-
ſtänden, dergeſtalt freund brüderlich ſich ʒu erʒei-
gen, daß ſeine Fürſtl. Gnad dero freund-brüder-
lich gemüth und beſtändige Treue Liebe und Affecti-
on iederʒeit in dem Werck ʒu verſpühren haben ſol-
len.

Und dieweilen über dieſe ʒwiſchen hoch-ermel-
ten Herrn Gebrüdern abſonderlich getroffene ver-
gleich und Verabſchiedung, dieſelbe ſich aus deren
hiebevor in anno Sechʒehenhundert Siebenʒehen
ʒwiſchen ihrer F. Fürſtl. G. Gnad Herrn Vattern
und dero Herrn Gebrüdern getroffenen brüderli-
chen Vergleichung erinnern, daß darinnen noch
eine und die andere nuʒliche, und ʒu des allgemei-
nen Hauſes Wolfarth uffnemben, Hoheit, Ehr
und Reputation außraichende Verordnung beſche-
hen, uffgericht und bethätigt worden; alß inſon-

derheit und in specie bey dem §. Damit es nicht das
ansehen haben ꝛc. Und §. seq. Ob nun wohl mehr
hochgedacht jüngere Herrn Gebrüdern ꝛc. des Uf-
zu-und abtritts, auch Unterhaltung deroselben,
und dero Diener bey Hoff, desgleichen §. Diewei-
len auch durch Brüderliche Liebe ꝛc. der Bündt-
nüssen und Confœderationen mit anderen wegen;
Item §. Und nachdem durch hizige und unruhige
Diener ꝛc. derselben und des Hauses widerwerti-
gen Hilff, Hausens und Unterschlauffs nicht weni-
ger §. Deßgleichē wollen auch ꝛc. der vertraulichen
Brüderlichen Correspondenz auch Offenthaltung
der Vestungen, So dann §. Am allerforderisten ꝛc.
der Beständigkeit in der Religion; Item §. Des-
gleichen sollen ꝛc. der Fürstl. Frewlein Verheura-
thung und außsteuer ꝛc. Item §. Alsdann auch ꝛc.
der zwischen den Herrn Gebrüderen verbottenen
alienation und Veräusserung des Herzogthums
und darzu gehörigen, auch Erkauffung neuer
Graf-und Herrschafften. Ebenmäßig §. Endlich ꝛc.
die succession auf den gänzlichen abgang des mann-
lichen Stammens zu Würtemberg; So dann
und endlich der zwischen deren Herrn Brüdern er-
aignenden Strittigkeit und deren Beylegung hal-
ben; So haben sich öfters hochbesagt Ihre F.
Fürstl. G. Gnad. beederseits dahin mit einander
freund-Brüderlich verglichen, vergleichen sich auch
in krafft dis, hiemit freund-Brüder-und krefftig-
lich, daß dabey auch ihrer und ihrer männlichen
Leibes Erben, und künfftiger ganzer Posteriæt hal-
ber, es auch also und dergestalt ungeändert verblei-
ben

ben solle, alß wann solche Verordnung, Verglei-
chung und Verabscheidung, diesem Brüderlichen
Recels und abschied von Wort zu Wort per expres-
sum und absonderlich inserirt und einverleibet
worden wåren.   Dieses alles haben offt wohl
hochgedacht Herzog Eberhardt, und Herzog Frie-
drich Gebrüdere, Herzogen zu Würtemberg rc.
des Herzogthumbs bewandnüs und allen dabey
befundenen Umstånden nach, mit gutem Wollbe-
dacht, Wissen, und belieben, unter sich endli-
lichen erhandlet, verglichen und abgeredt, und
damit alle und jede Puncten desto steiffer, gewies-
ser und beståndig iezo und ins künfftig von beeder-
seits ihren F. Fürstl. Gnad. Gnad. und dero Fürstl.
Posteritæt gehalten und vollzogen werden, haben
dieselbe nach dem Exempel dero hochgeehrten Herrn
Vor-Eltern, diesen brüderlichen vertrag, vor sich
und dero Erben und Nachkommen, sie hierdurch
ebenmäßig zu verbinden, und ein ander mit Hand-
gegebenen Treuen und Leistung eines uff gerechten
rechten leiblichen geschwuhrnen Aydts ohnwan-
ckelbahr befestiget.

Dessen allen zu wahrem Urkund und mehrer
Bekrefftigung haben hochgedachte Herren Gebrü-
dere diesen Vertrags-abschied mit eigenen Hånden
unterschrieben, und ihr jedes Innsiegel wissentlich
darann hencken lassen, dabey auch die Prålaten
und Landschafft in Würtemberg gnådig ersuchen
lassen, daß sie ihr gemein Insiegel gleichfalls dar-
an gehencket, welches dieselbe wissentlich und unter-
thånig gern gethan, und seynd dises abschiedes

zwey gleich lautende Originalia außgefertiget da
runter eines Herrn Eberhardts, und das and
Herrn Herzog Friedrichs F. Fürstl. G. Gnad.
gestellt worden. So geben und geschehen zu Sue
garten den sieben und zweinzigsten Septembris
man zahlt nach Christi geburt, ain tausend Sec
hundert vierzig und neun Jahr.

Eberhardt H. z. W. Friedrich H. z. W
(LS).
(LS).
(LS).

Num. 44.

Verglich zwischen Herzog Eberharde
und Friedrichen zu Würtemberg, daß die Nide
Gerichtliche Obrigkeit in Statt und Amt Weinsper
zwischen beyden gemeinschafftlich seyn
solle.

d. d. 1649. 27. Sept. (a)

Zu wissen, nachdem in dem zwischen dem Durch
leuchtigen Hochgebohrnen Fürsten und Herrn
Herrn Eberhardten, und Herrn Fridrichen ge
brüdern, Herzogen zu Würtemberg und Teck
Grafen zu Mömppelgart, Herrn zu Heidenheim
mit beederseits ihren F. Fürstl. G. Gnad. Depu
tirten, gegen einander beschehenen Erklärungen
und darauff aufgesezten und gefertigten Freund
Brü

(a) Lünigs Reichs-Archiv Part. Special. Contin. II
unter Würtemberg. p. 762.

Brüderlichen Vergleichungen under anderm ver-
sehen worden, daß zwar in Statt und Amt Wein-
sperg, sein Herrn Herzog Friedrichs Fürstl. Gnad.
alle Intraden, Einkünfften und gefälle haben, ein-
ziehen und geniessen, hingegen aber auch so wohl
alle hohe und malefizische, und davon dependiren-
de, neben und niedergerichtlichen Obrigkeit, hoch-
besagten Herrn Herzog Eberhardts Fürstl. Gnad.
gleichmäßig einig und allein durchaus verbleiben,
und Sein Herzog Friedrichs Fürstl. Gnd. davon
im geringsten nicht participiren, Theil oder gemein-
schafft haben sollen, demnach aber erst hochbesagt
sein, Herrn Herzog Friedrichs, gegen sein Herrn
Herzog Eberharts F. Gnd. sich darüber höchstens
beschwehret, auch derselben allerhand Ursach und
Repræsentationen thuen lassen, worumben seine
Fürstl. Gnd vermeinen, daß Sie in besagten Statt
und Amt Weinsperg von der Jurisdiction nicht al-
lerdings gänzlich und gar ausgeschlossen, sondern
seiner Fürstl. Gnad. auch von der niedergerichtli-
chen Obrigkeit wie in den beeden Aemtern Neu-
enstatt und Meckmühl völlig beschehen, etwas
überlassen werden soll;

 Daß darauf öffters hochernannte sein, Herzog
Eberhardts, gegen auch offt hochgedacht dero
freundlichen lieben Herrn Brudern, Herrn Her-
zogs Friedrichs Fürstl. Gnaden sich dahin aus
lauterer freund-brüderlicher Lieb, Treu, und Af-
fection, damit Sye dero Herzn Brüdern beständig
beygethan verbleiben, und sich versichert halten,
daß bey deroselben es an gleichmäßigen freund-

C c 4

brü-

brüderlichen gegen-Liebe und Affection nicht er-
manglen sondern sich darzu desto mehr obligirt,
und verbunden erkennen, auch im Werck selbsten,
gegen seiner, Herrn Herzog Eberhardts Fürstl.
Gnaden und die ihrige in allen occasionen erzeigen
würden; massen dann Sein Herrn Herzog Frie-
drichs Fürstl. Gnaden dazu und ein solches jeder-
zeit, gegen Sein, Herrn Herzog Eberhardts Fürstl.
Gnad. und den ihrigen in freund-brüderlicher ohn-
gefärbter getreuer Affection zu erkennen und zu be-
schulden sich freundt- brüderlich erbotten haben,
auch krafft dies offeriren und dergestalt erbieten,
in freund - Brüderlichen Willen resolvirt und
erklähret haben, daß er zwar in allen und jedem,
was der Nuz- und Niessung der in Statt und
Amt Weinsperg fallenden Gefällen in dem Haupt-
Receß, und daß dieselbe Sein Herrn Herzogs Frie-
drichs Fürstl. Gnaden einig und allein zu niessen,
und zu empfangen haben sollen, versehen, noch-
mahlen durchauß verbleiben; Was aber darinn
der nidergerichtlichen Obrigkeit halben, und daß
dieselbe sein Herrn Herzog Eberhardts Fürstl. Gn.
allerdings einig und allein reservirt, disponirt,
dergestalt hiemit und in Krafft diß limitirt seyn
solle, daß erstbesagte niedergerichtliche Obrigkeit
zwischen hochermelten Herrn Gebrüdern, alß des
regierenden Herrn Herzogs Eberhardts, so dann
Herrn Friedrichs Frstl. Frl. Gnad. Gn. gemein
seyn, auch von den alldorthin, jedesmahls ver-
ordneten Beambten, von beeder Ihrer F. Gn.
wegen den Landrechten, Lands-Ordnungen und

Man-

andaten gemáß insgemein exercirt, geûbt und
braucht, die hohe Landsfûrſtl. Maleficiſche und
dere davon dependirende, und in den Haupt-
rträgen mit mehrern ſpecificirte Obrigkeiten
er, offt hocherwehnten Herrn Herzog Eber-
rdts, als des Landes Fürſten Fürſtliche Gna-
n einig und allein reſervirt und vorbehalten ſeyn
d verbleiben, auch daß daran ſeiner Fûrſtli-
en Gnaden einiger Eintrag, Hinderung und
bbruch nicht geſchehen, ſondern ſie darbey nach
er Móglich- und Nothwendigkeit conſervirt,
anutenirt, und erhalten werden, durch dero
rthin verordnete Oberbeambte ihre fleißige In-
:ction gehaben mögen; deme allem nach ſoll
er neben-Receſs nicht anderſter, alß ob der-
be der Haupt-Abſcheidung von Wort zu Wort
verleibt wâre, beobachtet werden, ſonſten aber
d in dem übrigen allen, es bey beſagtem Ab-
iedt ſein durchgehendes ohngeändertes Ver-
lben haben. So geben und geſchehen zu Stuet-
rdten, den Sieben und zweinzigſten Septemb.
s man zählt nach Chriſti Geburt, Ain tauſent
chs hundert Vierzig und neun Jahr. 2c.

erhardt Herzog   Friedrich / Herzog
zu Würtemberg.   zu Würtemberg.

(L. S.)   (L. S.)   (L. S.)

Cc 5   Num.

Num. 45.

Vergleich zwischen samtlichen Herzogen
zu Würtemberg, Weiltingischer Linie, we-
gen Abfindung Herzog Sylvii zu Wür-
temberg-Oels.

d. d. 1650. 4. Jul. (a)

Von GOttes Gnaden wir Rodericus vor uns
wie auch in tragender Vollmacht der Hoch-
gebohrnen Fürsten, unserer freundlich geliebten
Herrn Brüder, Herrn Manfredi, und Herrn
Martialis Liebden und wir Sylvius allesamt Ge-
brüdere Herzoge zu Würtemberg und Teck, auch
respectivè in Schlesien zue Oelß, Grafen zu Möm-
pelgarth, Herrn zu Haidenhaimb, Sternberg
und Medtzibohr, ꝛc. Urkhunden und bekennen
hiermit:

Demnach zwischen den hochgebohrnen Fürsten,
unsern freundlich vielgeliebten Vetter, Herrn
Eberharden, Herzogen zu Würtemberg, Gra-
fen zu Mömpelgarth, Herrn zu Heidenhelm an
einem, und dann uns gesambten Fürstlichen Er-
ben und Gebrüdern Weiltingischer Linie am an-
dern Theil, wegen aller und jeder seither an hoch-
gedachter des regierenden Herzog Eberhards
Ebden, vermöge der alten Verträge habenden Præ-
tensionen, ein freund-vetterlich Vergleich un-
term dato Stuttgart den lezten Monats-Tag
Jan-

(a) Lünigs Reichs-Archiv Part. Spec. Contin. II
unter Würtemberg. p. 763.

Januarii dieſes 1650ten Jahres abgeredet und ge-
troffen worden, wie daß wir ſolchem nach unſere
Sorgfalt und Gedancken dahin gerichtet, womit
unter uns ein gleichmäßiges freund-brüderliches
Abkommen getroffen, und einem jeden ſein ge-
bührendes Antheil angewieſen und vergnügt wer-
den möchte.

Wann dann uns Herzog Sylvio zu unſerer Ab-
ſtattung diejenige Dreyßig Tauſend Floren Rei-
niſch, ſo bey einer ehrſamen Landſchafft des Her-
zogthums Würtemberg alß ein Capital Poſt ſte-
hen thun, von unſers Herrn Bruders Herzog
Roderici Lbden, vor ſich und anſtatt Dero, und
unſerer Herren Brüdern Lbden offerirt worden,
wir auch ſelbe dergeſtalt zu acceptiren uns wohl-
bedächtig reſolviret und entſchloſſen: Alß haben
wir gegen ſolche Poſt derer 30000. fl. Rheiniſch
Capital, allermaſſen uns dieſelben cum omni
cauſa allbereit kräfftiger maſſen cediret worden,
hinwiederum allen und jeden Anſprüchen, ſo uns
wegen der Herrſchafften Weiltingen und Brenz
competiren, und zuſtatten kommen, kräfftiglich
renunciret, und uns deren gänzlich entäuſert und
begeben, allermaſſen wir dann hiemit wohlwiſ-
ſentlich und wohlbedächtig in beſtändigſter Form,
Maaß und Weiſe, iezt vermelten Zu-und An-
ſprüchen, die uns wegen beregter beyden Herr-
ſchafften Weiltingen und Brenz zuſtändig gewe-
ſen, oder ſonſt in anderley Wege uns gebühren,
und zu ſtatten kommen möchten, kräfftiglich re-
nunciren, und uns deroſelben gänzlich verzeyhen,
ent-

enteuſſern und begeben, auch darbey bewilligen
und verſprechen, weder vor uns noch unſere Er-
ben, hochermelte unſere Herren Brüder Lbden,
(außerhalb derer uns mit unſerm Vergnügen ce-
dirten Poſt derer mehrbemelten 30000. fl. Rhei-
niſch) um nichts zu conveniren und zu belangen,
in keinerley Weiß noch Weg, alles treulich ſon-
der Geſehrde; Jedoch mit dieſer ausdrücklichen
Condition, Reſervat, und vorbehalt, daß wir
Herzog Sylvius unſere Erben und Nachkommen
zu Abtragung einigerley vätterlichen und andern
Schulden oder Beſchwerden, wie die immer
Nahmen haben, und herrühren mögen, nicht
verbunden ſeyn, ſondern ſelbige von unſern Her-
ren Brüdern, Lbden, Lbden, Lbden, ohne unſere
und der unſerigen zuthat, abgelten werden, auch
uns Herzog Sylvio unſern Erben und Nachkom-
men, die auf begebne Fälle, der Weiltingiſchen
Linie ohne diß reſervirte Mömpelgartiſche Succeſ-
ſion hierdurch unbenommen ſey, ſondern wir nebſt
unſern Erben und Nachkommen, der ſimultaneæ
Inveſituræ mit und nebſt unſeren Herrn Brüdern
L. L. L. in gleichem Recht fähig zu werden, aller-
dings befugt ſeyn ſollen und mögen. Maſſen
wir uns dann ſolche hiermit per expreſſum obbe-
ſagter maſſen vorbehalten und reſerviren thun.
Wie nun wir Herzog Rodericus vor uns und
in tragender Vollmacht unſerer Herren Brüder
Lbden in ſolches Reſervat, unſers Herrn Bruders
Herzog Sylvii Lbden und deſſen Erben gleichfalls
gewilliget, und es dem beſchehenen Vergleich al-
len

lerdings conform und gemäß zu seyn befunden ;
Als haben wir Jhro Lbden und Dero Erben, die-
es Reservats halben hierdurch gebührends ver-
scheren auch nebst deroselbten zu Urkhund dessen
unser Fürstl. Secret und unterzogene eigene Handt,
vor uns, und in mehr erwehnter Vollmacht hier-
unter stellen wollen.   So geschehen und geben zu
Delse den 4. Julii Anno 1650.

Num. 46.

Kaysers Leopoldi Diploma Venix ætatis
vor dem Erb-Prinzen Eberhard Ludwig
zu Würtemberg.

d. d. 1693. 20 Jan. (a)

Wir Leopold von GOttes Gnaden, erwöhl-
ter Römischer Kayser 2c. 2c. Bekennen öf-
entlich mit diesem Brieff, und thun kund aller-
männiglich: Demnach des Hochgebohrnen Frie-
rich Carl, Administratoris, und Herzogen zu
Würtemberg, und Teckh, Grafens zu Möm-
elgart 2c. Unsers Vetters und Fürstens Lbden
jüngsthin, durch Unglück in feindliche Hände ge-
rathen, und ungewiß ist, ob und wie bald S. L.
wiederum zu ihrer Freyheit gelangen werden. Und
dann wir bey uns nöthig befunden, daß dieses,
auf den Gränzen liegende, und dem Feind am
meisten exponirte Land, bey gegenwärtig zweif-
elhafften Conjuncturen und täglich besorglichen
Ein-

(a) Lünings Reichs-Archiv Part. Spec. Contin. II.
     unter Würtemberg. p. 764.

Einfall, mit einer beständigen Regierung verse-
hen werde, anbey auch erwogen, des zwar noch
minderjährigen Erb - Printzens, und künfftigen
Landes-Fürsten, des Durchleuchtig, Hochgebohr-
nen Eberhard Ludwig, Hertzogen zu Würtemberg
und Teck, Grafens zu Mömpelgart rc. Unsers lie-
ben Vetters und Fürstens Ld. Fürstl. Qualitæten
und sonderbahre Fähigkeit, auch zu uns, und dem
Vatterland, Seiner Vor - Eltern rühmlichen
Exempel nach, proficirende Devotion, und
Ergebenheit, wie dann auch, daß S. L. ihre
volljährigkeit und zu Antrettung der ihro ange-
stammter Landes-Fürstl. Regierung erforderliche
Jahre, innerhalb weniger Zeit erreichen werden;
So haben wir für gut befunden, seiner des Durch-
leuchtigen, hochgebohrnen, Eberhardten Lud-
wigs, Hertzogen zu Würtemberg und Teck,
Grafens zu Mümpelgard, rc. unsers lieben Vet-
ters und Fürsten Ld. selbsten, sothane Regierung
ihrer Lande aufzutragen, und zu dem Ende, auß
ieztgedachten, und mehr andern, unser Kayser-
lich Gemüth bewegenden Ursachen mit deroselben,
des sonst erforderlichen Altershalben, zu dispensi-
ren, den abgang und Mangel der übrigen weni-
gen Zeit, krafft unsers Kayserlichen gewalts, zu
erseczen, und ihro veniam ætatis zu ertheilen; thun
auch dasselbe hiemit, mit wohlbedachtem Muth,
gutem Rath und rechtem Wissen, dispensiren,
erseczen und geben sothane veniam ætatis aus Rö-
misch Kayserlicher Macht und Vollkommenheit,
wissentlich in Krafft dieses Briefs, und meinen,
setzen

sezen und wollen, daß mehrgedachte S. L. von
nunan, Mejorennis seyn, und aller Freyheiten,
Rechten und Guthaten, die denen Majorennibus
des Herzoglichen Hauses zu Würtemberg von
Rechtswegen, zukommen und gegönnet seyn,ohn
mäniglichesEint ogen und Verhinderung,freuen
und gebrauchen, mithin die Regierung Ihrer
Landen alsogleich antretten, und führen mögen;
Und gebieten darauf allen und jeden Chur-Für-
sten, Fürsten, Geist-und Weltlichen Prälaten,
Grafen, Freyen, Herren, Rittern, Knechten,
Land-Voigten, Hauptleuten, Vitzthumern,
Voigten, Pflegern, Verwesern, Amtleuten,
Land-Richtern, Schultheissen,Burgermeistern,
Richtern, Räthen, Burgern, Gemeinden,und
sonst allen andern, unsern und des Reichs Unter-
thanen und Getreuen, was Würden, Stands,
und Wesens sie seynd, ernst- und vestiglich, und
wollen, daß Sie obbemeldte S. Ld. bey dieser
Dispensation und Venia ætatis, wie obstehet, ohn-
angefochten bleiben lassen, daran nicht hindern,
noch andern, solches zu thun gestatten sollen, in
keine Weise noch Wege, als lieb einem ist, un-
sere und des Reichs schwere Ungnad und Straff,
und darzu ein Poen, nehmlich 50. Marck löthi-
ges Goldes zu vermeiden, die ein jeder, so offter
freventlich darwider thäte, halb in unser und
des Reichs Cammer, und den andern halben
Theil, vielgenannter S. Ld. zu Würtemberg,
ohnnachläßlich verfallen seyn solle. Mit Urkhund
dieses Briefes, besigelt mit unserm Kayserlichen

an-

anhangenden Jnſiegel, der geben iſt in unſerer
Statt Wien, den 20. Tag des Monaths Ja-
nuarij nach Chriſti unſers lieben HERRN und
Seeligmachers Gnaden-reichen Geburth im
1693. unſerer Reiche deß Römiſchen im 35,
Deß Hungariſchen im 38. und deß Böhmiſchen
im 37ſten Jahre.

Leopold.

(L.S.)

Vt

Leopold Wilhelm, Graf zu
KönigsEgg.

Ad Mandatum Sacræ Cæſareæ
Majeſtatis proprium.
Caſpar Florens Consbruch.

Num. 47.

Kayſers Leopoldi Patent an die Land-
Stände und Unterthanen des Herzogthums
Würtemberg / den volljährig erklärten Erb-Prin-
zen Eberhard Ludwig für ihren Regierenden
Landes-Fürſten zu erkennen.
d. d. 1693. 10. Jan. (a)

WIr Leopold ꝛc. entbieten der Vormundſchaff-
lichen Regierung und denen Ständen von
Prälaten, Rittern und Stätten, wie auch allen
übri-

(a) Lünigs Reichs-Archiv Part. Special. Con-
tin. II. unter Würtemberg. p. 765.

übrigen Beamten und Unterthanen, des Herzog-
thums Würtemberg, und zugehörigen Landen,
unsere Kayserliche Gnade, und fügen euch hiemit
zu wissen, was massen wir bey gegenwärtigen
zweiffelhafften und zerrütteten Conjuncturen,
und noch continuirenden Gefangenschafft und
Abwesenheit des (Tit.) Administratoris zu
Würtemberg Lbd. wie auch aus andern unser
Kayserlich Gemüth bewegenden Ursachen, dem
Durchlauchtigen Hoch-gebohrnen, Eberhard
Ludwig, Hertzogen zu Würtemberg und Teck,
Grafen zu Mömpelgard rc. unserm lieben Vet-
tern und Fürsten veniam ætatis ertheilet, und
mithin wegen der an seiner völligen Vogtbarkeit,
noch abgehender weniger Zeit dahin gedispensiret
haben, daß derselbe nunmehr die Regierung, der
ihme angestammter Land und Leuten, selbst an-
tretten und führen möge. Und befehlen euch sol-
chemnach von Römisch Kayserlicher Macht, hie-
mit gnädigst, daß ihr gedachtes Eberhard Lud-
wigs Herzogen zu Würtemberg Lbd. für euren re-
gierenden Landes Herrn erkennen, und dessen Ge-
bott und Verbott, alß welche unserer gnädigsten
zuversicht nach nie wieder des H. R. Reichs, un-
sers allgemeinen Vatterlands dinste gehen, ge-
bührende und gehorsame folge leisten, wie nicht
weniger, auf dessen begehren, die gewöhnliche
Lands Huldigung abstatten, fort all dasjenige
præstiren sollen, was getreuen Räthen, Stän-
den, Land-Sassen und Unterthanen, gegen
ihrem Landes-Herrn zu thun, oblieget. Daran
vollziehet ihr unsern gnädigsten Willen und Mei-
                    Dd   nung,

nung, und wir verbleiben euch mit Kayſerlichen
gnaden gewogen; geben in unſerer Statt Wien
den 20. Jan. Anno 1693. unſerer Reiche des Rö-
miſchen im 35ten des Hungariſchen im 38ten
und des Bömiſchen im 37ten Jahre.

Leopold

(L. S.)

Ut. Leopold Wilhelm Graff zu
Königs Egg.

Ad Mandatum Sac. Cæſ. Maj.
proprium.

Caſpar Florens Consbruch.

Num. 48.

Kayſers Leopoldi Decretum, daß er
daran ſeyn wolle, daß der Neundten Chur ein
Ertz = Amt beygelegt werde/ welches dem Würtembergi-
ſchen Reichs = Sturm = Fahnen nicht præjudicire/ und
daß/ wann ſolches geſchehen/ Würtemberg nichts deß-
wegen weiters in Weg geleget/ noch ein anderer
Reichs = Fahne demſelben vorgezogen oder
beygeſellet werden ſolle.

d. d. 1699. 22. Dec. (1)

Von der Röm. Kayſerl. Maj. unſers allergnä-
digſten Herrns wegen, dem allhier anwe-
ſenden Würtembergiſchen Abgeſandten Herrn
Jo-

---

(1) Künigs Reichs = Archiv. Part. Spec. Contin. II.
unter Würtemberg. p. 765.

Johann Backmeister, in Gnaden zu bedeuten:
Es hätten allerhöchst-gedachte Ihre Kayserliche
Maj. sich all dasjenige allerunterthänigst vortra-
gen lassen, was der Abgesandte wegen der bevor-
stehenden Fürstlich Würtembergischen Beleh-
nung und Entrichtung des Lehn-Briefes in pun-
cto des Fürstlichen Hauses Würtemberg von
undencklichen Jahren zu Lehen-tragenden Kay-
serlichen und des Heil. Röm. Reichs Sturm-
Fahnen mit seiner Herrlich-und Gerechtigkeiten,
und daß demselben wegen einiger neuerlichen An-
fechtungen kein Præjudiz zugezogen, noch der bey
dem Fürstlichen Hauß stehende per majorum me-
rita acquirirte Reichs-Sturm-Fahne, weder
durch Præponir-oder Beygesellung eines andern
obscuriret und diminuiret werden sollen, weit-
läuffig und mit vielen Rationen allerunterthänigst
vorgestellet, und um allergnädigste Declaration
und Versicherung innständigst allergehorsamst
gebetten, und darauff sich neben seinen Mitge-
vollmächtigten von Neuberg| zu Ablegung der
Lehn-Pflichten erbothen, und um Admittirung
zu dem Jurament allerunterthänigst angesucht.

   Gleichwie nun Ihre Kayserliche Maj. als den
4. Octobr. 1692. der verwittibten Frau Hertzo-
gin zu Würtemberg damahls tutorio nomine
dergleichen Vorstellungen auch gethan und ge-
betten, weil das Amt und Prædicat eines Pan-
ner-Herrns oder Reichs-Fähndrichs eintzig und
allein einem regierenden Hertzog zu Würtem-
berg zustehen, und das Insigne des Reichs-Fah-

nens niemand als diesem Fürstlichen Haus ge-
bühren, solches auch also beschaffen, daß keine
Restriction oder Subalternation noch anderwär-
tige Beschränckung leiden könne; Ihre Kayserli-
che Majestät nicht allein ein anderwärtig Fürst-
lich Hauß von seiner des Reichs, Amt und Wap-
pen halber machendē Prætension abzustehen, nach-
drücklich zu erinnern, sondern auch das Fürstliche
Hauß Würtemberg an seiner dißfalls habenden
Prærogativ, krafft vorhandener Lehn-Brieffe zu
schützen, allergnädigst geruhen wollten, die Kay-
serl. allergnädigste Antwort sub dato den 14. De-
cembr. 1691. Jahrs dahin erfolget, daß Ihre
Kayserliche Majestät, wegen gedachten Reichs-
Panner-Amts nichts, so dem Herrn Hertzog von
Würtemberg verfänglich seyn könnte, verfügen,
sondern, so viel dasselbe belanget, die Sache zu
weiterer Erörterung außzustellen, und in der In-
vestitur wegen der Chur davon abstrahiren woll-
ten : Das Fürstliche Hauß Würtemberg auch
biß daher darzuthun bemühet habe, daß der in
dem Würtembergischen Lehen-Brief genannte
Kayserl. und des Reichs Sturm-Fahne kein par-
ticular, sondern ein allgemeiner Reichs-Fahnen
von Recht und Gewohnheit wegen fliegen und
gebraucht werden müste, von einem jedesmahl
regierenden Hertzog zu Würtemberg vorzufüh-
ren, und derselben sich dessen samt allen zugebüh-
renden Herrlichkeiten, Gerechtigkeiten und Zu-
gehörde zu bedienen, da hingegen von Seiten
Ihro Chur-Fürstlichen Durchläuchtigkeit zu
Braun-

Braunſchweig gegen Jhro Kayſerliche Majeſtät
bereits die gutwillige Erklärung geſchehen, daß,
wann dem nächſt bey fürnehmenden zu der quæ-
ſtio quomodo des 9. Electorats außzuſtellenden
Puncten ein anders anſtändiges Ertz-Amt aus-
gefunden werden könnte, ſie ſolches ſodann an-
nehmen wollten ; Als haben allerhöchſt gedachte
Kayſerliche Majeſtät allergnädigſt befohlen, dem
Fürſtlichen Würtembergiſchen Abgeſandten
Dero allergnädigſte Declaration und Verſiche-
rung, durch dieſes Jhr Decretum dahin zu ertheil-
len, daß ſie Dero allerhöchſten Ortes, alles
Ernſtes daran ſeyn, und dahin kräfftigſt cooperi-
ren wollen, daß zu obbemeldter Zeit der 9ten
Chur ein ſolches Ertz-Amt beygeleget werde, wel-
ches der Fürſtlichen Würtembergiſchen zu Lehn
rührenden Kayſerlichen und Reichs-Sturm-
Fahnen auf keinerley Weiſe abbrüchig und præ-
judicirlich ſeyn könne, wie dann, wann ſolches
anſtändiges Ertz-Amt ausgefunden ſeyn wird,
weder des jetzt-regierenden Herrn Hertzogs zu
Würtemberg Durchleucht noch deren künfftigen
Succeſſoren, wegen des beym Fürſtlichen Hauß
Würtemberg ſtehenden Kayſerlichen und Reichs-
Sturm-Fahnen, und denen, vermöge der Le-
hen-Briefe, anklebenden Herrlichkeiten, Ge-
rechtigkeiten, und Zugehör, etwas in den Weg
geleget, weder ein anderer jemahlen præponiret
oder beygeſellet, ſondern von Jhro Kayſerl. Maj.
und dero Nachkommen im Reich, Er Hertzog
Eberhard Ludwig und alle ihm ſuccedirende re-

Dd 3   gie-

gierende Hertzoge zu Würtemberg, dabey aufs
kräfftigste geschützet und gehandhabet werden
sollen.　Es versehen sich aber Ihre Kayserl. Ma-
jeſtät darbey allergnädigſt, daß auf dieſe Ihrer
Kayſerlichen Maj. Declaration und Verſicherung
die beede zu Empfahung der Lehn bevollmächtigte
Abgeſandte nunmehro ohne ferneren Anſtand die
obliegende præſtanda præſtiren und würcklich ab-
legen werden, worzu Ihro Kayſerl. Majeſt. ih-
nen Tag und Stunde anſetzen und benennen laſ-
ſen wollten.　Signatum Wien, unter Dero
vorgedruckten Kayſerl. Secret - Inſigel den 22.
Dec. 1699.

D. A. Graf von Caunitz.

F. Consbruck.

(L. S.)

Num. 49.

Kayſers Leopoldi Decretum, daß Er
daran ſeyn wolle, daß, wann ein Catholiſches
Votum in den Reichs-Fürſten-Rath introducirt werde
Würtemberg wegen des Hertzogthums Teck auch
ein Votum erhalten möge.

d. d. 1699. 23. Dec. (a)

Der Röm. Kayſerl. Majeſtät, unſerm aller-
gnädigſten Herrn, iſt in Unterthänigkeit
vorgetragen worden, was bey Deroſelben der
Fürſtlich Würtembergiſche Ober-Rath und
Ab-

(a) Lünigs Reichs-Archiv Part. Spec. Contin. II.
unter Würtemberg. p. 766.

Abgesandter, Herr Johann Backmeister, we-
gen Wieder-Einführung des Fürstlich-Teckischen
Voti auf Reichs- und Craiß-Tägen gehorsamst
angesucht und gebetten hat. Gleichwie nun
Ihro Kayserliche Majestät sich der langwührigen
fürtrefflichen Meriten, welche das Fürstliche
Hauß Würtemberg um sie und das Heil. Röm.
Reich in viele Wege erworben, gnädigst erin-
nern, und derentwegen nicht weniger, als aus
sonderbahrer der jetzt-regierenden Fürstlichen
Durchleucht zu Würtemberg zu tragender Nei-
gung Deroselben in allen thunlichen Dingen zu
willfahren geneigt seyn; So haben sie zu dessen
Bezeugung sich gnädigst erklärt, daß wann hier-
nechst ein neues Catholisches Votum in dem
Reichs-Fürsten-Rath introducirt werden möch-
te, Ihre Kayserliche Majestät so dann ihres al-
lerhöchsten Orts beförderen helffen wollen, daß
auch dem Herrn Hertzogen zu Würtemberg we-
gen des Fürstlichen Teckischen Voti in besagtem
Fürsten-Rath gewillfahrt, und Ihme Sitz und
Stimm eingeraumet werden möge. Welches al-
lerhöchst-gedachte Ihre Kayserl. Maj. obberühr-
tem Herrn Abgesandten zur Nachricht hiermit
anzufügen, gnädig anbefohlen haben, und verblei-
ben demselben anbey mit Kayserl. Gnaden gewo-
gen. Signatum Wien, unter Dero hervor gedruck-
ten Kayserl. Secret-Insiegel, den 23. Dec. 1699.

D. A. G. v. Kaunitz.
(L. S.)
C. F. Consbruch.

DD 4　　　　Num.

Num. 50.

Kaysers Josephi Commiſſions - Decret an den Reichs-Convent, daß dem Hertzoglichen Hauſe Würtemberg wegen des Hertzogthums Teck ein eigenes Votum im Reichs-Fürſten-Rath verſtattet werden möge.

d. d. 1708. 15. Febr. (a)

DIe Röm. Kayſerl. auch zu Hungarn und Böheim Königl. Majeſtät, unſer allergnä- digſter Herr haben Dero geheimen Rath, und bey noch fürwährender Reichs-Verſammlung bevollmächtigten höchſt-anſehnlichen Principal- Commiſſario, dem Hochwürdigſten Fürſten und Herrn, Herrn Johann Philippen, der Heil. Röm. Kirchen Tit. S. Sylveſtri Prieſter, Cardi- nalen von Lamberg, Biſchoffen, und des Heil. Römiſchen Reichs Fürſten zu Paſſau, allergnä- digſt zu erkennen gegeben, welcher maſſen, wey- land Dero in GOtt ruhenden glorwürdigſten Herrn Vatters Majeſtät allbereit im 1699. Jahr des Herrn Hertzogen zu Würtemberg Hoch-Fürſtliche Durchleucht die Verſicherung gethan, daß Seine Kayſerliche Majeſtät Dero- ſelben Anſuchung wegen Admiſſion eines Fürſt- lichen Teckiſchen Voti in dem Reichs-Fürſten- Rath um Dero hohen Hauſes, und Dero eige- ner langwühriger fürtrefflichen Meriten wißen,

zu

_____

(a) Lünigs Reichs-Archiv Part. Spec. Contin. II. unter Würtemberg, p. 767.

zu gelegener Zeit allergnädigſt eingedenck zu ſeyn,
und deme Dero Kayſerl. Orts ſtatt und weiter
hülfflich darzu zu thun geruhen wollten.

Wann dann nun auch Eingangs allerhöchſt-
gedachte Seine jetzt glorwürdigſt regierende
Kayſerliche Majeſtät höchſt-ermeldt Seiner
Hoch-Fürſtlichen Durchleucht, und Dero Hoch-
Fürſtlichen Hauſes Welt-bekannter Treue und
langwührigſt eifferig geleiſteter erſprießlichen
Dienſte und dadurch um das Vatterland ſich
erworbene hohe Meriten, nicht weniger in aller-
gnädigſter Erinnerung leben, zugleich der ver-
blichenen Röm. Kayſerlichen Majeſtät Vätter-
lichen Willen zu abgeſehener Würcklichkeit ge-
bracht zu ſehen verlangen; Als haben ob-
höchſt-ermeldt Seine Hoch-Fürſtliche Eminenz
erhaltenem allergnädigſtem Befehl nach, der
Chur-Fürſten, Fürſten, und Ständen des
Reichs allhier anweſenden fürtrefflichen Räthen,
Bottſchafften und Geſandten, ſolches hiemit
nicht verhalten wollen, nicht zweifflend, die
beede höhere Reichs-Collegia werden ihres
Orts gern geneigt ſeyn, ſolch Kayſerl. allergnä-
digſten Intention und billigen Verlangen, mit
forderſamer Beytrettung und Bewerckſtelligung
der Sachen ſtatt zu laſſen. Wormit Ihre
Hoch-Fürſtliche Eminenz wohl-ermeldten der
Chur-Fürſten und Stände Räthen, Bott-
ſchafften und Geſandten in freundlich geneigten

und gnädigen Willen jederzeit wohl beygethan
verbleiben. Geben Regenspurg den 15. Febr.
1708.

Johann Philipp Cardinal von
Lamberg, Bischoff und Fürst zu
Passau.

(L. S.)

Num. 51.

Herzog Eberhard Ludwigs zu Würtem-
berg erneuerte Privilegia für die Bergwercke
in seinen Landen.

d. d. 1710. - Maj. (1)

Von GOttes Gnaden / Wir

Eberhard Ludwig,

Herzog zu Würtemberg und Teck /

Graff zu Mömpelgart / Herr zu Hei-
denheim ꝛc. Der Römischen Kayserlichen Ma-
jestät, und des Heiligen Römischen Reichs, wie
auch des Löblichen Schwäbischen Creyses re-
spective General - Feld - Marschall, und General
Der Cavallerie &c. Thun kund jedermeniglich
denen dieses Unser offen Patent zu le-
sen fürkommet:

Nachdem Wir Uns in gnaden erinnern, daß
von Unsern in GOtt ruhenden Vorfordern,
am

(1) Nach einem in fol. einzeln gedruckten Exemplar.

am Regiment, ins besondere denen Herrn Her-
zogen Ulrich, Christoph, Friedrichen und Eber-
harden zu Würtemberg hochseeligen Andenckens,
auf die durch deß Höchsten sonderbahre Gnade
und Fürsehung an verschiedenen Orthen und ge-
genden Unsers Herzogthums und Landen, vor-
nemlich aber im Schwartzwald, in St. Chri-
stophs Thal, Vorbach, Alpirspach, Reicherzau,
und der Enden erschienene allerhand auß Silber,
Kupffer, Kobold, Eysen, Schwefel, Stein-
Kohlen und andern Mineralien bestehende Berg-
wercke, denenjenigen so solche anbauen wollen
viele ansehnliche Privilegia und Freyheiten in
Mild-Fürstlichen Gnaden verliehen, und dar-
durch so des Landes gemeinsamer alß der fleißigen
Gewerckern und Arbeitere Particular-Nuzen nicht
wenig befördert worden; Und nun Uns alß re-
gierenden Landes-Fürsten, auß Landes-Vätter-
licher Vorsorge und gleichmäßigem Eifer obge-
legen seyn will, alles zu weiterm Flor und Auf-
nahm Unserer Herzogthumen und Landen diensa-
me zuveranlassen. Alß wollen Wir oben men-
tionirte heilsame und profitable Immunitæten hie-
mit und in Krafft dieses nicht allein renoviren,
confirmiren, und menniglich zu abermahliger no-
tiz bringen, sondern Wir behalten Uns auch be-
vor solche gestalten Sachen nach ansehnlich zu au-
giren und zu vermehren; Deme vorgangen, Wir
dann allen so wegen einer oder andern in unsern
Landen sich zeigenden Berckwercke in eine Ge-
werckschafft mit einander tretten werden auch de-
nen

nen zu glücklicher Vollführung ihres Vorhabens
nöthig habenden Knappen, Laboranten und übri-
gen Personen, so vor sich als die Ihrige in Gna-
den zulegen.

I.

Einen freyen Ab- und Zugang auß unserm
Herzogthum und Landen, nach derselben aigenen
Willen und Gefallen, zu dem Ende auch

II.

Dieselbe samt denen ihrigen, Arbeitern,
Schmelzern, Wäschern, Knechten, Fuhrleuten,
und anderen, so denen Bergwercken zu Notturfft
beholffen seynd mit ihren Leibern, Gezeug, Ge-
schirr, Haab und Gut was sie zu solcher Arbeit
und Bergwerck bringen, oder allda erobern, si-
cher Gelait hin und wieder bey ihrem Zu- und
Abwandel haben sollen. Es wäre dann daß ein
oder anderer Bergwercks-Verwannter, Unsern
ofenen Feinden zugethan, und dardurch dieser
Freyheit alß unwürdig, sich ohnfähig machte:
Damit aber männiglich Lust habe, sich auf unser
Bergwerck zu begeben und in Gebäue einzulassen,
so befreyen Wir

III.

Alle Bergleuthe so solch Bergwerckh bauen,
und ihr Geld wagen oder bey dem Bergwerck ar-
beiten, und sich dessen betragen werden, samt ih-
ren Weib und Kindern, alldieweilen sie andere
Güter nicht haben, an sich bringen oder erkauf-
fen

fen aller Steur und Frohnen, (sie mögen Nah-
men haben wie sie wollen) außgenommen was
sich zur Nothdurfft der Bergstatt gebühret, wie
auch des Accis und Umgelts auf 12. Jahr à dato
der angefangenen Gewerckschafften anzurechnen,
und sonsten aller Beschwerden, die ihnen wider
Bergwercks Gebrauch und Freyheit aufgelegt
oder zugemuthet werden möchten; Diejenige
Bergwercks Verwannte aber so sich mit Erkauf-
fung ligender Güter in Unsern Landen einlassen
haben gleich andern Unsern Unterthanen die Huldi-
gungs-Pflicht, auch derentwegen die gebührliche
Steuren und Anlagen abzustatten und so viel so-
thanerley Güter betrifft, vor Uns und Unseren
Gerichten Recht zu nehmen, und zugeben, und
dergleichen; Nachdeme aber doch

IV.

Allerdings nöthig seyn will, daß die Gewer-
cker und Arbeiter, sich mit nöthigen Häusern ver-
sehen, wollen Wir denenselben ohne einige Ver-
gleichung oder Entgelt erlaubet haben, derglei-
chen bey ihren Arbeiten nach ihrem Belieben und
Wolgefallen, iedoch dergestalten aufzurichten,
daß da einer oder der ander einen solchen Plaz von
nöthen haben würde, dardurch unserer Unterthan-
nen Güter, darinnen zum Uberbauen mit begrief-
fen würden, er sich mit denen eigenthumlichen Be-
sizern der Güter, der Gebühr nach abzufinden ha-
ben. Zu desto mehrerer Facilitirung deß Häu-
ser-Bauens auch

V.

V.

Denen Bauenden das Zimmer-Holtz auß un-
sern Waldungen der Enden, iedoch auf Assigna-
tion deß Forst-Meisters von errichteter Gewerck-
schafft an auf 12. Jahr lang ohne einiges Entgelt
gegeben, nach Verfliessung dieser Zeit hingegen
um billiche Bezahlung angeschaffet werden solle.
So bleibet nicht weniger

VI.

Denen Bergleuten und deren Erben unver-
wehret alles solches von ihnen zur Zierde, gutem
und Aufnemen der Bergwercke, an Häusern,
Ställen und Wohnungen gebauete und aufgerich-
tete, zu besizen, zu verkauffen, hinzugeben und
von dannen unter andere Herrschafften zu ziehen,
ohnverhindert aller Beschwerungen, iedoch, da
sie iemanden etwas zu thun schuldig wären, sol-
ches zuvor entrichtet, männiglich ohnklaghafft
gemacht, und einem ieden um seine billiche Sprüch
und Forderung gebührliche Antwort und Recht
gegeben werde. Da aber

VII.

Auf eines Gewercken, Knappen oder Berg-
wercks-Verwannten Absterben, seine hinter-
lassene Erben außerhalb unsers Herzogthums ge-
sessen und wohnhafft, und deß Erb-Empfahers
Obrigkeit, darunter er sizt, des Abzugs halben
mit Uns nicht verglichen, davon allerdings zuvor
die Erkündigung einzuziehen, alßdann solle von
dem

demſelbigen der Abzug des zehenden Pfennings
genommen, und uns verrechnet werden, auf den
Fall aber ſolche Obrigkeit darunter die Erben
wohnhafft, mit Uns des Abzugs halber vergli-
chen, alſo, daß ſie von denen Unſerigen keinen
Abzug oder Nach-Steuer nehmen thäte, ſollen
ſolche Erben deß Abzugs auf Nachſuchen erlaſſen
und nichts deßwegen von ihnen erfordert werden.
Auf daß aber

VIII.

Bey unſern Bergwercken, Speiſe Getränck,
und andere zu Menſchlicher Unterhaltung nöthige
Waaren in billichem Wehrt zubekommen ſeyn
mögen, ſo wollen Wir an Enden und Orten, da
es die Verſammlung der Knappſchafft erhaiſchen
wird, wann es nicht würcklich ſchon alſo einge-
führt, wenigſt alle Samſtag einen Wochen-
Marckt, und im Jahr einen oder mehr Jahr-
Märckte zuhalten, gnädigſt vergönnen, und die-
ſelbe auf unterthänigſtes Anſuchen beſtättigen,
darzu wollen Wir bey ſich vermehrender Gewerck-
ſchafft und Anlegung einer Bergſtatt, oder auch
der Statt und Ort, da ſie ſich enthalten werden,
das Einkommen von dem Salz-Kauff, Waag-
Geld, Fleiſch- und Brod-Bäncken, auch von
Badſtuben, gemeinem Nuzen zum Beſten auf 12.
Jahr lang von dato an dieſer getruckten Freyheit
geben und verabfolgen laſſen, ſo wollen Wir Ih-
nen auch Bürgerliche Obrigkeiten allda aufzu-
richten, geſtatten, und ſelbſten gnädigſte Hülffe
und Förderung darzuthun. Darzu ſolle

IX.

IX.

Auch ein jeder, so sich an einen Ort, da unsere Bergwercke werden gebauet werden, begibt, selbsten ein Wohnhauß bauet/ erkauffet, oder sich sonsten häußlich zu wohnen niederthut, Macht haben, ohne Bezahlung einigen Acciß, Umgelts, Halbthaler-Gelts, und dergleichen, auff 12. Jahr lang frey zu bachen, zu metzgen, zu multzen, zu brauen, Wein zu schencken, Kauffmannschafft, Krämeren, Wirthschafft und allerley andere billiche, nutzliche und gebührliche Gewerbe ohngehindert zu treiben, auch Mühlinen, nach ausgebrachter Special-Concession zu bauen, jedoch daß dieses alles, sonderlich die Mühlin mit dem Gebäu, anderen an Ihren Gerechtigkeiten, altem Herkommen und Mühlwercken ohnnachtheilig seye : En general aber laſſen wir solchen alle Burgerliche Beneficien und Commoditæten an Wunn-Weid, Waſſer-Trieb, Trab und wie sie Nahmen haben mögen, auch nach Innhalt Num. 21. benöthigtes Brenn-Holtz aus besonderen Gnaden angedeyen ; Und was also

X.

Bemeldten unsern Bergwercken, und denen die darauff seynd, zu Nutzen, Guthen, und Unterhaltung an allerley Waaren, Pfennigwerthen, Vieh, Speiß, Tranck, zugeführet wird, das alles und jedes solle in denen nechsten 15. Jahren nach dato an allen unsern Zöllen, Zoll-

ſtätten (auſſerhalb des gewöhnlichen Weeg-
Gelts) aller Mauth und Zoll frey und ſonſten un-
ſerthalb allerdings ohnbeſchwert ſeyn, darzu ein
jeder, ſo es bringt, führet, träget, oder treibet
unſer ſicher Gelaith in unſerem Herzogthum und
Landen, und wo uns ſonſten das Gelait zuſtän-
dig, haben ſolle.   Wo aber jemand

XI.

Einigerley Waare im Schein, olß ab Er ſie
auf Unſere Bergwercke führen wollte, an andere
Ort verführete, der ſolle um ſolchen Betrug, ver-
mög Unſerer außgekündeten Zoll-Ordnung und
Freyheit geſtraffet, und ohne einige Gnad mit
der Confiſcation gegen Ihne verfahren werden.
Auch ſo

XII.

Ein oder ander Bergwercks Verwannter in
Schulden verfallen, und deswegen von ſeinem
Glaubiger um Zahlung angefochten und gemah-
net werden ſollte, wollen Wir es nachſtehender
maſſen damit gehalten haben, daß wann jemand
auſſer unſerm Herzogthum Schulden gemachet
hätte, (doch auſſerhalb der Berg-Schulden, da
man um außſtändige Zubuß, Hütten-Koſten,
und dergleichen zu mahnen hätte) und zu deſſel-
ben Bergtheilen geklagt würde, da ſolle nicht zu
denen Bergtheilen, ſondern zu deß beklagten Per-
ſon, oder zu andern ſeinen Gütern geholffen wer-
den, und ob gleich der Haupt-Schuldner verſtor-
ben, und ſich deſſen Erben der Bergtheilen und

E e	ihrer

ihrer Nuzung unterfahen wollten, so solle dan-
noch zu denselben Personen, und nicht zu denen
Landtheilen geholffen werden es wollten dann sich
die Erben dessen entschlagen, alßdann erst solle
man denen Gläubigern um ihre beweißliche
Schulden zu denen Bergtheilen verhelffen. Wir
verstehen aber, all schon oben eingeführter mas-
sen, diese Freyheit nicht auf die Bergtheile be-
langet werden zu können, nur auf die außgeses-
sene frembde Gläubiger, und wollen hingegen
Unsern Unterthanen ohnbenommen haben, die
Bergleute auf ihre Bergtheile rechtlichen zu be-
langen. Wann sich auch

XIII.

Aus Verhängnus deß Höchsten zutrüge, daß
Pestilenz, Krieg oder Wassers-Noth einfielen,
dadurch denen Gewercken die Arbeit kündlich ver-
hindert und gesteckt würde, solle solches auf vor-
hergehende Ersuchung in das Berg-Buch mit
allen Umständen eingeschrieben werden, damit
solche ehehaffte Noth denen Gewercken und ihren
Erben an ihren Lehenschafften und Gerechtigkei-
ten ohnschädlich sey, aber nach Endung solcher
beschwerlichen Zufällen, sollen die Gewercken
wieder förderlich zu bauen anfahen, und bey al-
len ihren alten Gerechtigkeiten bleiben, es hätten
denn ein oder mehr Gewercken nöthige und er-
hebliche Verhinderungen fürzuwenden, dem oder
denenselben solle Unser angeordneter Commercien-
Rath nach Gelegenheit und billichen Dingen von

Quar-

Quartal zu Quartal gebührliche Frist geben, wann
sie aber nach geendigten Nothfällen nicht bauen,
noch um Frist anhalten, und dieselbe erlangen
würden, so sollen dann solche Zechen, Gruben und
Gebäue, alß verlassen, in unser freyes gefallen
seyn. Sonsten aber solle

XIV.

Kein Gewerck, weder in Krieg- noch Friedens-
Zeiten um keinerley Ubertrettung willen, seine
Bergtheile und Nuzungen verwircken. Dero-
halben wollen Wir Uns der Confiscation, so sich
aus billicher Straff und Verwürckung eines Ge-
wercken im Krieg oder Frieden zutragen möchte,
gegen solchen Bergtheilen und Nuzungen hiemit
gnädiglich verzeihen, und mit verwürckter Straf-
fe, allein gegen denen Personen verfahren, auß-
genommen den Fall, da sonst kein Erbe oder ge-
sipter Freund biß auf den zehenden Grad davon,
der sich solcher Bergthaile annehmen wollte, vor-
handen wäre. Nunmehro aber, und

XV.

Auf die Bergwerck selber und das Bauen der-
selben zukommen, wollen Wir, daß gleichwie
durch gutes Regiment die Bergwercke erhebt,
und aufgebracht werden müssen, also iederzeit
von Uns ein taugenlicher Berg-Hauptmann, auch
Bergwercks-Inspector, sammt einem Bergmei-
ster, und andern nöthigen Berg-Amtleuten in
eine der Bergstätte bestellet, und erhalten wer-
den sollen, mit dem weitern Anfügen, daß ein ie-

der jeziger oder künftiger Bergmeister, Befehl, Macht und Gewalt haben solle, auf allen unsern Bergwercken in Unserm Herzogthum, auf alle Metallen, Fund-Gruben, Stollen und Massen, auch Lehenschafften und andere Bergwercks Gebäu, wie sich nach Bergwercks-Recht und Unserer Ordnung gebühret, zu verleihen: Es solle auch von Unsertwegen Unser Berg-Hauptmann allen Bergwercks Verwannten in allen fürfallenden Sachen, Irrungen und Spähnen, gleich Gericht und Recht, dem Armen als dem Reichen, dem Fremden alß dem Innländischen ergehen und widerfahren lassen. So wollen wir auch,

XVI.

Denen Muthern und Aufnehmern zu einer jeden Fund-Gruben geben und verleihen lassen, die Massen, Wehr, und Lehenschafften, mit denen Erbstollen nach Bergwercks-Recht, wie in Unserer Ordnung ferner begrieffen. Nicht weniger thun Wir

XVII.

Denen Gewercken diese sonder Gnade, daß Wir Ihnen, auf 12. Jahr lang zu Bauung der Schächten, Stöllen und Kauen, eine zimmliche Nothdurfft Holz am Stamm an denen Orten, da uns das Gehölz, Grund und Boden zuständig, und es am füglichsten seyn kan, durch unsere Forstmeister auß Unseren Wäldern, ohnverwaldzinnset geben, und verabfolgen lassen wollen, wie

wie bey anderen Fürstlichen Bergwercken ge-
bräuchlich, dagegen sollen Uns jezt und in das
künfftige fürohin zu allen Zeiten, in einer jeden
Zech die fürohin aufgeschlagen wird zwey Kuxen
frey ohne Zubuß, zugeschrieben, verlegt und ge-
bauet werden. Und da

XVIII.

Vor der Zeit, wie auch noch am Vorbach in
Sct. Christophs Thal, auf etlichen Gängen Erz
gewonnen allda in Unserer Schmelz-Hütten ge-
schmelzet, abgetrieben, auch Silber und Kupf-
fer gemacht worden, wollen Wir, damit das
fürohin erbauende Erz nuzlich und mit geringstem
der Gewercken Kosten geschmelzet und zu Silber
und Kupffer gemachet werden möge, dieselbe Hüt-
ten fürohin zu wessentlichen Gebäuen, richten und
erhalten, auch mit Kohl und zuschlägen gegen
zimlicher Bezahlung und gebührlichen Hütten-
Zinß verlegen und versorgen lassen. Uber dieses
und wann

XIX.

Nach dem milden Seegen GOttes, die Berg-
wercke also aufnehmen, daß man mehr Schmelz-
Hütten, und andere Gebäue bedörffen, und a-
ber unsere Gelegenheit Selbsten zu bauen nicht
seyn würde; So wollen wir denen Gewercken,
auf Unseren oder Unserer Unterthanen Gründen,
Schmelz-Hütten, Buchwerck und Mühlin zu
Aufbereitung der Erz auf ihrn Kosten zu bauen,
auch Wöhre, Gräben, Dämm und Teuchel,

Ee 3   wie

wie es des Bergwercks Nothdurfft erfordert zu
machen, auf vorgehende Unsers Bergmeisters,
und anderer Personen, die Wir darzu verordnen
werden, Besichtigung an füglichsten Orten gnä-
digst gestatten, allein wofern mit solchen Gebäuen
Unserer Unterthanen Bau-Güter eingezogen,
oder denenselben sonsten Schaden zugefüget, oder
etwas an Grund und Boden benommen würde,
dafür solle denenselben nach billiger Erkanntnüß
Unsers Berameisters und obgedachten Persoh-
nen billiche Vergleichung und Abtrag geschehen.
Was

XX.

Rost, Kohl, Bau und Brennholtz betrifft,
das solle denen Bergleuten auf Anweisen Unserer
Forstmeistere, die nechste 15. Jahr nacheinander
von dato anzurechnen, in dem gewohnlichen Preiß,
alß andere Bürger und Unterthanen des Berg-
Orths auch geniessen, abgefolget werden, nach
Verfliessung solcher fünfftzehen Jahr aber, wol-
len Wir denen Gewercken dannoch berührtes
Holtz auch in einem billichen und leidenlichen
Wald-Zinß, wie man sich dann zumahlen mit
einander vergleichen wird, raichen und geben las-
sen, doch anderst wohin nicht zugebrauchen oder
zu führen, noch zu verkauffen, alß zum Gebrauch
des Bergwercks und Wohnung daselbsten; So
sollen

XXI.

XXI.

Alle Gewercken, ihre Arbeiter, zugewannten, auch männiglich zu denen Gruben, Hütten, Mühlinen, Buchwercke und Wäschen frey Weeg, Steig und Steege, an gelegenen Orten, doch auf Besichtigung und billige Erkanntnüß Unsers Bergmeisters auch anderer, so Wir jederzeit darzu verordnen werden, geruhiglich haben und brauchen ohnverhindert männiglich. In ieder Zech und Gewerckschafft solle

XXII.

Zu Beförderung der Ehre GOttes, und des gemeinen Nutzens, zu Unterhaltung Kirchen, Schulen, und deß armen Kastens in der nechstgelegenen Bergstatt, eine Kuxe, und der Bergn statt, da gebauet wird, insonderheit auch ein Kuxe, zu Erhaltung Mauren, Thor, Thure Brunnen, Weg und Steegen frey verbauen und verleget werden. Da aber

XXIII.

Zechen gefunden werden, darinnen zwar Ertz gehauet, und Silber, Kupffer oder andere Metallen gemachet würde, aber doch noch keine Ausbeute geben mag, wollen Wir von selbigen Metallen fünff Jahr lang allein die zwanzig Marck oder Centner, für Unseren zehenden nehmen, aber von denen Zechen, da die Außbeute gefället, solle Uns der gebührliche zehende Centner gereicht werden. Gleicher gestalten, nach deme

Ee 4

XXIV.

XXIV.

Hin und wieder, in ſpecie um unſer Statt
Bulach, eine nahmhaffte groſſe Anzahl Hallen
und Afftern, ſo gar vor alten Zeiten aus denen
alten Gebäuen heraus geſtürtzet worden, liegen,
deren ſich ſeithero niemand angenommen, alſo
daß ſie uns in das Freye gefallen, und Wir
Macht hätten damit unſers Gefallens zu hand-
len, und wiewohl verhoffenlich, daß in kurtzer
Zeit eine ſtattliche Ausbeute davon genommen
werden mag, derowegen uns als Landes-Für-
ſten die Zehende Marck oder Centner gebühret:
Dieweilen aber ſolche Hallen und Afftern die
Bauenden andere alte Arbeit wieder auffzuhe-
ben, Stollen und Schächten zu gewaltigen, auch
neue Gebäue zu verlegen luſtig machen werden,
ſo wollen Wir Uns aus Gnaden von denen Me-
tallen, ſo man aus obvermeldten Hallen und
Afftern bringen wird, auch an denen Zwantzig
Marck oder Centner erſättigen und benügen laſ-
ſen. Wir wollen auch

XXV.

Zu Erzeigung Unſers gnädigſten Willens, ſol-
chem Bulachiſchen Bergwerck, auch gemeinen
Bergwercken die weitere Gnade thun, daß Wir
aus keiner Gruben die zu bauen angefangen wird,
einigen Zehenden nehmen wollen, es ſeye dann
darauß wiederum ſo viel Ertz gewungen, daß
vier-

vierhundert Marck Silbers darauß gemacht
worden: wann dieselbe voll gemacht, so solle
Uns alsdann der Zehende Centner oder Kübel
Ertz, oder die Zehende Marck fein Silbers zu
rechtem Zehenden geraichet werden; Dagegen
wollen Wir Uns auch mit den Hütten Costen
gnädigst verhalten, wie gebräuchlich. Wir
behalten Uns aber

XXVI.

Den Silber=und Kupffer=Kayff dergestalten
bevor, daß wir vor den Centner Kupffer à Hun-
dert und Zehen Pfund, (nemlich Zehen Pfund
vor den Abgang gerechnet,) den an anderen
Bergwercken coursierenden Preiß, bezahlen:
Und wann solche schwartze Kupffer Silber hal-
ten, daß Sie zu saigern, solches in gleichmäßi-
gem Bergwercks=Preiß vor Uns erhandlen und
reserviret haben wollen. So reserviren Wir
Uns auch

XXVII.

Wann die Kupffer, die auf Unseren Berg-
wercken gemachet worden, aus Unserem Hertzog-
thum in andere Land, Herrschafften, Gebiet,
oder Reichs=Stätte vertrieben, verkaufft und
verführet werden, daß Uns von Selbigem von
jedem Centner 24. Kreutzer Unser Lands=Weh-
rung an der ersten Unserer Zoll=Stätte gerai-
Ee 5   chet

chet und bezahlet werden. Nachdeme auch ferner, und

XXVIII.

Uns durch die Berg-Verständigen unterthänigst vorgebracht worden, und solches die tägliche Erfahrung selbsten zu erkennen giebet, daß durch die Stollen, so in die Tieffe getrieben, die Bergwercke am allermeisten eng gemachet, und in einen Gang gebracht werden, dann dardurch überfahre man manchen reichen Gang, der sonsten der Schächte oder mancher Tag-Gebäue halben in der Tieffe wohl verborgen liegen bliebe, und aber auf dem Einzug bey Unserer Stadt Bulach, auf dem Fürsten-Bau genannt ein tieffer Erb-Stollen getrieben, dessen Mund-Loch gar nibergangen, also daß man bemeldten Erb-Stollen nicht weiter treiben und Fürdernuß herauß gehaben möge, es sey dann das Mund-Loch auffgehebt; Demnach so haben Wir auch diese Gnade gethan, wann man bemeldten Erb-Stollen wieder aufheben und gewältigen, oder von dannen ein Ort nach dem anderen Zug auf dem beschehrten Glück genannt, treiben, auch andere alte oder neue Gebäue anfahen will, daß wir zu solchen Gebäuen durch Unsere Forstmeistere aus unsern Wäldern Holtz zu zimmern, zu Steegen und Getrümm aus Gnaden umsonst geben, und wollen darzu die nechste

nechſte Fünff Jahr keinen Zehenden aus berühr-
ten alten Erb-Stollen empfahen, mit andern
Gebäuen aber, ſolle es bey andern obgeſetzten
unſern Freyheiten bleiben, dagegen ſollen uns in
einer jeden Zech ſo künfftighin daſelbſten wieder-
um aufgerichtet wird, acht Kuxen zugeſchrieben
werden, deren Zwey Uns durch die Gewercken
als Erb-Kuxen frey ohne Zubuß verbauet, die
ſechs andere aber für Uns ſelbſten, ſo lang es
Uns gefällig, verleget werden ſollen. Damit
auch

XXIX.

Männiglich zu ſchürffen, und neue Gänge zu
entblöſen geraitzet werde, ſo wollen wir dem, der
einen neuen Gang ausſchürfft, der ſich urkund-
lich mit einem Loth Silber beweiſet, einen Gul-
den, mit zwey Lothen zwey Gulden, mit vier
Lothen Silbers vier Gulden, und alſo biß auff
die Marck aufzuſteigen, allwegen vom Loth ei-
nen Gulden, das iſt von der Marck Sechzehen
Gulden aus Gnaden zu Geſchencke geben laſſen,
es möchte ſich aber ein Gang noch reicher erzeigen,
ſo wollen wir den Schürffer auch mit mehrerem
Geſchenck begnaden; Gleichergeſtalten, wofern
einer einen reichen Kupffer, Bley, Schiffer oder
andern Gang erſchürffen würde, gegen ſolchem
ſolle ſolches auch mit gnädigſter Recompens er-
kannt werden, jedoch alles dergeſtalten, daß ſie
alle

alle brechende Mineralien, Metallen, Ertz, Edle
und Unedle Berg-Arten, demjenigen Amtmann,
in deſſen Beamtung ſie ſelbige treffen, oder ei-
nem andern, der von Uns zu einem Berg-Haupt-
mann, oder deſſen Verwalter ad interim beſtel-
let iſt, getreulich anzuzeigen verbunden ſeyn ſol-
len. Wir bewilligen auch

XXX.

Gemeiner Knappſchafft und allen Berg-Leuten
zu ſondern Gnaden, daß ein jeder mit ſeinen
Berg-Theilen ſamt deren Nutzung und Ausbeu-
te, die er ſelbſt erſchürfft, entblöſſet, erbauet,
erkauffet, ererbt, oder ſonſten durch redliche
Mittel an ſich bringt, er ſitze gleich in- oder auſſer-
halb unſerm Hertzogthum in alle ehrliche Wege
zu handlen, zu thun und zu laſſen, zu ſchalten
und zu walten Macht haben ſolle, allermaſſen
Wir dann jeden darbey gnädigſt zu ſchützen und
zu ſchirmen ernſtlich gemeinet ſeyn.

Hierauf nun ergehet an alle Ober- und Unter-
Beamte Unſers Hertzogthums und Landen, Un-
ſer gemeſſener gnädigſt- und ernſtlicher Befehl,
allenthalben, wo ſich in Unſern Gebiethen ein
gewinnlich Bergwerck erzeigen und eraignen
ſollte, ein frey Bergwerck männiglich zu verkün-
digen, und zu wiſſen zu thun, daß ſie die Berg-
Leute, Knappſchafften oder Gewercken und ihre
zuge-

zugewannte bey dieser ihnen gnädigst gegönnten
Freyheit stracks, steth und fest handzuhaben / be-
fehliget, wie dann auch die Bergs-Verwannte,
sich deren würcklich gebrauchen, und ihren besten
Nutzen damit schaffen sollen und mögen. Wo-
ferne aber einiger Mangel oder Abgang hierin-
nen erschiene, so vermög Bergwercks Recht und
Gebrauch zu fruchtbarer Auffnehmung, und Be-
förderung, Verbesserung, gebürlichen Einse-
hens, und Erläuterung bedörffen sollte; Wol-
len wir, dafern Genugsamer bericht erstattet auch
Deshalben von gemeinen gewercken wegen Ansu-
chung geschehen seyn wird, uns mit allen Gna-
den willfährig erweisen, erzeigen, und dem Berg-
werck, auf alle mögliche weiß und weege gnädig-
ste Befördernus thun, daß die Knappschafft,
Bergleute und Gewercke, gantz wohl zufrieden
seyn sollen. Und geben wir lezlich den weiten Be-
fehl an unsern Commercien-Rath, auch alle an-
dere unsere gegenwärtige und künfftige Bergamt-
leuthe, Berg-Hauptmann, Bergwercks Inspe-
torn Bergmeistern geschwohrnen Verwaltern,
auch allen unsern Amtleuten unsers Herzogthums
mit Ernst daß sie die Gewercken, Knappschafft
und Bergwercks Verwannte, samt denen ihri-
gen, bey dieser unserer Begnadigung, Freyheit
und Hülff, vestiglich und unverbrüchlich hand-
haben, schützen und schirmen wollen, darwider
nicht zu handlen zu thun oder zu schaffen auch nie-
mand darwider zubeschwehren, gestatten, weder
heim-

heim-noch offentlich, auch solchesvor sich selbsten nicht thun bey Vermeidung unserer ungnad und Straff.

Dessen zu wahrem Urkund haben wir unser Secret-Insigel hievor offentlich drucken lassen. So geschehen Stuttgart den   May Anno 1710.

E N D E.

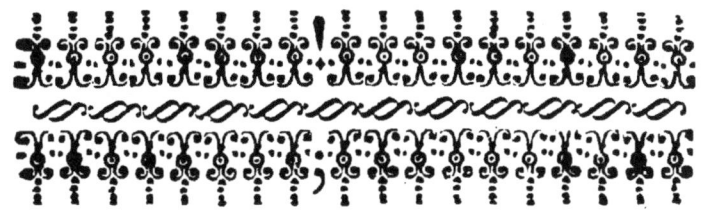

Innhalt
dises Ersten Theils.

Ff

5. Di-

Innhalt.

Innhalt.

Innhalt.

Ff 3

Innhalt.

Häu-

Ff 4

get werde, welches dem Würtember-
gischen Reichs-Sturm-Fahnen nicht
præjudicire und daß, wann solches ge-
schehen, Würtemberg nichts deßwe-
gen weiters in Weg geleget, noch ein
anderer Reichs-Fahne demselben vor-
gezogen oder beygesellet werden solle.
p. 418.

Register.

Ga-

Neu-

X

Regi-